RPA财务数据分析
——基于来也UiBot

程　平　主编

電子工業出版社
Publishing House of Electronics Industry
北京·BEIJING

内 容 简 介

本书分为两部分，共 15 章。第一部分为理论基础篇，在概要介绍 RPA 财务数据分析的概念、作用、流程、工具的基础上，全面介绍了 RPA 财务数据分析的方法与思维、展现表格与图形、报告设计与实现，以及 UiBot RPA 数据分析软件的安装与使用。第二部分为应用实战篇，在概要介绍案例对象蛮先进公司的简介、财务数据分析师团队和数据准备的基础上，选择了办公费、差旅费、银行存款、销售费用、管理费用、制造费用、成本、收入与应收账款和财务报表九大分析主题，并从分析目的、分析内容和思路、数据准备、数据采集与处理自动化、数据分析与展现自动化、数据分析报告自动化六个方面，以原创场景剧本、思维导图、框架图、流程图、技术线路、开发步骤等形式详细描述了 RPA 财务数据分析的应用场景和实现过程。

本书受重庆理工大学研究生教育高质量发展项目资助。本书提供了基于来也 UiBot 软件进行财务数据分析的部分数据资料和源程序资源，以及进行课程讲授的教学大纲、教学日历、教学课件等教学资源。

本书可以作为高等院校会计硕士、审计硕士等专业智能财务、财务共享、RPA 机器人、财务数据分析等研究生课程的教材，以及会计学、财务管理、审计学等专业智能自动化与财务数据分析相关课程的教材，也可以作为财务从业人员提高数据分析能力的学习用书。

图书在版编目（CIP）数据

RPA 财务数据分析：基于来也 UiBot / 程平主编. —北京：电子工业出版社，2023.4
ISBN 978-7-121-45347-2

Ⅰ. ①R…　Ⅱ. ①程…　Ⅲ. ①财务管理－专用机器人－高等学校－教材　Ⅳ. ①F275　②TP242.3

中国国家版本馆 CIP 数据核字（2023）第 059862 号

责任编辑：石会敏　　特约编辑：申　玲
印　　刷：北京捷迅佳彩印刷有限公司
装　　订：北京捷迅佳彩印刷有限公司
出版发行：电子工业出版社
　　　　　北京市海淀区万寿路 173 信箱　　邮编：100036
开　　本：787×1092　1/16　印张：20.75　　字数：528 千字
版　　次：2023 年 4 月第 1 版
印　　次：2025 年 2 月第 4 次印刷
定　　价：69.80 元

凡所购买电子工业出版社图书有缺损问题，请向购买书店调换。若书店售缺，请与本社发行部联系，联系及邮购电话：（010）88254888，88258888。

质量投诉请发邮件至 zlts@phei.com.cn，盗版侵权举报请发邮件至 dbqq@phei.com.cn。

本书咨询联系方式：shhm@phei.com.cn。

前　言

七剑下天山，《RPA 财务数据分析——基于来也 UiBot》作为野蛮人的第七剑——竞星剑，它是唯一一把双头剑，轻巧灵便，出剑快如流星，令人无从招架，是一把以速制敌的利剑。用剑者要动中寻静、以柔克刚，抑制住内心的冲动，才能发挥出最大的威力。

“亦狂亦侠真名士，能哭能歌迈俗流。当哭便哭，当笑便笑，何必矫情饰俗。你我俱是性情中人，哭哭笑笑，有何足怪？”

从没有想过写书，却“一口气”写了七本书，理由很简单，人生苦短，想“画像”自己对专业和人生的理解和感悟，在书中诠释和通过 RPA 来演绎自己的另类“人生”，人生如戏，戏如人生。

野蛮人工科出身，对数字有点感觉，但并不擅长文字表达。幸运的是，在 IT 企业工作的时候，作为一名软件系统分析师曾经撰写了很多技术方案，后来转做产品经理、市场总监和公司管理工作，写作机会更多了，然后，不断沉淀，走入了码字著书的世界。

管理学博士研究生毕业后，误打误撞，偶然进入高校工作，而且从事会计专业教育，与以前所学所做大相径庭，相去甚远。如果认真看一下现在大多数高校的“精准”岗位招聘启事，估计我的这种偶然真的是小概率事件，可以忽略不计。

喜欢未来的不确定性，因为这样，你可以清晨睁开眼睛，憧憬着每天无限的美好。当每一天都在按预先设计的模式运行时，当每一天做的事情都大同小异时，我们不是“机械人”就是“工具人”，何谈五彩的人生呢？我想在平凡的世界，每一天都深情地活着。“我就是我，是颜色不一样的烟火。”

为什么要写这本书

BA、BI、数据分析、财务数据分析、商业数据分析……这些热词不时地冲入耳膜，映入眼帘。如果提及自己在做这方面的工作，别人一定会觉得非常高大上。高校开设的课程名称中如果包含这几个关键词，估计他人都会认为这是走在了时代的前沿，自己也会被称为“改革的排头兵”。

数字经济时代，财务数字化转型成为必然，财务数据分析将成为企业价值创造的重要手段。财务数据分析工作谁来做？它需要什么样的能力？如何培养这方面的能力？这些问题值得“排头兵”们先思而后动。

做财务数据分析工作，学会 Excel、Power BI、Python、R……这些工具和语言就可以胜任吗？如果是这样，企业为什么抛出高薪也很难招到优秀的数据分析师呢？我想，很大一部分原因在于，对于财务数据分析师的工作而言，掌握工具只是最基本的要求，而对场景、数据、思路和方法的融会贯通才是核心要求。

关于财务数据分析，野蛮人认为：场景为王，数据次之，思路其后，方法最后。七剑下天山的前六本书，都是场景驱动，这本书也不例外。把财务数据分析的场景，通过基于 RPA 的原创剧本鲜活地呈现出来，把财务数据的分析思维、分析方法、分析流程无缝嵌入其中，讲好财务数据分析的“元小蛮”故事，让读者在阅读本书的时候，还能够领略到大美重庆的风土人情，仿如在魔都享受一顿酣畅淋漓的“蛮好吃”火锅一般。野蛮人希望，有缘遇见的读者和粉丝们，能够和“元小蛮”陪伴彼此，从本书的“全世界”路过，少些遗憾，多些温暖。

当 40 年前《霹雳游侠》中的无人驾驶汽车真实地降落在眼前，汽车机器人已不再是科幻的景象，颠覆性的体验正改变整个汽车产业的形态；通过数学算法进行参数设计，然后对产品结构进行拓扑，曾经曲高和寡的数字化家具正助推传统家具的“智造”变革。在财务数字化转型的浪潮下，野蛮人认为，数字化时代的“理享”工作是：人与机器合理分工，人做人该做的事情，机器做机器该做的事情。作为数据分析师的你，为什么不让“元小蛮”来做你的盟友，把你从日复一日的重复、机械性的操作中解放出来，协助你投入创新性的工作中，去创造更大的价值呢？

《RPA 财务数据分析——基于来也 UiBot》这本书是野蛮人带领 CABD Team 2021 研究生一起完成的，写作过程中，经常会在有了一个想法之后马上拨打热线电话，大家说呀、笑呀。作为感性和理性融为一体的野蛮人，最快乐的事情是和团队一起天马行空地去想象、去创作、去追求极致……

这是中国第一本 RPA 财务数据分析著作，感谢数字化时代对我和团队的青睐，我们都是幸运儿，感谢这个美好的时代！感谢一路走来，千千万万关注、关心、支持和帮助野蛮人的朋友们、师长们！感谢生活的磨砺，更感谢生命中的每一份善意，温暖着我，野蛮前行。

RPA 财务数据分析学习什么

财务数据，作为数字经济时代下最重要的战略性资产之一，是企业的命脉和价值创造的源泉，对企业的经营管理、战略发展和世界一流财务管理体系的建立影响至深。通过对财务数据实施科学的深度分析，找出数据背后的内在逻辑，能够为企业提供有效的决策支撑，并为企业可持续发展提供核心竞争优势。

RPA 财务数据分析是利用以 RPA 为主的数据处理工具，对财务数据进行自动化的采集、清洗、分析与展现，并且自动化生成财务数据分析报告的过程。RPA 财务数据分析既然是自动化地实现整个财务数据分析过程，那么人在这个分析过程中扮演什么角色呢？做什么工作呢？我们应该学习什么呢？难道就是学会按一个分析“启动”工作按钮？

事实上，RPA 技术的应用让我们财务数据分析师的工作变成了对自动化程序的开发和运作维护，因此，对 RPA 财务数据分析的学习，不仅要了解 RPA 财务数据分析的概念、作用、分析流程和工具，还要熟悉 RPA 财务数据分析的方法与思维、展现表格和图形设计、报告设计以及分析软件的使用，更重要的是基于本书办公费、差旅费、银行存款、销售费用、管理费用、制造费用、成本、收入与应收账款和财务报表典型应用场景，通过对分析目的、分析内容和思路、数据准备、数据采集与处理自动化、数据分析与展现自动化、数据分析报告自动化等内容的学习，熟练掌握 RPA 财务数据分析的流程、方法、思维和技术实现，这样才能让分析师很好地胜任 RPA 财务数据分析的自动化程序开发和运行维护工作。

如何讲授 RPA 财务数据分析课程

根据我们在 RPA 财务机器人、RPA 审计机器人课程的教学实践，RPA 财务数据分析课程的教学实施建议学时数为 48 个课时，包括理论讲解、案例研讨、物理沙盘推演实验、分析自动化程序开发模拟训练等四部分。教具主要包括 UiBot Creator RPA 财务数据分析软件和

RPA 财务数据分析模拟推演物理沙盘。

基于本书开展教学，通过 RPG 角色扮演模拟和重现重庆蛮先进智能制造有限公司(简称蛮先进公司)财务数据分析工作中的一些典型应用场景，让学生身临其境，通过理论讲解、案例研讨、沙盘推演、软件模拟来进行财务数据分析的学习，由浅入深、层层递进，逐步引导学生建立起这门课程的思维模式和学习方法，同时培养学生的创新思维、团队协作与交流沟通能力。

课程教学设置了 6 个财务数据分析机器人推演实验。实验案例素材均来自本书，与 RPA 财务数据分析自动化程序开发模拟训练协同，从场景分析、数据采集与处理自动化、数据分析与展现自动化、数据分析报告自动化四个方面培养学生的财务数据分析的“方法论”和方案设计能力，建立其独具特色的核心竞争力。

内容组织

本书内容从逻辑上分为两大部分：第一部分是理论基础篇，第二部分是应用实战篇。读者可以根据自己的前期基础、专业特长或兴趣爱好，有选择地进行阅读。

第一部分内容包括 1~5 章，主要介绍 RPA 财务数据分析的基本理论和软件。其中：

- 第 1 章主要介绍了 RPA 财务数据分析的概念、作用、流程以及相关软件，其中 RPA 财务数据自动化分析的流程包括确定分析目的、确定分析内容和思路、数据准备、数据采集与处理自动化、数据分析自动化、数据展现自动化和数据分析报告自动化，以便建立起读者对 RPA 财务数据分析基本理论的统一认识，为读者学习本书应用实战篇的 RPA 财务数据分析案例奠定基础。
- 第 2 章主要介绍了财务数据分析的方法和思维，包括对比分析法、分组分析法、结构分析法、平均分析法、交叉分析法、因素分析法和趋势分析法等，以及逻辑思维、向上思维、下切思维、求同思维、求异思维、抽离思维、联合思维、发散思维、收敛思维和理解层次等思维。
- 第 3 章主要介绍了财务数据分析中的表格展现和图形展现，其中财务数据分析表格展现包括项目选取、数据条、图标集和迷你图；财务数据分析图形展现包括柱形图、折线图、饼状图、平均线图、双坐标图和漏斗图。
- 第 4 章主要介绍了财务数据分析报告，内容包括财务数据分析报告的概念、原则、作用和类别，财务数据分析报告的结构和自动化原理，以及基于 Word 和 PPT 的财务数据分析报告自动化。让读者熟悉财务数据分析报告的生成原理和规则，便于后续实战开发的应用。
- 第 5 章主要介绍了来也 UiBot Creator RPA 数据分析软件，包括该软件的功能特点、核心优势、架构、如何下载和安装，以及该软件的界面、基本概念及基本语法和功能，最后通过项目收入数据自动化分析模拟实训，带领读者完成一个简单的 RPA 财务数据分析自动化程序开发。

第二部分内容包括 6～15 章，主要在概要介绍蛮先进公司的情况和财务数据分析需求的基础上，以该企业为案例对象，详细介绍了 9 个典型的自动化数据分析案例，是读者进行 RPA 财务数据分析学习和自动化程序开发实战的重点内容。其中：

- 第 6 章对蛮先进公司进行了介绍，首先介绍了公司概况、组织架构、分析师团队情况；

接着介绍了财务数据分析准备，包括数据来源和数据表；最后介绍了九大财务数据分析主题。

- 第 7~15 章分别介绍了办公费、差旅费、银行存款、销售费用、管理费用、制造费用、成本、收入与应收账款和财务报表 9 个数据自动化分析应用案例。以原创场景剧本、思维导图、框架图、流程图、技术线路、开发步骤等形式详细描述了 RPA 财务数据分析的应用场景和实现过程。这部分内容是基于财务数据分析场景驱动的业务、财务和技术一体化综合应用。

本书特色

我拥有 10 多年的 IT 从业经历和 10 多年的大学财会审教育经历，且具有丰富的 RPA 财务机器人、RPA 审计机器人的开发实践和教育教学经验，这为本书的撰写及其用于大学课程教学和社会培训提供了较好的参考和借鉴。

本书的最大特点是将 RPA 机器人流程自动化技术与财务数据分析的思维和方法深度融合，创新性强、知识点紧凑、案例丰富、场景生动，在目标定位、内容设计、案例设计、情景设计、模拟实训和沙盘推演等方面具有显著特色。

目标定位：本书的目标是帮助读者建立在数字化转型背景下财务数据分析自动化方案设计、财务数据分析自动化程序开发与运行维护方面的核心竞争力。本书的 RPA 财务数据分析案例均基于“RPA +Excel”进行设计，简单易学，适用于会计学、财务管理、审计学等专业的本专科生和研究生，以及从事会计、审计和企业管理的从业人员等。他们通过学习本书，能够掌握财务数据分析自动化的规划、设计、开发和运用，辅助企业财务进行管理和决策。

内容设计：本书的内容设计涵盖了 RPA 财务数据分析的基础理论和应用实现，注重分析的框架、流程、方法和思维的一体化，由浅入深、层层递进，从 RPA 财务数据分析的基础理论、技术到应用实现，从办公费、差旅费等费用的数据分析到财务报表的数据分析，既有理论的讲解和案例的探讨，又有实践的技术开发。通过良好的内容框架和分析流程设计，只要跟着章节进行学习，就可以在不知不觉中掌握 RPA 财务数据分析的原理、方法和技术。

案例设计：全书以蛮先进公司为案例对象，基于它的财务数据分析典型需求，结合相关数据分析思维和方法，将鼠标键盘、界面操作、软件操作、数据处理、文件处理、系统操作、网络等自动化技术无缝嵌入案例的财务数据分析工作应用场景中，这种一体化的代入感能够形成“业务·财务·技术”一体化的思维模式，并让读者深度理解和熟练掌握 RPA 在财务数据分析中的运用。

情景设计：全书应用实战篇中的案例应用场景描述和流程自动化设计全部基于原创的蛮先进公司工作场景，寓学于乐，引人入胜，能够激发读者的学习欲望。结合公司经营管理需求和财务数据分析的知识点，通过有目的地引入或创设具有一定情绪色彩的、以形象为主体的、生动具体的蛮先进公司工作中的对话场景，引起读者的共鸣，从而帮助读者更好地理解 RPA 财务数据分析的内在价值，并使学习到的知识得到很好的能力转化。

模拟实训：全书共设计了 10 个 RPA 财务数据分析应用案例，包括理论基础篇的项目收入数据自动化分析和应用实战篇的办公费数据自动化分析、差旅费数据自动化分析、银行存款数据自动化分析、销售费用数据自动化分析、管理费用数据自动化分析、制造费用数据自动化分析、成本数据自动化分析、收入与应收账款数据自动化分析和财务报表数据自动化分析，覆盖企业财务数据分析的核心应用场景，具有较强的体验性、实战性、综合性和示范性，读者学习之后直接或者稍微加以改进就可以用于具体的企业管理工作场景。

沙盘推演：基于本书的应用案例，我们配套研发了 RPA 财务数据分析模拟物理教学沙盘，用于可视化地指导并帮助学生完成场景分析、数据采集与处理自动化、数据分析与展现自动化、数据分析报告自动化等实验任务。物理沙盘以流程为导向，环环相扣，重点突出，使学生能够更直观、更快速、更系统地把 RPA 财务数据分析内容形成思维导图，旨在培养学生创新思维和分析问题、解决问题的能力，培养学生进行财务数据分析时的“方法论”和方案设计能力，建立其独具特色的核心竞争力。

配套资源

- RPA 财务数据分析的部分数据资料和源程序学习资源，读者可以在华信教育资源网(www.hxedu.com.cn)注册后下载。
- 开设课程的教学大纲、教学日历、教学课件。
- 与本书配套的 RPA 财务数据分析模拟物理沙盘、课程教学资源平台软件(包括第 9 章到第 15 章的技术实现源程序)等资源，具体可联系姜老师(微信号：tina_shanshan)。
- 通过在【云会计数智化前沿】微信公众号上提供的“课程学习与能力认证平台”(相关账号、密码见书封底)，读者注册之后可以观看学习视频，并可以通过平台参加课程认证和能力认证考试，获取相应证书。

适用读者和课程

本书可以作为(但不限于)：

- 普通高校本科和高职高专的会计学、财务管理、审计学等专业的会计信息化、会计信息系统、智能财务、财务数据分析等相关课程的教材。
- 普通高校的会计学硕士、会计专硕、审计专硕、工商管理硕士等研究生的智能财务、财务数据分析等相关课程的教材。
- 普通高校的计算机专业、软件工程专业、人工智能专业等本科生和研究生进行机器人流程自动化(RPA)开发学习的参考教材。
- 集团企业运营管理部门和财务共享中心人员提升数据分析能力的培训用书。
- 初级会计师、中级会计师、高级会计师及注册会计师提升工作能力的学习用书。
- 欲通过 RPA 提高自己的核心竞争力，考取财务数据分析相关证书人员的学习用书。
- 会计信息化爱好者进行“互联网+会计”跨学科学习的指导用书。

勘误和支持

由于水平有限，书中难免会出现一些错误或者不准确的地方，恳请读者批评指正。读者可以通过以下途径反馈建议或意见。

- 即时通信：添加微信(chgpg2018)反馈问题。
- 直接扫描二维码添加个人微信或者添加【云会计数智化前沿】微信公众号。

● 电子邮件：发送 E-mail 到 4961140@qq.com。

致谢

在本书的撰写过程中，得到了多方的指导、帮助和支持。

第一，感谢北京来也网络科技有限公司董事长汪冠春先生、总裁李玮先生、CPO 褚瑞先生、CTO 胡一川先生、合伙人黄慧女士、合伙人范里鸿先生对本书写作的指导与帮助。

第二，感谢重庆迪数享腾科技有限公司参与本书的策划和案例研发，并且配套研发了 RPA 财务数据分析模拟教学物理沙盘，为本书用于教学提供了整体解决方案设计。

第三，感谢电子工业出版社高等财经事业部主任石会敏老师及其团队为本书的撰写提供的方向和思路指导、审核、校验等工作，以及其他在背后默默支持的出版工作者。

第四，感谢我的 2021 级研究生团队成员，重庆理工大学会计学院硕士研究生李宛霖、邓湘煜、邓佳红、邓天雨、谭果君、刘泓、陈凤、王俊苏、朱思懿、熊俊宇等参与本书的内容编写、案例讨论、程序的开发和测试工作，李宛霖在组织管理和任务分解协同方面做出了重要贡献。

第五，感谢我的父母、家人和朋友，尤其是夫人陈艳女士对我工作的大力支持，花了大量的时间悉心照顾即将“小升初”的桐少小朋友，使我有时间和精力完成本书的撰写工作。

谨以此书献给致力于中国财会审数字化转型、中国“互联网+会计/审计”教育综合改革，致力于未来成为卓越财务数据分析师的朋友们，愿大家身体健康、生活美满、事业有成！

程平

2022 年 7 月

RPA财务数据分析场景演员对照表

企业名称：蛮先进智能制造有限公司

章节序号	分析主题	演　员	岗　位
第7章	办公费数据自动化分析	程平	财务总监
		邓天雨	高级财务数据分析师
		王俊苏	初级财务数据分析师
		家桐	财务数据分析实习生
第8章	差旅费数据自动化分析	程平	财务总监
		李宛霖	初级财务数据分析师
		邓天雨	高级财务数据分析师
		家桐	财务数据分析实习生
第9章	银行存款数据自动化分析	刘泓	高级财务数据分析师
		子轩	财务数据分析实习生
第10章	销售费用数据自动化分析	程平	财务总监
		谭果君	中级财务数据分析师
		邓佳红	初级财务数据分析师
		子轩	财务数据分析实习生
第11章	管理费用数据自动化分析	程平	财务总监
		邓湘煜	中级财务数据分析师
		熊俊宇	RPA高级工程师
		家桐	财务数据分析实习生
第12章	制造费用数据自动化分析	程平	财务总监
		王俊苏	初级财务数据分析师
		李宛霖	初级财务数据分析师
		常吉	生产统计员
		熊俊宇	RPA高级工程师
		家桐	财务数据分析实习生
第13章	成本数据自动化分析	程平	财务总监
		邓佳红	初级财务数据分析师
		陈凤	RPA高级工程师
		子轩	财务数据分析实习生
第14章	收入与应收账款数据自动化分析	程平	财务总监
		朱思懿	初级财务数据分析师
		刘泓	高级财务数据分析师
		子轩	财务数据分析实习生
第15章	财务报表数据自动化分析	程平	财务总监
		邓湘煜	中级财务数据分析师
		家桐	财务数据分析实习生
		陈凤	RPA高级工程师

人 物	介 绍	人 物	介 绍
	姓名：程平 岗位：财务总监 座右铭：携手 RPA，野蛮人可以再造财务数据分析新世界。		姓名：刘泓 岗位：高级财务数据分析师 团队：与蛮同行 座右铭：等 RPA 来，不如追 RPA 去。
	姓名：家桐 岗位：财务数据分析实习生 座右铭：RPA 就这样酷炫，信不信由你。		姓名：谭果君 岗位：中级财务数据分析师 团队：与蛮同行 座右铭：有趣有盼，不负 RPA！
	姓名：子轩 岗位：财务数据分析实习生 座右铭：RPA 财务数据分析赋能商业大世界。		姓名：朱思懿 岗位：初级财务数据分析师 团队：与蛮同行 座右铭：我想去的地方有 RPA 的未来！
	姓名：邓天雨 岗位：高级财务数据分析师 团队：元气满蛮 座右铭：如果错过 RPA，与你擦肩而过的不仅仅是一个机会，而是整整一个时代！		姓名：邓佳红 岗位：初级财务数据分析师 团队： 与蛮同行 座右铭：要在 RPA 的道路上越走越远。
	姓名：邓湘煜 岗位：中级财务数据分析师 团队：元气满蛮 座右铭：别放弃，保持对 RPA 的爱与热忱。		姓名：陈凤 岗位：RPA 高级工程师 部门：数字化赋能中心 座右铭：不积跬步，无以至 RPA；不积小流，无以成元宇宙。
	姓名：李宛霖 岗位：初级财务数据分析师 团队：元气满蛮 座右铭：人类未来有两个终点，一个是元宇宙，另一个也是元宇宙。		姓名：熊俊宇 岗位：RPA 高级工程师 部门：数字化赋能中心 座右铭：梦里梦到醒不来的梦，就像在元宇宙之中。
	姓名：王俊苏 岗位：初级财务数据分析师 团队：元气满蛮 座右铭：在 RPA 的世界里，知行合一。		姓名：常吉 岗位：生产统计员 部门：生产部 座右铭：路漫漫其修远兮，吾将上下而求索。

目　录

第一篇　理论基础篇

第二篇 应用实战篇

第一篇　理论基础篇

第 1 章　RPA 财务数据分析概述

1.1　什么是 RPA 财务数据分析

现代企业产生的海量数据仿佛人类体内分布的菌落，看似杂乱无序，实际上，菌落与菌落之间天然存在着无形的“秩序”。只是这种“秩序”仅凭肉眼很难被洞察，必须借助高倍显微镜才行。好的数据分析，就如同高倍显微镜，能够观察到细粒度数据的内在结构，并把隐藏在数据背后的秘密挖掘出来，洞悉肉眼难以察觉的本质，找出形成这些数据背后的动因。财务数据，作为数字经济时代下最重要的战略性资产之一，是企业的命脉和创造价值的源泉，对企业的经营管理、战略发展和世界一流财务管理体系的建立影响至深。通过对财务数据实施科学的深度分析，找出数据背后的内在逻辑，能够为企业提供有效的决策支撑资料，并为企业可持续发展提供核心竞争优势。

数据分析是指根据分析目的，用适当的分析方法及工具，对数据进行处理与分析，提取有价值的信息，形成有效结论的过程。企业的财务数据，包括原始凭证、记账凭证、序时账、日记账、总账、资产负债表、现金流量表、利润表等会计账簿及财务报表等所记录的基础数据，以及利用数学模型计算得出的财务分析数据，如责任考核数据、财务指标数据等。那么什么是财务数据分析呢？顾名思义，财务数据分析就是采用适当的分析方法及工具，对财务数据进行采集、处理、分析与展现，形成财务辅助管理与决策的结论和建议报告的过程。

我们知道了何为财务数据分析，那什么是 RPA 财务数据分析呢？RPA 财务数据分析不仅用到了 RPA 软件，还涉及其他应用软件。本书针对 RPA 财务数据分析，选用的数据处理工具包括 RPA 自动化处理、Excel 表格处理和 Word 文字处理等工具，如图 1-1 所示。

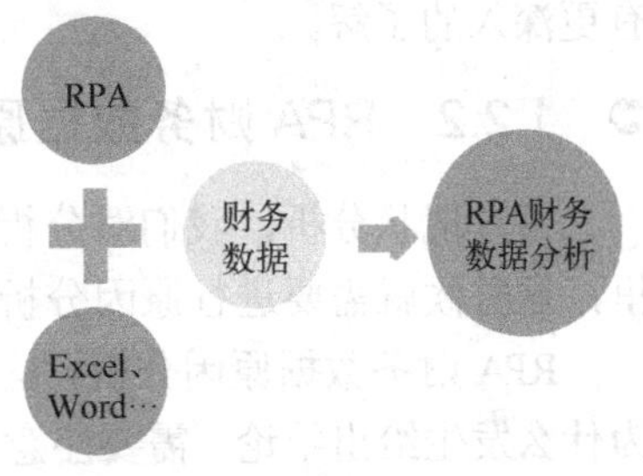

图 1-1　RPA 财务数据分析是什么

下面，我们先简单地介绍一下 RPA 的概念。RPA（Robotic Process Automation），机器人流程自动化的简称，通常被称为 RPA 机器人或 RPA 软件机器人，是一种流程自动化软件，它能够模拟人类与计算机的交互过程，基于固定的规则和业务处理逻辑，对高度重复、工作量大的任务进行自动化处理。具体而言，运行在计算机等智能设备上的 RPA 机器人，能够模拟人类进行单击、输入和处理等操作，自动完成数据读取、数据清洗、数据分析、生成分析报告等工作。

基于以上的理解和定义，RPA 财务数据分析就是数据分析师利用以 RPA 机器人为主的数据处理工具，对财务数据进行自动采集、清洗、分析与展现，并且自动生成财务数据分析报告的过程。当然，在这个过程中，我们不只应用到了 RPA 机器人这种工具。在后面章节的实战中，大家会发现我们始终将 RPA 机器人与微软的 Excel 软件和 Word 软件连接在一起，这是因为 Excel 是最常用、最简便的数据分析工具，而 Word 是最常用的文档报告工具，即使非专业人士也能够很快上手。

RPA 财务数据分析，就像一台自动过滤器，将隐藏在一大批看似杂乱无章的财务数据背后的信息集中和提炼出来，总结出内在规律，提出针对性建议，帮助使用者进行判断和决策。在明确了什么是 RPA 财务数据分析后，我们来看看它的作用有哪些。

1.2 RPA 财务数据分析的作用

我们在进行财务数据分析之前，一定要有明确的分析目的——本次数据分析到底是为了什么。比如，是为了日常通报，了解企业的财务运行情况，还是为了支撑科学的管理与决策，深挖数据背后的内在逻辑？我们不能为了分析而分析，应该首先想清楚分析的目的，这样才能避免被数据淹没。RPA 财务数据分析主要有三大作用：现状分析、原因分析和预测分析，如图 1-2 所示。

图 1-2　RPA 财务数据分析的作用

➲ 1.2.1　RPA 财务数据现状分析

RPA 财务数据现状分析就是 RPA 机器人对现有的财务基础数据进行描述、统计与评估，然后告诉使用者企业的运营状况。简单地说，就是企业过去发生了什么。我们可以从两个维度考察。

一是分析企业现阶段财务某一方面的整体情况，包括各类费用、收入、银行流水等，以衡量企业财务在这些方面是好是坏，好的程度如何，坏又坏到什么程度。

二是将财务数据下沉到部门、客户、项目等辅助核算项目中去，同时分析其业财融合情况，让使用者更好地了解企业财务数据对应各项业务的发展及变动，以对企业经营管理状况有更深入的了解。

➲ 1.2.2　RPA 财务数据原因分析

通过现状分析，我们对分析对象的整体情况有了一定了解，但不知道好在哪里、坏在哪里，这时候就需要进行原因分析，进一步确定某一数据背后的具体原因了。

RPA 财务数据原因分析，是指 RPA 机器人通过既定的逻辑判断，通过数据针对某一现状为什么发生给出结论。需要注意的是，由于 RPA 机器人必须基于固定的逻辑进行判断，所以其原因分析即便考虑多种可能性，得出的结论也难以尽善尽美，它只能作为管理和决策的参考，最终的决策还是取决于使用者。但 RPA 机器人得出的原因分析报告至少能够指明大致方向，减少大量不必要的重复性工作，将财务人员置于更需要智慧的职业判断工作中去。

例如，RPA 机器人在进行办公费分析时，发现 2021 年的办公费持续上升，那么到底是什么原因导致上升的呢？是由于公司扩张各部门办公费都上升，还是因为某几个部门办公费的开销变大？是因为物价上涨，还是因为项目增加？这时我们就需要展开原因分析，找出数据现象背后的影响因素。

1.2.3　RPA 财务数据预测分析

RPA 财务数据预测分析，是指 RPA 机器人通过历史财务数据对相关财务指标的未来变化做出预测，为企业财务管理与决策提供科学的参考。财务数据预测包括费用成本预测、销售收入预测、税金预测、项目利润预测等内容，这些预测分析是企业评价经济效益的基础，也是评估其他经济指标的基础。

RPA 财务数据预测分析一般通过专题分析来完成，其开展的频率没有现状分析和原因分析高。例如，在管理费用分析中，可以利用 RPA 机器人对管理费用的历史数据进行分析，预测第二年的每月花费，为企业制订季度、年度计划提供参考。

基于本书的定位，本书中的财务数据分析案例主要是针对现状和原因进行分析的，关于财务数据预测分析，我们将在未来专门著书。

1.3　RPA 财务数据自动化分析的流程

RPA 财务数据自动化分析的流程，由 7 个既相对独立又互相联系的步骤组成，它们分别是确定分析目的、确定分析内容和思路、数据准备、数据采集与处理自动化、数据分析自动化、数据展现自动化和数据分析报告自动化，如图 1-3 所示。

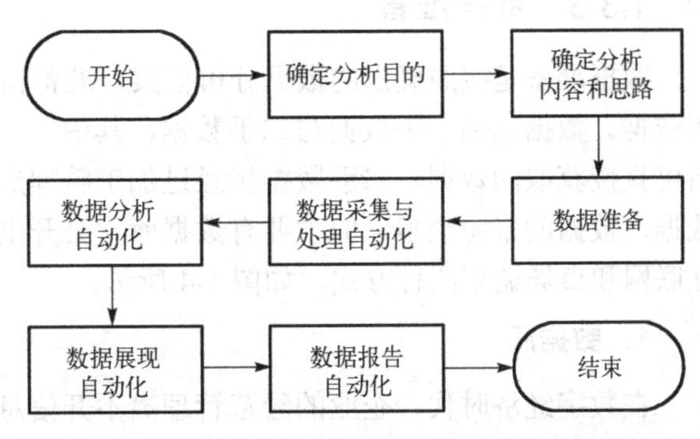

图 1-3　RPA 财务数据自动化分析的流程

1.3.1　确定分析目的

如前文所述，我们在正式进行数据分析前，一定要有明确的目的，一切都要以解决问题为中心。要想清楚分析目的是对现状进行分析，还是原因分析或预测分析？如果是分析现状，分析过程就应该注重数据的清洗、汇总与提炼，原因分析就要有意识地去考察现象背后的原因，预测分析就要考虑好历史数据的准确性和预测方法。

数据分析不能一味追求使用高级的分析方法，也不能生搬硬套精致的或者复杂的图表，只要我们的目的明确，很多问题就迎刃而解了。例如，一个合格的数据分析师不会纠结于“怎样让分析方法显得高级”“要画多少张图表”“报告要写多少页”这些问题，而是会思考这张图表或这段话是否有效地表达了观点、是否达到了分析的目的，如果没有，应该怎样修改。

所以，在展开数据分析之前，我们要想想为什么展开数据分析？通过这次分析要解决什么问题？例如，在差旅费分析中，我们的总体目的是为了控制差旅费，所以才会去分析差旅费在各类费用、地区、客户、部门中的分布，判断花销是否合理，得出应该对哪些部门、地区、客户重点关注的结论。没有明确的目的，数据分析可能就会偏离方向，甚至使决策者误入歧途。

1.3.2 确定分析内容和思路

在明确分析目的后，我们就要开始梳理分析思路、搭建分析框架了。这个过程主要是利用结构化思维，将分析目的分解成若干个不同的分析要点，即具体从哪几个角度进行分析，每个角度又采用哪些分析指标。采用哪些分析思维与分析方法，如何使分析框架体系化并具有说服力是个重要的问题。

在企业日常经营管理活动中，常常采用营销学、管理学中的相关理论作为指导，结合实际业务搭建分析框架，这样的数据分析维度比较具有完整性。营销学中的理论模型有 4P、用户使用行为、STP 理论、SWOT 等，管理学方面的理论模型有 PEST、5W2H、时间管理、生命周期、逻辑树、金字塔、SMART 原则等。

同样，在 RPA 财务数据分析中，我们根据分析目的来确定具体的分析内容。还是以差旅费分析为例，我们的分析框架分为两个层级：一是财务核算分析，二是业财融合分析。财务核算分析包括差旅费趋势分析、差旅费环比同比分析和差旅费结构分析，而业财融合分析下沉到业务，包括部门分析、客户分析、地区分析和项目分析。这样，我们就把“降低差旅成本”这个大目标拆分成了 7 个具体的分析模块，构建起完整的分析框架。

确定分析目的、分析内容和分析思路，是确保数据分析过程有效进行的先决条件，它可以为数据准备、数据处理及分析等提供清晰的指引方向。

1.3.3 数据准备

数据准备是按照确定的数据分析框架，准备相关数据的过程。它为数据分析提供了素材和依据。数据包括一手数据与二手数据，其中，一手数据指可直接获取的数据，二手数据指经过加工整理后得到的数据。数据的来源众多，但主要有数据库、公开出版物、互联网和市场调查四种方式，如图 1-4 所示。

图 1-4 数据的来源

1. 数据库

在数字经济时代，企业的经营管理离不开信息系统的赋能。企业的 ERP 系统和业务信息系统会形成自己的财务数据库和业务数据库，用于存储企业日常经营管理过程中产生的财务数据和业务数据。此外，还有来自第三方机构的数据库，如 Wind、CSMAR 等机构的数据库，这些数据库是一个庞大的数据资源池，需要被有效地利用起来。

2. 公开出版物

可以用于收集数据的全国公开出版发行的刊物，如《中国统计年鉴》《中国社会统计年鉴》《中国人口统计年鉴》《世界经济年鉴》《世界发展报告》等。

3. 互联网

随着互联网的普及，尤其是移动互联网、社交网络的应用，网络上的数据呈现爆发式增长趋势。利用搜索引擎可以帮助我们迅速找到所需的数据，如访问国家及地方统计局网站、行业组织网站、企业官网等。

此外，还可以通过网络爬虫技术对网络数据进行抓取，RPA 机器人可以自动化地提取网页数据。例如，RPA 机器人可以自动打开财经网站、查询并下载指定企业的年报，还可以自动查询和抓取电商网站中的商品名称、价格、商品型号、用户评论、商品图片信息等。

4. 市场调查

当想要了解用户的想法与需求数据时，就要采用市场调查的方法了。市场调查指运用科学的方法，有目的、系统地收集、记录、整理有关市场营销的信息和资料。市场调查的费用较高，调查的结果存在一定误差，可做企业参考、辅助决策之用。

1.3.4　数据采集与处理自动化

数据采集与处理自动化，是指 RPA 机器人自动从 Word、Excel、图片或网页等读取数据，并对数据进行加工整理，得到适合分析的数据的过程，它是财务数据分析前必不可少的阶段。一般来说，RPA 机器人采集到的初始数据有着量大、杂乱、格式不一致等特征，而数据处理工作就是要从中抽取出对解决问题有价值、有意义的数据。

RPA 机器人数据处理包括数据清洗、数据合并、数据抽取、数据计算、数据转换等，处理后的数据才能用于后续的数据分析工作。

数据清洗，是将多余、重复的数据筛选清除，将缺失的数据补充完整，将错误的数据纠正或删除的过程，目的是将原始数据转化为简明、完整、正确的数据，以满足后续的数据分析需要。

数据合并，是指综合数据表中某几个字段的信息或记录的数据，将它们组合成一个新字段、新记录的数据。RPA 机器人常用的数据合并活动包括合并数据表、合并数组、将数组合并为字符串等。

数据抽取，也称数据拆分，是指保留、抽取原始数据表中某些字段、记录的部分信息，形成一个新字段、新记录。RPA 机器人进行数据抽取的方法包括数据切片、选择数据列、截取数组、过滤数组数据等。

数据计算，是指对数据进行加、减、乘、除等基础算术运算，或者更复杂的涉及函数的运算等。RPA 机器人除了可以通过变量赋值进行公式写入，还可以进行取绝对值、取整数部分、取平方根等活动。

数据转换，是指对数据进行数据类型格式的转化，数据类型格式包括整数类型、小数类型以及字符串类型等。RPA 机器人中的数据转换活动包括转换为逻辑数据、转换为小数数据、转换为整数数据、转换为文字数据以及将数据表转换为数组等。

1.3.5　数据分析自动化

数据分析自动化，是指 RPA 机器人对收集来的数据进行分析，提取有价值的信息，形成有效结论的过程。

RPA 机器人主要通过数据表、数组和字典相关活动以及循环与遍历相关算法来实现对数据的分析。在具体进行数据分析自动化开发之前，数据分析师应当为需要分析的内容确定适合的数据分析方法，这样在开发时才有目标导向，才能够得心应手地进行分析和研究。

为了进行财务数据分析，数据分析师除了要掌握 RPA 机器人和 Excel 等软件的使用，还应熟练掌握和运用对比分析、分组分析、结构分析、分布分析、交叉分析、矩阵分析、回归分析等常用的数据分析方法，以及逻辑思维、向上思维、下切思维、求同思维、求异思维、抽离思维、联合思维、发散思维、收敛思维、理解层次等常用的数据分析思维方式。

例如，对比分析法能够使人有意识地从时间、空间、目标、项目等维度对数据进行比较分析；结构分析法让分析师不再拘泥于数据整体，而是对数据进行横向解剖，让人看清数据的“横截面”；因素分析法则可以理清各因子之间的关系，帮助分析师找到现象背后的原因。

这些财务数据分析方法和分析思维我们将在第 2 章进行详细介绍。

1.3.6 数据展现自动化

数据展现自动化，是指 RPA 机器人借助 Excel 等软件来可视化呈现数据分析的结果，显示出数据内部的关系和规律。

RPA 机器人实现数据展现自动化的路线，主要是通过利用 RPA 软件中的 Excel 自动化将数据填入 Excel 模板文件。在模板文件中预设了相应图表样式，一旦数据填入，对应图表就能自动生成。

那在进行数据展现自动化之前，我们应该按照怎样的规则在 Excel 模板文件中预设好分析图呢？我们常说的“用图说话”，就是指图要有效、明确地表达数据分析结果。常用的数据图包括饼状图、柱形图、条形图、折线图、散点图、雷达图等，还可以对这些图进一步整理和加工，使之成为金字塔图、矩阵图、漏斗图、帕累托图等。与单纯的数据相比，人们更愿意接受图形这种数据展现方式，因为它们能更有效、更直观地传递出分析师所要表达的观点。

规划好每一种分析结果应该用哪种图形形式展现并非一件容易的事，在这个过程中，数据分析师不仅要熟悉各种图的功能，还要对分析内容掌握透彻。例如，在差旅费趋势分析中，数据间存在时间联系，为了使分析报告使用者更直观地看到差旅费数据波动，我们选择折线图；在管理费用结构分析中，各科目管理费用形成比例关系，为了使管理费用各组成部分占比更清晰，我们选择饼状图；在办公费项目分析中，数据间形成对比关系，为了使花费到各项目的办公费数据对比鲜明，我们采用柱形图。

我们将在第 3 章详细介绍财务数据分析表格与图形。

1.3.7 数据分析报告自动化

数据分析报告自动化，是指利用 RPA 机器人自动生成 Word 或 PDF 等形式的数据分析报告。财务数据分析报告是对整个财务数据分析过程的一个总结与呈现。

RPA 机器人实现财务数据分析报告自动化的路线，主要是利用了 RPA 软件中的 Word 预制件和 Excel 预制件，首先通过 Excel 预制件中的执行宏和 Word 预制件中的粘贴活动将图表复制进分析报告，然后再用 Word 预制件中的相关活动，将变量中的文本信息放进 Word 模板中的对应位置。

在数据分析报告自动化开发之前，财务数据分析报告模板要怎么设计呢？在形式上，财务数据分析报告要包括标题、摘要、目录、正文这几部分。在内容上，财务数据分析报告要完整地呈现数据分析的背景、目的、内容、结论与建议，为决策者提供科学、严谨的决策依据。

一份高质量的财务数据分析报告，一定要具备一个好的分析框架，以及明确的结论与建议；内容图文并茂、结构清晰、主次分明，能够使阅读者形象、直观地看清楚问题、分析过程和结论。明确的结论与建议措施，将会赋予财务数据分析报告较大的使用价值。所以，数据分析师不仅需要掌握财务数据分析方法，而且要了解和熟悉财务业务，这样才能根据发现的财务业务问题，提出可行性建议或解决方案。

我们将在第 4 章详细介绍财务数据分析报告，以及各种形式分析报告的设计范式。

1.4 财务数据自动化分析工具

➲ 1.4.1 微软 Excel 软件

Excel 是微软公司推出的一款电子表格软件，拥有直观的界面、出色的计算功能和图表工具，是目前最流行的数据处理软件之一。它可以进行各种数据处理、数据分析和数据可视化，甚至可以用于撰写报告，它的特点是简单、易用。

Excel 采用 Windows 风格界面，操作界面友好，数据录入、编辑、存储简单，无须编程，大多数数据处理、分析操作可通过菜单、对话框、函数等来完成，非专业人士能快速上手，并且可以与 PPT、Word 等报告撰写工具较好地实现数据协同。

在数据处理方面，Excel 能够方便、快捷地实现数据清洗、数据合并、数据计算等。图 1-5 中展示了 Excel“数据”工作栏中部分数据处理功能，包括数据排序、数据筛选、数据合并等，此外，还可以对数据表建立查询与链接。

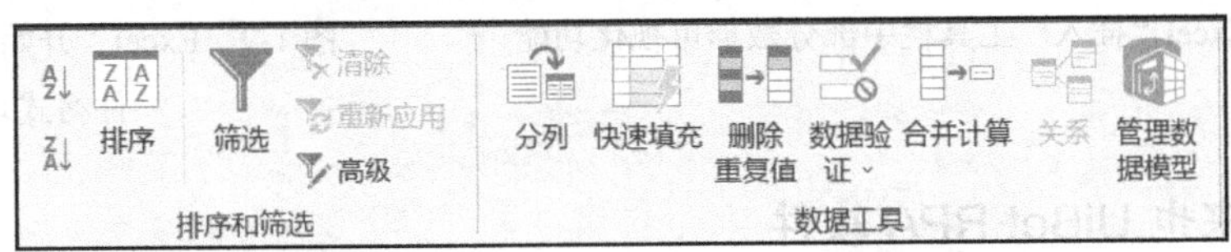

图 1-5 Excel“数据”工具栏中部分数据处理功能

如图 1-6 所示，除了简单的算数运算，在 Excel“公式”工具栏中，还能进行诸多函数运算，包括 COUNT 计算数值个数、RAND 随机数、SUM 求和、AVERAGE 平均数、IF 条件和 VLOOKUP 查询等函数。

图 1-6 Excel“公式”工具栏中部分功能

在数据分析方面，如图 1-7 所示，“插入”工具栏中的数据透视表能够对数据表中的各字段进行快速分类和汇总，是一种交互式报表。数据透视表，还能够聚合数值数据、展开和折叠数据、对最有用的一组数据进行数据处理，让使用者重点关注所需信息。

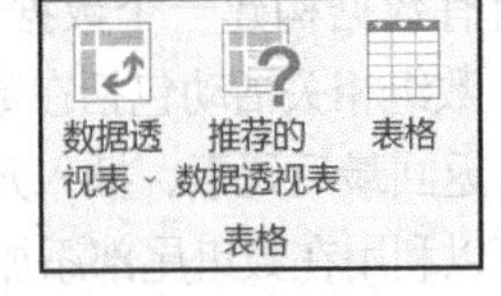

图 1-7 Excel“插入”工具栏中的数据透视表

在数据可视化方面，如图 1-8 所示，在“插入”工具栏中，可以方便地使已存在的数据以柱形图、折线图、饼状图、漏斗图等形式呈现，并且能够对图中的元素进行个性化设置。

如图 1-9 所示，“开始”工具栏中的“条件格式”功能，能根据设定的规则对数据突出显示。例如，将选中数值大小排名前 10%的单元格用浅红填充，使表格中的数据更加清晰。

本书选用的是 Excel 2019 版，该版本中的数据处理、数据分析和数据可视化功能能够较好地满足企业日常的财务数据分析需要。但是，Excel 在数据分析方面也有不足的地方，一是 Excel 的数据存储量是有限的，最多存储 1 048 576 行数据；二是当数据量过大时，Excel 的计算速度有待提高；三是 Excel 的数据分析方法不够丰富，无法使用聚类分析、因子分析、时间序列、神经网络等高级分析方法。

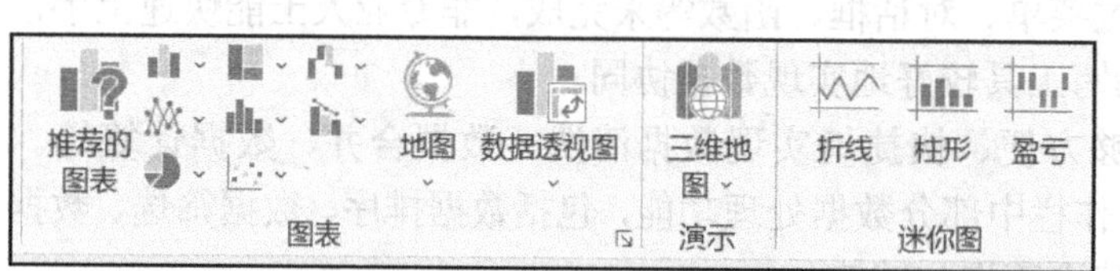

图 1-8 Excel“插入”工具栏中部分数据可视化功能

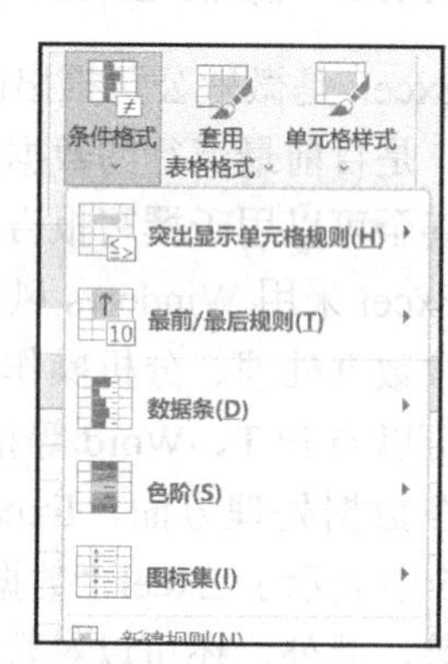

图 1-9 Excel“开始”工具栏中的条件格式功能

1.4.2 来也 UiBot RPA 软件

UiBot RPA 软件是由来也科技有限公司(简称来也科技)研发的一款机器人流程自动化服务平台软件。来也科技创办于 2015 年，由常春藤盟校(Ivy League)的博士团队发起，致力于做人机共生时代具备全球影响力的智能机器人公司，是中国“RPA+AI”领域的头部企业。来也科技的 UiBot RPA 软件产品主要包含创造者(Creator)、劳动者(Worker)、指挥官(Commander)、魔法师(Mage AI)四大模块，为机器人的生产、执行、分配、智能化提供相应的工具和平台。

UiBot Creator 用于开发流程自动化机器人，同时也可以运行和调试机器人。本书的财务数据分析机器人就是采用 UiBot Creator 软件进行开发的。

在数据处理方面，我们应用得较多的是数据表与数组相关活动。UiBot Creator 数据表与数组功能内置预制件如图 1-10 所示，数据表相关功能包括构建数据表、数据切片、数据筛选、选择数据列、数据表去重等。例如，我们需要筛选序时账中的制造费用，那么我们就可以先将所有数据构建一个数据表，再对其进行数据筛选，并且选择需要的数据列。

数组相关活动包括在数组头部添加元素、在数组尾部添加元素、删除并返回第一个元素、删除并返回最后元素、插入元素、截取数组、合并数组等。例如，在计算每月制造费用汇总时，我们可以利用在数组尾部添加元素将算出来的每月总额归集到一个数组，便于后续填入 Excel 表格。

前文已经提到，数据分析和数据分析报告自动化需要 RPA 机器人与 Excel 和 Word 软件进行数据协同。如图 1-11 所示，在 UiBot Creator 中，Excel 预制件包括打开、绑定、保存、另存、激活、关闭 Excel 工作簿活动，以及查找数据、读取单元格、读取区域、自动填充区域、读取行、读取列等活动。如图 1-12 所示，Word 预制件包括打开文档、读取文档、重写文档、设置光标位置、查找文本后设置光标位置、移动光标位置等活动。这些活动能帮助机器人实现数据分析和数据分析报告自动化的数据协同。

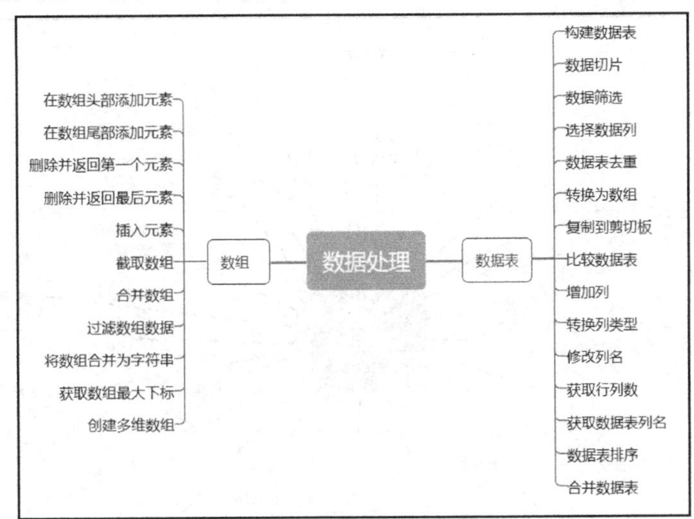

图 1-10 UiBot Creator 数据表与数组功能内置预制件

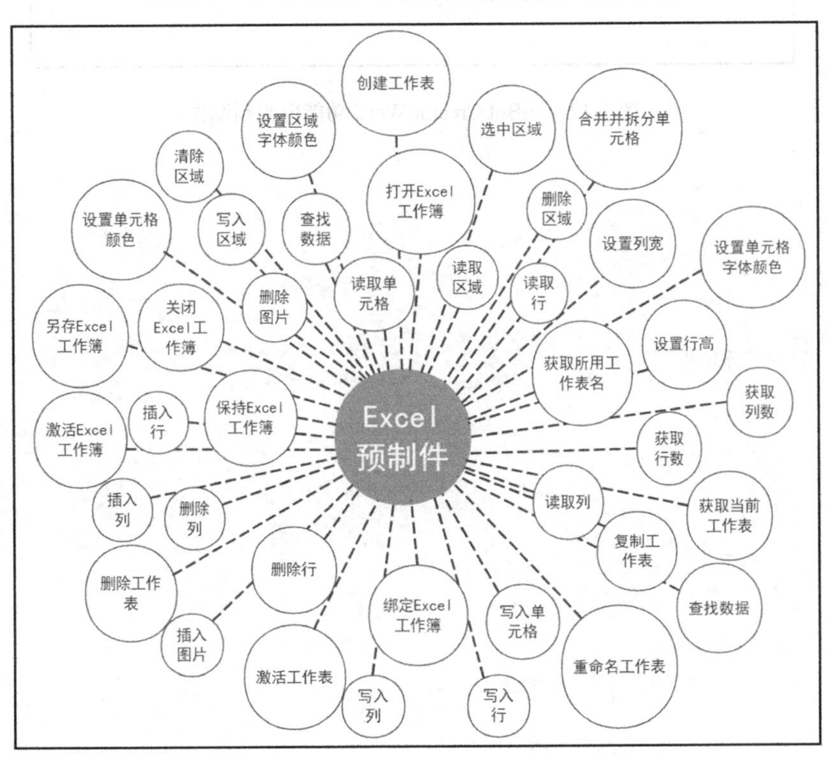

图 1-11 UiBot Creator Excel 功能内置预制件

当然，数据分析和数据分析报告自动化不仅仅涉及 Excel 和 Word 预制件，还需要数据分析师熟练运用 UiBot Creator 内置的基本语法和一些基础计算机编程算法，如循环、遍历、如何对一组数据进行排序等。这些内容就不在此章节一一展开介绍了，关于 UiBot Creator 的一些具体介绍我们将在本书第 5 章展开，后续的实战环节能让大家有更直接、更丰富的使用感受。

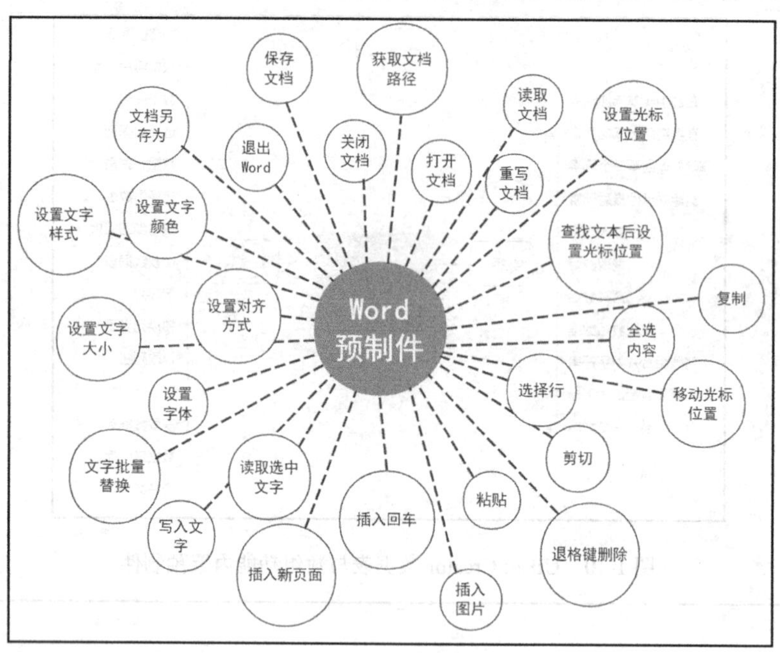

图 1-12 UiBot Creator Word 功能内置预制件

第 2 章　财务数据分析方法与思维

2.1　财务数据分析方法

对于财务数据分析而言，分析方法的选择对财务数据分析的成效有着显著的影响。那么，常见的财务数据分析方法有哪些呢？根据分析需求与数据的特征不同，我们可以将财务数据分析方法分为对比分析法、分组分析法、结构分析法、平均分析法、交叉分析法、因素分析法和趋势分析法。下面对这些分析方法进行详细介绍。

2.1.1　对比分析法

对比分析法，是指将两个或两个以上的数据进行比较，分析数据的差异或变动，准确、量化地表示出这种差异或变动是多少，并且揭示这些数据所代表的事物的发展变化情况和规律性。

对比分析法分为横向对比或纵向对比，横向对比是比较不同事物在同一时间条件下的数据差异，纵向对比是比较同一事物在不同时间条件下的数据差异。对比分析法可以从时间维度、空间维度、客户维度、项目维度及部门维度五个维度进行分析。

1．时间维度

时间维度是同一指标在不同时间维度下的对比，包括同比、环比等。同比就是与上年同一个时间段的情况进行对比分析，可以是季、月、周、天。环比就是和上一个时间段的情况进行对比。

例如，在分析办公费时，可以从时间维度分析各月办公费的发生变动情况，汇总各月办公费的发生额，并利用柱形图和表格对数据分析结果进行展示，如图 2-1 所示。

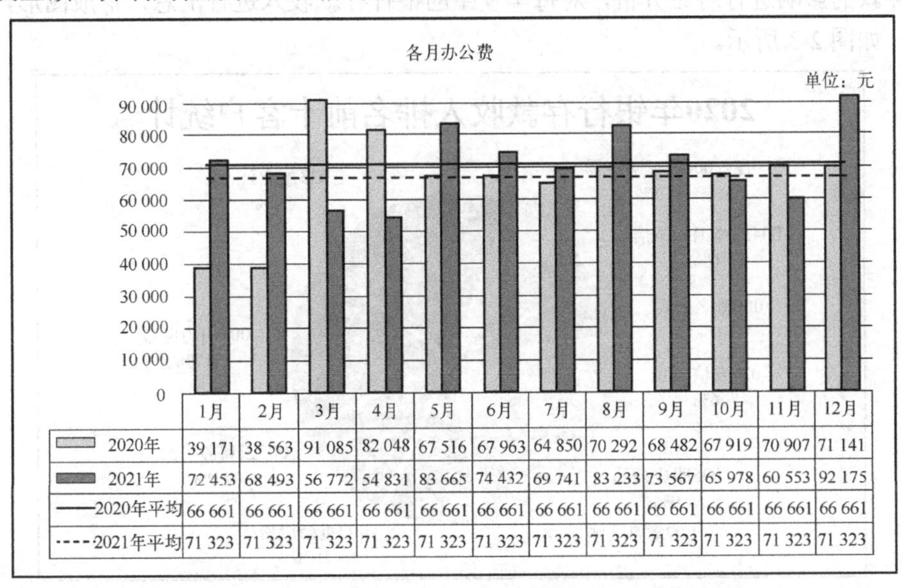

	1月	2月	3月	4月	5月	6月	7月	8月	9月	10月	11月	12月
2020年	39 171	38 563	91 085	82 048	67 516	67 963	64 850	70 292	68 482	67 919	70 907	71 141
2021年	72 453	68 493	56 772	54 831	83 665	74 432	69 741	83 233	73 567	65 978	60 553	92 175
2020年平均	66 661	66 661	66 661	66 661	66 661	66 661	66 661	66 661	66 661	66 661	66 661	66 661
2021年平均	71 323	71 323	71 323	71 323	71 323	71 323	71 323	71 323	71 323	71 323	71 323	71 323

图 2-1　2020—2021 年月度办公费对比分析

2. 空间维度

空间维度对比指可以按同级别空间对比、先进/落后空间对比、区域大/小空间对比进行分类。同级别空间对比是指在某一水平上，空间级别相等，如行政等级相等。先进/落后空间对比是指在水平不同的空间进行对比，如销售额在东部地区和西部地区的对比。区域大/小空间对比是指在空间区域范围不同的空间进行对比，如本公司销售额和竞争对手销售额的差异对比。

例如，在分析差旅费时，可以从空间维度，按照国内出差、国外出差、市内出差、外出培训这些事项的差旅费进行分析，下沉到业务，从整体到局部，将范围缩小，精准定位数据变化的具体情况和变化背后的具体原因，如图 2-2 所示。

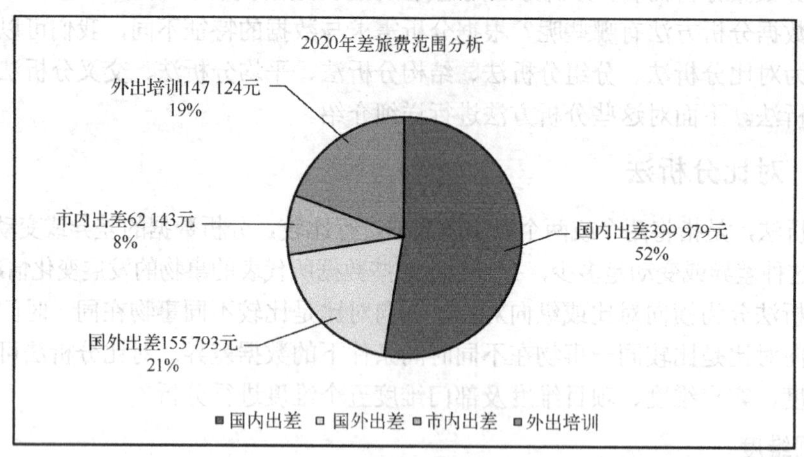

图 2-2　差旅费范围对比分析

3. 客户维度

客户维度对比指可以分析不同客户之间的差异。例如，在分析银行存款时，可以按客户对银行存款的影响进行对比分析，对每年发生的银行存款收入进行汇总，形成图形，分析具体情况，如图 2-3 所示。

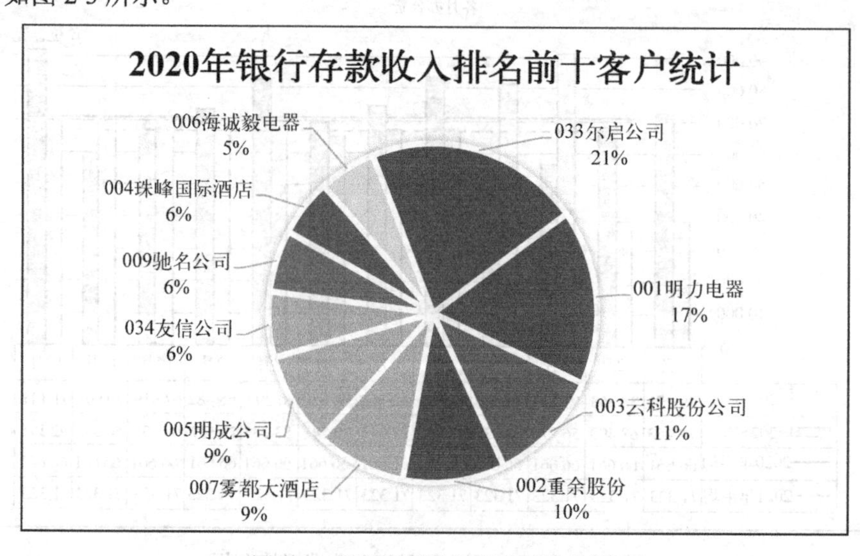

图 2-3　银行存款收入客户对比分析

4．项目维度

项目维度对比指可以分析不同项目之间的差异。例如，在分析销售费用时，可以根据销售费用所属的项目对每年发生的销售费用进行汇总，形成表格分析其具体情况，如图 2-4 所示。

销售费用项目分析表					
项目	2020 年销售费用/元	2021年销售费用/元	变动率	2020年占比	2021年占比
01酒店智能客控系统项目	156 254.42	115 062.30	▼-26.36%	20.53%	18.23%
02车载智能系统项目	70 153.47	81 078.30	▲15.57%	9.22%	12.85%
03智能监控机器人项目	150 421.31	87 022.05	▼-42.15%	19.76%	13.79%
04低碳智能装备项目	43 941.72	74 008.32	▲68.42%	5.77%	11.73%
05智能安保系统项目	67 608.82	57 226.70	▼-15.36%	8.88%	9.07%
06智能家庭服务项目	128 533.51	74 807.90	▼-41.80%	16.89%	11.85%
07智能装配机器人项目	59 742.60	81 158.87	▲35.85%	7.85%	12.86%
08智能中控机器人项目	84 398.20	60 723.30	▼-28.05%	11.09%	9.62%
合计	761 054.05	631 087.74	▼-17.08%	100.00%	100.00%

图 2-4　销售费用各项目对比分析

5．部门维度

部门维度对比指可以比较和分析不同部门之间的差异。例如，在分析办公费时，分部门对办公费进行对比分析，根据办公费发生时所属的部门，对每年各月发生的办公费进行汇总，并计算费用率，分析其具体情况，如图 2-5 所示。

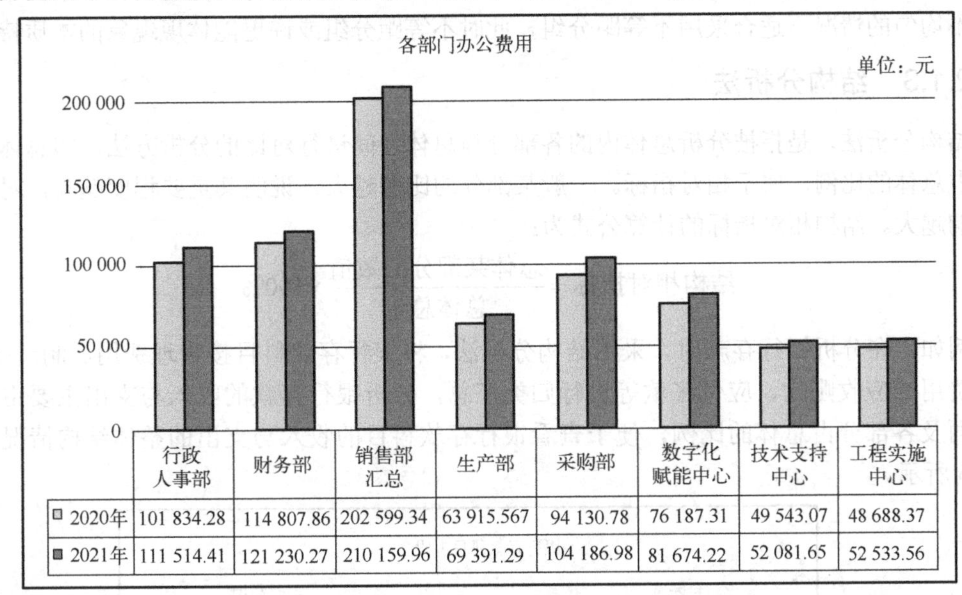

图 2-5　办公费各部门对比分析

➲ 2.1.2　分组分析法

分组分析法，是根据数据的性质和属性，以及分析的目的和需求，将分析总体按一定标准划分成若干组进行整理和归类，以揭示其内在的联系和规律性。

将数据进行分组是为了便于对比，把总体中具有相同性质的对象合并在一起，不同性质的对象区分开，保持组内对象属性的一致性、组与组之间属性的差异性，以便进一步运用数据分析方法来解构内在的数量关系，因此分组法必须与对比法结合运用。

分组分析法的关键在于确定组数与组距。在数据分组中，各组之间的取值界限称为组限，一个组的最小值称为下限，最大值称为上限；上限与下限的差值称为组距；上限值与下限值的平均数称为组中值，它是一组变量值的代表值。

采用等组距分组，一般需要经过以下 3 个步骤。

(1) 确定组数。这个可以由数据分析师决定，根据数据本身的特点（数据量的大小）来判断和确定。由于分组的目的之一是为了观察数据分布的特征，因此确定的组数应适中。如果组数太少，数据的分布就会过于集中；组数太多，数据的分布就会过于分散，这都不便于观察数据分布的特征和规律。

(2)确定各组的组距。组距是一个组的最大值与最小值之差，可根据全部数据的最大值和最小值及所分的组数来确定，即

$$组距=\frac{(最大值-最小值)}{组数}$$

(3)根据组距大小，对数据进行分组整理，划归至相应组内。

完成分组后，我们就可以进行相应信息的分组汇总分析，从而对比各个组之间的差异以及与总体间的差异情况。

除了上面所介绍的等距分组，也可以进行不等距分组，具体的选择取决于所分析研究对象的性质和特点。在各单位数据变动比较均匀的情况下适合采用等距分组；在各单位数据变动很不均匀的情况下适合采用不等距分组，此时不等距分组或许更能体现现象的本质特征。

2.1.3 结构分析法

结构分析法，是指被分析总体内的各部分与总体之间进行对比的分析方法，即总体内各部分占总体的比例，属于相对指标。一般某部分的比例越大，说明其重要程度越高，对总体的影响越大。结构相对指标的计算公式为：

$$结构相对指标=\frac{总体某部分的数值}{总体总量}\times 100\%$$

例如，在分析银行存款时，采用结构分析法，将银行存款科目按管理费用、制造费用、销售费用、应收账款、应付账款等进行归类汇总，分析银行存款的收入与支出主要用于哪些方面及各部分占总体的比例，便于查看银行存款科目的收入与支出的整体结构情况，如图 2-6 所示。

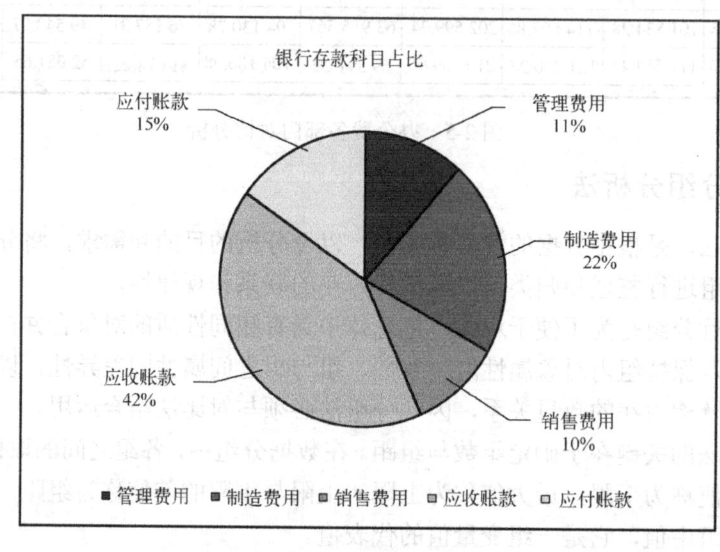

图 2-6 银行存款科目占比对比

2.1.4 平均分析法

平均分析法，是指运用计算平均数的方法来反映总体在一定时间、地点条件下某一数量特征的一般水平。平均指标可用于同一类数据在不同时间、不同地区、不同部门间的对比。

平均分析法可以利用平均指标对比同类数据在不同时间、不同地区、不同项目等之间的差异程度。它比用总量指标对比更具有说服力，且利用平均指标对比某些现象在不同历史时期的变化，更能说明其发展趋势和规律。

平均指标有算术平均数、调和平均数、几何平均数、众数和中位数等，其中最为常用的是算术平均数，也就是日常所说的平均数或平均值。算术平均数的计算公式为：

$$\text{算数平均数}=\frac{\text{总体各单位数值的总和}}{\text{总体单位个数}}$$

例如，在分析管理费用时，采用平均分析法，利用平均指标对比管理费用数据在不同时间的差异程度，便于说明管理费用在两年间的发展趋势和规律，如图 2-7 所示。

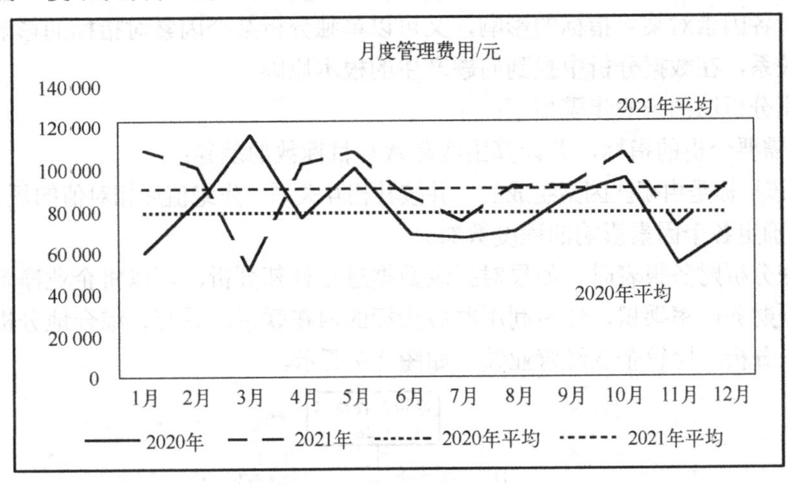

图 2-7　管理费用趋势分析

2.1.5 交叉分析法

在进行数据分析时，常常需要找到数据之间的关系，从而发现数据的特征，此时就需要使用交叉分析法来厘清关系。

交叉分析法，是指在纵向分析法和横向分析法的基础上，从交叉、立体的角度出发进行数据分析。交叉分析法通常用于分析两个或两个以上变量(字段)之间的关系，将两个或两个以上有一定联系的变量及其变量值按照一定的顺序交叉排列在一张表格内，使各变量值成为不同变量的交叉节点，形成交叉表，从而分析交叉表中变量之间的关系。交叉分为两项关系的交叉和多项关系的交叉，维度越多，交叉表的结构就越复杂。一般需要根据数据分析的目的决定交叉表中有几个维度。

例如，在分析制造费用时，对劳务费进行分季、分对象交叉分析，以获取在各个劳务提供方支付劳务费用的排名，体现生产部与各劳务提供方的合作程度，如图 2-8 所示。

制造费用劳务提供方对比							单位：元
劳务提供方		汇众劳务公司	同树劳务公司	新兴劳务公司	星河劳务公司	星月劳务公司	总计
第一季	一车间	13 409.00		31 207.64			44 616.64
	二车间	13 034.00				176 846.47	189 880.50
	三车间	12 836.00		39 999.99	277 62.84	77 939.75	158 538.60
第二季	一车间	83 517.00	37 98.12	49 827.91	120 476.28	25 276.36	282 895.70
	二车间	24 828.00	46 173.10		135 778.77	78 824.26	285 604.10
	三车间	120 814.00			431 78.47	44 708.00	208 700.50
第三季	一车间		72 096.32	79 492.60	144 793.67	161 710.17	458 092.80
	二车间	11 062.00	26 550.98	90 285.98	237 259.66	109 759.81	474 918.40
	三车间	70 822.00		39 010.99	224 321.48	187 196.9	521 351.40
第四季	一车间		73 805.36	14 2391.10	313 659.66	170 666.64	700 522.80
	二车间	45 768.00	16 370.94		51 707.69	97 762.1	211 608.70
	三车间	76 533.00		462 19.20	156 473.23	63 570.78	342 796.20
合计		472 623.00	238 794.82	518 435.41	1 455 411.75	1 194 261.24	3 879 526.00

图 2-8　制造费用劳务提供方交叉分析排序

2.1.6　因素分析法

因素分析法，是指依据分析指标与其影响因素的关系，分析有明确数量关联关系的各因素之间的变动对综合指标变动量的影响程度，从而确定影响指标变化的原因。因素分析法既可以全面分析各因素对某一指标的影响，又可以单独分析某个因素对指标的影响，帮助厘清各因素间的关系，在数据分析中找到问题产生的根本原因。

运用因素分析法的一般步骤如下：

(1) 确定需要分析的指标，并计算出实际数与目标数的差异；

(2) 确定该指标是由哪些因素组成的，并按其相互关系，先绝值后相对值的规则进行排序；

(3) 计算确定各个因素影响的程度数额。

例如，在分析财务报表时，如果对报表数据进行杜邦分析，可以将企业净资产收益率逐级分解为多项财务比率乘积，然后利用财务指标的内在联系，系统、综合地分析企业的盈利水平，并深入分析、比较企业经营业绩，如图 2-9 所示。

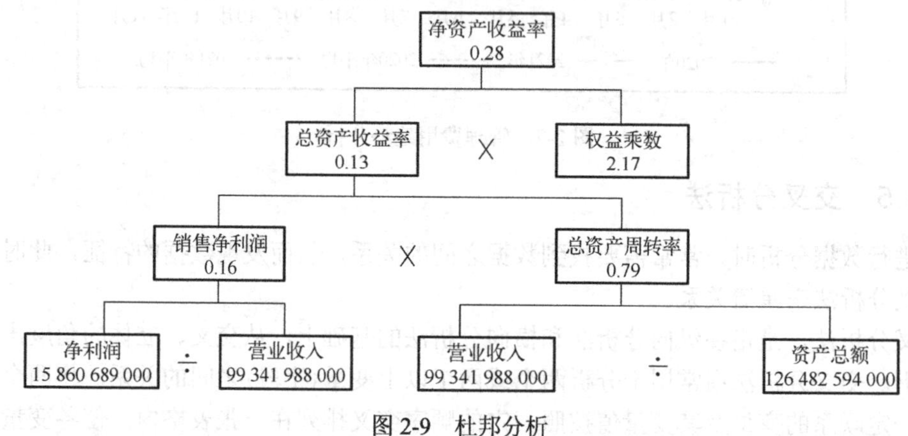

图 2-9　杜邦分析

2.1.7　趋势分析法

趋势分析法，是指分析各期与基期相比变化趋势的一种分析方法。它是通过对比两期或连续数期的财务数据或非财务数据，确定其增减变动的方向、数额或幅度，以掌握有关数据的变动趋势或发现异常的变动。用于趋势分析的数据既可以是绝对值，也可以是以比率表示的相对值。

例如，在分析主营业务成本时，对 2020 年与 2021 年的主营业务成本数据进行同比增长趋势分析，可以洞察主营业务成本在这两年间的变动趋势，如图 2-10 所示。

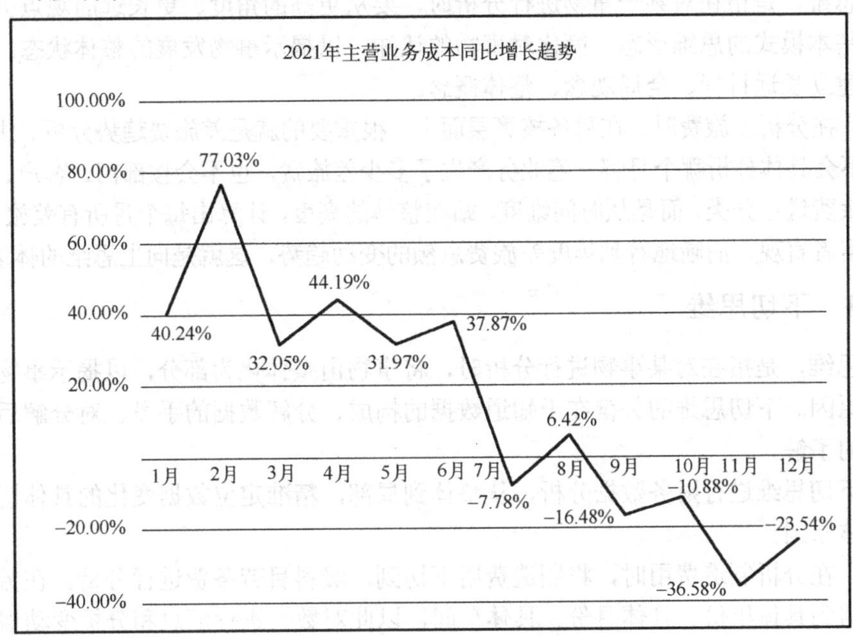

图 2-10　主营业务成本同比变动趋势

2.2　财务数据分析思维

在大数据时代，无论是做数据采集，还是做数据分析，都会发现数据分析思维是考验一个人能力提升的重要指标。数据分析思维并非一朝一夕就能够掌握和熟练运用的，需要不断地结合实际应用进行探究。

财务数据分析方法思维有逻辑思维、向上思维、下切思维、求同思维、求异思维、抽离思维、联合思维、发散思维、收敛思维及理解层次。下面对这些思维进行详细介绍。

2.2.1　逻辑思维

逻辑思维，是指分析性的、有条理的、有根据的思维。在财务数据分析中，原始数据是已经发生的事实或者结果，从中发掘价值才是数据分析的目的。数据分析过程与逻辑思维归纳过程是相近的，在分析中借助逻辑思维，能够确立执行方向，减少分析方向的偏移度及分析产生的误差。

例如，在分析办公费时，我们可以利用逻辑思维对办公费进行项目变动分析。从逻辑上来说，总体的办公费包含了归集到各项目中的办公费，我们由此可以得出结论：办公费的发生受项目变动的影响，该月各项目发生的办公费越多，那么该月总体发生的办公费就越多。因此，通过运用逻辑思维，我们便可以从项目这个角度入手，运用对比分析法，计算、汇总各月项目办公费的发生额，并形成可视化图形来分析其变动情况，从而了解总办公费的变动。

2.2.2 向上思维

向上思维，是指在对某一事物进行分析时，要从更高的角度、更长远的观点去分析，以系统论为基本模式的思维形态，简化对事物的认知，以揭示事物发展的整体状态。向上思维关键在于建立长远目标、全局观念、整体概念。

例如，在分析差旅费时，在财务核算层面上，很重要的就是差旅费趋势分析。进行趋势分析，我们不会具体分析哪个月哪一笔业务产生了多少差旅费，也不会按部门、客户、项目等类别来给差旅费进行分类，而是从时间维度，站在整体的高度，计算出每个月所有差旅费的总额，让报告使用者直观、清晰地看到年度差旅费总额的变动趋势，这就是向上思维的体现。

2.2.3 下切思维

下切思维，是指在对某事物进行分析时，将事物由整体化为部分，以揭示事物隐藏在现象背后的原因。下切思维的关键在于知道数据的构成、分解数据的手段、对分解后的数据的重要程度的了解。

运用下切思维进行财务数据分析，从整体到局部，精准定位数据变化的具体情况和变化背后的具体原因。

例如，在分析制造费用时，将制造费用下切到二级科目劳务费进行分析。在劳务费中，又能够下切到具体年份、具体月份、具体车间，以此对数据进行汇总和分析变动情况，精准定位劳务费变化的具体情况和变化背后的具体原因，并列示相应的汇总数最大的劳务提供方等，从整体到局部，挖掘出制造费用二级科目劳务费与各个劳务提供方之间的联系。

2.2.4 求同思维

求同思维，是指从已知的事实出发，通过沿单一方向顺序推导来获得满意结果的思维方式。该思维方式能从思维的缜密性和逻辑的严谨性上展开思考，从实际出发揭示事物内部存在的规律和特性。

求同思维的运用在于寻找事物中存在的共同特征。在财务数据分析中，利用如综合法、归纳法、反证法等求同思维方法在各异的数据中寻找出共同规律。

例如，在分析销售费用时，我们从财务核算和业财融合两个角度对销售费用进行综合分析，以及时发现异常费用，挖掘降低销售费用的空间。结合蛮先进公司的销售费用实际情况，我们按照部门和项目对销售费用进行归纳分析。在部门分析中对每个部门的销售费用进行排名并分析部门之间差异的合理性；在项目分析中分析不同项目的销售费用情况以及不同项目之间的销售费用差异，以了解销售费用的变动趋势和使用效率。

2.2.5 求异思维

求异思维，是指在解决问题时，不受已有思维的限制，从不同方向、不同角度寻求不同答案的一种思维方式。该思维方式能够在相似或相同的多个事物中，寻找相异之处，并从中揭示事物的本质及内在联系，并在此基础上产生具有丰富性和多样性的思维成果。

求异思维关键在于对实际情况的了解、对日常情况的积累、对个体情况的了解、对个体主观因素的分析，触类旁通、开阔思路，从各方面、各角度、各层次思考问题，在各种结构的比较中，选择富有创造性的新构思。

例如，在分析管理费用时，可以运用求异思维，从不同角度比较数据，会产生不同的理解方式，如可以将各年的管理费用按照二级科目进行汇总分类，分析不同科目发生额的差异，也可以将各年的管理费用按照部门进行汇总分类，分析不同部门管理费用的差异，从而揭示管理费用的实际发生情况。

2.2.6　抽离思维

抽离思维，是指将自己从某种固定思维中脱离出来，这可以是有逻辑的、有计划的。

对于财务数据分析，当我们将自己抽离出来，以旁观者的角度不加思考地去看待数据时，往往会发现那些经常让我们迷失方向的细枝末节，所以有时候当我们迷失了分析方向，深受情绪困扰时，抽离思维或许能够发挥作用。

例如，在分析制造费用时，会受制于思维定式，将制造费用分解成各个二级科目，但二级科目数量较多，不利于分析，这个时候运用抽离思维，将自己从这个分析思路里面跳脱出来，发现可以按不同动因将制造费用进行分类分析。转换分析方向后，可能对制造费用的数据分析更加高效。

2.2.7　联合思维

联合思维，是指将分析对象与有关的分析数据进行有效联合，以数据之间联系的角度去思考和分析，这样能够帮助我们更好地理解它们之间的关系。通过这种思维方式将多个联系的分析方向进行组合，可以对分析对象进行多方位、多角度分析。在财务数据分析中，利用联合思维可以进行换位思考，得出的结论更贴近数据发生的真实情况。

例如，在分析银行存款时，只分析银行存款数据并不能获取有价值的信息，可以运用联合思维，利用辅助核算把部门、客户和项目与银行存款数据联合起来进行分析，将银行存款数据分析从基础的财务核算深入到业财融合分析，以对银行存款数据进行多方位、多维度分析。

2.2.8　发散思维

发散思维，是指在财务数据分析过程中呈现的一种扩散状态的思维模式。它根据已有的某一财务数据信息，运用相关知识，通过推测、想象，沿着各种不同的方向去思考、重组数据信息，从多方面去分析财务数据。

在数据分析过程中，事物的发展往往不是单一的可能性，而是多种可能性，而其中的每一种可能性都可以作为一个分析思路，发散思维使得思维由单向思考转为多向思考或者立体思考。

例如，在分析主营业务成本时，首先，对已有的主营业务成本数据进行环比、同比分析和趋势分析，不仅如此，还可将已有数据进行二次重组，融入业务中去，以产品、项目和客户为单位对主营业务成本进行业财融合分析，从而使分析更有广度和深度。

2.2.9　收敛思维

收敛思维，是指在财务数据分析过程中，聚焦某一个分析方向去思考，根据已有的经验、知识，针对各种分析思路，得出最好的、最正确的分析结论。一般来讲，如果发散思维是"由一到多"的话，那么收敛思维就是"由多到一"。

例如，在分析收入与应收账款时，我们将分析目标面向各部门和业务员的绩效评价，可以分别从各部门业务员对应的收入与应收账款的信息进行分析。对于收入，可以考察业务员的收入总额、实收金额、部门的收入均值；对于应收账款，可以考察业务员的应收账款回收比例，通过对多种信息的分析，总结出绩效评价的结论。

2.2.10 理解层次

理解层次，是指逻辑层次模型，它是一种层次化的解释系统、决策指导系统，是一种可以用来解释各种数据变化现象、问题，同时还可以凭借它找到解决问题、优化表现之路的思维方式。

例如，可以将财务分析分为三个理解层次：财务报表分析、经营分析、战略支持分析。财务报表分析，处于财务分析的初级层面，通过分析报表中数据的比例、趋势，验证逻辑性、发现异常变化和波动等，确认财务报告反映经营状况的准确性，将之前的预测结果与企业经营的实际结果进行对比，从中发现一些问题的苗头。经营分析，是在财务报表分析层次的基础上进行的，它是以分析收入、成本、费用、利润等经营效率的单项指标或者总体经营指标为主，找出问题，或者根据已知问题对根本原因进行溯源，针对性地寻找解决问题的方法。战略支持分析，是在对财务分析较高的理解层次上进行的，涉及企业的长期决策和重大决策，是企业经营管理上不可或缺的一部分。

财务数据分析的理解层次如图 2-11 所示。

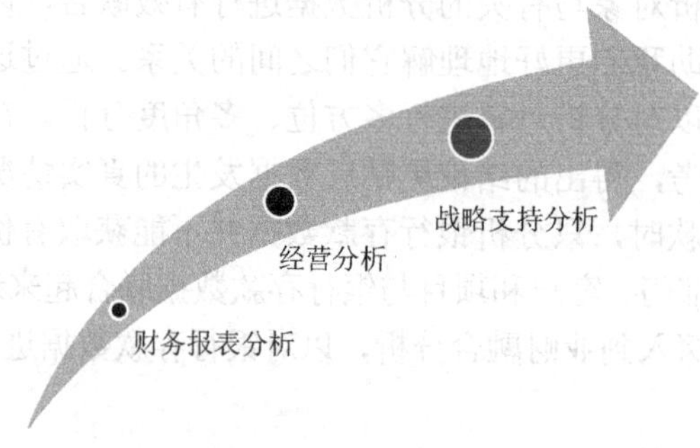

图 2-11 财务数据分析的理解层次

第 3 章 财务数据分析展现

3.1 财务数据分析表格

大多数人在呈现数据结果时都会优先采用图形，而不会选择表格，其实表格能解决很多图形不能解决的问题。当需要呈现的数据有 3 个系列及以上，尤其是数据间的量纲不同时，用表格呈现数据的效果相对更好。

下面介绍 Excel“条件格式”中四个方便、好用的功能，它们分别是项目选取、数据条、图标集和迷你图。我们可以用“项目选取”突出强调符合一定条件的财务数据；用“数据条”将表格中的数据形象化，直观地对比数据的大小；用“图标集”对表格中的财务数据进行注释；用“迷你图”直观地在表格中呈现财务数据的趋势。

3.1.1 项目选取

项目选取是根据指定的规则，把财务数据表格中符合条件的单元格用不同颜色的背景、字体颜色将数据突出显示出来。我们在对表格中的财务数据进行分析的时候，不需要插入函数、编写公式，直接通过指定相应的项目选取规则就可以得到对原始数据经过计算的数据。常用的项目选取规则有：数值排名前 10 项、数值最大的 10%项、数值最小的 10%项、高于平均值的项、低于平均值的项。

例如，在蛮先进公司 2020—2021 年项目收入情况表格中，如果想要获取 2020 年收入高于平均值的项目，用灰色的背景填充表格。首先我们选取 2020 年一整列数据，然后单击“开始”功能区的“条件格式”操作命令，选取“项目选取规则”中的“高于平均值”选项，选择“灰色填充”选项，最后呈现的效果如表 3-1 所示。

表 3-1 蛮先进公司 2020—2021 年项目收入情况

单位：元

项　目	2020 年	2021 年
01 酒店智能客控系统项目	1 409 031.00	8 153 923.80
02 车载智能系统项目	6 516 503.46	7 958 055.21
03 智能监控机器人项目	3 969 800.00	2 345 154.00
04 低碳智能装备项目	2 919 401.00	1 999 000.00
05 智能安保系统项目	5 370 125.46	136 646.80
06 智能家庭服务项目	4 430 538.00	6 004 336.08
07 智能装配机器人项目	5 070 076.00	21 369 527.22
08 智能中控机器人项目	3 312 694.38	9 861 995.49

3.1.2 数据条

数据条是在记录一些财务数据时，用不同长度的颜色条表示不同的数字，实现对数据的可视化，帮助我们直观地比较数字大小。它类似于图中的“条形图”，但不用插入图，而是直接与表格本身融为一体。数据条的长度代表单元格中的值，数据条越长，表示值越大；数据条越短，表示值越小。

例如，在 2020 年银行存款各月发生额表格中，我们想知道直接在表格中对比 2020 年银行存款借方发生额各月数据，用渐变条形图展示。首先我们选取 2020 年借方发生额数据，然后单击“开始”功能区的“条件格式”操作命令，选择“数据条”选项，选择“渐变填充”选项，最后呈现的效果如表 3-2 所示。

表 3-2 蛮先进公司 2020 年银行存款各月发生额

月　份	2020年银行存款发生额	
	借方发生额	贷方发生额
1月	¥3 085 728.37	¥748 406.94
2月	¥1 716 879.99	¥428 669.74
3月	¥1 606 300.00	¥748 047.62
4月	¥4 171 400.00	¥1,215 385.24
5月	¥1 544 970.00	¥3,530 418.55
6月	¥1 688 415.00	¥2,697 283.56
7月	¥2 123 018.00	¥3,109 991.05
8月	¥1 845 000.00	¥2,526 393.72
9月	¥2 048 431.37	¥1,504 084.85
10月	¥1 277 200.00	¥2,266 235.12
11月	¥5 742 994.22	¥1,464 165.57
12月	¥3 228 431.37	¥1,031 387.56

3.1.3 图标集

图标集是对表格中的财务数据进行注释，可以按阈值，把财务数据分为 3～5 个类别，并使用图标集呈现数据。每个图标代表一个范围的值，在 Excel 中使用图标集很容易在一个单元格范围内就实现可视化。

例如，用图标集对蛮先进公司 2020 年银行存款环比增长情况进行注释，环比增长率大于 0 的用上箭头表示，小于 0 的用下箭头表示，等于 0 的用侧箭头表示。首先我们选取环比增长数据，然后单击“开始”功能区的“条件格式”操作命令，选取“图标集”中的图形标记，然后我们可以选择“条件格式”操作命令下的“规则管理”对所选择的图形标记进行数字设置，最后呈现的效果如表 3-3 所示。

表 3-3 蛮先进公司 2020 年银行存款环比增长情况

月　份	2020年银行存款发生额		环比增长	
	借方发生额/元	贷方发生额/元	借　方	贷　方
1月	3 085 728.37	748 406.94	➡ 0.00%	➡ 0.00%
2月	1 716 879.99	428 669.74	⬇ -44.36%	⬇ -42.72%
3月	1 606 300.00	748 047.62	⬇ -6.44%	⬆ 74.50%
4月	4 171 400.00	1 215 385.24	⬆ 159.69%	⬆ 62.47%
5月	1 544 970.00	3 530 418.55	⬇ -62.96%	⬆ 190.48%
6月	1 688 415.00	2 697 283.56	⬆ 9.28%	⬇ -23.60%
7月	2 123 018.00	3 109 991.05	⬆ 25.74%	⬆ 15.30%
8月	1 845 000.00	2 526 393.72	⬇ -13.10%	⬇ -18.77%
9月	2 048 431.37	1 504 084.85	⬆ 11.03%	⬇ -40.47%
10月	1 277 200.00	2 266 235.12	⬇ -37.65%	⬆ 50.67%
11月	5 742 994.22	1 464 165.57	⬆ 349.66%	⬇ -35.39%
12月	3 228 431.37	1 031 387.56	⬇ -43.78%	⬇ -29.56%

3.1.4 迷你图

迷你图是单个工作表单元格内的微型图，可用于直观地表示和显示数据趋势。迷你图主要展示数据的总体趋势变化，但无法体现真正的数据间差异大小。迷你图还可以通过不同颜色吸引使用者对重要项目(如季节性变化或经济周期)的注意，并突出显示最大值和最小值。

迷你图分为三种类型：折线图、柱形图、盈亏图，其中折线图和柱形图表示数据变化的趋势，盈亏图只体现数据正负差异。

例如，用迷你图对蛮先进公司 2021 年银行存款环比增长情况进行趋势分析，其中用折线图表示 2021 年银行存款借方发生额的趋势，用柱形图表示贷方发生额的趋势，用盈亏图表示环比增长率的正负差异。单击“插入”功能区的“迷你图”中的图形样式，然后设置“数据范围”和“位置范围”属性，最后呈现的效果如表 3-4 所示。

表 3-4　蛮先进公司 2021 年银行存款环比增长情况

月　份	2021年银行存款发生额		环比增长	
	借方发生额/元	贷方发生额/元	借　方	贷　方
1月	3 202 822.23	2 271 738.52	0.00%	0.00%
2月	2 511 000.00	673 824.30	-21.60%	-70.34%
3月	7 171 504.36	4 498 939.81	185.60%	567.67%
4月	4 594 450.00	1 859 626.14	-35.93%	-58.67%
5月	6 199 864.68	3 504 649.02	34.94%	88.46%
6月	5 862 064.00	1 376 698.79	-5.45%	-60.72%
7月	8 217 325.76	11 420 878.42	40.18%	729.58%
8月	3 215 065.00	2 713 979.78	-60.87%	-76.24%
9月	3 557 672.77	1 309 343.23	10.66%	-51.76%
10月	3 663 848.80	2 339 817.96	2.98%	78.70%
11月	4 043 201.00	1 360 859.48	10.35%	-41.84%
12月	3 590 820.00	1 164 350.53	-11.19%	-14.44%
迷你图				

3.2　财务数据分析图形

在财务数据分析过程中，将数据图形化是十分有必要的，这是数据分析呈现的主要可视化方式。图形往往比文字更能突出关键信息，而且可以提供更简洁、更便于理解的数据信息，不仅如此，图形还能更明了、更形象地表明数据之间的关系和趋势等信息，并且对于最终的结果呈现有很好的增强效果。在数据分析过程中，常用的图形有柱形图、折线图、饼状图、平均线图、双坐标图、漏斗图等。

将财务分析数据图形化需要选择合适的图形。数据分析师可以按照数据类型来选择图形。数据类型可分为趋势型数据、比例型数据、对比型数据等。针对趋势型数据，一般选择柱形图、折线图等图形；针对比例型数据，一般采用饼状图；针对对比型数据，一般选用柱形图等，如图 3-1 所示。

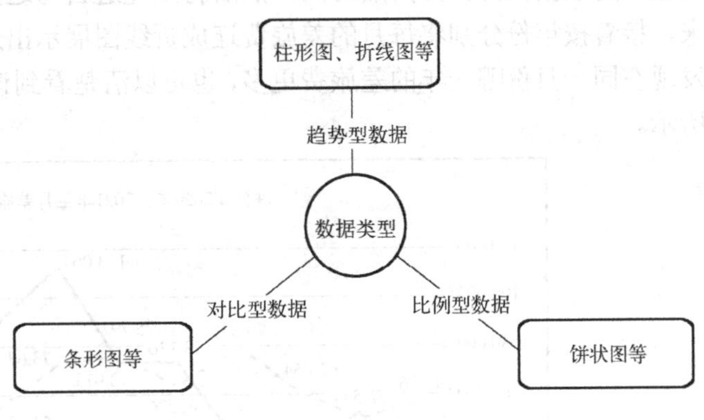

图 3-1　数据选择

3.2.1　柱形图

柱形图又叫长条图、条形图等，用竖直的柱子来展现数据，它常用来比较两个或两个以上的类别在多个条件下的差异，一般用于展现横向的数据变化及对比。如果柱形图的行和列进行对换，则会得到条形图。

例如，要对蛮先进公司 2020 年和 2021 年的差旅费进行分析，可以将公司 2020 年和 2021

年的差旅费按地区进行划分，分成华北地区、华东地区、华南地区、华中地区、西南地区、西北地区和国际地区，然后将每个地区 2020 年和 2021 年所报销的差旅费用柱形图表示出来，并用不同颜色区分年份，由此可以清晰地对蛮先进公司 2020 年、2021 年的各地区差旅费进行分析，如图 3-2 所示。

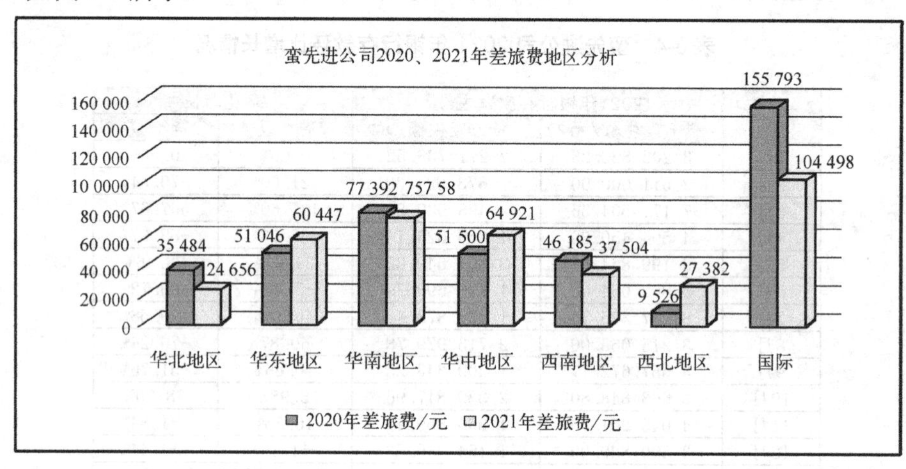

图 3-2　柱形图示例图

➲ 3.2.2　折线图

折线图是将数据在时间或类别的变化下，由多个点和多条线相连而成的一条折线，它能够显示数据随时间或类别变化的趋势，适用于显示在相等相间时间下数据的变化趋势，也便于对多种数据在同等时间间隔下的变化趋势做比较分析。

例如，要对蛮先进公司 2020 年和 2021 年的差旅费进行分析，可以将 2020 年和 2021 年的差旅费数据按月作为间隔时间，然后将蛮先进公司这两年每月的差旅费在图上用点表示出来，接着按年份分别将每月的差旅费连成折线图展示出来，通过折线图的对比分析可以轻易发现在同一月份哪一年的差旅费更多，也可以清楚看到该年每月的差旅费变动情况，如图 3-3 所示。

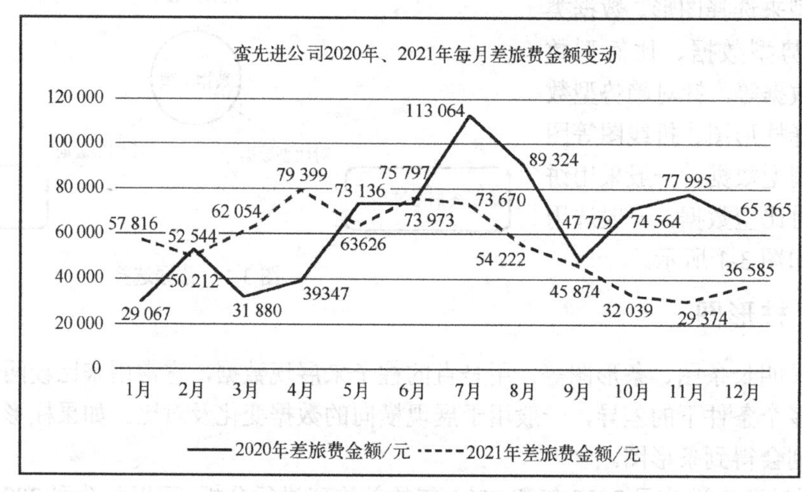

图 3-3　折线图示例图

3.2.3 饼状图

饼状图常用于显示一个系列数据中各个数据的大小和在总体数据中占的比重。总体形状类似一个饼，常用不同颜色区分各个数据。饼状图常用于统计学模型，有 2D 和 3D 类型。

例如，要对蛮先进公司 2021 年的管理费用进行分析，可以将管理费用按公司部门进行分类，得到行政人事部、财务部、采购部、技术支持中心、工程实施中心等多个部门的管理费用。再根据 2021 年各个部门的管理费用和在总管理费用中的占比，制作成饼状图进行展示，因此可以清晰地看出各部门的管理费用占比情况，如图 3-4 所示。

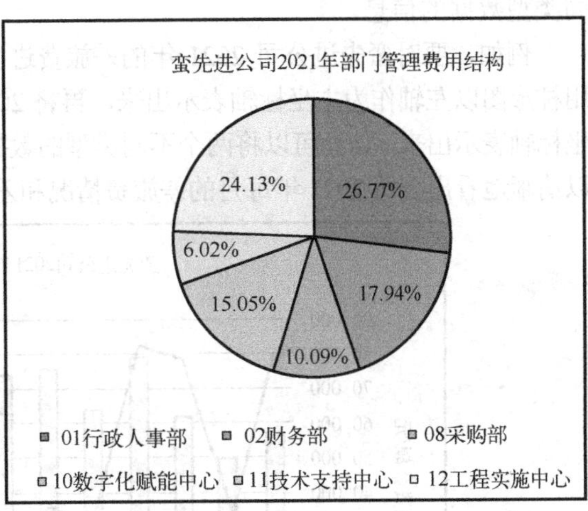

图 3-4 饼状图示例图

3.2.4 平均线图

平均线图是在已有的柱形图或折线图的基础上添加一条平均线，它可以将平均值与其他数值一同展现出来，便于比较平均值与其他数值之间的差距，能够明显区分出哪些数值高于或低于平均线。平均线图非常方便用于对比分析。

例如，要分析蛮先进公司 2021 年的差旅费情况，可以先将公司 2021 年每月的具体差旅费用柱形图表示，然后将 2021 年平均每月的差旅费用一条直线表示出来，如此一来，便可以得到一个平均线图。通过平均线图可以清晰地看出 2021 年哪几个月的差旅费高于平均值，哪几个月的差旅费低于平均值，如图 3-5 所示。

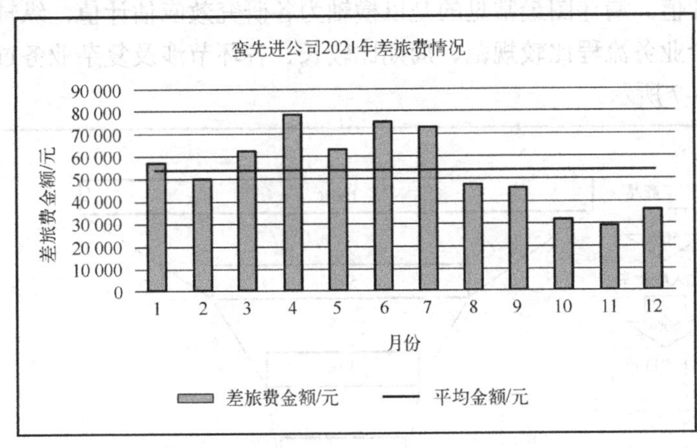

图 3-5 平均线图示例图

3.2.5 双坐标图

双坐标图通常是指具有两个纵坐标轴的图，它的左右各有一个纵坐标轴，一般以左侧的坐标轴为主坐标轴，右侧的坐标轴为次坐标轴。当具有两个或两个以上系列的数据且它们的数据有很大差别或类型不同时，适合用双坐标轴来展示数据，使用双坐标图可以突出显示不同类型数据的信息。

例如，要对蛮先进公司 2021 年的差旅费进行分析，可以将公司 2021 年每月的具体差旅费用柱形图以左轴作为主坐标轴表示出来，再将 2021 年的差旅费同比增长率用折线图以右轴为次坐标轴表示出来，如此可以将两个不同类型的数据用一个双坐标图表示出来。通过双坐标图，可以清晰地看出公司 2021 年每月的差旅费情况和差旅费同比增长率情况，如图 3-6 所示。

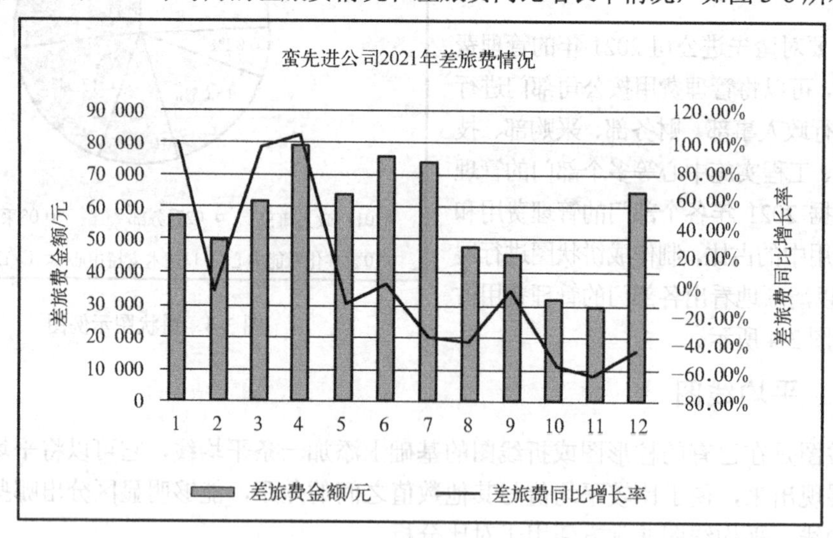

图 3-6　双坐标图示例图

3.2.6　漏斗图

漏斗图是一个简单的散点图，形状类似漏斗，反映在一定样本量或精确性情况下单个研究的干预效应估计值。漏斗图最常见的是以横轴为各研究效应估计值，纵轴为研究样本量。漏斗图是一个适合业务流程比较规范、周期比较长、各环节涉及复杂业务过程比较多的管理分析工具，如图 3-7 所示。

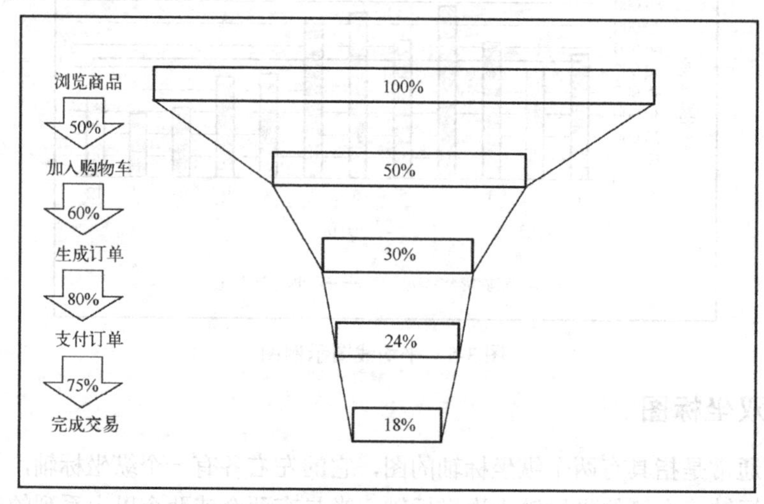

图 3-7　漏斗图示例图

第 4 章 财务数据分析报告

4.1 什么是财务数据分析报告

➲ 4.1.1 财务数据分析报告的概念

我们在进行财务数据分析时，为了展现分析的成果并方便阅读者使用，通常需要撰写财务数据分析报告。财务数据分析报告是根据数据分析原理和方法，运用数据来反映、研究和分析企业财务现状、问题、原因、本质和规律并得出结论，提出解决办法的一种分析应用文体。

财务数据分析报告是帮助财务管理人员和决策者认识企业财务现状、了解问题、掌握信息、运用信息决策的主要工具之一。财务数据分析报告通过对财务数据全方位的科学分析来评估企业各方面的财务现状，为管理和决策者提供科学、严谨的决策依据，以降低决策风险。

➲ 4.1.2 财务数据分析报告的原则

财务数据分析报告应当围绕财务分析主题确定所包含的内容，遵循基本的前提和条件，系统地反映分析内容、存在的问题及原因，从而进一步找出解决问题的方法。一份优秀的财务数据分析报告，一般需要满足规范性、重要性、谨慎性和适读性四个原则。

1．规范性

财务数据分析报告有许多使用者，包括财务负责人和业务负责人等，为了让使用者都能方便地阅读、交流和使用，财务数据分析报告中所使用的名词术语应当规范统一，前后一致，且符合业内公认术语的标准。

2．重要性

财务数据既有核心重点，也有细枝末节，涉及内容众多。为了阅读的有效性，我们在出具财务数据分析报告时，应当体现数据分析的重点。在财务数据分析的内容中，应当区分主次，重点选取对管理和决策有较大影响的关键指标。此外，针对同一类问题，其分析结果也应该按照问题重要性的高低进行分级阐述。

3．谨慎性

财务状况的好坏关系着一个企业经营与发展的根本，因此，对于财务数据的分析结果报告也应当慎之又慎。财务数据分析报告的编制过程必须谨慎，基础数据必须真实、完整，分析过程必须科学、合理、全面，分析结果要可靠，内容要实事求是。

4．适读性

财务数据分析报告应当建立一个好的框架，架构清晰、主次分明才能让人一目了然、容易理解，这样才能让人有读下去的欲望。同时，针对不同的报告阅读者，财务数据分析报告应当采用不同的结构和形式，让使用者能直观、快捷地获取自己所需要的信息。

4.1.3 财务数据分析报告的作用

财务数据分析报告的实质，是将分析结果、可行性建议及其他有价值的信息呈现给决策者的一种沟通形式。财务数据分析报告的编写需要我们对数据进行适当包装，便于阅读者对结果做出正确的理解与判断，并可以据此进行有针对性和可操作性的决策。

财务数据分析报告的作用，主要体现在展示分析结果、验证分析质量和提供决策参考三个方面。

1. 展示分析结果

财务数据分析报告为分析者和阅读者架起一座信息沟通的桥梁。它以某种特定的形式将财务数据分析结果清晰地展示给决策者，使其能迅速、准确地理解、分析、运用研究主题的基本情况。

2. 验证分析质量

财务数据分析报告不仅是对分析结果的总结，也是对分析者整个分析过程的总结。通过财务数据分析报告中分析方法的描述、数据结果的处理与分析等方面的总结，既可以体现分析者的分析水平，也能判断分析的质量，为数据分析的谨慎性和可靠性提供验证。一份逻辑严谨、结论合理的财务数据分析报告，会让使用者认为这份分析报告更加可靠。

3. 提供决策参考

财务数据分析报告具有时效性，其得出的结论与建议，可以为使用者在财务管理与决策过程中提供重要参考。虽然大部分使用者并不一定有充足的时间阅读整篇分析报告，但对报告结论与建议或其他相关内容的重点阅读，仍然可以为他们的最终决策提供有效帮助。例如，阅读办公费的分析报告，通过对比不同业务、部门的费用多少，可以帮助决策者进行费用控制；阅读生产与销售分析报告，通过对往期的生产效率评估和对未来的销售预测，可以帮助决策者更好地制订生产计划等。

4.1.4 财务数据分析报告的类别

按照内容、范围、时间不同，财务数据分析报告可以分为以下三种类别。

1. 财务专题分析报告

财务专题分析报告，是对企业财务状况的某一方面或某一问题进行专门研究的一种数据分析报告，它的主要作用是为财务管理人员和决策者制订某个计划、解决某个问题提供决策参考和依据。本书后文提及的各种主题分析报告，如差旅费数据分析报告、银行存款数据分析报告等，都属于这种报告。

2. 综合财务分析报告

综合财务分析报告，是全面评价一个行业、企业、单位或其他主体发展情况的一种综合数据分析报告。它通常包含了主体财务状况的各个方面，能全面反映其经营现状和发展趋势。如企业的年终财务分析报告等。

3. 日常财务数据通报

日常财务数据通报，是以定期财务数据分析报表为依据，反映单位时间内企业经营成果或财务计划执行情况，并分析其影响和形成原因的一种数据分析报告。这种数据分析报告一般是按日、周、月、季、年等时间阶段定期进行的，所以也叫定期财务分析报告，如财务计划执行反馈报告、财务预算使用报告、资金日报表等。

4.2　财务数据分析报告的结构

4.2.1　标题

财务数据分析报告的标题，是表明分析报告内容的简短语句，在报告的封面需要写明报告的题目，题目要精简干练，根据版面的要求在一两行内完成。标题是一种语言艺术，常言道：看书先看皮，看报先看题。好的标题不仅可以表现财务分析的主题，而且能够激发企业管理层等报告阅读者的阅读兴趣，因此需要重视标题的制作，以增强其艺术性的表现力。

1. 标题的类型

标题是财务数据分析报告总体内容的体现，标题的种类多种多样。常见的标题种类如图 4-1 所示。

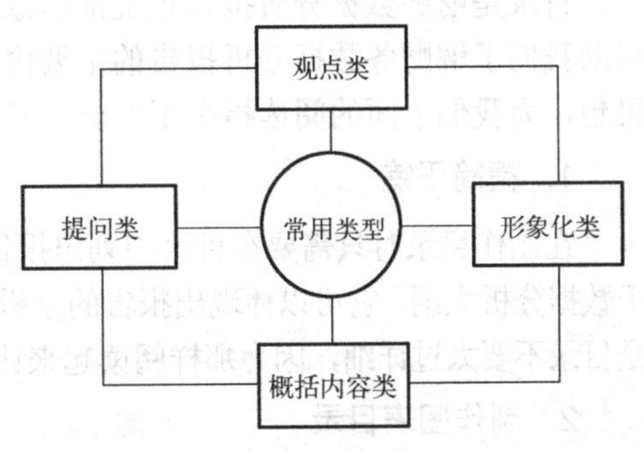

图 4-1　常见标题种类

(1) 观点类

这类标题往往用观点语句来表示，点明财务数据分析报告的基本观点。这种形式的标题往往就是文章的中心论点，它具有高度的明确性，便于报告阅读者把握全文内容的核心，如“需要重视公司的应收账款回收周期问题”“华北地区是公司的重要客户来源地”等。

(2) 提问类

这类标题通常用设问句的方式，隐去要回答的内容，实际上观点是十分明确的。这种形式的标题语意婉转，容易引发读者的思考，如“办公费管理在企业中不重要吗？”“需要保持一定量的流动资产吗？”等。

(3) 概括内容类

这类标题重在叙述数据反映的基本事实，概括分析报告的主要内容。这种标题直观明了，容易让读者抓住全文的中心，如“公司利润比去年增长 5%”“公司 2021 年资金状况良好”等。

(4) 形象化类

这类标题兼具把握现实和表现思想情感，描述的事实具体生动。这种标题颇有文采，往往让阅读者在阅读时感到心情愉悦，如“智能制造企业的发展蒸蒸日上”“公司发展百尺竿头更进一步”等。

2．标题的制作要求

一份专业的财务数据分析报告一定拥有一个合适的标题，标题的制作要求如下。

(1) 直截了当

应该直截了当地表达财务分析的基本观点。财务数据分析报告是一种应用性较强的文体，它直接用来为决策者的决策和管理服务，所以标题必须用明确的语言，开门见山地表达基本观点，让读者一看标题就能明白财务数据分析报告的基本内容，加快对报告内容的理解。

(2) 宽窄适度

标题的撰写要做到文题相符，宽窄适度。标题需要恰如其分地表现分析报告的内容和对象的特点。

(3) 个性化

标题页可以具有一定的个性化特征，可以根据自己的目的和用途增加一些独特的设计。例如，向企业汇报的分析报告需要在标题页显示报告人和报告日期，而一些非正式场合的报告则可以在标题页进行独特的色彩和艺术设计。

➲ 4.2.2 目录

目录是财务数据分析报告正文前所载的目次，是揭示财务数据分析报告的工具。目录会帮助我们了解财务数据分析报告的主要内容，大部分还会体现出分析报告的框架结构及主题思想，为我们下面的阅读指引了方向。目录的制作有如下几点要求。

1．精简干练

在制作目录时只需要在目录中列出报告主要章节的名称。从另外一个角度来说，目录相当于数据分析大纲，它可以体现出报告的分析思路。对于一些重要的二级标题也可以撰写出来，但是目录不要太过详细，因为那样阅读起来让人觉得冗长并且耗时。目录示例如图 4-2 所示。

2．制作图表目录

可以考虑将各章图表单独制作成目录。通常公司或企业的高层管理人员没有时间阅读完整的报告，他们仅对其中一些以图表展示的分析结论会有兴趣，因此，当书面报告中有大量图表时，可以考虑将各章图表单独制作成目录，以便日后更有效地使用。图表目录示例如图 4-3 所示。

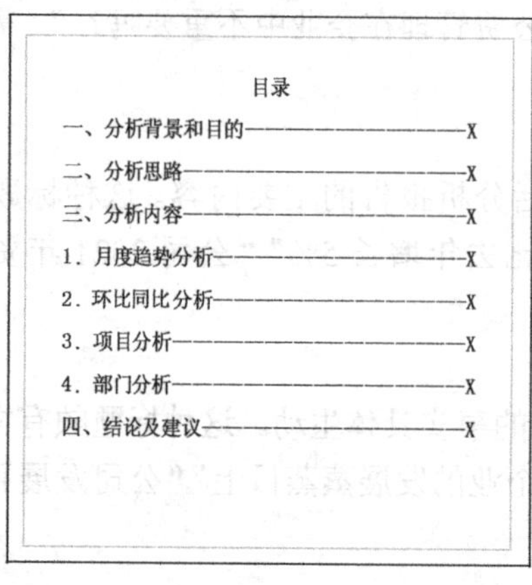

目录

一、分析背景和目的——————————X
二、分析思路——————————X
三、分析内容——————————X
1．月度趋势分析——————————X
2．环比同比分析——————————X
3．项目分析——————————X
4．部门分析——————————X
四、结论及建议——————————X

图 4-2 目录示例

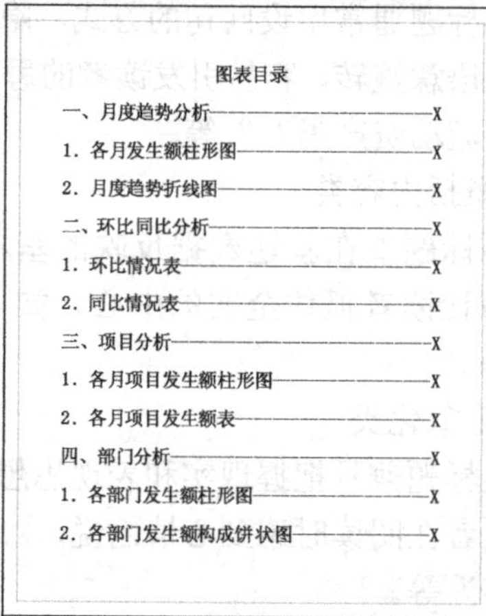

图表目录

一、月度趋势分析——————————X
1．各月发生额柱形图——————————X
2．月度趋势折线图——————————X
二、环比同比分析——————————X
1．环比情况表——————————X
2．同比情况表——————————X
三、项目分析——————————X
1．各月项目发生额柱形图——————————X
2．各月项目发生额表——————————X
四、部门分析——————————X
1．各部门发生额柱形图——————————X
2．各部门发生额构成饼状图——————————X

图 4-3 图表目录示例

4.2.3 摘要

财务数据分析报告的摘要是摘录下来的重要分析要点。在财务数据分析报告中，其基本要素包括目的、方法和结论，具体来讲，就是财务数据分析工作的主要对象和范围、采用的分析手段和分析方法、得出的分析结果和重要的结论，有时也包括具有情报价值的其他重要的数据信息，摘要示例如图 4-4 所示。

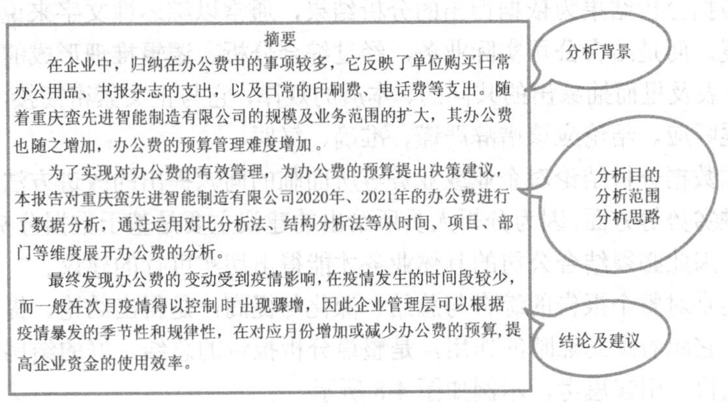

摘要

在企业中，归纳在办公费中的事项较多，它反映了单位购买日常办公用品、书报杂志的支出，以及日常的印刷费、电话费等支出。随着重庆蛮先进智能制造有限公司的规模及业务范围的扩大，其办公费也随之增加，办公费的预算管理难度增加。

为了实现对办公费的有效管理，为办公费的预算提出决策建议，本报告对重庆蛮先进智能制造有限公司2020年、2021年的办公费进行了数据分析，通过运用对比分析法、结构分析法等从时间、项目、部门等维度展开办公费的分析。

最终发现办公费的变动受到疫情影响，在疫情发生的时间段较少，而一般在次月疫情得以控制时出现骤增，因此企业管理层可以根据疫情暴发的季节性和规律性，在对应月份增加或减少办公费的预算，提高企业资金的使用效率。

图 4-4　摘要示例

4.2.4 正文

正文是财务数据分析报告的核心部分，它将系统、全面地表述数据分析的过程与结果。报告正文的撰写主要分为分析背景与目的、分析思路、分析内容、结论与建议四个部分。

1．分析背景与目的

对数据分析背景进行说明，主要是为了让报告阅读者对整个分析研究的背景有所了解。该部分主要阐述此项分析的主要原因、分析的意义，以及其他相关信息。

财务数据分析报告中陈述分析的目的主要是为了让报告的阅读者了解开展此次分析能带来何种效果，可以解决什么问题。一般情况下，将分析背景与目的合二为一，示例如图 4-5 所示。

2．分析思路

分析思路用来指导数据分析师如何进行完整的数据分析，即确定需要分析的内容或指标。这是分析方法论中的重点，也是很多人常常感到困扰的地方。只有在分析理论的指导下，才能确保数据分析维度的完整性、分析结果的有效性和正确性，示例如图 4-6 所示。

一、分析背景与目的

在企业中，归纳在办公费中的事项较多，它反映了单位购买日常办公用品、书报杂志的支出，以及日常的印刷费、电话费等支出。对于企业来说，办公费体现的是企业文化、企业治理水平和员工素养。因此，要做好办公费的年度管理和预算，针对办公费进行分析具有一定意义。

随着蛮先进智能制造有限公司规模及业务范围的扩大，其办公费也随之增加，办公费的预算管理难度增加。为了实现对办公费的有效管理，为办公费的预算提出决策建议，本报告对蛮先进智能制造有限公司2020年、2021年的办公费进行了数据分析。

图 4-5　分析背景与目的

二、分析思路

本分析一共包括四个模块：项目分析、月度趋势分析、环比同比分析、科目类别分析。

项目分析，利用对比分析法，计算汇总各月项目办公费发生额，形成图形分析其变动情况，并对其变动情况进行解释。

月度趋势分析，利用对比分析法，汇总计算各月办公费的发生额，形成图形分析其变动情况，并对其变动情况进行解释。

环比同比分析，利用对比分析法，汇总计算月度环比和年度同比，以图形呈现环比同比结果，对较大值进行解释。

科目类别分析，根据办公费发生所属科目，具体包括管理费用、销售费用、制造费用，按科目的不同对该年发生的办公费进行汇总，形成图形分析其构成。

图 4-6　分析思路

3．分析内容

根据之前分析思路中确定的每项分析，利用各种数据分析方法，一步步地展开分析，通过图表及文字相结合的方式，形成分析内容，方便阅读者理解，示例如图 4-7 所示。

4．结论与建议

结论是以数据分析结果为依据得出的分析结果，通常以综述性文字来说明。它不是分析结果的简单重复，而是结合公司实际业务，经过综合分析、逻辑推理形成的总体论点。结论是去粗取精、由表及里而抽象出的共同的、本质的规律，它与正文紧密衔接，与前言相呼应，使分析报告首尾呼应。结论应该措辞严谨、准确、鲜明。

建议是根据数据分析结论对企业或业务等所面临的问题提出的改进方法，建议主要关注保持优势及改进劣势等方面。因为分析人员所给出的建议主要是基于数据分析结果而得到的，会存在局限性，因此必须结合公司的具体业务才能得出切实可行的建议。

报告的结尾是对整个报告的综合与总结、深化与提高，是得出结论、提出建议、解决矛盾的关键所在，它起着画龙点睛的作用，是整篇分析报告的总结。好的结尾可以帮助读者加深认识，明确题旨，引起思考，示例如图 4-8 所示。

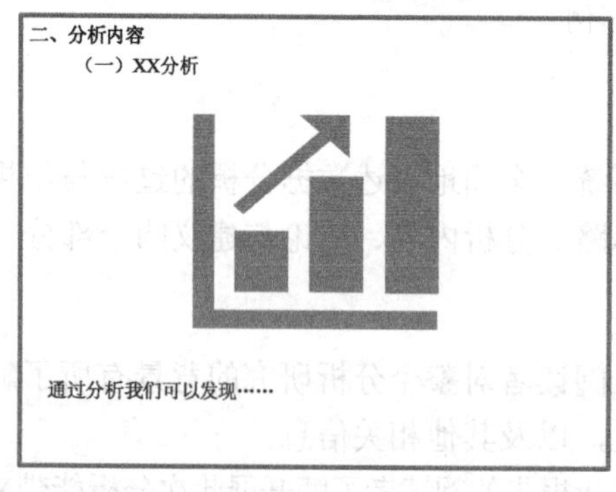

图 4-7　分析内容

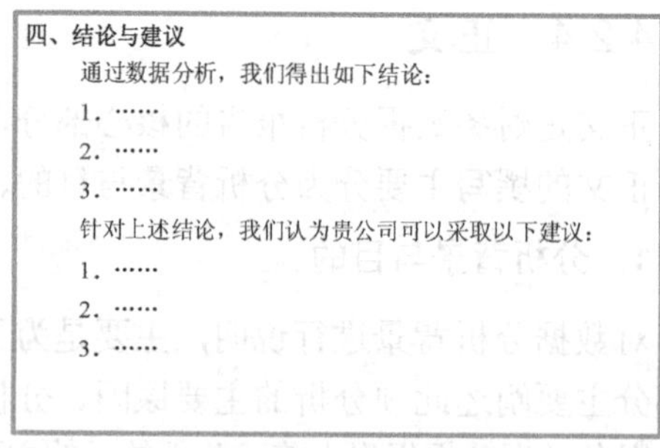

图 4-8　结论与建议

4.3　财务数据分析报告自动化

4.3.1　报告自动化原理

财务数据分析报告自动化，并不是将全部分析报告的生成过程通过自动化实现，而是在构建好分析报告模板和编写好分析逻辑的前提下，通过 RPA 机器人进行标识符的替换，从而实现财务数据分析报告的自动生成。

财务数据分析报告自动化分为三个步骤：定义模板结构，确定自动化生成标识符，替换标识符为相应的变量值。

1．定义模板结构

定义模板结构，就是需要我们提前编写财务数据分析报告模板，搭建分析结构。模板应当包含除实际分析结果外的其他部分，如标题、目录、正文结构等。

2. 确定自动化生成标识符

在分析报告模板中，我们需要将随分析内容动态变化的部分设置为标识符。例如，分析结果图表、引用的具体数据、分析判断语句等，可以分别设置为“图 1 差旅费变动折线图”“2020 年最大值金额”“结论 1”等，从而为后续的标识符替换做好准备。

3. 替换标识符为相应的变量值

分析完成后，我们可以将分析得到的图表、数据等结果通过替换标识符的方法写入分析报告模板中，也可以提前构建好判断索引，使用判断语句将数据分析的结论写入分析报告模板中，这样便实现了财务数据分析报告的自动化生成。

4.3.2 Word 分析报告模板设计

进行 Word 财务数据分析报告设计时，首要任务是确定哪些内容在模板编写环节生成，哪些内容由 RPA 自动化生成，哪些内容需要根据分析结果撰写。

Word 分析报告一共分为四部分：标题、目录、摘要和正文。标题、目录和摘要可以根据前文介绍的标准在模板中提前编写好，而我们更关注正文部分的设计。

Word 分析报告正文分为四个部分：分析背景与目的、分析思路、分析内容和结论与建议。

1. 分析背景与目的

对财务数据分析背景与目的进行说明，使报告阅读者对整个财务分析的背景有所了解，阐述进行此项财务分析的主要原因、分析的意义及其他相关信息。这个部分需要在设置分析模板时撰写。

2. 分析思路

分析思路主要是提供一种方法论上的陈述，系统地介绍财务数据分析的原理与方法，并从不同的主题出发，确定每个主题的分析内容和具体运用的指标。如果使用到一些不常见或比较高级的数据分析方法时，也需要在分析思路中对使用到的分析方法进行言简意赅的阐述。这个部分需要在设置分析模板时撰写。

3. 分析内容

根据分析思路中确定的每个分析主题，利用各种数据分析方法进行分析，并运用可视化图表和文字叙述相结合的方式，依次展示每一个主题的分析结果。这部分需要采用财务报告自动化原理进行编写，提前设置好标识符，便于在后续分析中进行自动化生成。

4. 结论与建议

结论是以财务数据分析结果为依据得出的分析结果，通常以综述性文字进行说明。建议是根据数据分析结论对企业或业务等所面临的问题而提出的改进方法，包括保持优势和改善劣势等方面。结论与建议是对整个报告的总结，起到强调重点、画龙点睛的作用。这一部分根据之前分析的内容总结来撰写。

Word 分析报告模板的示例如图 4-9 至图 4-12 所示。不同分析主题有不同的模板设计，后文将进行详细介绍。

云会计大数据智能研究所
Cloud Accounting & Big Data Intelligent Institute

疫情背景下的企业预算管理

办公费数据分析报告

财务数据分析师：元小蛮

报告日期：【年】年【月】月【日】日

目录

图 4-9　Word 分析报告模板示例（一）

摘 要

在企业中，归纳在办公费中的事项较多，它反映了单位购买日常办公用品、书报杂志的支出，以及日常的印刷费、电话费等支出。随着蛮先进智能制造有限公司规模及业务范围的扩大，其办公费发发生也随之增加，办公费的预算管理难度增加。

为了实现对办公费的有效管理，为办公费的预算提出决策建议，本报告对蛮先进智能制造有限公司2020、2021年的办公费进行了数据分析，通过运用对比分析法、结构分析法等方法从时间、项目、部门等维度展开办公费的分析。

最终发现办公费的发生变动受到疫情影响，在疫情发生的时间段较少，而一般在次月疫情得以控制出现骤增，因此企业管理层可以根据疫情爆发的季节性和规律性，在对应月份增加或减少办公费的预算，提高企业资金的使用效率。

一、分析背景与目的

在企业中，归纳在办公费中的事项较多，它反映了单位购买日常办公用品、书报杂志的支出，以及日常的印刷费、电话费等支出。对于企业来说，办公费体现的是企业文化、企业治理水平和员工素养。因此，要做好办公费的年度管理和预算，针对办公费进行分析具有一定的意义。

随着蛮先进智能制造有限公司规模及业务范围的扩大，其办公费发生也随之增加，办公费的预算管理难度增加。为了实现对办公费的有效管理，为办公费的预算提出决策建议，本报告对蛮先进智能制造有限公司 2020、2021 年的办公费进行了数据分析。

二、分析思路

本分析一共包括六个部分，项目分析、趋势分析、环比同比分析、结构分析、业务活动分析、部门分析。

项目分析，主要利用逻辑思维，因为办公费的发生受到项目的影响，该月项目发生的办公费越多，那么该月总体发生的办公费就越多，所以我们可以从项目这个角度入手，运用对比分析法，计算汇总各月项目办公费发生额，形成图形分析其变动情况。

趋势分析，利用向上思维，从时间的维度，运用对比分析法，汇总计算各月办公费的发生额，形成图形分析其变动情况，得出结论并利用向上思维，从更长远的角度看待问题，辅助办公费的预算决策。

环比同比分析，我们可以利用下切思维，从时间维度，精准定位对办公费的月度环比和年度同比值进行计算，并采用对比分析法分析具体数据背后的原因。

结构分析，主要利用求同思维，分析办公费的科目类别构成是否出现重大变化，因办公费主要计入管理费用、制造费用和销售费用三个科目，所以我们可以采用结构分析法对两年办公费的科目构成进行分析。

业务活动分析，主要利用下切思维，分析办公费的业务活动构成情况，因为办公费发生主要包括书报费、印刷费、办公用品费、消耗用品费、年检和其他（电话费、购买零星用品等）等六个业务活动，所以我们可以采用结构分析法对两年办公费的业务活动构成进行分析。

部门分析，主要从部门维度，采用结构分析法对两年办公费的部门构成进行分析。此外，我们还可以利用联合思维，将办公费与主营业务收入联系起来，结合指标分析法，通过计算“各部门的办公费率=各部门办公费/主营业务收入”对部门绩效进行分析。

1

图 4-10　Word 分析报告模板示例（二）

三、分析内容

（一）项目分析

图 1 各月项目办公费对比图

2020、2021 年各月项目办公费发生额如图 1 所示。在 2020 年，【year1 支出最多月份】的项目办公费最高，金额为【year1 支出最多月份金额】元，在 2021 年，【year2 支出最多月份】的项目办公费最高，金额为【year2 支出最多月份金额】元。

（二）趋势分析

图 2-1 各月办公费对比图

图 2-2 办公费变动趋势图

2020、2021年各月办公费发生额如图2-1，2-2所示。2020年，办公费发生总额排前三的是【第一年发生额前三月份】，分别发生了【第一年发生额前三金额】。2021年，办公费发生排前三的是【第二年发生额前三月份】，分别花销了【第二年发生额前三金额】。

（三）环比同比分析

表 3-1 办公费各月环比增长率表

2020、2021 年办公费各月环比增长率如表 3-1 所示。2020 年，办公费环比增长率排名前三的是【第一年环比前三月份】。环比增长率分别为【第一年前三环比值】。2021 年，办公费环比增长率排名前三的是【第二年环比前三月份】。环比增长率分别为【第二年前三环比值】。

表 3-2 办公费各月同比增长率表

2021年办公费各月的同比增长率如表3-2所示。其中，【正同比月份】月同比增长率为正，【负同比月份】同比增长率为负，同比增长率排前三的是【同比前三月份】，分别为【前三同比值】。

（四）结构分析

图 4-1 2020 年办公费各科目结构占比图

图 4-2 2021 年办公费各科目结构占比图

2020年、2021年办公费各科目结构占比如图4-1，4-2所示。2020年，办公费花销中管理费用为【第一年各类费用金额[0]】元，占比【第一年管理费用占比】%，销售费用为【第一年各类费用金额[1]】元，占比【第一年销售费用占比】%，制造费用为【第一年各类费用金额[2]】元，占比【第一年制造费用占比】%。2021年，办公费花销中管理费用为【第二年各类费用金额[0]】元，占比【第二年管理费用占比】%，销售费用为【第二年各类费用金额[1]】元，占比【第二年销售费用占比】%，制造费用为【第二年各类费用金额[2]】元，占比【第二年制造费用占比】%。

（五）业务活动分析

图 5-1 2020 年管理费用-办公费各业务结构占比图

图 5-2 2021 年管理费用-办公费各业务结构占比图

2020年、2021年办公费各业务结构占比如图5-1，5-2所示。2020年，办公费花销中书报费为【year1各类业务金额[0]】元，占比【year1书报费占比】%，印刷费为【year1各类业务金额[1]】元，占比【year1印刷费占比】%，购买办公用品费为【year1各类业务金额[2]】元，占比【year1办公用品费占比】%，购买消耗用品费为【year1各类业务金额[3]】元，占比【year1消耗用品费占比】%，年检费为【year1各类业务金额[4]】元，占比【year1年检费占比】%，电话报销、购买零星物品等其他费为【year1各类业务金额[5]】元，占比【year1其他占比】%。2021年，办公费花销中书报费为【year2各类业务金额[0]】元，占比【year2书报费占比】%，印刷费为【year2各类业务金额[1]】元，占比【year2印刷费占比】%，购买办公用品费为【year2各类业务金额[2]】元，占比【year2办公用品费占比】%，购买消耗用品费为【year2各类业务金额[3]】元，占比【year2消耗用品费占比】%，年检费为【year2各类业务金额[4]】元，占比

图 4-11　Word 分析报告模板示例(三)

【year2年检费占比】%，电话报销、购买零星物品等其他费为【year2各类业务金额[5]】元，占比【year2其他占比】%。

（六）部门分析

图 6 各部门办公费对比图

2020 年、2021 年各部门办公费对比情况如图 6 所示。在 2020 年，【year1 支出最多部门】的办公费最高，金额为【year1 支出最多部门金额】元，在 2021 年，【year2 支出最多部门】的办公费最高，金额为【year2 支出最多部门金额】元。

四、结论与建议

通过以上分析，本报告得出以下结论：

1.从总体来看，在2020年，【第一年发生额前三月份】发生的办公费较多，在2021年，【第二年发生额前三月份】发生的办公费较多，据调查，相关月份均为出现疫情月份的次月。

2. 在科目分布方面，企业办公费的科目分布情况显示【正常】；在业务方面，2020年和2021年其他方面（电话费和购买零星物品）的办公费占比最大，分别为【year1其他占比】%和【year2其他占比】%。

3. 在部门方面，2020年和2021年【year1支出最多部门】发生的办公费最多，分别为【year1支出最多部门金额】元和【year2支出最多部门金额】元。

针对上述结论，我们为管理层提出以下建议：

1.从项目来看，主要受疫情影响，在疫情发生的时间段项目较少，一般在次月疫情得以控制项目骤增，而各月办公费的发生变动情况与项目的变动情况大致吻合。因此，可以根据疫情爆发的规律性和季节性，在疫情爆发月份（1-4 月、11-12 月）减少办公费的预算，在疫情平息月份（次月）增加办公费的预算。

2.在业务活动方面，电话费和购买零星支出较多。因此，对于电话费和购买零星物品，企业应该进行适当管理以缩小其支出，例如严格管控电话费报销，多设置座机，购买零星物品货比三家等

3.在部门方面，销售部门发生的办公费最多。因此，企业可以增加销售部门的办公费预算。

元小蛮财务数据分析机器人，
服务企业财务数据分析工作自动化！
由 **野蛮人创新梦工场** 荣誉出品

图 4-12　Word 分析报告模板示例(四)

4.3.3 PPT 分析报告模板设计

财务分析在企业中大多以 PPT 呈现，这是因为 PPT 能够以文字、图形、色彩及动画的方式，将需要表达的财务数据分析内容直观、形象地展示给管理层。PPT 分析报告一共分为四个部分，标题、目录、正文、结尾。

1. 标题

标题所在页主要呈现财务数据分析报告的题目、汇报人、汇报时间等要素，示例如图 4-13 所示。

2. 目录

目录主要呈现财务数据分析报告的主要章节，帮助管理层了解财务数据分析报告的主要内容，目录示例如图 4-14 所示。

图 4-13　PPT 报告标题页示例

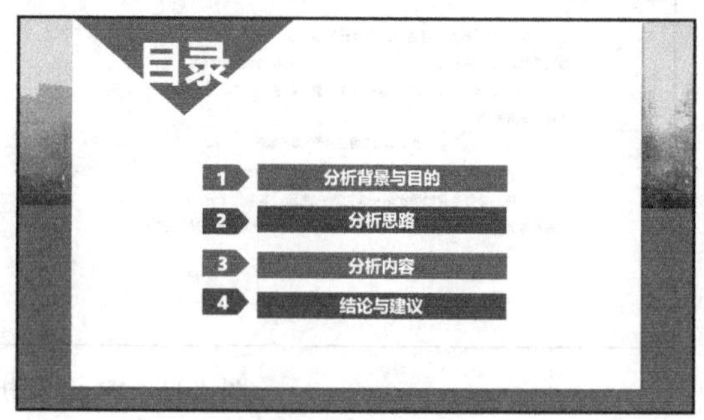

图 4-14　PPT 报告目录示例

3. 正文

正文是财务数据分析报告的主要内容，具体包括分析背景与目的、分析思路、分析内容、结论与建议。

(1)分析背景与目的

对数据分析背景进行说明主要是为了让报告阅读者对整个分析研究的背景有所了解，主要阐述此项分析的主要原因、分析的意义，以及其他相关信息。

在财务数据分析报告中陈述分析的目的主要是为了让报告的阅读者了解开展此次分析能带来什么效果，可以解决什么问题。一般情况下将分析背景和目的合二为一，示例如图 4-15 所示。

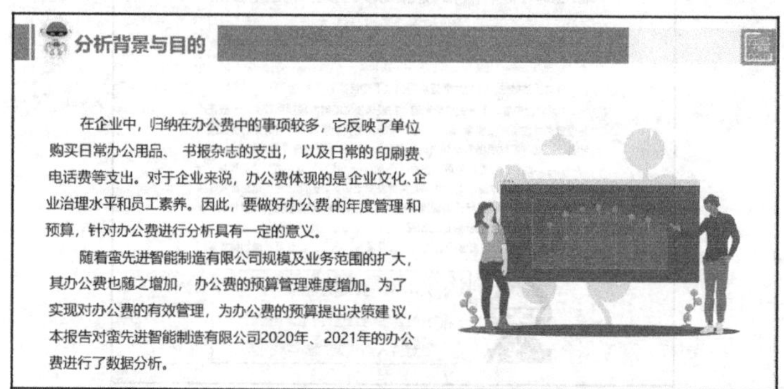

图 4-15　PPT 报告分析背景与目的示例

(2) 分析思路

分析思路能够帮助财务数据分析报告的阅读者了解分析所体现的分析思维、所运用的分析方法和数据展现方式，示例如图 4-16 所示。

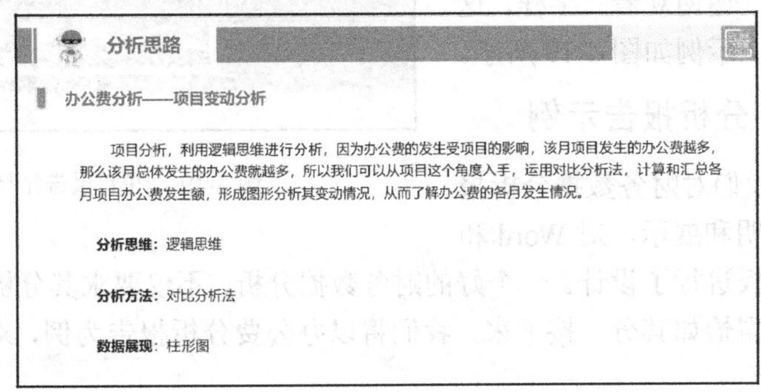

图 4-16　PPT 报告分析思路示例

(3) 分析内容

根据之前分析思路中确定的项目变动分析，利用各种数据分析方法，一步步地展开分析，通过图表及文字相结合的方式，形成分析内容，方便阅读者理解，示例如图 4-17 所示。

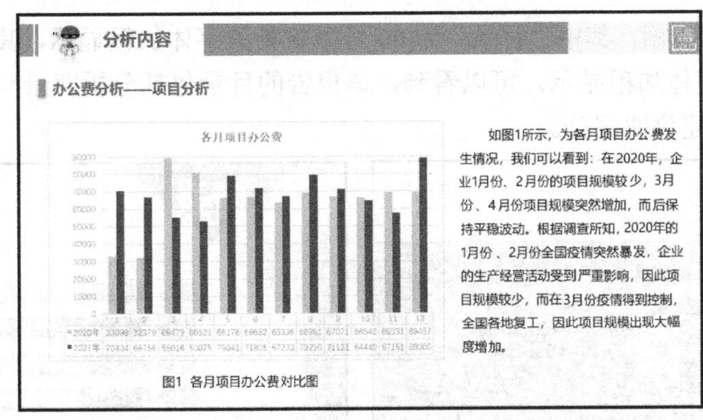

图 4-17　PPT 报告分析内容示例

(4) 结论与建议

这部分是对整个报告的综合与总结、深化与提高，是得出结论、提出建议、解决矛盾的关键所在，它起着画龙点睛的作用，是整篇分析报告的总结，示例如图 4-18 所示。

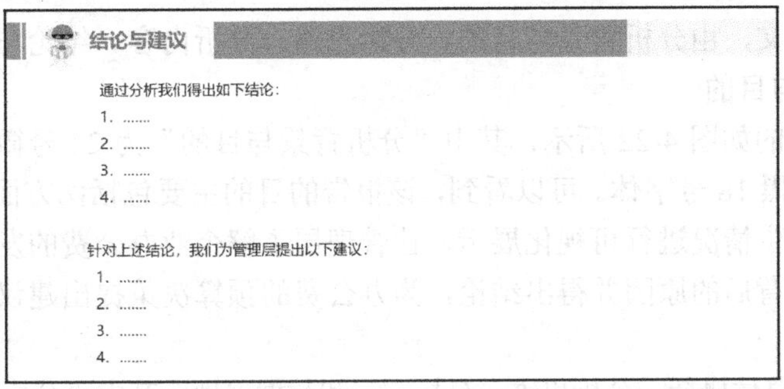

结论与建议

通过分析我们得出如下结论：

1. ....
2. ....
3. ....
4. ....

针对上述结论，我们为管理层提出以下建议：

1. ....
2. ....
3. ....
4. ....

图 4-18　PPT 报告结论与建议示例

4. 结尾

一个专业的财务数据分析报告 PPT 的结尾一般会呈现“谢谢观看”字样，这是职场素养的体现，示例如图 4-19 所示。

图 4-19 PPT 报告结尾示例

4.3.4 PPT 分析报告示例

在上述章节，我们对财务数据分析报告的结构进行了说明和展示，对 Word 和 PPT 分析报告的模板进行了设计。一个好的财务数据分析，不仅要求其分析内容全面、清晰，还要求其报告展现得恰如其分。接下来，我们将以办公费分析报告为例，对 PPT 分析报告进行简单展示。

1. 标题

标题所在页如图 4-20 所示，其中标题为华文琥珀 36 号字体，我们在标题页个性化地添加了“汇报时间”。可以看到，该报告的题目为“疫情背景下的企业预算管理——基于办公费分析”。

2. 目录

目录如图 4-21 所示，其中“目录”为 66 号微软雅黑字体加粗显示，其余为 24 号微软雅黑字体琥珀 36 号字体加粗显示。可以看到，该报告的目录包括分析背景与目的、分析思路、分析内容和结论与建议四部分。

图 4-20 标题

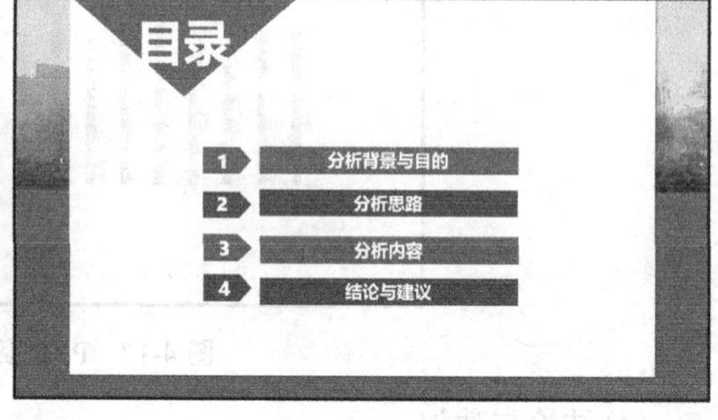

图 4-21 目录

3. 正文

PPT 报告的正文，由分析背景与目的、分析思路、分析内容、结论与建议四部分组成。

(1)分析背景与目的

分析背景与目的如图 4-22 所示，其中“分析背景与目的”为 24 号微软雅黑字体加粗显示，正文为微软雅黑 18 号字体。可以看到，该报告的目的主要包括两方面，一方面通过数据分析对办公费的发生情况进行可视化展示，让管理层了解企业办公费的发生现状；另一方面通过分析找到现状背后的原因并得出结论，为办公费的预算决策提出建议。

(2)分析思路

分析思路包括总体概括、分析思维、分析方法和数据展现。其中“分析思路”为 24 号微软雅黑字体加粗显示，“XX 分析”为微软雅黑 20 号字体加粗显示，正文为微软雅黑 18 号字体。

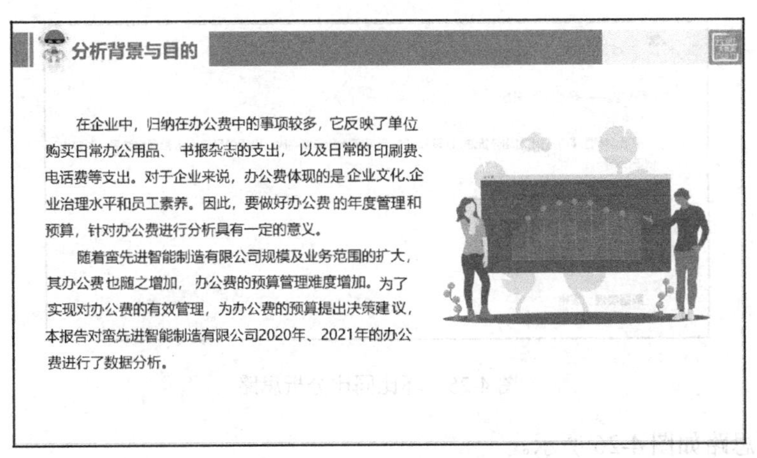

图 4-22　分析背景与目的

项目分析思路如图 4-23 所示。

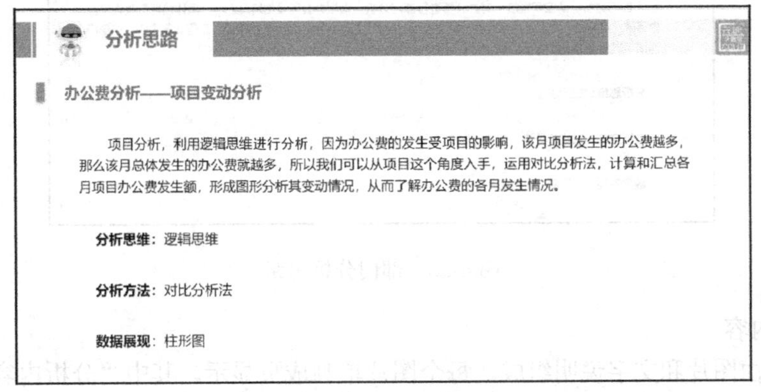

图 4-23　项目分析思路

月度趋势分析思路如图 4-24 所示。

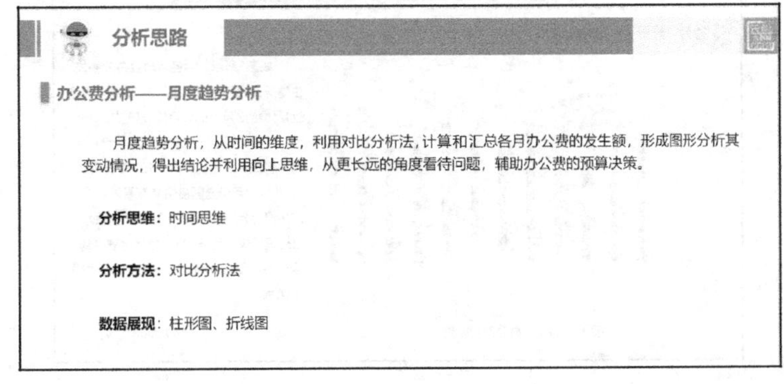

图 4-24　月度趋势分析思路

环比同比分析思路如图 4-25 所示。

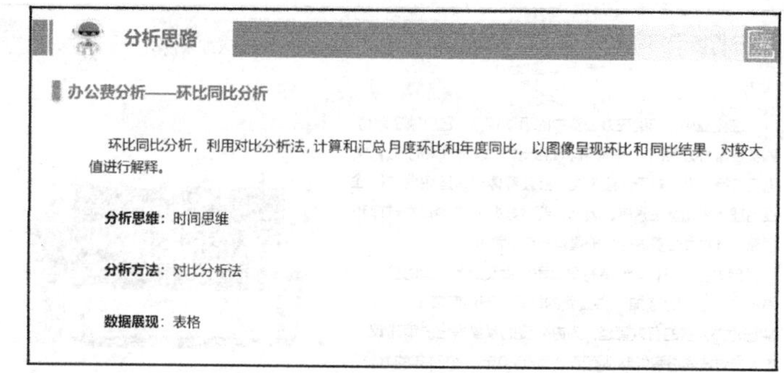

图 4-25　环比同比分析思路

部门分析思路如图 4-26 所示。

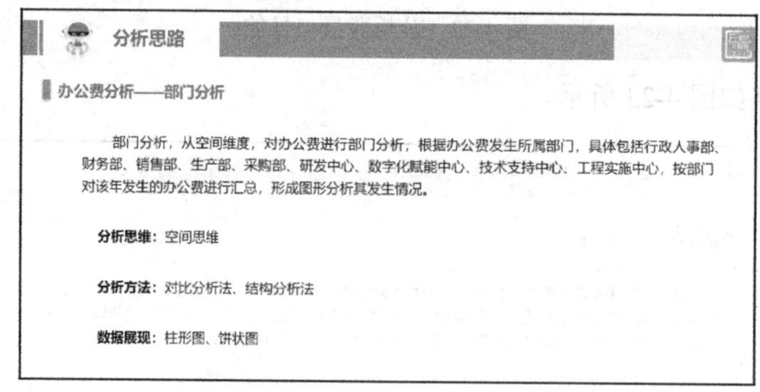

图 4-26　部门分析思路

(3) 分析内容

分析内容由图片和文字说明组成，每个图片单独成页显示。其中“分析内容”为 24 号微软雅黑字体加粗显示，“XX 分析”为微软雅黑 20 号字体加粗显示，正文为微软雅黑 18 号字体。

项目分析内容如图 4-27 所示。

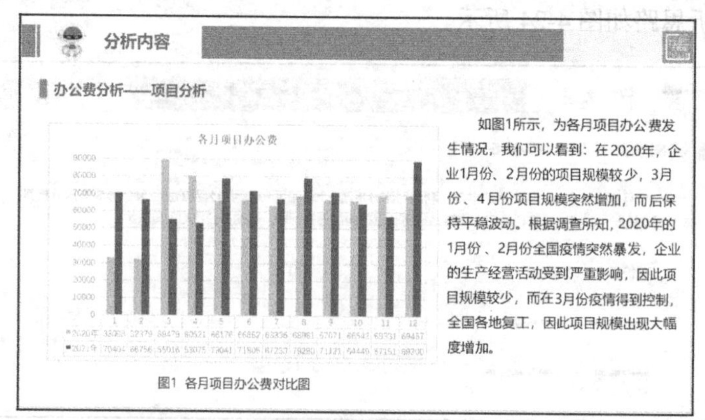

图 4-27　项目分析内容

月度趋势分析内容如图 4-28 和图 4-29 所示。

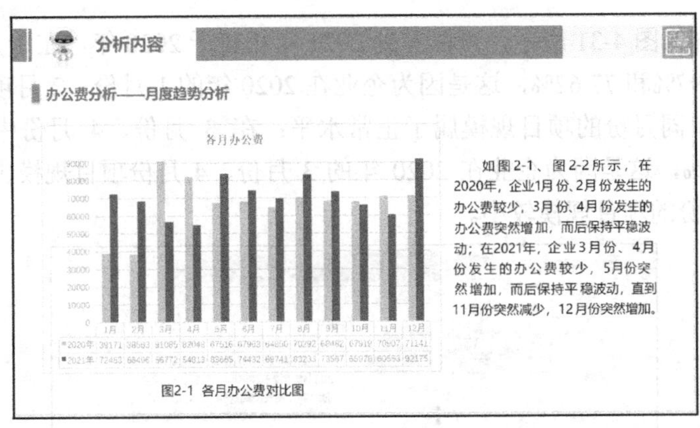

图 4-28　月度趋势分析内容(一)

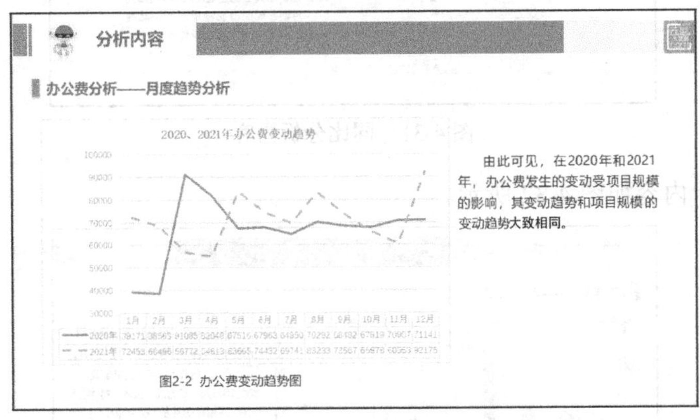

图 4-29　月度趋势分析内容(二)

环比分析内容如图 4-30 所示，可以看到 2020 年 3 月份的环比增长率高达 136.20%，这是因为 3 月份的项目规模出现大幅度增加，2021 年 5 月份、12 月份的环比增长率分别高达 52.64%和 52.22%，这是因为 5 月份、12 月份的项目规模出现大幅度增加。

分析内容

办公费分析——环比同比分析

表1-1 办公费各月环比增长率表

办公费各月环比增长率表		
年份 月份	2020 年	2021 年
1 月		▲1.84%
2 月	▼-1.55%	▼-5.46%
3 月	▲136.20%	▼-17.12%
4 月	▼-9.92%	▼-3.45%
5 月	▼-17.71%	▲52.64%
6 月	▲0.66%	▼-11.04%
7 月	▼-4.58%	▼-6.30%
8 月	▲8.39%	▲19.35%
9 月	▼-2.58%	▼-11.61%
10 月	▼-0.82%	▼-10.32%
11 月	▲4.40%	▼-8.22%
12 月	▲0.33%	▲52.22%

如表1-1所示，在环比增长率中，2020年3月份的环比增长率高达136.20%，这是因为3月份的项目规模出现大幅度增加，2021年5月份、12月份的环比增长率分别高达52.64%和52.22%，这是因为5月份、12月份的项目规模出现大幅度增加。

图 4-30　环比分析内容

同比分析内容如图 4-31 所示，可以看到 2021 年相较于 2020 年，在 1 月份、2 月份中同比增长率高达 84.97%和 77.62%，这是因为企业在 2020 年的 1 月份、2 月项目规模较小，而与此同时 2021 年同月份的项目规模属于正常水平；在 3 月份、4 月份中同比增长率低至 –37.67%和–33.19%，这是因为企业在 2020 年的 3 月份、4 月份项目规模出现骤增，而与此同时 2021 年同月份的项目规模较小。

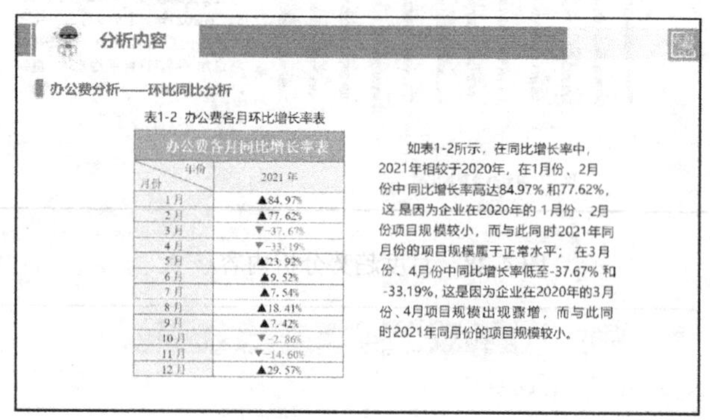

图 4-31　同比分析内容

部门构成分析内容如图 4-32 所示。

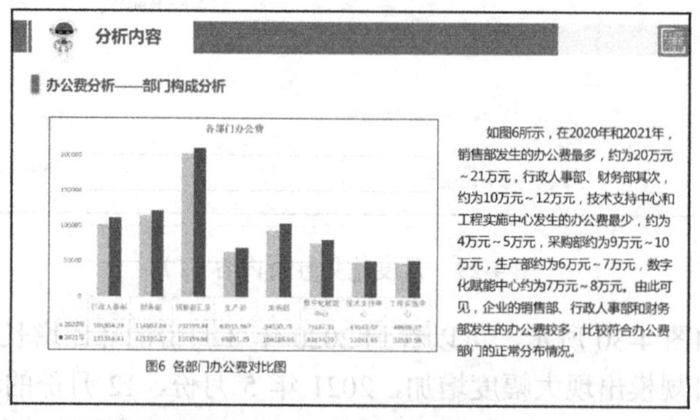

图 4-32　部门构成分析内容

(4)结论与建议

结论与建议如图 4-33 所示，由结论与建议两部分组成。其中“结论与建议”为 24 号微软雅黑字体加粗显示，正文为微软雅黑 18 号字体。

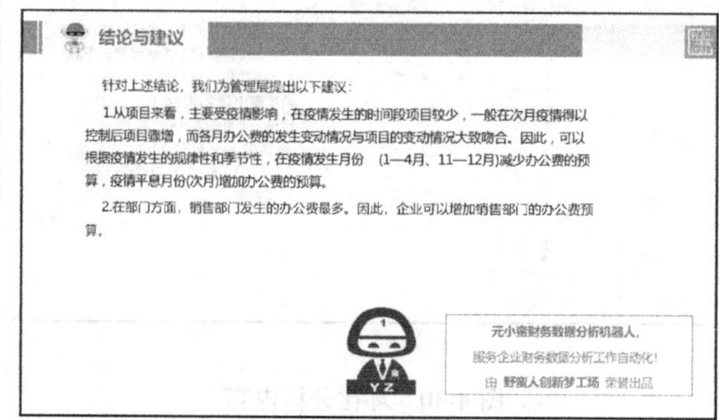

图 4-33　结论与建议

4．结尾

结尾如图 4-34 所示，其中“谢谢观看”为 36 号华文琥珀字体。

图 4-34　结尾

第 5 章　来也 UiBot RPA 数据分析软件

5.1　UiBot RPA 软件介绍

本书将选用来也科技公司推出的 UiBot RPA 软件（简称 UiBot）作为财务数据分析自动化工具，介绍该软件的功能特点、核心优势和架构。

5.1.1　UiBot 功能特点

来也 UiBot 具有以下四个方面的功能特点。

1. 可视化编程

UiBot 提供中文可视化编程，使得无编程基础的初学者也能很快上手使用 RPA，降低了入门门槛。UiBot 提供了众多详细命令，用户不需要编写大量代码，只需将命令拖入编写区，就能实现简单功能，仅通过直观的操作方式就能完成 RPA 财务数据分析机器人的编写工作。同时，UiBot 也提供源码视图，有编程基础的用户可以更高效地实现开发以及更多的功能。

2. 数据抓取

UiBot 提供了数据抓取功能，能够快速、便捷地抓取浏览器、桌面、SAP、Java 四种程序中的数据，为财务数据分析提供多种数据来源。

3. Mage AI

UiBot 相比于传统 RPA 软件，引入了“RPA+AI”，将流程自动化与认知自动化相结合，使 RPA 能够具有更复杂、更智能的功能。UiBot 中的 Mage AI 提供了各种 AI 能力，为开发者对 RPA 智能开发提供了平台。

4. 安全审计系统

UiBot 支持项目的日志追踪与实时监控，能够满足用户对项目的监管、审计等需要，方便对财务数据分析项目的质量管理。

5.1.2　UiBot 核心优势

1. 安全简单

UiBot 的核心引擎是来也科技自主研发的产品，技术相对自主可控，并且 UiBot 具有中文可视化编程功能，上手难度低，开发简单快速，用户即使没有编程基础也能学会。

2. 部署快捷

使用 UiBot 设计与开发财务数据分析自动化机器人，部署周期短，部署方式简单。

3．功能强大

UiBot 内置了 300 多种预置组件，能够满足绝大部分财务数据自动化分析的功能需求，覆盖大部分财务数据分析应用场景。同时，UiBot 提供了 Python、Java、C/C++、.Net 等多种编程语言的扩展接口，方便用户进行功能扩展和维护。

4．多端兼容

UiBot 支持浏览器、桌面、SAP 等多种 UI 自动化，支持 Windows、Mac、iOS、Android 等平台和 PC、移动设备多端兼容。

5.1.3　UiBot 架构

UiBot 主要包含创造者(Creator)、劳动者(Worker)、指挥官(Commander)、魔法师(Mage)四大模块，它们分别为 RPA 财务数据分析机器人的开发、运行、控制、智能化提供相应的工具和平台，其功能和联系如图 5-1 所示。

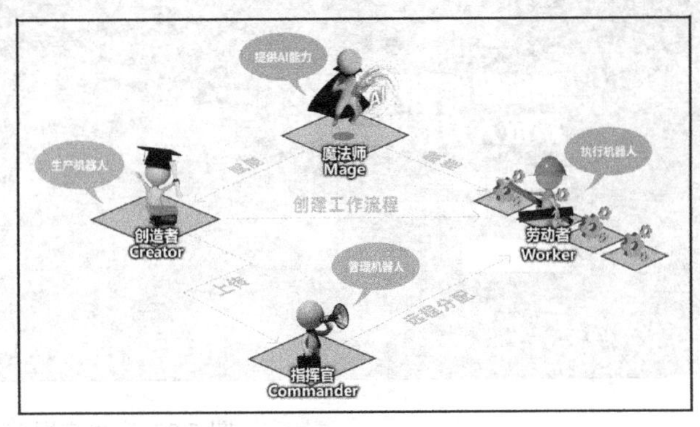

图 5-1　UiBot 产品功能及联系

1．Creator

Creator 是 RPA 机器人开发工具，用于开发财务数据分析自动化机器人，同时也可以运行和调试机器人。

2．Worker

Worker 是 RPA 机器人运行工具，用于运行搭建好的财务数据分析机器人。它有三种不同的工作方式，体现在 Worker 软件中是三种不同的许可类型：人机交互-绑定机器、人机交互-绑定用户、无人值守。

3．Commander

Commander 是 RPA 机器人指挥中心，用于部署和管理多个财务数据分析机器人。与 Creator 和 Worker 不同的是，它不是应用程序而是 Web 应用，它可以部署在互联网上或内网中，这需要用户根据不同的需求来选择。Commander 可以对拥有的资源包括流程资源(流程包、流程等)、数据资源、算力资源(Creator、Worker 等)进行管理。

4．Mage

Mage 是专门为 UiBot 打造的 AI 能力平台，可针对财务数据分析提供执行流程自动化所需的各种 AI 能力。Mage 的特点包括：

(1)具有图片理解、文本理解、语言能力等多种适合 RPA 机器人的 AI 能力；

(2)提供预训练的模型，开发者无须具有 AI 经验，方便使用；

(3)提供 AI 功能定制化，开发者可通过对 AI 的训练优化来定制更符合需求的 AI 功能；

(4)在 Creator 中可以运用 Mage AI 命令来使 RPA 具备 AI 能力；

(5)适用于财务报销、发票识别等多种业务场景。

5.2 安装 UiBot 软件

在 UiBot 中，财务机器人的开发离不开 Creator，Creator 在 UiBot 中具有不可或缺的地位，下面介绍 UiBot Creator 的下载和安装。

➲ 5.2.1 下载 UiBot Creator

步骤一：访问来也官方网站 https://laiye.com，并单击首页右上角的“立即登录”，如图 5-2 所示。

图 5-2 来也官网首页

步骤二：进入登录界面，单击“登录”下方的“立即注册”，如图 5-3 所示。

步骤三：进入注册界面，输入手机号并单击“获取验证码”，然后进入安全验证界面，在输入框中输入右侧的安全验证码并单击右下角的“确定”，如图 5-4 所示。然后将获取到的手机验证码填入对应的输入框，输入登录密码并在下一个输入框中再次输入登录密码，勾选同意框，完成后单击“注册”，如图 5-5 所示。

图 5-3 登录界面

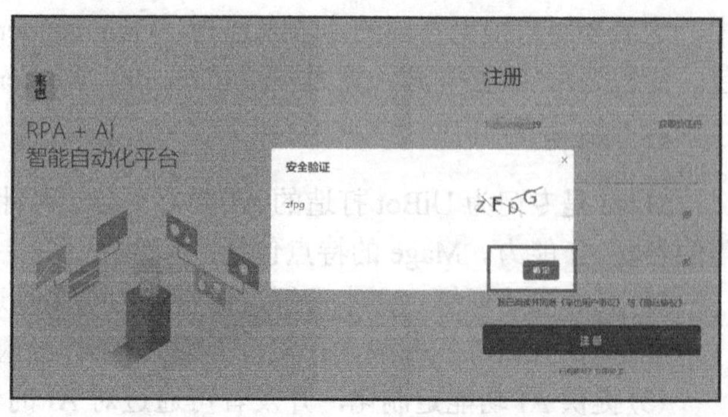

图 5-4 安全验证界面

步骤四：注册成功后来到创建项目界面，选择“个人项目”，按要求输入项目名称和在项目中的姓名，然后单击“确认”，如图 5-6 所示。

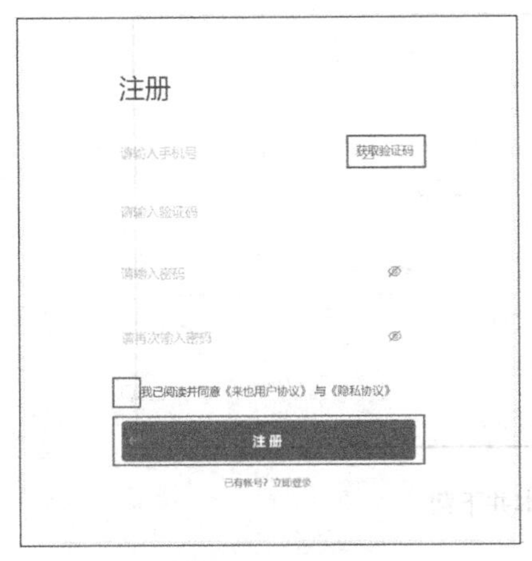

图 5-5　注册界面

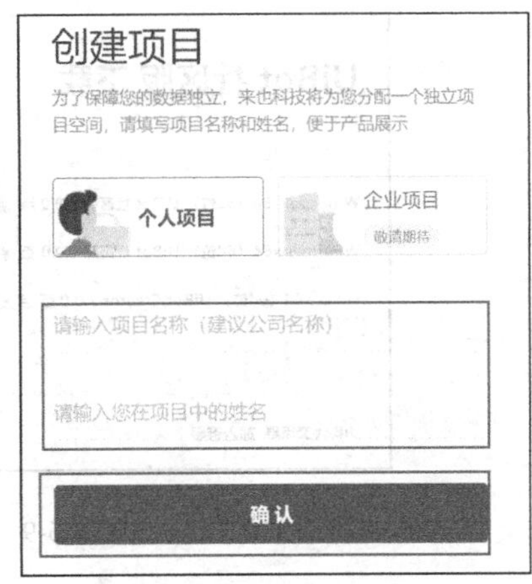

图 5-6　单击“立即下载”

步骤五：回到来也官网首页，选择首页上方菜单栏中的“产品”，并选择“流程创建”中的“流程创造者(UiBot Creator)”，如图 5-7 所示。

步骤六：单击“免费使用社区版”，如图 5-8 所示。

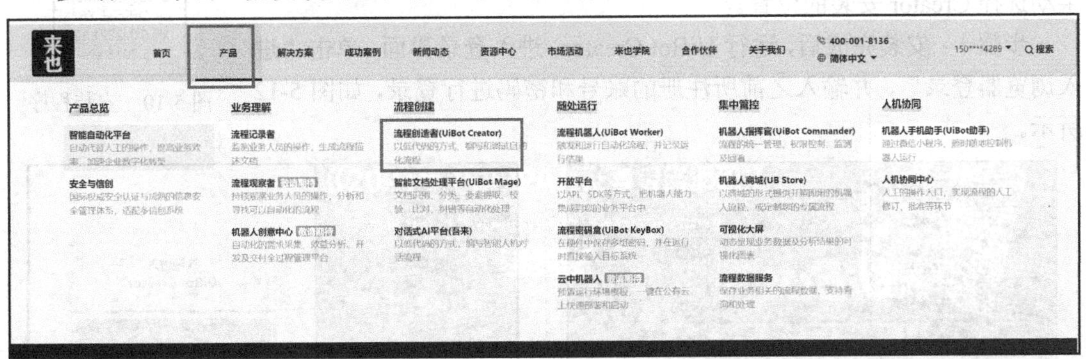

图 5-7　选择“流程创造者(UiBot Creator)”

图 5-8　选择“免费使用社区版”

步骤七：根据个人电脑情况下载合适的安装程序，单击对应安装程序后面的“点击下载”按钮，如图 5-9 所示。

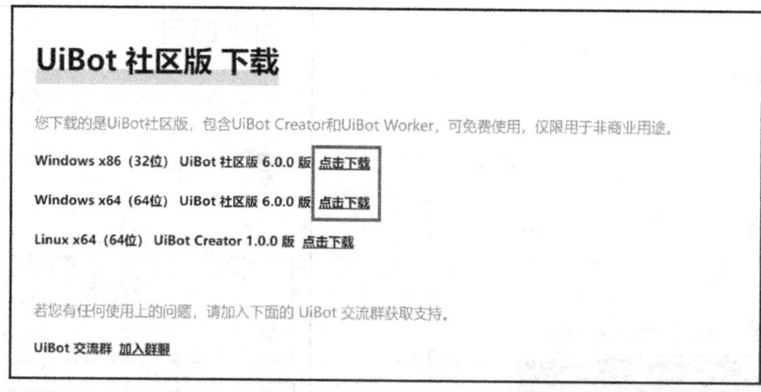

图 5-9　选择版本并下载

5.2.2　安装 UiBot Creator

步骤八：打开安装程序存储的位置，双击运行下载的安装程序进行安装，如图 5-10 所示。

图 5-10　安装程序

步骤九：单击“立即安装”，如图 5-11 所示，也可选择自定义安装，手动选择 Creator 安装的位置。

步骤十：安装完成后，运行 UiBot Creator，进入登录界面，单击“进入浏览器登录”，并输入之前所注册的账号和密码进行登录，如图 5-12 所示。

图 5-11　立即安装

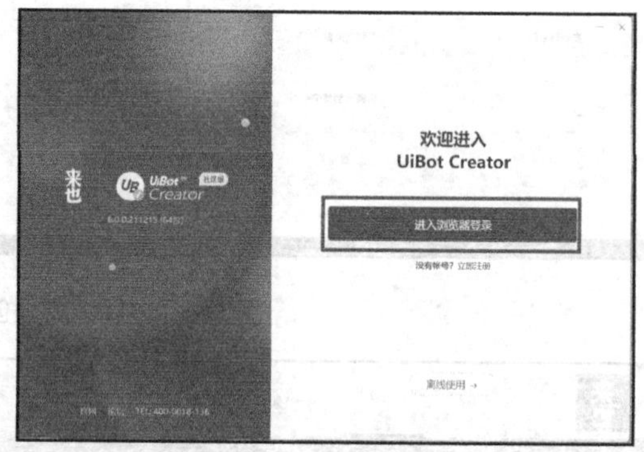

图 5-12　登录界面

5.3　UiBot Creator 界面介绍

5.3.1　主界面

启动 UiBot Creator 软件，登录后进入主界面，如图 5-13 所示。在该界面可以新建一个项目或打开已有项目，新建的项目文件将被默认保存在 C 盘中，如图 5-14 所示。

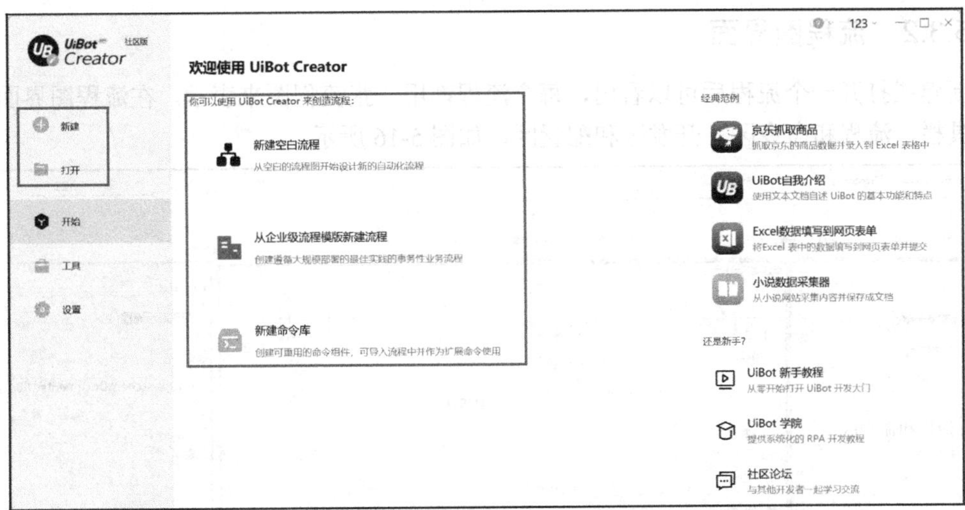

图 5-13　UiBot Creator 主界面

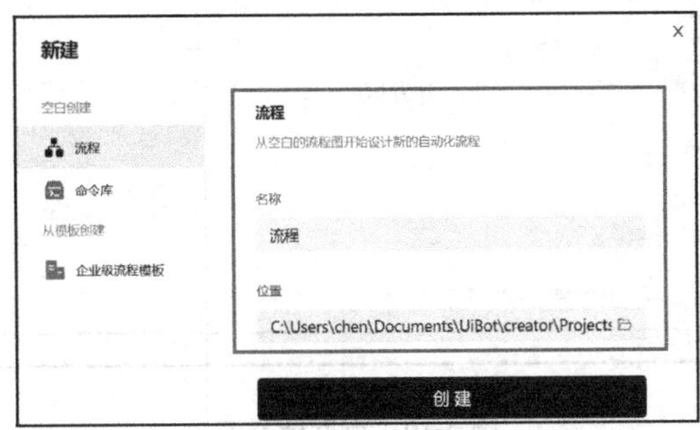

图 5-14　新建流程

单击 Creator 主界面左侧菜单栏中的“工具”，可以在该界面安装相关工具，如图 5-15 所示。

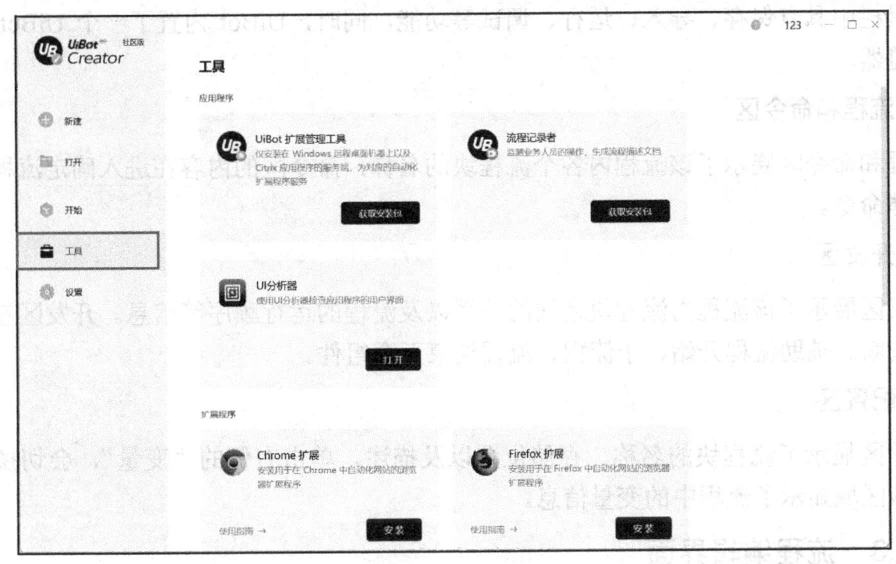

图 5-15　工具界面

5.3.2　流程图界面

新建或打开一个流程后可以看出，每个流程都用一张流程图来表示。在流程图界面中，有工具栏、流程和命令区、开发区和配置区，如图 5-16 所示。

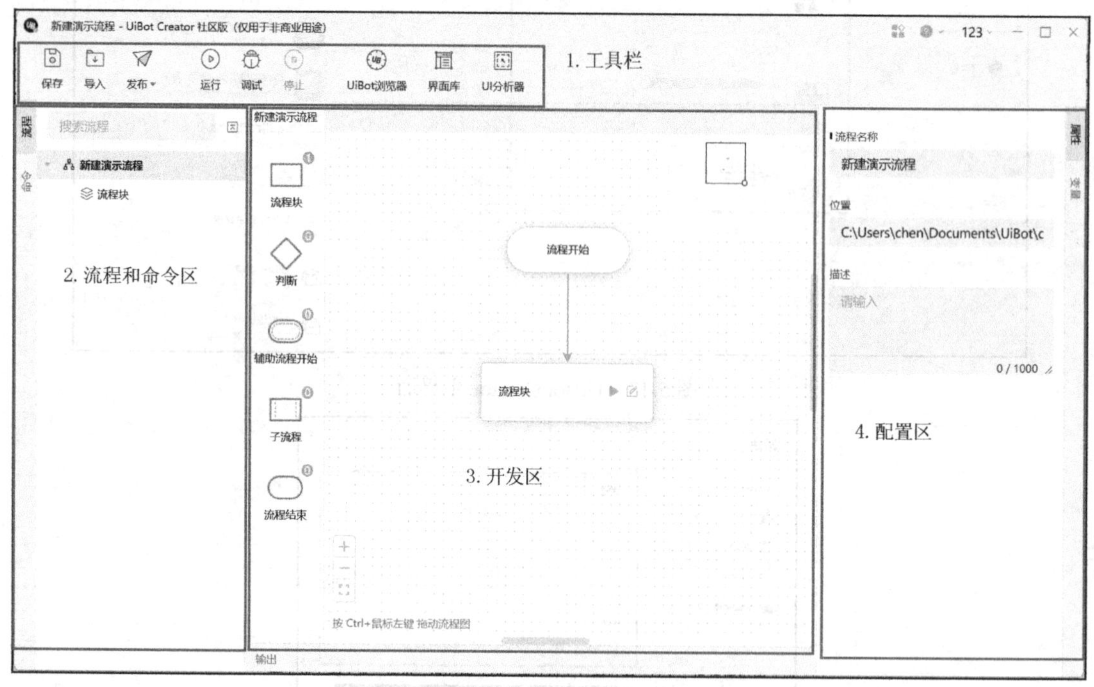

图 5-16　流程图界面

1. 工具栏

工具栏中具有保存、导入、运行、调试等功能，同时，UiBot 内置了一个 UiBot 开发的专属浏览器。

2. 流程和命令区

流程和命令区展示了该流程内各个流程块的名称，命令区的内容在进入确定流程块前看不见具体命令。

3. 开发区

开发区展示了该流程内流程块之间的关系以及流程的运行顺序等信息。开发区左侧有流程块、判断、辅助流程开始、子流程、流程结束五个组件。

4. 配置区

配置区显示了流程块的名称、存储位置以及描述，单击右侧的“变量”，会切换到变量区域，该区域显示了流程中的变量信息。

5.3.3　流程编辑界面

单击流程图中流程块右上角的编辑图标可进入流程编辑界面，如图 5-17 所示。

编辑界面分为可视化视图和源代码视图。

可视化视图中拥有工具栏、命令树、可视化编辑区、命令属性和变量面板四个主要区域，如图 5-18 所示。

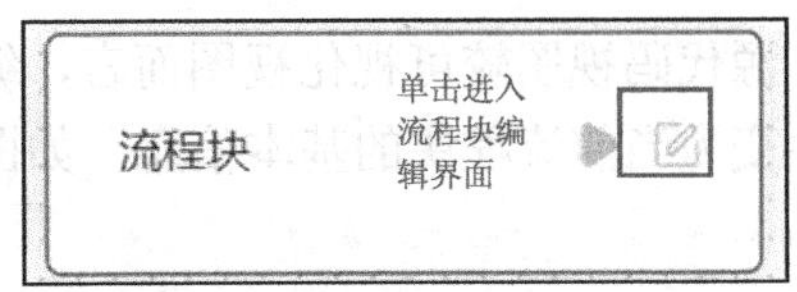

图 5-17　流程块编辑界面入口

图 5-18 可视化视图

1. 工具栏

工具栏中多了时间线、数据抓取、Mage AI 等功能。

2. 命令树

命令树中列出了 UiBot 的全部命令，包括基本命令、鼠标键盘、Mage AI、软件自动化、数据处理、文件处理等多个命令类别，其中每个命令类别展开可查看类别下的具体命令。命令树上方还提供命令搜索功能。

3. 可视化编辑区

可视化编辑区是命令组合形成流程块的工作区域，用户可以将命令树中的命令用拖曳方式或用鼠标左键双击来添加命令方式移到可视化编辑区。在编辑区中可以拖动命令来调整命令的先后顺序或包含关系，也可用鼠标右键单击命令，对命令进行复制、删除、运行等基本操作。

4. 命令属性和变量面板

单击编辑区中的某条命令，可看到该命令的属性面板，在命令的属性面板中会显示出该命令的一些必选属性及可选属性。单击命令属性和变量的切换按钮，可查看当前流程块中的变量信息，并可对变量进行增删改查基本操作。

源代码视图较可视化视图而言，编辑区展现的是源代码，右侧的属性区域由某个命令的属性变为当前流程块的基本信息，如图 5-19 所示。

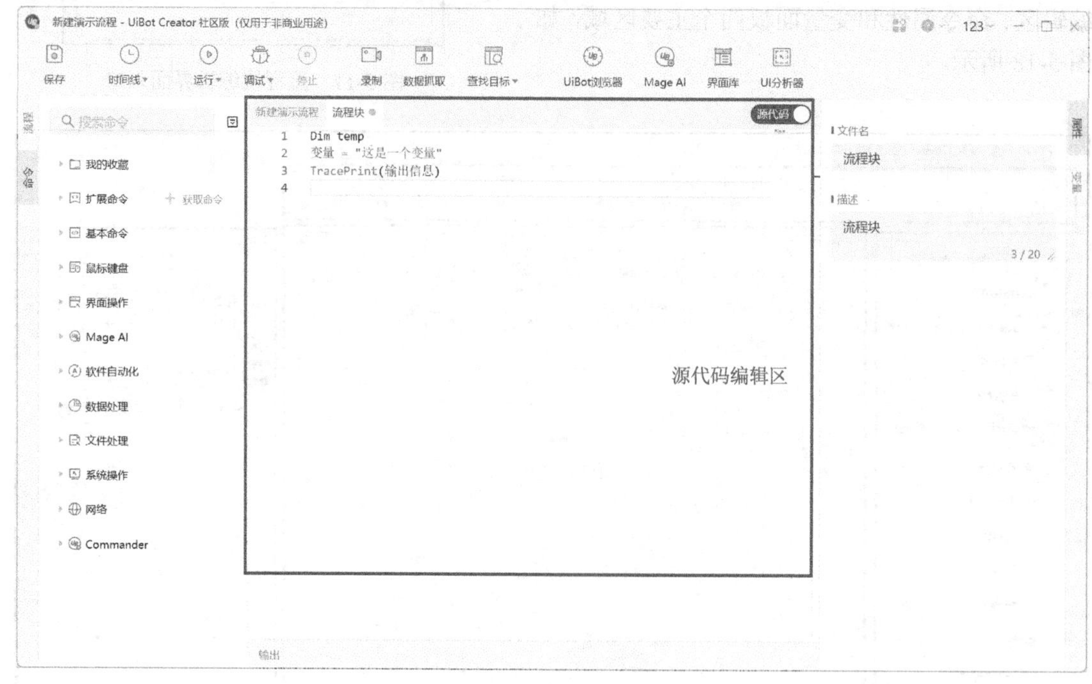

图 5-19 源代码视图

在源代码视图中，可视化的命令全部显示为对应的代码模块，代码顺序与可视化中命令的排列顺序一致，命令的属性也由代码显示出来。源代码视图适合有一定编程基础的用户使用，能让用户提高编程速率。

可视化视图和源代码视图描述的都是同一个流程块，它们是流程块的不同展示方式，在两个视图下流程块中的命令是一模一样的，并且命令的顺序位置、包含关系完全对应，用户可以选择自己喜欢的视图来开发机器人。

5.4 UiBot 的基本概念

在 UiBot 中，有四个基本概念：流程、流程块、命令、属性。这四个基本概念作为基本术语，始终贯穿财务机器人开发全程。

5.4.1 流程

流程指的是要用 UiBot 来完成的一项任务，一项任务对应一个流程，流程在 UiBot 中是作为基本单元来使用的。虽然 UiBot 中可以建立多个流程，但同一时刻只能编写和运行一个流程，并且每个流程都包含一个文件夹，该文件夹中具有流程文件、流程块文件、扩展文件夹、日志文件夹、资源文件夹等。导入一个流程通常只需要导入这个流程的文件夹就可以了。

5.4.2　流程块

UiBot 中的流程，都是采用流程图的方式来显示的。在流程图中，包含了辅助流程开始、流程块、判断、子流程和结束几种组件，它们之间通过箭头连接，以此构成一个流程图。每个流程图中必须存在一个且只能存在一个“开始”组件，它是流程运行的起点。而流程图中必须有一个或多个“流程块”，才能使得流程图有意义。

如果将要做的一件事比作流程，那么做这件事的每个步骤就是一个流程块。以差旅费分析为例，即差旅费分析是一个流程，而要完成差旅费分析所需要做的数据采集与处理、趋势分析、环比同比分析、结构分析、部门分析、客户分析、地区分析、项目分析、生成分析报告这些步骤就是一个个流程块。当然，用户可以将每个步骤用几个流程块来实现，也可以将几个步骤放在一个流程块里，但建议把具有相对独立性的步骤放在一个流程块里，并且一个流程中流程块的数量不宜过多。

5.4.3　命令

命令是指在一个流程块中，需要告知 UiBot 具体每一步该做什么动作、如何去做。UiBot 会遵循用户给出的每一条命令，并执行它们。以差旅费趋势分析为例，将差旅费趋势分析作为一个流程块，那么要让这个流程块实现差旅费趋势分析的功能，我们所使用的命令有获取差旅费、判断年月份、按要求整理差旅费。也就是说，如果流程是一个目标，那么流程块就是完成这个目标所需要做的步骤，命令就是步骤中所要做的具体动作。

5.4.4　属性

属性是用来描述命令的，它可以为命令设置一些限制和要求，如果将粘贴原始凭证比作一条命令，那么这个票据的类型就是这条命令的属性。比如“变量赋值”这条命令，它具有“变量名”“变量值”两种属性，通过这些属性，可以设置出该变量的值。

5.5　UiBot 的基本语法

5.5.1　基本结构

UiBot 的源码视图使用的编程语言为 BotScript，是来也科技公司自创的，简称 UB 语言。UB 语言的源代码文件是纯文本格式，扩展名不限，均采用 UTF-8 编码。有时候编程过程中为了更好地方便他人或自己理解代码，会在代码中使用注释，注释中的内容将不会被运行。注释符号为“//”或“/**/”，使用方法如下：

```
//这里是一行注释
/*
这里也是一行注释
*/
```

在 UB 语言中，所有的关键字、变量名、函数名均不区分大小写，比如变量名 test、Test、TEST 都被认为是同一个变量。

5.5.2 变量、常量与数据类型

变量是编程语言中最基础的组成部分，它在运行过程中可以改变值。而常量在定义指定值后不允许再进行动态修改。

在 UB 语言中，变量的值和类型均可以在运行过程中动态改变。UB 语言中的数据类型分为整数型、浮点数型、布尔型、字符串型、数组型和字典型等。

UiBot 常用的数据类型、功能和示例如表 5-1 所示。

表 5-1 UiBot 常用的数据类型

数据类型	功　能	示　例
整数型	整数型的值可以用十进制或十六进制表示，十六进制需加前缀&H 或&h	2021，2022，&h2022
浮点数型	可以用常规方式或科学计数法表示	2022.01，3.1415926，2E-3
布尔型	布尔型只有 True 或 False 两个值	True，False
字符串型	用一对单引号或双引号引用，用以定义一个字符序列	“差旅费分析机器人”“UiBot”
数组型	复合型的一种，同一数组中的多个元素的值可以是任意类型	[财务数据分析机器人,小蛮,[OCR,NLP]]
字典型	复合型的一种，用大括号包围，名字和其对应的值为一对，其中名字只能是字符串	{“key1”:2022,“key2”:财务数据分析}

变量的定义方式是：

```
Dim 变量名
如果要在定义变量名时赋一个初始值:
Dim 变量名 = 初始值
```

如果同时定义多个变量：

```
Dim 变量名 1 = 值 1, 变量名 2 = 值 2
```

常量定义方式：

```
Const 常量名 = 值
```

5.5.3 运算符与表达式

UiBot 中的运算符可大致分为五类：算术运算符、关系运算符、逻辑运算符、赋值运算符、连接运算符，如表 5-2 所示。

表 5-2 UiBot 常用的运算符

类　型	运算符	含　义	示　例
算术运算符	+	加法运算	若 x=8，则“x+2”的算术运算结果为 10
	–	减法运算	若 x=8，则“x–2”的算术运算结果为 6
	*	乘法运算	若 x=8，则“x*2”的算术运算结果为 16
	/	除法运算	若 x=8，则“x/2”的算术运算结果为 4
	Mod	取余数	若 x=8，则“x Mod 3”的算术运算结果为 2
	^	求幂运算	若 x=8，则“x^2”的算术运算结果为 64

续表

类　型	运 算 符	含　义	示　例
关系运算符	>	大于	若 x=8，则“x>2”的关系运算结果为 True
	<	小于	若 x=8，则“x<2”的关系运算结果为 False
	=	等于	若 x=8，则“x=2”的关系运算结果为 False
	<=	小于或等于	若 x=8，则“x<=2”的关系运算结果为 False
	>=	大于或等于	若 x=8，则“x>=2”的关系运算结果为 True
	<>	不等于	若 x=8，则“x<>2”的关系运算结果为 True
逻辑运算符	And	逻辑与	若 x=8，则“x>2 And x<10”的逻辑运算结果为 True
	Or	逻辑或	若 x=8，则“x>2 Or x<10”的逻辑运算结果为 True
	Not	逻辑非	若 x=8，则“Not x>2”的逻辑运算结果为 False
赋值运算符	=	赋值运算	“x=8”表示为变量 x 赋值 8
连接运算符	&	连接字符串	“Ui”&“Bot”，表示字符串“Ui”与“Bot”连接，结果为“UiBot”

将变量、常量、值用运算符和“()”按规则组合起来就形成了表达式，表达式常用于赋值语句，能够给变量赋值。在这几种运算符中，算术运算符的优先级最高，这意味着在一个有算术运算符的表达式中要最先对算术运算符左右的值进行操作，其次是关系运算符、逻辑运算符，最后是赋值运算符。关系运算符返回的是 True 或者 False 这种布尔值。

➲ 5.5.4　逻辑语句

逻辑语句中比较常见的有条件分支语句、选择分支语句、条件循环语句、计次循环语句、遍历循环语句、跳出语句等。

1．条件分支语句

在财务机器人开发过程中难免会遇到需要在业务流程中实施决策的时候，这时就需要机器人能够根据不同情况做出不同选择，完成相应的业务处理。这种时候就需要用到条件分支语句。条件分支语句能够使机器人用不同的业务处理方法来应对不同的业务要求。在 UiBot 中，条件分支语句有以下几种形式：

(1) If...End if

(2) If...Else...End if

(3) If...Else if...Else...End if

条件分支中只能执行某一个满足条件的分支中的语句块，其余分支中的语句块将被跳过，不执行。另外，使用条件分支语句时要注意选择合适的形式。

2．选择分支语句

选择分支语句是根据一定的条件，选择运行多个分支中的一个语句块。适用于由同一个条件所判断的拥有多个不同选择时的流程决策。表达形式如下所示：

```
Select Case 表达式
Case 表达式 1
语句块 1
Case 表达式 2
```

```
语句块 2
Case Else
语句块 3
End Select
```

运行选择分支语句时，会执行与 Select Case 后面表达式的值一致的 Case 里面的语句块。如果没有一致的 Case 分支，则会执行 Case Else 里面的语句块。

3. 条件循环语句

条件循环语句可以是满足条件才循环执行某一个语句块，也可以是满足条件便不循环某一个语句块。在 UiBot 中，条件循环语句用 Do...Loop 来实现，有以下几种不同形式：

(1) 前置条件成立则循环：Do while...Loop

(2) 前置条件不成立则循环：Do Until...Loop

(3) 后置条件成立则循环：Do...Loop While

(4) 后置条件不成立则循环：Do...Loop Until

使用条件循环语句时一定要注意，设置的条件一定要在某步语句块后可以达到，否则会一直执行该循环，无法跳出循环语句，容易造成流程错误和资源浪费。

4. 计次循环语句

计次循环语句主要用于执行拥有一定次数的循环，表示形式为：

```
For 循环变量=起始值 To 结束值 Step 步长
语句块
Next
```

需要注意的是，起始值、结束值、步长都只允许是整数型或浮点数型，步长省略的话则默认为 1。另外，循环变量可以不用事先定义直接使用，但循环之外就不能使用该变量了。

5. 遍历循环语句

遍历循环语句常用于遍历数组和字典中的每一个元素，表达形式如下：

```
For Each 循环变量 In 数组名(字典名)
语句块
Next
```

在上面这种循环语句中，UiBot 会自动遍历数组、字典中的每一个值，并将其不断地赋值给循环变量，直到遍历完成为止。值得注意的是，每次循环赋值都会将上一次循环赋的值覆盖掉。如果 For Each 后的循环变量有两个，则会自动将数组、字典中的每一个索引和值分别赋值给两个循环变量。与计次循环语句类似，遍历循环语句中的循环变量也可以不定义直接使用。

6. 跳出语句

UiBot 支持用 Break、Continue、Exit 跳出语句。其中 Break 和 Continue 只能用在循环语句中。Break 表示结束当前循环并跳出循环结构；Continue 表示跳过当前循环并开始下一次循环，并不会跳出循环结构；Exit 可以用在流程中的任何地方，只要在流程块中用到 Exit，则程序执行到这句时会自动结束整个流程，不再继续执行。

5.5.5　函数

在财务机器人开发过程中，难免会重复使用到某些功能，比如说票据识别功能。如果在一个流程中需要重复使用票据识别功能，那么每次使用都重新编写代码的话未免过于烦琐复杂。这种时候就可以将票据识别功能组装成一个函数，在流程块中需要实现票据识别功能时只需调用这个函数就可以了，这样可以避免重复编写代码，同时也使得流程的逻辑更加简洁、清晰。

函数不可以定义在其他函数、分支语句、循环语句中，必须定义在流程块的全局空间中。函数的定义和调用没有先后之分，可以先调用再定义，也可以先定义再调用。函数可以分为无参数函数和带参数函数，参数等同于变量，在调用带参数函数时需要由调用者指定这些变量的值。

函数的定义格式如下所示：

(1) 无参数函数

```
Function 函数名()
语句块
End Function
```

(2) 带参数函数

```
Function 函数名(参数定义)
语句块
End Function
```

带参数函数中的参数被认定为函数内已经定义好的局部变量，可以直接在函数中使用。当需要函数返回数值时可以在函数末尾添加语句：Return 返回值。

调用函数的格式如下：

(1) 函数名(表达式)

(2) 返回值 = 函数名(表达式)

当函数调用后不需要返回值时，可以使用第一种调用方法；如果需要返回值，就用第二种调用方法。

一个关于函数定义和调用的例子如图 5-20 所示。

```
Function add(x, y)//定义了一个加法函数，功能是求x+y的值
    return x + y    //返回x+y的值
End Function

Dim Sum = add(1, 2) //调用加法函数，并给x赋值为1，y赋值为2
```

图 5-20　函数定义及调用例子

5.6　UiBot 软件功能

UiBot 软件具有鼠标键盘、界面操作、软件自动化、数据处理、文件处理、系统操作、Mage AI、数据抓取等功能。UiBot 里除了官方的命令，还拥有数据可视化、Excel 辅助等扩展命令。每一个总体功能下面会有许多详细命令，通过一系列命令的组合，用户就能得到想要的功能，比如做财务数据分析时需要鼠标键盘操作，读取 Excel 内数据，用数据表、数组整理数据，用 Word 生成分析报告，再对数据进行图形化分析等。

5.6.1　鼠标键盘

鼠标键盘功能是财务机器人开发过程中最常用、最基础的功能，像输入框内容的输入、按钮的单击等都需要用到鼠标键盘功能。鼠标键盘功能内置的预制件如图 5-21 所示。

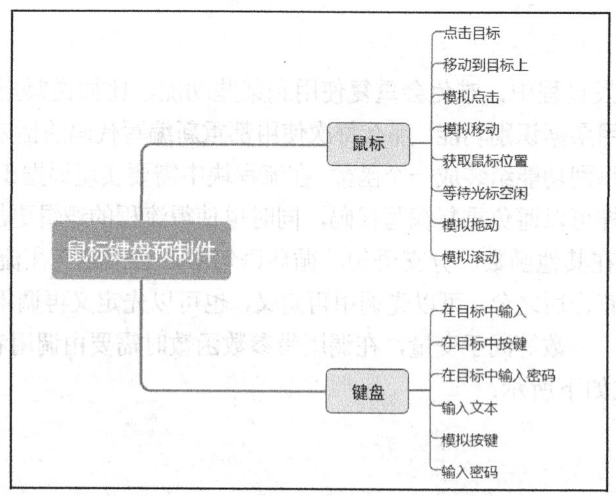

图 5-21　鼠标键盘功能内置的预制件

5.6.2　Excel 数据处理

Excel 是财务分析中不可或缺的工具，像数据采集与处理就需要用到 Excel。Excel 数据处理功能的存在，使得在机器人开发过程中可以对 Excel 做一些自动化操作处理，比如自动获取 Excel 中的内容、将获得的数据自动写入 Excel 等，该功能不仅可以获取 Excel 中的全部内容，也可以获取指定区域的内容。Excel 数据处理功能能够实现将财务人员对 Excel 的一些基础操作任务转移给财务机器人，这能有效减少人力成本，提高工作效率和正确率。Excel 数据处理功能内置的预制件如图 5-22 所示。

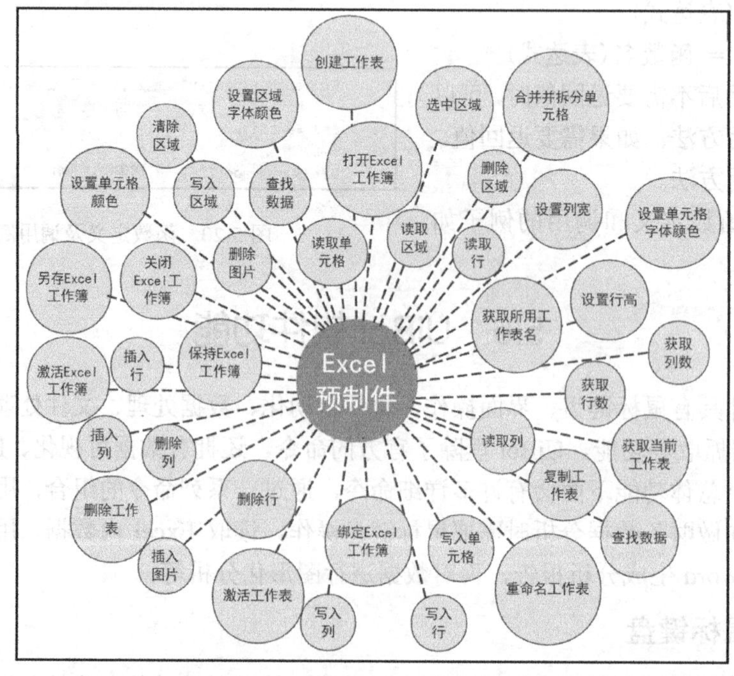

图 5-22　Excel 数据处理功能内置的预制件

5.6.3　数据表和数组

数据表和数组是数据处理中的常用功能，如财务数据分析中的数据采集与处理就需要用到 UiBot 的数据表功能。数据表功能中拥有"构建数据表""数据切片""数据筛选""数据表去重"等一系列基本命令，数组功能中拥有"在数组头部添加元素""插入元素""截取数组""过滤数组数据"等一系列基本命令，将这些命令合理化运用，就可以实现对数据的处理，帮助财务人员实现数据采集与处理等一系列工作。数据表和数组功能的预制件如图 5-23 所示。

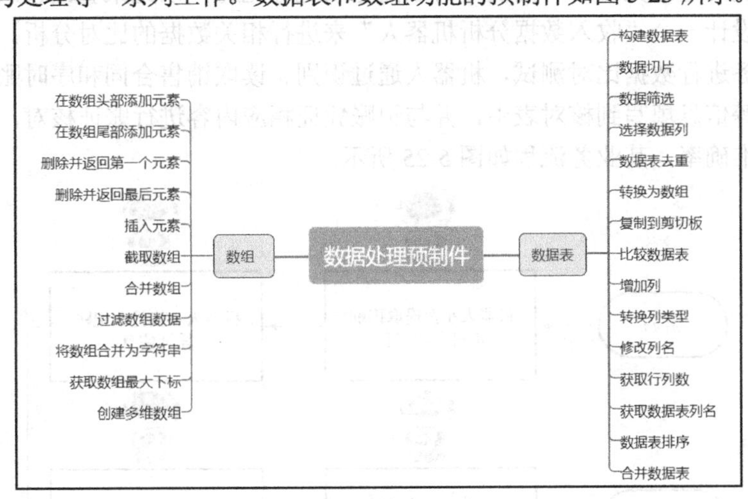

图 5-23　数据表和数组功能的预制件

5.6.4　Word 数据处理

与 Excel 一样，Word 同样是财务数据处理中所需要的工具，如财务数据分析中的分析报告就需要用到 UiBot 的 Word 预制件。Word 预制件是 UiBot 软件预制件中的其中一个，它拥有"读取文档""设置光标位置""复制""粘贴"等一系列基本命令，将这些命令合理化运用，就可以实现 Word 自动化，帮助财务人员实现财务数据分析中的分析报告等一系列功能。Word 数据处理内置的预制件如图 5-24 所示。

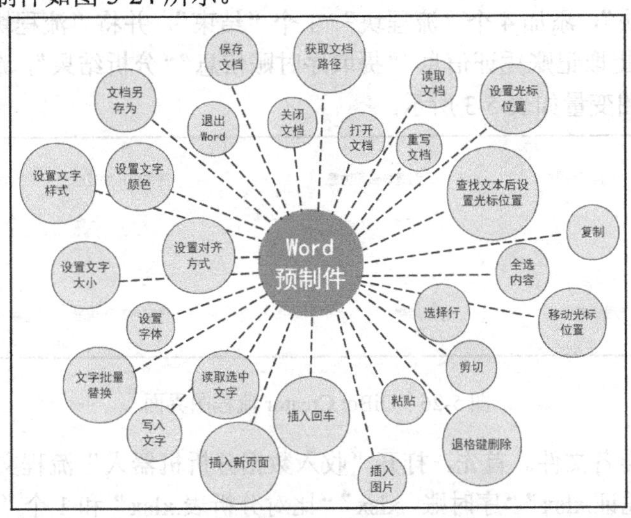

图 5-24　Word 数据处理功能内置预制件

5.7 项目收入数据自动化分析模拟实训

➲ 5.7.1 场景描述与业务流程

在新收入准则下，注册会计师为了确保及证实蛮先进公司经济业务发生的真实准确性，对其收入所涉及的记账凭证、合同及序时账的记录进行比对，以此来验证收入业务记录的准确率。为此，设计一个“收入数据分析机器人”来进行相关数据的比对分析。注册会计师随机抽取 6 笔业务进行数据比对测试，机器人通过识别、读取销售合同和序时账上的时间、商品名称、金额等信息填写到核对表中，并与记账凭证相应内容进行账证核对，以此来分析收入业务记录的准确率，其业务流程如图 5-25 所示。

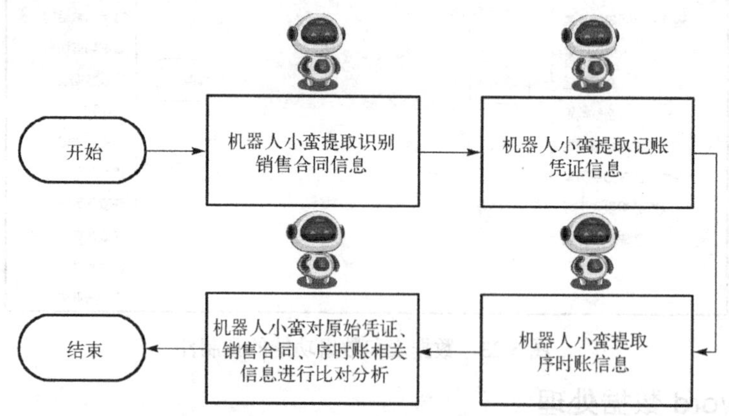

图 5-25 蛮先进公司收入数据分析自动化流程

➲ 5.7.2 开发步骤

1. 搭建整体流程框架

步骤一：打开 UiBot Creator 软件，新建流程，并将其命名为“收入数据分析机器人”，从左侧拖放“流程块”，添加 4 个“流程块”、1 个“结束”，并将“流程块”分别命名为“识别提取合同信息”“提取记账凭证信息”“提取序时账信息”“分析结果”，流程图界面如图 5-26 所示，并添加流程图变量如表 5-3 所示。

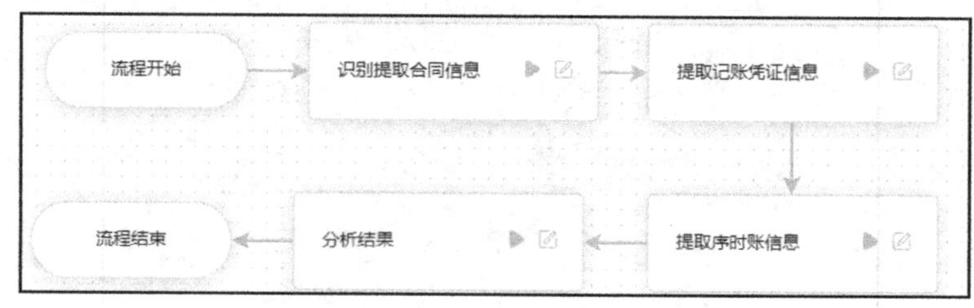

图 5-26 UiBot Creator 流程图界面

步骤二：放置准备文件。首先，打开“收入数据分析机器人”流程文件夹，在“res”文件夹中放入“记账凭证.xlsx”“序时账 .xlsx”“比对分析表.xlsx”和 1 个“合同”文件夹，“合同”文件夹里放入 6 个销售合同.pdf 文件，如图 5-27 所示。

表 5-3　流程图变量属性设置

序号	变量名	值
1	objExcelWorkBook1	""
2	objExcelWorkBook2	""
3	objExcelWorkBook3	""

合同
比对分析表.xlsx
记账凭证.xlsx
序时账.xlsx
销售合同1.pdf
销售合同2.pdf
销售合同3.pdf
销售合同4.pdf
销售合同5.pdf
销售合同6.pdf

图 5-27　放置文件

2. 识别提取合同信息

步骤三：打开“识别提取合同信息”流程块编辑界面，在左侧的命令框中搜索添加元素，添加 1 个“获取文件或文件夹列表”、1 个“打开 Excel 工作簿”和 1 个“从初始值开始按步长计数”，添加完成后的流程顺序如图 5-28 所示，属性填写如表 5-4 所示。

表 5-4　属性设置

活动名称	属　性	值
获取文件或文件夹列表	输出到	arrayRet
	路径	@res"合同"
	列表内容	文件和文件夹
	返回全路径	是
打开 Excel 工作簿	输出到	objExcelWorkBook1
	文件路径	@res"比对分析表.xlsx"
从初始值开始按步长计数	索引名称	i
	初始值	0
	结束值	5
	步长	1

注意：表格中的属性值都是在专业模式（EXP）中显示的。

获取路径 合同 中的文件或文件夹列表，输出到 arrayRet
打开Excel工作簿，路径为 比对分析表.xlsx，输出到 objExcelWorkBook1
循环 i 从 0 到 5，步长 1

图 5-28　流程界面

步骤四：单击软件上方的“Mage AI”，第一步 Mage 配置，选择 AI 模块“通用文字识别”，如图 5-29 所示；第二步选择图像来源，单击“选择 PDF”，上传销售合同.pdf 文件，如图 5-30 所示；第三步提取类型时勾选“获取所有文本元素”，如图 5-31 所示（若执行完后不在循环内，需手动把 Mage AI 识别程序拖入循环内，并将 PDF 文件路径改为“arrayRet[i]”）。

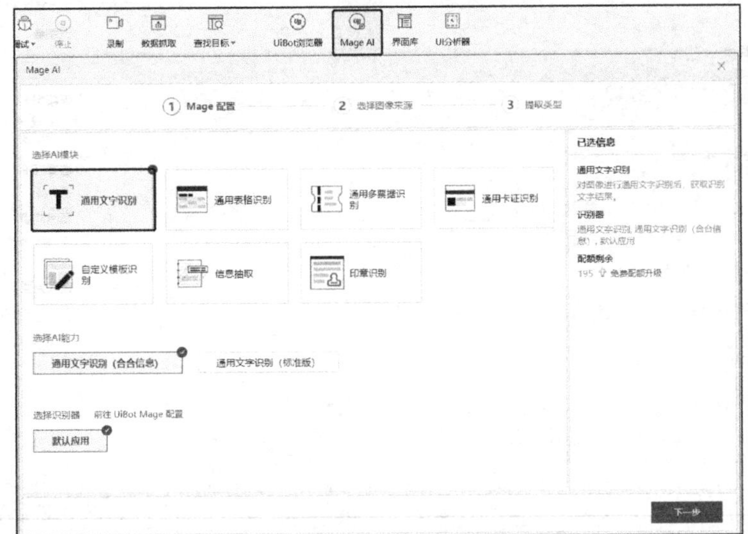

图 5-29　选择 Mage AI 通用文字识别

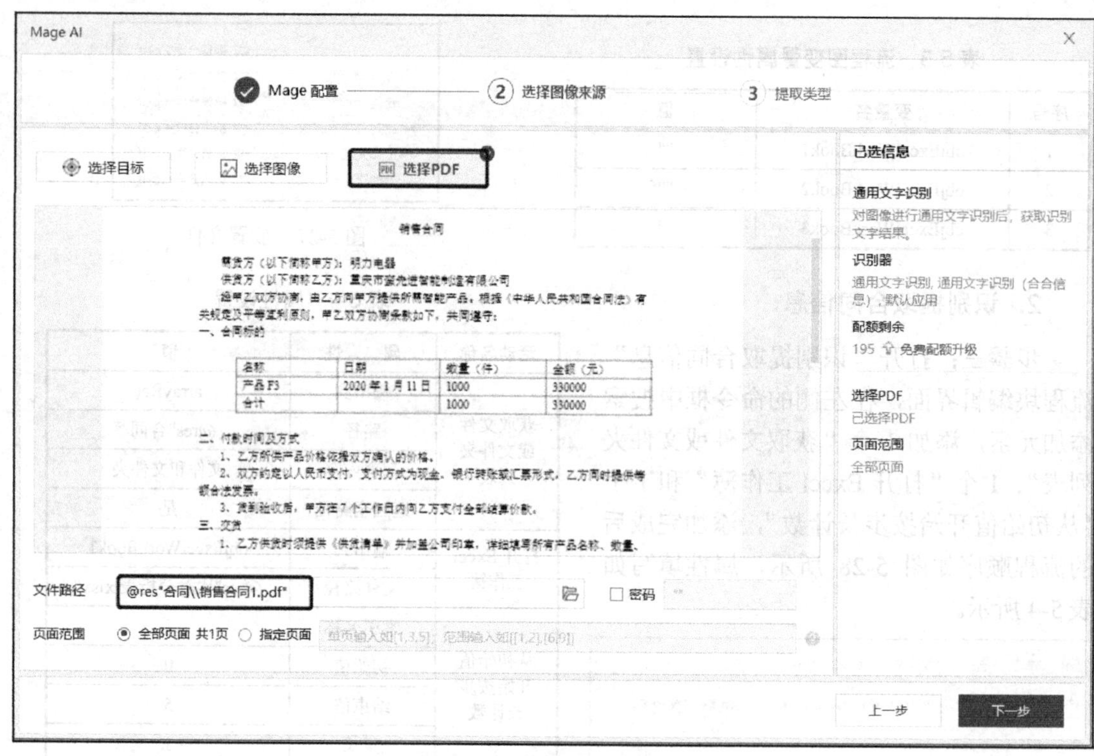

图 5-30　上传 PDF 文件

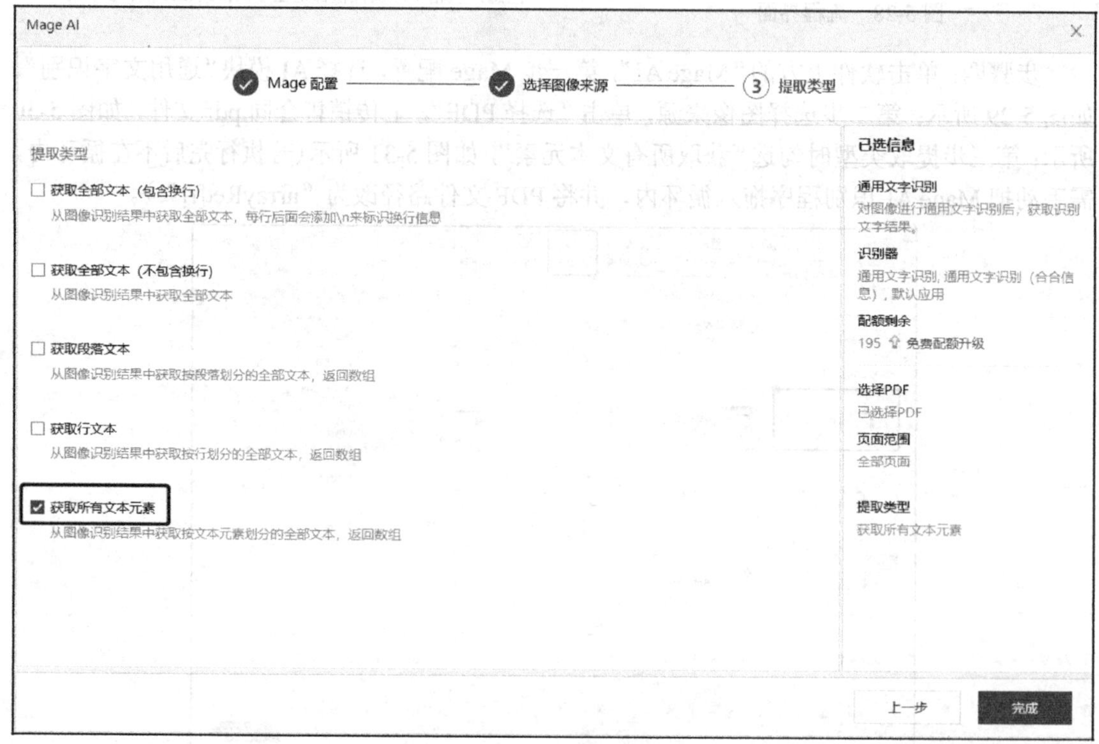

图 5-31　勾选提取类型

步骤五：继续在其下方添加 3 个“写入单元格”，添加完成后流程顺序如图 5-32 所示，属性填写如表 5-5 所示。

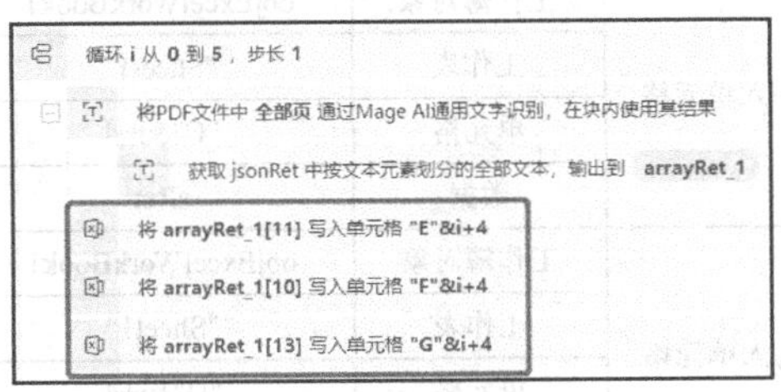

图 5-32　流程界面

表 5-5　属性设置

活动名称	属　　性	值
写入单元格	工作簿对象	objExcelWorkBook1
	工作表	"Sheet1"
	单元格	"E"&i+4
	数据	arrayRet_1[11]
写入单元格	工作簿对象	objExcelWorkBook1
	工作表	"Sheet1"
	单元格	"F"&i+4
	数据	arrayRet_1[10]
写入单元格	工作簿对象	objExcelWorkBook1
	工作表	"Sheet1"
	单元格	"G"&i+4
	数据	arrayRet_1[13]

3. 提取记账凭证信息

步骤六：打开“提取记账凭证信息”流程块编辑界面，在左侧的命令框中搜索添加元素，添加 1 个“打开 Excel 工作簿”、1 个“读取区域”、1 个“构建数据表”、1 个“数据筛选”和 1 个“转换为数组”，添加完成后流程顺序如图 5-33 所示，属性填写如表 5-6 所示。

打开Excel工作簿，路径为 记账凭证.xlsx，输出到 objExcelWorkBook2
读取区域 A2 的值，输出到 arrayRet
使用 arrayRet 构建一个数据表，输出到 objDatatable
对数据表 objDatatable 进行条件筛选，输出到 objDatatable_1
将数据表 objDatatable_1 转换为数组，输出到 arrayRet_1

图 5-33　流程界面

表 5-6　属性设置

活动名称	属　　性	值	活动名称	属　　性	值
打开 Excel 工作簿	输出到	objExcelWorkBook2	构建数据表	表格列头	["凭证字号","日期","摘要","会计科目","借方金额","贷方金额","合计","会计主管","审核","出纳","制单"]
	文件路径	@res"记账凭证.xlsx"	数据筛选	输出到	"objDatatable_1"
读取区域	输出到	arrayRet		数据表	objDatatable
	工作簿对象	objExcelWorkBook2		筛选条件	"会计科目==\"主营业务收入\""
	工作表	"Sheet1"	转换为数组	输出到	arrayRet_1
	区域	"A2"		源数据表	objDatatable_1
构建数据表	输出到	objDatatable		包含表头	否
	构建数据	arrayRet			

步骤七：继续在其下方添加 1 个“从初始值开始按步长计数”、3 个“写入单元格”、1 个“获取右侧字符串”和 1 个“关闭 Excel 工作簿”，添加完成后的排列顺序如图 5-34 所示，属性填写如表 5-7 所示。

4. 提取序时账信息

步骤八：打开“提取序时账信息”流程块编辑界面，在左侧的命令框中搜索添加元素，添加 1 个“打开 Excel 工作簿”、1 个“读取区域”、1 个“构建数据表”、1 个“数据筛选”和 1 个“转换为数组”，添加完成后流程顺序如图 5-35 所示，属性填写如表 5-8 所示。

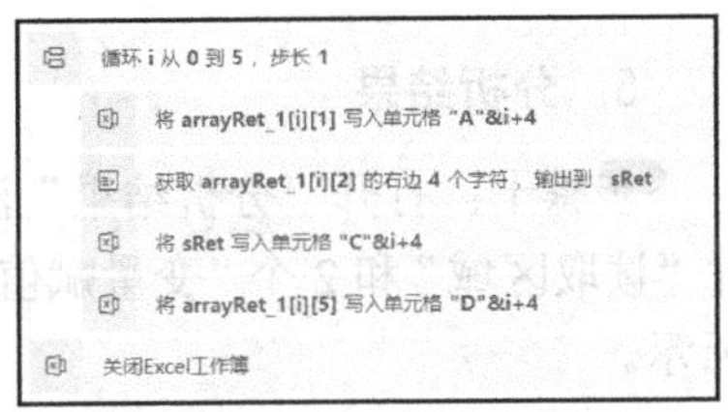

图 5-34　流程界面

表 5-7　属性设置

活动名称	属　性	值
从初始值开始按步长计数	索引名称	i
	初始值	0
	结束值	5
	步长	1
写入单元格	工作簿对象	objExcelWorkBook1
	工作表	"Sheet1"
	单元格	"A"&i+4
	数据	arrayRet_1[i][1]
获取右侧字符串	输出到	sRet
	目标字符	arrayRet_1[i][2]
	截取长度	4
写入单元格	工作簿对象	objExcelWorkBook1
	工作表	"Sheet1"
	单元格	"C"&i+4
	数据	sRet
写入单元格	工作簿对象	objExcelWorkBook1
	工作表	"Sheet1"
	单元格	"D"&i+4
	数据	arrayRet_1[i][5]
关闭 Excel 工作簿	工作簿对象	objExcelWorkBook2
	立即保存	是

打开Excel工作簿，路径为 序时账.xlsx，输出到 objExcelWorkBook3
读取区域 A2 的值，输出到 arrayRet
使用 arrayRet 构建一个数据表，输出到 objDatatable
对数据表 objDatatable 进行条件筛选，输出到 objDatatable_1
将数据表 objDatatable_1 转换为数组，输出到 arrayRet_1

图 5-35　流程界面

步骤九：继续在其下方添加 1 个“从初始值开始按步长计数”、3 个“写入单元格”、1 个“获取右侧字符串”和 1 个“关闭 Excel 工作簿”，添加完成后排列顺序如图 5-36 所示，属性填写如表 5-9 所示。

循环 i 从 0 到 5，步长 1
将 arrayRet_1[i][0] 写入单元格 "H"&i+4
获取 arrayRet_1[i][0] 的右边 4 个字符，输出到 sRet
将 sRet 写入单元格 "I"&i+4
将 arrayRet_1[i][13] 写入单元格 "J"&i+4
关闭Excel工作簿

图 5-36　流程界面

表 5-8　属性设置

活动名称	属　性	值
打开 Excel 工作簿	输出到	objExcelWorkBook3
	文件路径	@res"序时账.xlsx"
读取区域	输出到	arrayRet
	工作簿对象	objExcelWorkBook3
	工作表	"Sheet1"
	区域	"A2"
构建数据表	输出到	objDatatable
	构建数据	arrayRet
	表格列头	['日期','会计期间','凭证字号','分录号','摘要','科目代码','科目名称','部门','项目','客户(编码+名称)','币别','本币金额','借方','贷方']
数据筛选	输出到	"objDatatable_1"
	数据表	objDatatable
	筛选条件	"科目名称==\"主营业务收入\""
转换为数组	输出到	arrayRet_1
	源数据表	objDatatable_1
	包含表头	否

5．分析结果

步骤十：打开“分析结果”流程块编辑界面，在左侧的命令框中搜索添加元素，添加 3 个“读取区域”和 2 个“变量赋值”，添加完成后流程顺序如图 5-37 所示，属性填写如表 5-10 所示。

表 5-9　属性设置

活动名称	属　性	值	活动名称	属　性	值
从初始值开始按步长计数	索引名称	i	写入单元格	工作簿对象	objExcelWorkBook1
	初始值	0		工作表	"Sheet1"
	结束值	5		单元格	"I"&i+4
	步长	1		数据	sRet
写入单元格	工作簿对象	objExcelWorkBook1	写入单元格	工作簿对象	objExcelWorkBook1
	工作表	"Sheet1"		工作表	"Sheet1"
	单元格	"H"&i+4		单元格	"J"&i+4
	数据	arrayRet_1[i][0]		数据	arrayRet_1[i][13]
获取右侧字符串	输出到	sRet	关闭 Excel 工作簿	工作簿对象	objExcelWorkBook3
	目标字符	arrayRet_1[i][0]		立即保存	是
	截取长度	4			

读取区域 D4:D9 的值，输出到 arrayRet_1
读取区域 G4:G9 的值，输出到 arrayRet_2
读取区域 J4:J9 的值，输出到 arrayRet_3
令 temp_1 的值为 0
令 temp_2 的值为 0

图 5-37　流程界面

表 5-10　属性设置

活动名称	属　性	值	活动名称	属　性	值
读取区域	输出到	arrayRet_1	读取区域	输出到	arrayRet_3
	工作簿对象	objExcelWorkBook1		工作簿对象	objExcelWorkBook1
	工作表	"Sheet1"		工作表	"Sheet1"
	单元格	"D4:D9"		单元格	"J4:J9"
读取区域	输出到	arrayRet_2	变量赋值	变量名	temp_1
	工作簿对象	objExcelWorkBook1		变量值	0
	工作表	"Sheet1"	变量赋值	变量名	temp_2
	单元格	"G4:G9"		变量值	0

步骤十一：继续在其下方添加 1 个“从初始值开始按步长计数”、3 个“转为小数数据”、2 个“如果条件成立”、2 个“变量赋值”和 2 个“设置单元格字体颜色”，添加完成后流程顺序如图 5-38 所示，属性填写如表 5-11 所示。

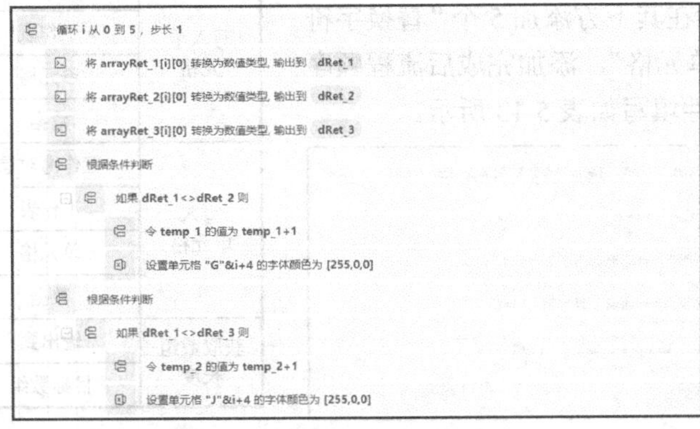

图 5-38　流程界面

表 5-11　属性设置

活动名称	属　性	值
从初始值开始按步长计数	索引名称	i
	初始值	0
	结束值	5
	步长	1
转为小数数据	输出到	dRet_1
	转换对象	arrayRet_1[i][0]
转为小数数据	输出到	dRet_2
	转换对象	arrayRet_2[i][0]
转为小数数据	输出到	dRet_3
	转换对象	arrayRet_3[i][0]
如果条件成立	判断表达式	dRet_1<>dRet_2
变量赋值	变量名	temp_1
	变量值	temp_1+1

活动名称	属　性	值
设置单元格字体颜色	工作簿对象	objExcelWorkBook1
	工作表	"Sheet1"
	单元格	"G"&i+4
	颜色	[255,0,0]
如果条件成立	判断表达式	dRet_1<>dRet_3
变量赋值	变量名	temp_2
	变量值	temp_2+1
设置单元格字体颜色	工作簿对象	objExcelWorkBook1
	工作表	"Sheet1"
	单元格	"J"&i+4
	颜色	[255,0,0]

步骤十二：继续在其下方添加 2 个“变量赋值”、2 个“取四舍五入值”、2 个“写入单元格”和 1 个“获取数组长度”，添加完成后流程顺序如图 5-39 所示，属性填写如表 5-12 所示。

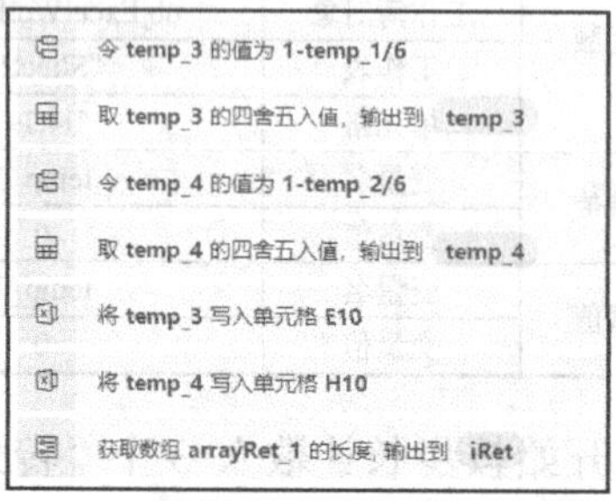

令 temp_3 的值为 1-temp_1/6
取 temp_3 的四舍五入值，输出到 temp_3
令 temp_4 的值为 1-temp_2/6
取 temp_4 的四舍五入值，输出到 temp_4
将 temp_3 写入单元格 E10
将 temp_4 写入单元格 H10
获取数组 arrayRet_1 的长度，输出到 iRet

图 5-39　流程界面

表 5-12　属性设置

活动名称	属　性	值
变量赋值	变量名	temp_3
	变量值	1-temp_1/6
取四舍五入值	输出到	temp_3
	目标数据	temp_3
	保留小数位	2
变量赋值	变量名	temp_4
	变量值	1-temp_2/6
取四舍五入值	输出到	temp_4
	目标数据	temp_4
	保留小数位	2
写入单元格	工作簿对象	objExcelWorkBook1
	工作表	"Sheet1"
	单元格	"E10"
	数据	temp_3
写入单元格	工作簿对象	objExcelWorkBook1
	工作表	"Sheet1"
	单元格	"H10"
	数据	temp_4
获取数组长度	输出到	iRet
	目标数组	"arryRet_1"

步骤十三：继续在其下方添加 5 个“替换字符串”和 1 个“写入单元格”，添加完成后流程顺序如图 5-40 所示，属性填写如表 5-13 所示。

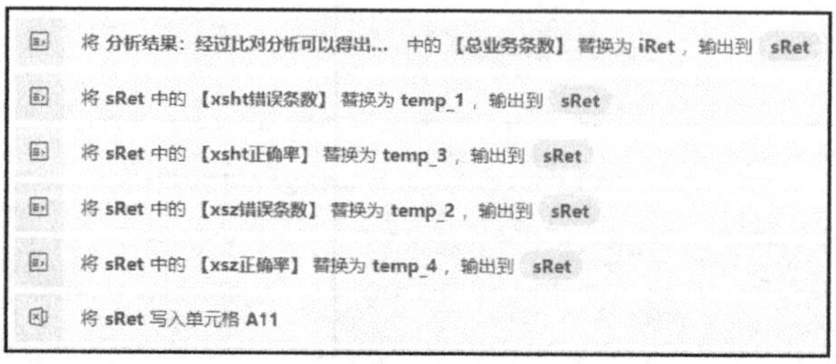

将 分析结果：经过比对分析可以得出... 中的 【总业务条数】 替换为 iRet，输出到 sRet
将 sRet 中的 【xsht错误条数】 替换为 temp_1，输出到 sRet
将 sRet 中的 【xsht正确率】 替换为 temp_3，输出到 sRet
将 sRet 中的 【xsz错误条数】 替换为 temp_2，输出到 sRet
将 sRet 中的 【xsz正确率】 替换为 temp_4，输出到 sRet
将 sRet 写入单元格 A11

图 5-40　流程界面

表 5-13　属性设置

活动名称	属　性	值
替换字符串	输出到	sRet
	目标字符串	"分析结果：经过比对分析可以得出，在【总业务条数】笔经济业务中，销售合同有【xsht 错误条数】笔经济业务金额出错，正确率为【xsht 正确率】；序时账有【xsz 错误条数】笔经济业务金额出错，正确率为【xsz 正确率】。"
	查找内容	"【总业务条数】"
	替换内容	iRet
替换字符串	输出到	sRet
	目标字符串	sRet
	查找内容	"【xsht 错误条数】"
	替换内容	temp_1
替换字符串	输出到	sRet
	目标字符串	sRet
	查找内容	"【xsht 正确率】"
	替换内容	temp_3
替换字符串	输出到	sRet
	目标字符串	sRet
	查找内容	"【xsz 错误条数】"
	替换内容	temp_2
替换字符串	输出到	sRet
	目标字符串	sRet
	查找内容	"【xsz 正确率】"
	替换内容	temp_4
写入单元格	工作簿对象	objExcelWorkBook1
	工作表	"Sheet1"
	单元格	"A11"
	数据	sRet

单击 UiBot Creator 主界面上方快捷栏上的“运行”，经过自动化运算后的 Excel 比对分析表如图 5-14 所示。

表 5-14　记账凭证、销售合同及序时账比对分析表

原始凭证数据			销售合同数据			序时账数据		
日期	商品名称	金额	日期	商品名称	金额	日期	商品名称	金额
2020年1月11日	产品F3	330000	2020年1月11日	产品F3	330000	2020年1月11日	月11日	33000
2020年2月10日	产品B4	20582.25	2020年2月10日	产品B4	20582.25	2020年2月10日	月10日	20582.25
2020年3月10日	产品A2	106900	2020年3月10日	产品A2	106900	2020年3月10日	月10日	106900
2020年4月13日	产品B3	171250	2020年4月13日	产品B3	171250	2020年4月13日	月13日	171250
2020年5月10日	产品C2	326914	2020年5月10日	产品C2	326914	2020年5月10日	月10日	326914
2020年6月10日	产品G3	82799.96	2020年6月10日	产品G3	82796	2020年6月10日	月10日	82799.96
正确率			83%			83%		
分析结果：经过比对分析可以得出，在6笔经济业务中，销售合同有1笔经济业务金额出错，正确率为0.83；序时账有1笔经济业务金额出错，正确率为0.83。								

通过比对分析表可以看到，在随机抽取的 6 笔业务中，有 4 笔业务销售合同、记账凭证及序时账上的日期、商品名称、金额均保持一致，此 4 笔收入相关的经济业务是真实发生且记录准确的。销售合同中有 1 笔业务金额记录有误，正确率为 83%，序时账中有 1 笔业务金额记录有误，正确率为 83%。

第二篇　应用实战篇

第 6 章　蛮先进案例企业介绍

6.1　企业简介

6.1.1　企业概况

风和日丽，又是一个阳光明媚的上午。

总部位于山城江北 CBD 的重庆蛮先进公司，据传是无数打工人向往的地方。蛮先进的园区里，人们行色匆匆、表情坚定，似乎都有着自己的目标，并在为之努力……

今天，财务部迎来了 2022 年第一位帅帅的 00 后实习生——来自皇家理工大学的会计信息化本科生家桐。作为一名职场的初生牛犊，家桐满怀着一腔热血，一直向往着蛮先进公司的他终于实现了自己的梦想。刚进入公司的他，一到公司就被 HR 小姐姐领着在办公室到处转了。

家桐兴奋得两只眼睛不停地转来转去，财务部的初级数据分析师李宛霖见到这一幕，不由得走到家桐面前笑了笑，说道："家桐，你是不是对我们公司很好奇啊？"

家桐回答道："当然了，蛮先进公司是我一直的向往，在学校上课的时候，蛮先进公司经常被老师作为经典的财务数字化转型案例讲解，今天我终于成为蛮先进公司的实习生，你快给我讲讲我们公司如何'蛮先进'呢？"

李宛霖笑着说道："好吧，那我就给你讲一下，我们蛮先进公司是一家集科研、生产和销售于一体的高新技术制造企业，1995 年成立至今，业务领域已扩展至全面的智能制造应用产品研发、咨询实施与技术服务、智能化应用产品培训、大型 IT 系统定制开发与信息系统集成等服务，目前公司研发的产品在同行业处于领先地位。"

见家桐一脸崇拜，李宛霖接着说道："我们公司在多年的智能制造贸易中，一直秉承为客户创造最大化的利益、以技术为先、以质量为本、信誉第一的最终目标，做到最优惠的价格、最贴心的服务，满足客户的批零、量批等需求，为客户创造最大的价值，因此一直高速发展，你才加入进来，要多多加油啊，为公司的发展贡献一分力量。"

"原来'蛮先进'这么厉害，那我们公司业务发展的具体情况如何，我想先了解了解，为后面的业财技一体化工作做准备"，家桐激动地回答道。

"这你可就问到点子上了！我们公司近年来发展的项目主要以智能系统为主，包括酒店智能客控系统、车载智能系统、智能监控机器人、低碳智能装备、智能安保系统、智能家庭服务、智能装配机器人和智能中控机器人在内的 8 个项目；我们的客户遍布全球各地，包括明力电器、重余股份、云科股份、珠峰国际、明成股份、司奇博和海科天机等在内的 30 多家知名上市公司都是我们的客户；此外，我们公司有着强大‘护城河’的产品族，研发的产品线非常齐全，有 A、B、C、D、E、F、G 等 7 种不同类型的产品线，每种类型的产品线均有 3～4 种核心竞争力产品。”李宛霖见家桐两眼冒光便得意地说道。

家桐已经被李宛霖描绘的蛮先进公司的“优秀”完全折服了，激情澎湃地说道：“哇！真是‘蛮先进’啊！作为财务部小白的我，一定会好好努力认真工作的，我要成为一名优秀的高级 RPA 财务数据分析师，为蛮先进基于新一代信息技术的管理会计应用，打造世界一流的财务管理体系贡献自己的微薄力量。”

蛮先进公司在工程项目实施方面，主要以智能系统为主，总体情况如表 6-1 所示。

表 6-1 项目总体情况

项目编码	项目名称	项目编码	项目名称
01	酒店智能客控系统项目	05	智能安保系统项目
02	车载智能系统项目	06	智能家庭服务项目
03	智能监控机器人项目	07	智能装配机器人项目
04	低碳智能装备项目	08	智能中控机器人项目

蛮先进公司的产品线非常齐全，总体情况如表 6-2 所示，

表 6-2 产品总体情况

产品编码	产品名称	所属项目	产品编码	产品名称	所属项目
01	产品 A1	01	14	产品 D3	06
02	产品 A2	02	15	产品 D4	07
03	产品 A3	05	16	产品 E1	01
04	产品 A4	07	17	产品 E2	01
05	产品 B1	01	18	产品 E3	04
06	产品 B2	04	19	产品 E4	03
07	产品 B3	03	20	产品 F1	05
08	产品 B4	07	21	产品 F2	08
09	产品 C1	02	22	产品 F3	02
10	产品 C2	08	23	产品 F4	07
11	产品 C3	04	24	产品 G1	05
12	产品 D1	06	25	产品 G2	06
13	产品 D2	03	26	产品 G3	08

蛮先进公司的客户遍布全球各地，总体情况如表 6-3 所示。

表 6-3　客户总体情况

客户编码	客户名称	企业规模	客户所在地	信用等级	客户编码	客户名称	企业规模	客户所在地	信用等级
001	明力电器	普通客户	北京	C	019	兴亦原料公司	高级客户	重庆	B
002	重余股份	高级客户	重庆	B	020	佳力天启原料公司	普通客户	西安	D
003	云科股份公司	普通客户	昆明	B	021	灵佰原料公司	高级客户	武汉	A
004	珠峰国际酒店	高级客户	尼泊尔	B	022	志柏公司	普通客户	合肥	E
005	明成公司	特级客户	南京	A	023	铮臻公司	高级客户	上海	B
006	海诚毅电器	普通客户	上海	C	024	东方华峰	普通客户	南宁	E
007	雾都大酒店	高级客户	重庆	B	025	科信尔公司	普通客户	长沙	A
008	司奇博公司	普通客户	深圳	C	026	鸿瀚公司	普通客户	武汉	C
009	驰名公司	特级客户	长沙	B	027	颂泽公司	普通客户	福州	E
010	海科天机公司	高级客户	成都	B	028	创拓公司	高级客户	深圳	C
011	三生大酒店	普通客户	三亚	D	029	诺亚德	普通客户	广州	A
012	米为公司	特级客户	厦门	B	030	大成天	普通客户	佛山	D
013	永达力电器	高级客户	杭州	C	031	东盛泓	高级客户	莆田	E
014	蛮赚钱银行	特级客户	重庆	B	032	瑞通公司	高级客户	武汉	C
015	蛮好吃公司	高级客户	重庆	C	033	尔启公司	普通客户	西安	B
016	科维诺南亚酒店	普通客户	巴基斯坦	A	034	友信公司	普通客户	成都	A
017	亚特斯蓝帝酒店	特级客户	斯里兰卡	C	035	帝润公司	特级客户	北京	C
018	蛮有趣家居公司	普通客户	重庆	A					

6.1.2　组织架构

慵懒的午后，调皮的阳光不安分地跃上窗台，轻巧地挤入绿色的百叶，窥探着人们熟睡的香甜，呢喃的呓语让它笑弯了腰，一不留神忘形地滑落跌碎一地，纤淡的印迹扰醒清梦悠悠。家桐伸了个懒腰，从办公座椅上缓缓地起身，刚午休完的他一副慵懒憨厚的姿态，不经意逗笑了同在办公室工作的李宛霖。

“宛霖姐！”小家伙气鼓鼓的样子实在是有点可爱。

“哈哈哈！年轻真好啊！”李宛霖笑着说道。

“宛霖姐，你就别打趣我了！对了，你可以给我介绍一下我们公司的组织架构吗？”

“没问题！我们蛮先进公司，股东大会由 5 名股东组成，其下设立了董事会和监事会，董事会之下则是总经理，总经理直接对董事会负责，此外，还设立了 3 名副总经理，每个副总经理分管 3 个部门，公司的具体部门包括行政人事部、财务部、销售部、生产部、采购部、研发中心、数字化赋能中心、技术支持中心和工程实施中心。”李宛霖细心地讲解着。

家桐将组织架构在心中默默地回想了一遍，便马上打开电脑上的 Visio 将组织架构图简单地画了出来。

蛮先进公司的内部组织架构如图 6-1 所示。

夜晚，极目眺望朝天门码头，整个朝天门码头像一艘金碧辉煌的大轮船在江面行驶。点点灯光点缀着夜幕，就像一个个跳动着的音符，如梦幻般的世界，那拔地而起的高楼大厦上布满了夺目耀眼的霓虹灯，把重庆的夜空照得通亮。

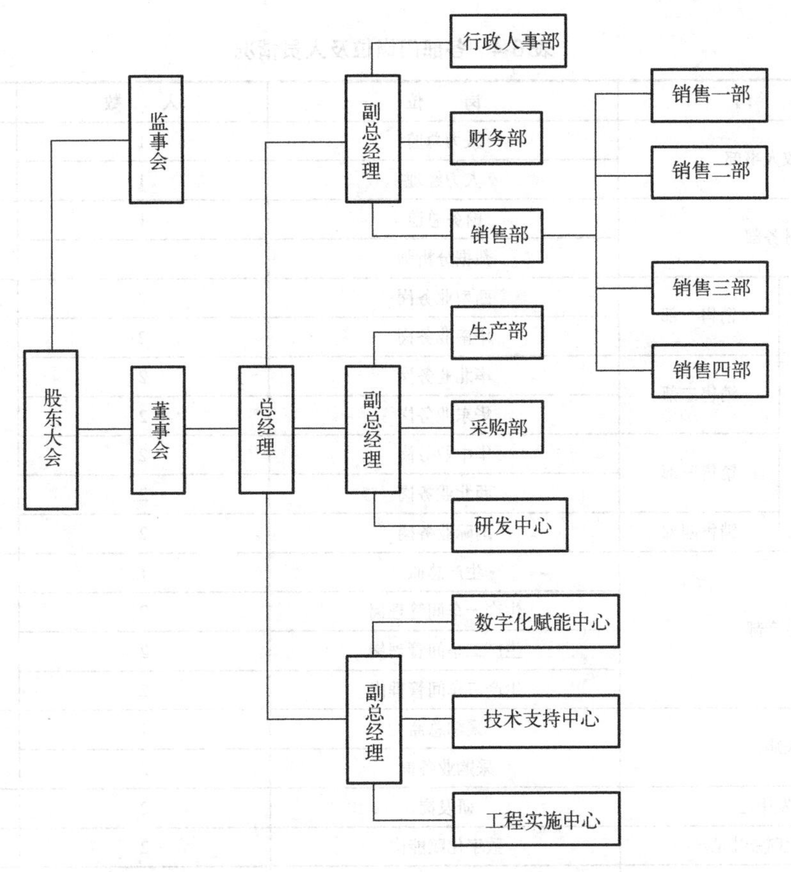

图 6-1　蛮先进公司组织架构

家桐在江边悠悠地散着步，回想着下班前和宛霖姐的对话。

“宛霖姐，现在我已经对蛮先进公司的概况和组织架构有一定的了解了，但是对各部门的岗位和人员情况还不太清楚，可以给我说说吗？我想提前做足工作，方便以后的工作交接。”

李宛霖一听便露出了欣慰的笑容，说道：“没问题，家桐！首先，我们财务部作为核心部门，有 1 名财务总监和 9 名数据分析师，而负责行政管理的行政人事部则有 1 名人力总监和 1 名人力经理。

“作为业务核心的销售部，一共划分为 4 个支部，每个支部由 2～4 个人负责，根据地区进行划分。销售一部包括西南业务岗和华南业务岗，销售二部包括华北业务岗和华东业务岗，销售三部包括华中业务岗和西北业务岗，销售四部包括国际业务岗。工程实施中心的岗位设置与销售部类似，也按西南、华南、华北、华东、华中、西北和国际区域划分，每个片区 2 个人负责，一共 14 人。

“此外，生产部由 1 名生产总监负责，其下有一、二、三个车间，每个车间的管理岗位有 2 个人，一共 7 个人；采购部则由 1 名采购总监负责，采购业务岗有 2 个人；研发中心研发岗有 2 个人，数字化赋能中心赋能岗有 2 个人；技术支持中心包含售前技术支持岗、售后技术支持岗和产品组合实施岗，均为 1 个人。”

“我知道了！谢谢宛霖姐！”家桐开心地说道。

蛮先进公司各部门岗位及人员情况如表 6-4 所示。

表 6-4　各部门岗位及人员情况

<table>
<tr><th colspan="2">部　门</th><th>岗　位</th><th>人　数</th><th>合　计</th></tr>
<tr><td colspan="2" rowspan="2">行政人事部</td><td>人力总监</td><td>1</td><td rowspan="2">2</td></tr>
<tr><td>人力经理</td><td>1</td></tr>
<tr><td colspan="2" rowspan="2">财务部</td><td>财务总监</td><td>1</td><td rowspan="2">10</td></tr>
<tr><td>数据分析师</td><td>9</td></tr>
<tr><td rowspan="7">销售部</td><td rowspan="2">销售一部</td><td>西南业务岗</td><td>2</td><td rowspan="7">14</td></tr>
<tr><td>华南业务岗</td><td>2</td></tr>
<tr><td rowspan="2">销售二部</td><td>华北业务岗</td><td>2</td></tr>
<tr><td>华东业务岗</td><td>2</td></tr>
<tr><td rowspan="2">销售三部</td><td>华中业务岗</td><td>2</td></tr>
<tr><td>西北业务岗</td><td>2</td></tr>
<tr><td>销售四部</td><td>国际业务岗</td><td>2</td></tr>
<tr><td colspan="2" rowspan="4">生产部</td><td>生产总监</td><td>1</td><td rowspan="4">7</td></tr>
<tr><td>生产一车间管理岗</td><td>2</td></tr>
<tr><td>生产二车间管理岗</td><td>2</td></tr>
<tr><td>生产三车间管理岗</td><td>2</td></tr>
<tr><td colspan="2" rowspan="2">采购部</td><td>采购总监</td><td>1</td><td rowspan="2">3</td></tr>
<tr><td>采购业务岗</td><td>2</td></tr>
<tr><td colspan="2">研发中心</td><td>研发岗</td><td>2</td><td>2</td></tr>
<tr><td colspan="2">数字化赋能中心</td><td>数字化赋能岗</td><td>2</td><td>2</td></tr>
<tr><td colspan="2" rowspan="3">技术支持中心</td><td>售前技术支持岗</td><td>1</td><td rowspan="3">3</td></tr>
<tr><td>售后技术支持岗</td><td>1</td></tr>
<tr><td>产品组合实施岗</td><td>1</td></tr>
<tr><td colspan="2" rowspan="7">工程实施中心</td><td>工程安装实施岗(西南片区)</td><td>2</td><td rowspan="7">14</td></tr>
<tr><td>工程安装实施岗(华南片区)</td><td>2</td></tr>
<tr><td>工程安装实施岗(华北片区)</td><td>2</td></tr>
<tr><td>工程安装实施岗(华东片区)</td><td>2</td></tr>
<tr><td>工程安装实施岗(华中片区)</td><td>2</td></tr>
<tr><td>工程安装实施岗(西北片区)</td><td>2</td></tr>
<tr><td>工程安装实施岗(国际区域)</td><td>2</td></tr>
<tr><td colspan="4">合计</td><td>57</td></tr>
</table>

6.2　财务数据分析师团队及其职责

黄昏时的蛮先进公司缄默无声是很少见的，但想到今天是公司的年会也就不足为奇了。

在“蛮高级”国际大酒店豪华大厅内，财务总监程平正站在演讲台上，向台下的数百名公司员工报告，意气风发的“野蛮人”程总最近应邀参加了一个“数字经济时代下的国际化企业智能财务转型与建设”高峰论坛，他深刻地感受到技术创新与变革的速度真是来得太迅猛了，太多太多的制造企业因为跟不上数字化时代的步伐而被无情地淘汰出局。蛮先进公司要想在业内勇立潮头，立于不败之地，须得改弦易张，围绕世界一流的财务管理体系建设，对公司现有的财务组织架构和财务职能进行革命性的变革，必须前瞻性地导入云计算、大数据、人工智能、RPA、区块链、元宇宙等具有革命性的新一代信息技术与财务、业务深度融合。财务是蛮先进公司发展的基石，推行企业数字化转型，财务一定是扣动变革的扳机。

在演讲之前，程总心里已经暗下决心，就是三年之内，为蛮先进公司打造世界一流的 RPA 财务数据分析团队，并在财务工作中深度推进数字化转型，促进业务、财务和技术一体化的深度应用，高度重视和发掘对公司的各类成本费用进行精细化数据分析的价值，为把蛮先进建设成为世界一流的智能制造企业提供战略性支撑。一流的企业，一流的财务，不可能仅靠零散的数据分析师来支撑，只有建立系统性、结构性、融合性的财务数据分析师团队，才能真正赋能企业的价值创造。

……

随着蛮先进公司 RPA 财务数据分析师团队的成立，新的一年也如期而至。

清晨，家桐和子轩踏入了蛮先进公司的大门，心情激动的他们正好遇到了上班的高级数据分析师刘泓，子轩想到今天就要去财务部报到了，于是小心翼翼地说道："刘泓姐，早上好！可以麻烦你帮我介绍一下我们蛮先进公司的财务数据分析师团队吗？我和家桐今天就去报到啦！"

刘泓看着两个可爱的年轻人，温柔地说道："我们公司组建财务数据分析师团队，各个分析师将从费用上入手，联合公司新创立的数字化赋能中心，协同进行公司整体财务数据的自动化分析。现有的两个财务数据分析师团队里，邓天雨和我两位高级数据分析师分别负责办公费和银行存款分析，邓湘煜和谭果君两位中级数据分析师分别负责管理费用和销售费用分析，李宛霖、朱思懿、王俊苏和邓佳红四位初级数据分析师分别负责差旅费用、收入与应收账款、制造费用和成本数据分析，我们的团队期待你们的加入！"

家桐和子轩开心地点点头："谢谢刘泓姐！我们一定会好好表现的！"街上的一切都笼罩在柔和的晨光中，道旁的树枝低垂着头，柔顺地接受着晨光的淋浴；挺拔的树干像健壮的青年舒展的手臂；草丛从湿润中透出几分幽幽的绿意。

蛮先进公司的财务数据分析团队及职责如表 6-5 所示。

表 6-5　财务数据分析师团队及职责表

团　队	姓　名	岗　位	分析模块
元气满蛮分析团队	邓天雨	高级财务数据分析师	办公费数据自动化分析
	邓湘煜	中级财务数据分析师	管理费用数据自动化分析
	李宛霖	初级财务数据分析师	差旅费用数据自动化分析
	王俊苏	初级财务数据分析师	制造费用数据自动化分析
与蛮同行分析团队	刘泓	高级财务数据分析师	银行存款数据自动化分析
	谭果君	中级财务数据分析师	销售费用数据自动化分析
	邓佳红	初级财务数据分析师	成本数据自动化分析
	朱思懿	初级财务数据分析师	收入与应收账款数据自动化分析
数字化赋能团队	陈凤	数字化赋能工程师	
	熊俊宇	数字化赋能工程师	

6.3 财务数据分析准备

6.3.1 数据来源

本书 RPA 财务数据分析案例的数据，主要来源于蛮先进公司 2020—2021 年 ERP 系统序时账数据。

重点选择了办公费、差旅费、银行存款、销售费用、管理费用、制造费用、成本、收入与应收账款、财务报表相关数据作为分析对象。

为了分析的方便，数据从数据库管理系统导出时为 Excel 文件格式。蛮先进公司的部门、项目、客户等数据及其关系，见具体章节展示。

6.3.2 数据表

蛮先进公司的财务数据分析涉及部门、项目、产品、客户等数据表，其数据字典信息如下。部门表如表 6-6 所示。

表 6-6 部门表

编 号	属性名称	数据类型	空 否	说 明
01	部门编码	字符型	否	部门表的部门编码
02	部门名称	字符型	是	部门表的部门名称

部门表包含 12 个部门，部门编码是主键。

项目表如表 6-7 所示。

表 6-7 项目表

编 号	属性名称	数据类型	空 否	说 明
03	项目编码	字符型	否	项目表的项目编码
04	项目名称	字符型	是	项目表的项目名称

蛮先进公司在 2020—2021 年度共计有 8 个项目，项目编码是主键。

产品表如表 6-8 所示。

表 6-8 产品表

编 号	属性名称	数据类型	空 否	说 明
05	产品编码	字符型	否	产品表的产品编码
06	产品名称	字符型	是	产品表的产品名称
07	所属项目	字符型	否	产品所属的项目

蛮先进公司产品包含 7 个大类共计 26 种产品，产品编码是主键。

客户表如表 6-9 所示。

表 6-9 客户表

编 号	属性名称	数据类型	空 否	说 明
08	客户编码	字符型	否	客户表的客户编码

续表

编　　号	属性名称	数据类型	空　否	说　　明
09	客户名称	字符型	是	客户表的客户名称
10	所属项目	字符型	否	客户所属项目的编码
11	企业规模	字符型	是	客户表的企业规模
12	城市	字符型	是	客户表的城市
13	信用等级	字符型	是	客户表的信用等级

蛮先进公司包含的客户众多且信息繁杂，现将其客户名称、客户所属项目、企业规模、客户所在城市和信用等级列举出来，客户编码是主键。

人员表如表 6-10 所示。

表 6-10　人员表

编　　号	属性名称	数据类型	空　否	说　　明
14	人员编码	字符型	否	人员表的人员编码
15	人员名称	字符型	是	企业员工姓名
16	所属部门	字符型	否	人员所属部门
17	职位	字符型	是	担任的公司职位

在人员表中，每个部门只列举了部分员工，通过摘要信息可以将相关人员分配至相关业务，责任到人、成本到人、效益到人。

6.4　财务数据自动化分析主题

本书财务数据自动化分析主要涉及九大主题，分别是办公费、差旅费、银行存款、销售费用、管理费用、制造费用、成本、收入与应收账款和财务报表，如图 6-2 所示。在每个分析主题中，均利用 RPA 机器人从财务核算和业财融合两个方面对数据进行分析，形成分析报告，为管理层提出建议。

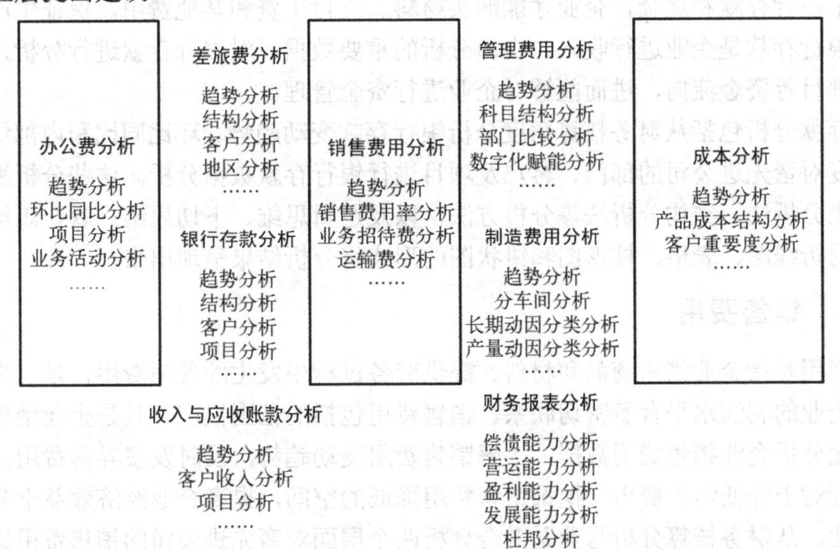

图 6-2　财务数据自动分析主题

6.4.1 办公费

在企业中，归纳在办公费中的事项较多，随着蛮先进公司规模及业务范围的扩大，其办公费发生也随之增加，办公费的预算管理难度增加。为了实现对办公费的有效管理，为办公费的预算提出决策建议，蛮先进公司从财务核算分析与业财融合分析两个层面对办公费进行分析，以不断优化企业办公费管理模式。

财务核算分析包括趋势分析、环比同比分析和结构分析，业财融合分析包括项目分析、业务活动分析和部门分析。这些分析涉及对比分析法、结构分析法、平均分析法、指标分析法等分析方法，以及向上思维、下切思维、求同思维、逻辑思维和联合思维等分析思维，最后用折线图、柱形图、饼状图和表格的形式将分析结果呈现出来。

6.4.2 差旅费

差旅费作为企业费用中的经常性支出项目，在经费支出中占据了较大的比例。企业的差旅费随着企业规模的扩张在持续地增加，给企业发展带来较大的成本负担。为了审查 2020 与 2021 两年度差旅费总体开支情况，以及降低未来差旅成本，蛮先进公司从财务核算分析与业财融合分析两个层面对差旅费进行分析，不断优化企业差旅费管理模式。

财务核算分析包括趋势分析、环比同比分析和结构分析，业财融合分析包括部门分析、客户分析、地区分析和项目分析。这些分析涉及趋势分析法、对比分析法、结构分析法、平均分析法、结构分析法等分析方法，以及向上思维、下切思维、求异思维、求同思维、逻辑思维、发散思维和联合思维等分析思维，最后用折线图、双坐标图、表格、柱形图和饼状图的形式将分析结果呈现出来。

6.4.3 银行存款

银行存款是指企业存放在银行的货币资金。按照国家现金管理和结算制度的规定，每个企业都要在银行开立账户，企业收入的一切款项，除国家另有规定的以外，都必须当日解交银行。有了银行存款和现金，企业才能购买材料、支付工资和其他费用，保证生产经营的正常进行。银行存款是企业进行收入、支出分析的重要数据，对银行存款进行分析，掌握企业各部门及项目等资金流向，进而能够对企业进行资金管理。

银行存款分析包括从财务核算角度分析银行存款变动趋势、环比同比和内部结构；从业财融合角度对蛮先进公司的部门、客户及项目进行银行存款数据分析。这些分析涉及趋势分析法、对比分析法、结构分析法等分析方法，以及逻辑思维、下切思维、联合思维等分析思维，最后用折线图、表格、柱形图和饼状图的形式将分析结果呈现出来。

6.4.4 销售费用

销售费用是指企业销售商品和材料、提供劳务过程中发生的各项费用，是三大期间费用之一，与企业的利润水平有着密切联系。销售费用包括的范围很广，且是企业销售所必需的费用，因此分析企业销售费用数据，了解销售费用变动趋势，及时发现异常费用，实行精准的费用分析对于降低销售费用，挖掘销售费用降低的空间，提高企业经济效益十分重要。

基于此，从财务核算分析与业财融合分析两个层面对蛮先进公司的销售费用进行分析，助力企业实现节约成本、提高利润的目标。财务核算分析包括趋势分析、环比同比分析、结构分析和销售费用率分析，业财融合分析包括部门分析、项目分析、业务招待费分析和运输费分析。这些分析涉及趋势分析法、对比分析法、结构分析法、平均分析法等分析方法，以及向上思维、下切思维、求异思维、求同思维、逻辑思维、发散思维等分析思维，最后用折线图、表格、柱形图、饼图的形式将分析结果呈现出来。

➲ 6.4.5　管理费用

管理费用是指企业行政管理部门为组织和管理生产经营活动而发生的各种费用，与企业当期的经济效益有着直接的关系，因而在企业的整体运营中，要注意对企业的管理费用进行合理的管控与分析。为了实现对管理费用的有效管理，为管理费用的预算提出决策建议，从财务核算分析与业财融合分析两个层面对蛮先进公司的管理费用进行分析。

财务核算分析包括趋势分析、环比同比分析和科目结构分析，业财融合分析包括部门比较分析、部门结构分析和数字化赋能分析。这些分析涉及趋势分析法、对比分析法、结构分析法、平均分析法等分析方法，以及向上思维、下切思维、求异思维、求同思维等分析思维，最后用折线图、双坐标图、表格、柱形图和饼状图的形式将分析结果呈现出来。

➲ 6.4.6　制造费用

制造费用是指企业为生产产品和提供劳务而发生的各项间接费用。企业制造费用是成本核算的必要组成和重要环节，在整个成本核算工作中不可或缺。推行制造费用精细化管理，是在新常态下用新观念去提升企业经济效益、重塑竞争的新优势、促进制造企业持续健康发展的核心和内生动力。

财务核算分析包括趋势分析、环比同比分析、结构分析，业财融合分析包括分车间分析、长期性动因分类分析、产量动因分类分析、人员动因分类分析、专项费用分析。这些分析涉及趋势分析法、对比分析法、结构分析法、交叉分析法等分析方法，以及逻辑思维、下切思维、联合思维等分析思维，最后用折线图、双坐标图、表格、柱形图和饼状图的形式将分析结果呈现出来。

➲ 6.4.7　成本

主营业务成本在企业经营活动中占据着非常重要的地位，成本和收入的变动会引起企业财务指标的巨大波动。随着企业规模和业务范围的扩大，成本控制更是对企业利润提升起着关键性作用，同时也是企业管理层尤为关注的问题。因此，为了进行更好的成本管控，从财务核算分析与业财融合分析两个层面对蛮先进公司的主营业务成本进行分析，不断优化主营业务成本管理模式，从而降低企业成本。

财务核算分析包括趋势分析和环比同比分析，业财融合分析包括产品成本结构分析、项目成本结构分析和客户重要度分析。这些分析涉及趋势分析法、对比分析法、结构分析法等分析方法，以及向上思维、下切思维、发散思维、逻辑思维等分析思维，最后用折线图、条形图、表格等形式将分析结果呈现出来。

➲ 6.4.8　收入与应收账款

主营业务收入是企业从事持续的、主要的经营活动而取得的营业收入，对企业的经济效益起着举足轻重的影响作用，是企业营业收入管理的重点。应收账款是企业一项重要的流动资产，也是一项风险较大的资产。企业应收账款的数据往往能直接反映企业的生产销售规模、企业效益、财务状况等信息，与企业的资金周转、正常运营息息相关。为了考察蛮先进公司 2020 至 2021 年的收入与应收账款情况，评估其销售经营状况，从财务核算分析和业财融合分析两个层面对收入与应收账款序时账进行了分析。

财务核算分析包括趋势分析、环比同比分析，业财融合分析包括客户分析、项目分析、部门分析。这些分析运用了趋势分析法、对比分析法、结构分析法、指标分析法等分析方法，使用了向上思维、下切思维、求异思维、收敛思维、联合思维等多种分析思维，最后使用表格、折线图、柱形图、饼状图、堆积条形图等形式将分析结果呈现出来。

➲ 6.4.9 财务报表

财务报表是财务报告重要的组成部分，其中资产负债表、利润表和现金流量表分别反映了企业的财务状况、经营成果和现金流量。因此，根据蛮先进公司 2021 年的财务报表，针对制造业行业特性，选择偿债能力、营运能力、盈利能力和发展能力部分指标进行计算。同时，将各能力指标与同行业平均值进行比较，并用杜邦分析法进行分析，提出相关建议。

第 7 章　办公费数据自动化分析

7.1　分 析 目 的

➲ 7.1.1　场景描述

早晨的江北嘴行人繁多，大家都快步走着。这里是江北嘴国际金融中心，是重庆第一高楼群，位于江北嘴金融核心区江北城，由 4 栋超高层建筑构成，它将现代大都市的风采展现得淋漓尽致。这里代表着城市形象，是城市发展的核心区域，也是蛮先进智能制造有限(简称蛮先进公司)公司的总部。

一年匆匆而过，又到了年底，大抵是人类的悲欢并不相通，在学生放假、人们置办年货的时候，蛮先进公司的财务部却陷入了年底的忙碌中。今天，财务部迎来了一位财务数据分析实习生家桐，他满怀着一腔热血，一直向往着在蛮先进公司工作，今天他终于实现了他的梦想。在财务部噼里啪啦的键盘声和滴滴答答的鼠标点击声中，实习生家桐来到了财务部办公区，小心翼翼地敲了敲门，问道："不好意思打扰到大家，请问哪位是高级财务数据分析师天雨，程总让我过来报到。"

忙得不可开交的高级财务数据分析师天雨刚刚接完客户的电话，听到这用手扶了扶眼镜说道："这儿！看来你就是程总时不时跟我提到的那位优秀的小伙子了，不错不错，小伙子过来吧。"见这位年轻的小伙子有些拘束，天雨笑着说道："小伙子别紧张，来，我来给你介绍介绍我们这个财务数据分析团队，我们'元气满蛮'团队包括我在内，还有一位中级财务数据分析师湘煜，两位初级财务数据分析师俊苏和宛霖。湘煜、俊苏和宛霖，快来和家桐打个招呼！"

"来了！来了！"人未到声先到，只见三个阳光明媚的青春女生走了过来，一脸好奇地围着家桐，家桐便显得更加紧张了，三个女生见这个年轻的小伙子这么拘束便笑了起来。"你好，我叫湘煜，她叫俊苏，她叫宛霖，欢迎加入我们'元气满蛮'团队，以后有什么不懂的地方都可以问我们，我们团队目前正在进行办公费的数据分析工作，你先熟悉一下工作环境吧，一会儿你就跟着俊苏，协助她开展工作。"湘煜笑着说道。

随着迎接新人的结束，财务部又恢复到了忙碌中。正在撰写办公费数据分析目的的俊苏见家桐在一旁格外热情、跃跃欲试，于是说道："小伙子，我来考考你！我们将要对蛮先进公司 2020 年和 2021 年的办公费进行数据分析，那你说说这个分析工作都有什么目的呢？"

家桐认真地想了想，便说道："在我看来，首先啊，数据分析可以告诉我们过去发生了什么，可以帮助管理者了解现阶段企业的整体运营情况，并通过计算生成的各种运营指标来衡量企业的运营状况。

"然后呐，数据分析还可以告诉我们为什么这些现状会发生。在对企业现阶段的经营现状进行了分析之后，我们会对公司的运营有基本的了解，但是不知道造成这种现状的原因是什么，这时，我们就可以利用数据进行原因的分析，得出结论以进一步指导生产决策。

“最后呢，数据分析还可以告诉我们未来会发生什么。我们在了解公司运营的现状及其背后的原因之后，有时还需要对公司的未来发展趋势做出预测，这时我们可以通过数据分析做出一定的趋势预测，帮助公司制定未来的战略目标，并提供有效的决策依据，以确保公司的持续健康发展。例如，帮助企业制订季度和年度计划。”

俊苏听到家桐的这一番话，已经对这个数据分析实习生刮目相看了，竖着大拇指对家桐说道：“果然不凡！接下来的数据分析工作就交给你了，让我看看你的本事。”

这时，正好撞见来财务部视察工作的财务总监程平，程总听到家桐的见解也赞赏道：“家桐，说得不错！随着我们蛮先进公司的规模及业务范围的扩大，办公费的发生额也随之增加，办公费的预算管理难度变大，因此我们需要对办公费进行数据分析，充分了解办公费的发生现状，这样才能正确有效地对办公费进行预算管理，帮助我们提高资金的利用率，促进蛮先进的进一步发展，家桐，继续加油啊！”

程总的鼓励让家桐变得更加有信心了，家桐便开始整理起了办公费分析的目的，一旁的程总和天雨相视一笑，点了点头，他们似乎都对这个小伙子感到满意。“晚上我们去蛮好吃火锅聚餐，欢迎我们的数据分析实习生家桐。”天雨说道，听到这大家似乎变得更有干劲了。

7.1.2 目的框架

办公费分析的目的主要分为四个方面，首先，利用自动化分析软件对办公费进行基础的财务核算；其次，通过财务核算和图表设计呈现办公费的总体发生情况，让管理层了解企业办公费的发生现状；然后，从时间、科目、部门、项目和业务等维度对办公费进行数据分析并进行可视化的展示（业财融合多维度分析）；最后，通过分析找到现状背后的原因并得出结论，为办公费的预算决策提出建议，如图 7-1 所示。

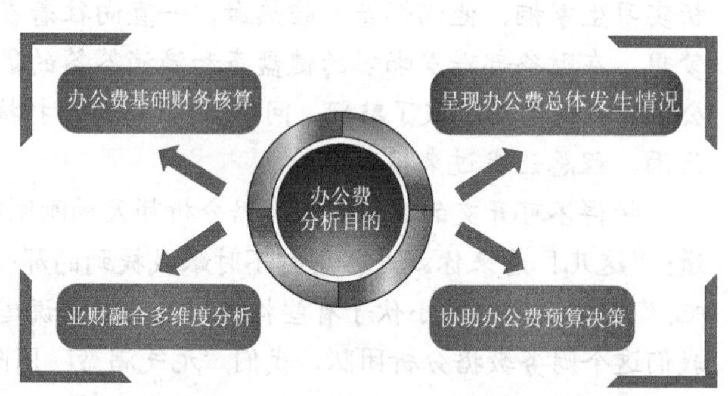

图 7-1　办公费分析目的框架

7.2 分析内容和思路

7.2.1 场景描述

提到重庆这座山城，人们第一时间便会想到“赛博朋克”，也会想到近年来大火的“元宇宙”。是啊，我们的社会正在朝着虚拟化和智能自动化方向发展，数字经济时代的到来全面激发了民众对消费和服务的更高需求，随着“互联网+”的深度应用，社会的数字化转型嬗变正在全面推进。

财务数据自动化分析是顺应数字经济时代发展的必然产物，自动化技术与财务分析的深度融合应用极大地提高了全要素的生产效率，可以通过提高资源配置效率、推动技术进步与创新经济调节方式等途径助力生产生活方式的变革，进一步提升生产效率和服务供给效率，辅助实现经济调节科学化。

一天的工作结束，天色已渐渐变晚，夜空似藏青色的帷幕，点缀着闪闪繁星，让人不由深深地沉醉。家桐在千厮门大桥的路道上散着步，夜晚的千厮门大桥灯光闪烁，大桥主塔两头小中间大，像一把织布的梭子，既有一剑指天的阳刚之气，又有线性流畅的和谐之美，嘉陵江的风缓缓地打在脸上，带走了人们一天的疲惫，路上的行人大多沉默不语，似各怀心事，家桐也不例外。

家桐陷入了沉思："既然数据分析可以帮助我们改善经营现状，可以通过数据分析来理解、描述和解决生产经营问题，并获得洞察力与执行决策，推动企业管理的优化或变革，那么换一种方式来说，如果分析既不推动变化也不产生成果，那分析就没有多大意义了。如何才能让办公费的分析变得更有意义呢？如何展开对办公费的分析呢？"这时，他突然想到了前两天与初级数据分析师俊苏的对话。

几天前的一个中午，家桐吃完午饭准备回到办公室打个盹儿，走进办公室却发现俊苏前辈正在聚精会神地看着电脑屏幕，于是悄悄地走到俊苏身后，只见其电脑屏幕显示着几个大字"数据分析方法与分析思维"。

这时，俊苏好像结束了观看，看着身后的家桐兴高采烈地说道："原来数据分析有这么多讲究啊，真是太有意思了。"

"哦？俊苏姐可以给我讲讲吗？"家桐一脸好奇地问道。

俊苏一听马上正色道："那你听好了，分析方法就包括很多，如对比分析法、结构分析法、指标分析法等，此外还有很多分析思维，如逻辑思维、向上思维、下切思维、求同思维、联合思维等。"

俊苏接着说道："我们以办公费的分析为例，我们可以利用逻辑思维，办公费的发生受到项目的影响，该月项目发生的办公费越多，那么该月总体发生的办公费就越多，因此我们可以从项目这个角度入手，运用对比分析法，计算汇总各月项目办公费发生额，形成图形分析其变动情况，从而了解办公费的各月发生情况。

"再比如，我们可以从时间维度对办公费进行趋势分析，利用对比分析法，汇总计算各月办公费的发生额，形成图形分析其变动情况，得出结论并利用向上思维，从更长远的角度看待问题，辅助办公费的预算决策。"

家桐一听，好像也有了自己的想法："那么照你这样说，我们还可以利用求同思维，对其进行结构分析，因为办公费具有一定的特殊性，其前后两年的科目类别构成一般是大致吻合的，那么我们就可以运用结构分析法分析它近两年的科目类别构成是否出现重大变化。

"此外，我们还可以从部门维度对办公费进行部门分析，根据办公费发生所属部门，具体包括行政人事部、财务部、销售部、生产部、采购部、数字化赋能中心、技术支持中心、工程实施中心，按部门对该年发生的办公费进行汇总，形成图形分析其发生情况，并利用联合思维将办公费和主营业务收入联合起来，分析各部门的办公费率。"

俊苏激动地说道："是啊！看来真是英雄所见略同，没想到你这个小伙子还蛮聪明的！我们还可以进行环比同比分析，利用对比分析法，汇总计算月度环比和年度同比。"

"是的，我们还可以利用下切思维，着眼局部和细节进行业务活动分析，例如，以计入管理费用中的办公费为代表，办公费的具体业务活动包括书报费、印刷费、办公用品费、消耗用品费、年检、其他(电话费、购买零星用品等)，那么我们就可以按业务活动的不同对该年发生的办公费进行汇总，分析其构成。"家桐激动地回答道。

回想结束，家桐赶紧开始梳理办公费数据的分析内容和思路。

办公费分析思路框架如图7-2所示，我们的财务数据分析分为财务核算分析和业财融合分析，其中财务核算分析包括趋势分析、环比同比分析、结构分析，业财融合分析包括项目分析、业务活动分析、部门分析。

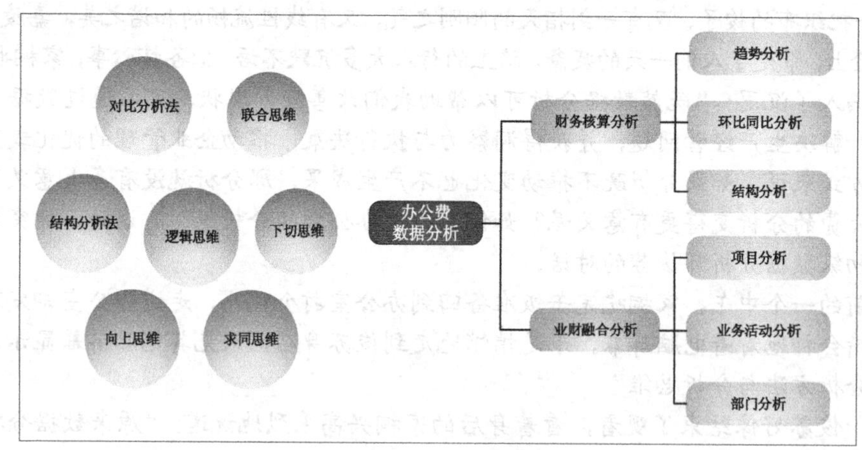

图 7-2　办公费分析思路框架

在分析过程中运用的分析思维包括逻辑思维、下切思维、向上思维及求同思维，运用的分析方法包括对比分析法和结构分析法。

7.2.2　自动化分析流程

办公费数据自动化分析流程如图 7-3 所示。首先由机器人元小蛮打开序时账文件和信息表文件，对办公费相关数据进行清洗和筛选，然后依次对清洗好的办公费相关数据进行项目分析、趋势分析、环比同比分析、结构分析、业务活动分析、部门分析，最后机器人元小蛮将分析结果进行汇总，自动生成办公费分析报告。

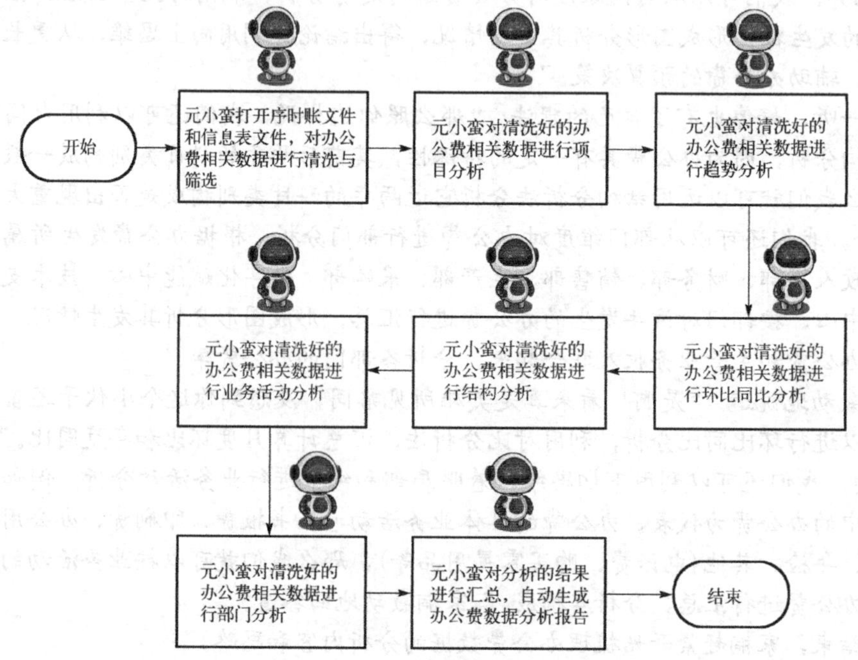

图 7-3　蛮先进公司办公费数据自动化分析流程

7.3 数据准备

➲ 7.3.1 场景描述

午餐过后，正值暖暖的午后时分，太阳远远地悬于空中，抛洒着万丈光芒及恰到好处的温暖。人们纷纷径直往蛮先进的公园走去，在草坪上觅一处干净的地方坐下休息。公园的一角，几个蛮先进的数据分析师正在闲聊。

财务数据分析实习生家桐正在向俊苏请教道："数据分析开始之前我们要做哪些准备工作呢？"

"家桐啊，在数据分析之前最重要的是数据的准备工作，数据准备是按照确定的数据分析框架，准备相关数据的过程，它为数据分析提供了素材和依据。数据包括一手数据与二手数据，一手数据指可直接获取的数据，二手数据指经过加工整理后得到的数据。"数据分析师俊苏不厌其烦地回答道。

见家桐一脸认真地听着，俊苏继续说道："具体要准备什么数据，还要根据分析的内容和思路来确定。"

家桐恍然大悟："原来如此，我知道了！对于办公费分析来说，首先我要准备办公费的序时账数据，字段要包含日期、会计期间、凭证字号、摘要、科目代码、科目名称、本币金额、借方金额等，这些数据可以让我进行办公费的趋势分析、环比同比分析、结构分析和业务活动分析。此外，我的分析中还包括业财融合的项目分析和部门分析，因此我还需要部门和项目的数据。"

"不错，孺子可教也！那我考考你，你怎么将部门和项目的数据与序时账的数据联系起来呢？" 俊苏笑道。

家桐陷入了沉思，这个画面在明媚的午后显得格外温暖和谐，一位是虚心请教的后辈，一位是谦虚回答的前辈。

"我知道了！我可以利用部门编码和项目编码！在序时账中加入部门和项目两列数据，然后通过编码将信息表中的部门信息和项目信息关联起来。"家桐说道。

"小伙子不错啊！我相信你以后肯定会成为一个很优秀的财务数据分析师。周末我们团队决定去'十八梯'团建，你记得来啊！这'十八梯'传统风貌区可是重庆的热门地标，它展现了'天生重庆'的山地城市形态与空间特色，'横街纵巷'的道路结构和'上坡下坎，弯弯拐拐'的街巷空间共同构成了传统的山城人居空间，承载了市井生活的变迁，时空格局的演进，而且它还是著名影视剧《从你的全世界路过》的取景地呢！还记得电影中那个正直勇敢、粗枝大叶，追着男生满街跑的女警吗？最后她追到了属于她的爱情！"俊苏说道，平时严肃正经的样子完全消失，活脱脱一副青春美少女的模样。

接下来，家桐便匆匆忙忙地跑去办公室准备分析数据了，温暖的阳光洒在他的脸上，照映出的是小年轻对财务数据分析的求知与兴奋。

➲ 7.3.2 数据模型与数据表

1. 数据模型

办公费分析数据模型如图 7-4 所示，共有序时账、部门、项目三个实体。在序时账表中，凭证字号是主键；在部门表中，部门编码是主键；在项目表中，项目编码是主键。

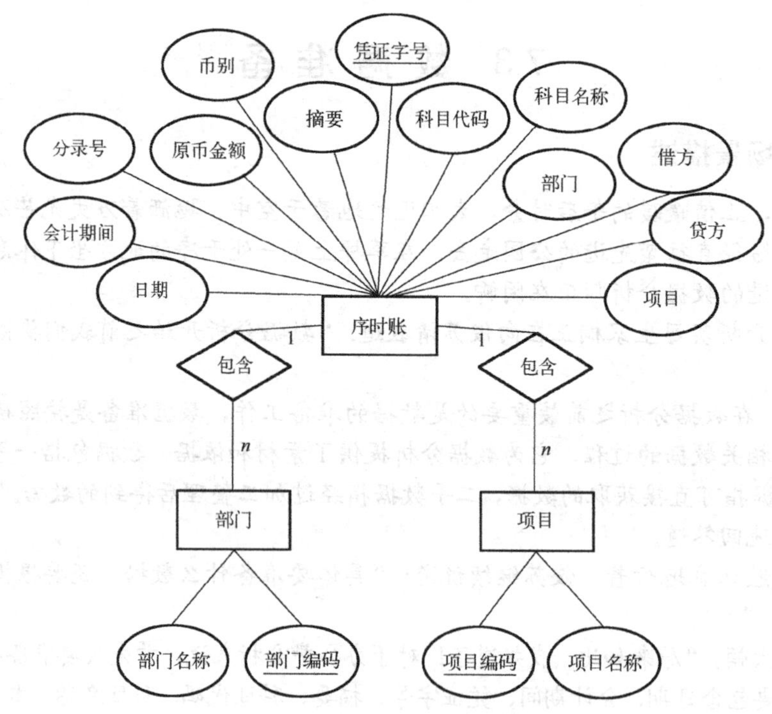

图 7-4　办公费分析数据模型

2. 数据表

办公费分析涉及序时账表、部门表和项目表。

办公费分析序时账表如表 7-1 所示，其中凭证字号是主键。

表 7-1　序时账表

属性名称	数据类型	空否	说　明	属性名称	数据类型	空否	说　明
凭证字号	字符型	否	凭证字号	部门	字符型	是	部门编码
会计期间	字符型	是	分录发生会计期间	项目	字符型	是	项目编码
日期	日期型	是	分录发生日期	币别	字符型	是	币别种类
分录号	字符型	是	分录号	本币金额	字符型	是	本币金额
摘要	字符型	是	分录事件摘要	借方	数值型	是	借方发生额
科目代码	字符型	是	科目的代码	贷方	数值型	是	贷方发生额
科目名称	字符型	是	科目的名称	/	/	/	/

办公费分析部门表如表 7-2 所示，其中部门编码是主键。

表 7-2　部门表

属性名称	数据类型	空否	说　明
部门编码	字符型	否	部门表的部门编码
部门名称	字符型	是	部门表的部门名称

办公费分析项目表如表 7-3 所示，其中项目编码是主键。

表 7-3　项目表

属性名称	数据类型	空　否	说　明
项目编码	字符型	否	项目表的项目编码
项目名称	字符型	是	项目表的项目名称

7.4　办公费数据采集与处理自动化

7.4.1　场景描述

家桐准备好数据之后，便激动地准备开始用来也 UiBot Creator 进行自动化的流程设计，心里想着："终于可以检验暑假的学习成果了。"

时间回到那年的夏天，家桐怀着期待和向往参加了皇家理工大学举办的"互联网+会计"暑期训练营的 RPA 财务机器人学习班。窗外叫嚣的知了让夏天显得格外炎热，今天是财务数据分析自动化的课堂，只见 PPT 上显示着"数据采集与处理自动化"，来自蛮先进的高级数据分析师天雨正在和学生们进行互动。

"同学们，在数字经济时代我们面临着大量、繁多的数据，对于企业来说，有的数据有价值，而有的数据没有价值，家桐，你来说说数据采集和处理的目的是什么？"天雨问道。

"我认为数据采集和处理的目的是从大量的、可能是杂乱无章的、难以理解的数据中抽取、转换和加载出对分析有价值的数据。"家桐快速地回答道。

天雨脸上露出了满意的微笑，在台上继续向学生们讲解道："正确！我们在分析之前得到的原始数据来源较多、数据类型繁杂，有些数据还缺失、异常等，所以我们需要对数据进行采集和处理。而数据采集与处理自动化就是利用 RPA 机器人自动从 Word、Excel、图片或网页等数据源中读取数据，并对数据进行加工整理，得到所需数据的一个过程。"接下来，天雨便开始向学生们讲解"数据采集与处理自动化"的程序设计了。

回到现在，家桐打开了 UiBot Creator，新建流程"办公费分析"，新建流程块"数据采集与处理"，然后进入流程块，心里想着："我如果要对办公费进行分析的话，那我就要对办公费序时账的数据进行处理，由于办公费的发生都是在借方，那我只需要筛选出借方的序时账数据，就能形成一个办公费的汇总表，以便后续展开分析工作。"

于是家桐开始了数据采集和处理流程的设计，时间匆匆而过，不一会就见家桐伸着懒腰说道："搞定！"他自信地单击"运行"，却发现筛选之后的数据存在问题。"为什么会这样呢？"家桐苦恼地说道。

"你是不是忘了去除掉结转损益的数据啊！看来你的处理工作还没做好哦！"一旁的财务数据分析师俊苏打趣道。

听到俊苏的提醒，家桐便对数据处理流程稍做修改，再次运行，看到页面显示的数据正确，家桐露出了满意的笑容。"原来如此！吃一堑长一智，我以后可不会犯这样的错误了。"家桐嘀咕道。

7.4.2　RPA 技术路线

办公费数据采集与处理自动化通过"数据采集与处理"流程块实现，其目的是为了对序时账的原始数据进行清洗，将需要使用的数据进行筛选和处理，去除冗余数据。办公费数据采集与处理自动化开发技术路线如表 7-4 所示。

表 7-4 办公费数据采集与处理自动化开发技术路线

模　块	功能描述	使用的活动
数据采集与处理	打开从本地获取的“办公费序时账.xlsx”文件和“生成报告.xlsm”文件，读取这些 Excel 文件中的办公费相关数据	打开 Excel 工作簿
		读取区域
	将读取到的差旅费数据构建一个数据表，并进行数据筛选	构建数据表
		数据筛选

7.4.3 RPA 技术实现

1. 搭建整体流程框架

步骤一：打开 UiBot Creator 软件，新建流程，并将其命名为“办公费分析机器人”，从左侧拖放“流程块”，添加 8 个“流程块”、1 个“结束”，并将“流程块”分别改名为“数据采集与处理”、“项目分析”、“趋势分析”、“环比同比分析”、“结构分析”、“业务活动分析”、“部门分析”和“生成分析报告”，如图 7-5 所示，并在界面右侧添加流程图变量，如表 7-5 所示。

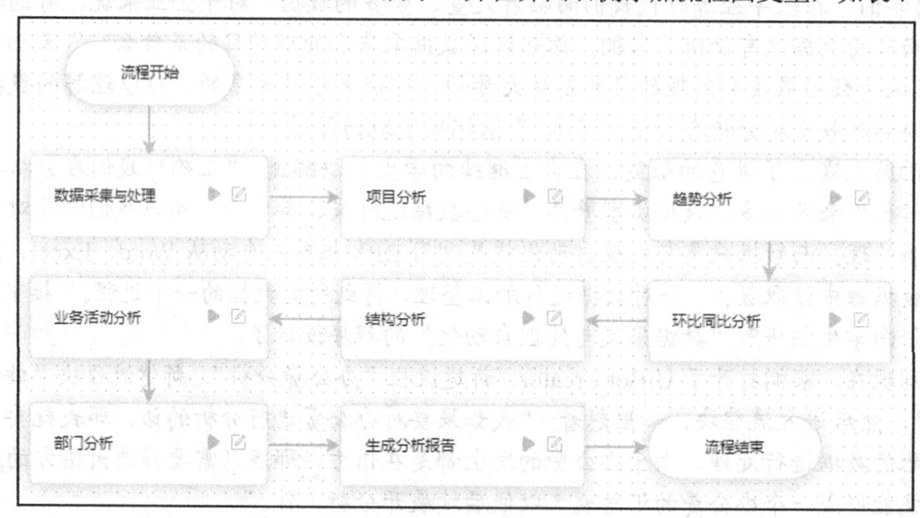

图 7-5 UiBot Creator 流程图界面

步骤二：放置准备文件。首先，打开“办公费分析机器人”流程文件夹，在“res”文件夹中创建两个文件夹，分别命名为“模板文件”和“数据文件”；然后，在“模板文件”文件夹中放入“分析报告.docx”和“生成报告.xlsm”，在“数据文件”文件夹中放入“办公费序时账.xlsx”，如图 7-6 和 7-7 所示。

2. 数据采集与处理

步骤三：单击“编辑”进入第一个流程块，在左侧的命令框中搜索添加元素，添加 2 个“复制文件”、2 个“打开 Excel 工作簿”、1 个“读取区域”、1 个“构建数据表”和 1 个“数据筛选”，添加完成后排列顺序如图 7-8 所示，属性填写如表 7-6 所示。

表 7-5　流程图变量属性设置

序号	变量名	变量值	序号	变量名	变量值
1	objExcelWorkBook	""	25	year2xsfyzb	""
2	objExcelWorkBook1	""	26	year2zzfyzb	""
3	bgfhz	""	27	year1zczdyf	""
4	year1	[]	28	year1zczdyfje	[]
5	year2	[]	29	year2zczdyf	""
6	sum	0	30	year2zczdyfje	[]
7	year1fseqsyf	""	31	year1zczdbmje	""
8	year1fseqsje	""	32	year2zczdbmje	""
9	year2fseqsyf	""	33	year1zczdbm	""
10	year2fseqsje	""	34	year2zczdbm	""
11	year1hbqsyf	""	35	year1glywje	""
12	year1qshbz	""	36	year2glywje	""
13	year2hbqsyf	""	37	year1bgypfzb	""
14	year2qshbz	""	38	year2bgypfzb	""
15	ztbyf	[]	39	year1sbfzb	""
16	ftbyf	[]	40	year2sbfzb	""
17	tbqsyf	""	41	year1ysfzb	""
18	qstbz	""	42	year2ysfzb	""
19	year1glfyje	""	43	year1xhypfzb	""
20	year1glfyzb	""	44	year2xhypfzb	""
21	year1xsfyzb	""	45	year1njfzb	""
22	year1zzfyzb	""	46	year2njfzb	""
23	year2glfyje	""	47	year1qtzb	""
24	year2glfyzb	""	48	year2qtzb	""

« res › 模板文件
名称
分析报告
生成报告

图 7-6　模板文件

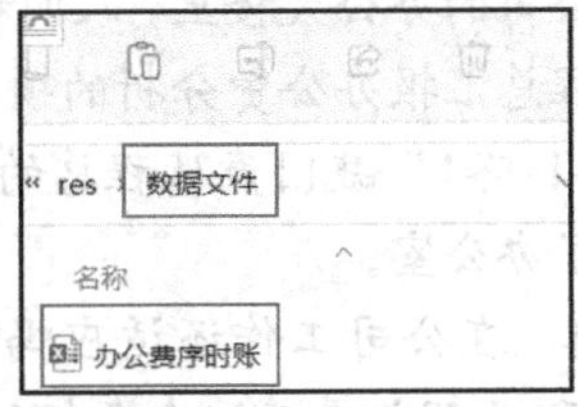

图 7-7　数据文件

复制文件 数据文件\办公费序时账.xlsx 到路径 下
复制文件 模板文件\生成报告.xlsm 到路径 下
打开Excel工作簿，路径为 办公费序时账.xlsx，输出到 objExcelWorkBook
打开Excel工作簿，路径为 生成报告.xlsm，输出到 objExcelWorkBook1
读取区域 A2 的值，输出到 arrayRet
使用 arrayRet 构建一个数据表，输出到 bgfhz
对数据表 bgfhz 进行条件筛选，输出到 bgfhz

图 7-8　流程界面

表 7-6 属性设置

活动名称	属 性	值	活动名称	属 性	值
复制文件	路径	@res"数据文件\\办公费序时账.xlsx"	读取区域	输出到	arrayRet
	复制到的路径	@res""		工作簿对象	objExcelWorkBook
	同名时替换	false		工作表	"序时账"
复制文件	路径	@res"模板文件\\生成报告.xlsm"		区域	"A2"
	复制到的路径	@res""	构建数据表	输出到	bgfhz
	同名时替换	false		构建数据	arrayRet
打开 Excel 工作簿	输出到	objExcelWorkBook		表格列头	['日期','会计期间','凭证字号','分录号','摘要','科目代码','科目名称','部门','项目','币别','本币金额','借方','贷方']
	文件路径	@res"办公费序时账.xlsx"	数据筛选	输出到	bgfhz
打开 Excel 工作簿	输出到	objExcelWorkBook1		数据表	bgfhz
	文件路径	@res"生成报告.xlsm"		筛选条件	"科目名称.str.contains('办公费') and 摘要!='结转本期损益'"

注意：表格中的属性值都是在专业模式(EXP)中显示。

7.5 办公费数据分析与展现自动化

7.5.1 场景描述

天气越发寒冷，人们穿上了厚厚的衣服，路上的行人少了，替代他们的是枯黄的树叶，大树赤裸裸地站在大马路两旁，有的小树经不起冬天的摧残，早在初冬的时候就夭折了。

蛮先进公司的办公大楼里，人们都在忙碌着，家桐正抱着笔记本电脑前往程总的办公室，今天他要向程总汇报办公费分析的项目进度。

“咚！咚！咚！”敲门声从程总的办公室外响起，随着程总一声“请进”，数据分析实习生家桐进入了办公室。

“家桐啊，在公司工作还适应吗？俊苏给你安排的办公费数据分析任务完成得怎么样了？说来听听。”程总看着这个年轻的小伙子笑着说道。

“报告程总，我觉得财务数据分析工作太有价值了，我很适应蛮先进的工作！程总，我目前将办公费数据分析分为了六个主题，它们分别是项目分析、趋势分析、环比同比分析、结构分析、业务活动分析、部门分析，目前我的想法是首先利用逻辑思维和对比分析法进行项目分析，然后运用向上思维和下切思维从时间维度进行趋势分析和环比同比分析，再通过求同思维，运用结构分析法进行结构分析，接下来再利用下切思维，着眼局部和细节进行业务活动分析，最后，利用联合思维从部门维度进行部门分析。”家桐不快不慢地向程总汇报道。

“听起来蛮不错的，小伙子考虑得还算周到，那么对于每个分析主题，你又打算怎么设计各自的数据分析流程呢？最后又以什么形式呈现分析结果呢？”

家桐说道：“一方面，可以通过遍历数组和条件筛选，得出办公费的统计汇总数据，并将其填入生成报告文件的表格中。例如，在项目分析中，我们可以设置筛选条件‘项目包含项目代码’，然后通过遍历数组生成数据，最后将相应数据转换类型填入表格中；另一方面，我们还可以通过设置一定的公式得出结果。例如，在环比同比分析中，我们可以通过设置公式‘环比增长率=(本期金额[i+1]-上期金额[i])/上期金额[i]’来计算相关数据，最后将结果填入生成报告文件的表格中。

“对于分析结果的呈现，我认为在项目分析中可以用柱形图来展示各月项目办公费的发生额；在趋势分析中利用柱形图来展示各月办公费的发生额，并用折线图展示各月的趋势变动情况；而在环比同比分析中则用表格来展示同比环比值；最后，在结构分析、业务活动分析和部门分析中，可以利用柱形图和饼状图展示各部分办公费的发生情况和构成情况。”家桐有条不紊地说道。

“很好！那你现在的工作进度如何？” 程总看着家桐笑着说道。

“程总，我现在已经完成了数据的采集与处理工作，下一步便开始进行数据分析与展现自动化流程的设计。”

程总露出了满意的微笑，说道：“小伙子加油干！我看好你啊！”

得到领导认可的家桐心满意足地退出了办公室，在回到财务部的路上他心里想着：“我一定要优质地完成工作，不辜负大家的期望。”

7.5.2　数据分析模型

办公费数据分析分为财务核算分析和业财融合分析，其中，财务核算分析包括趋势分析、环比同比分析和结构分析，业财融合分析包括项目分析、业务活动分析和部门分析，如图 7-9 所示。

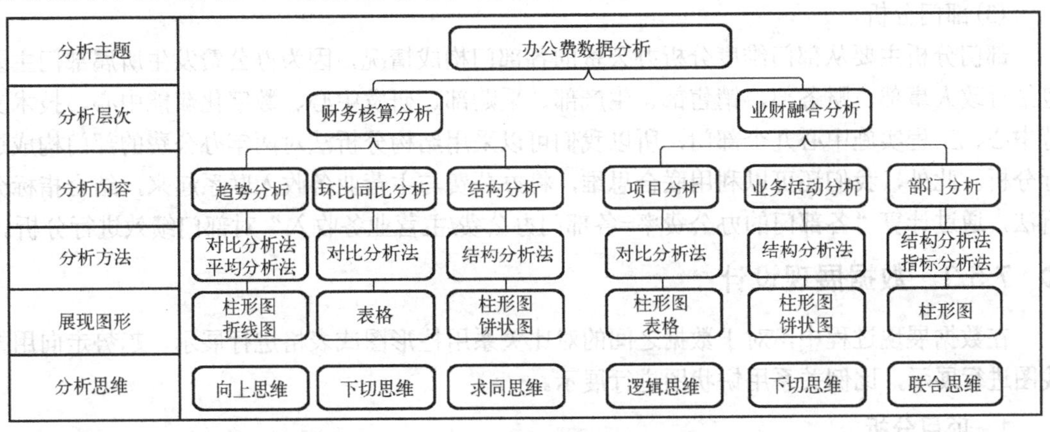

图 7-9　办公费数据分析模型

在图 7-9 办公费数据分析模型中，我们分成了两种类别，在财务核算分析方面，从财务数据角度分析趋势变动、环比同比和科目类别构成，这些分析能够直观地反映办公费的发生情况，有助于企业管理层了解生产经营状况；在业财融合分析方面，我们从业务角度分析了项目变动、业务活动和部门办公费，这些分析能够帮助管理层进行经营决策。

1. 财务核算分析

(1)趋势分析

我们可以利用向上思维，从时间维度，将各月办公费进行汇总，采用对比分析法对各月办公费的具体发生情况及趋势走向进行分析，揭示办公费在一年内发生的整体状态，并结合平均分析法将各月办公费与该年的月平均办公费进行比较。

(2)环比同比分析

我们可以利用下切思维，从时间维度，将事物由整体化为部分，对办公费的月度环比和年度同比值进行精准计算，并采用对比分析法分析具体数据背后的原因。

(3)结构分析

主要利用求同思维，分析办公费的科目类别构成是否出现重大变化，因办公费主要计入管理费用、制造费用和销售费用三个科目，所以我们可以采用结构分析法对两年办公费的科目构成进行分析。

2. 业财融合分析

(1)项目分析

项目分析主要利用逻辑思维进行分析。因为办公费的发生受项目的影响，该月项目发生的办公费越多，那么该月总体发生的办公费就越多，所以我们可以从项目这个角度入手，运用对比分析法，计算汇总各月项目办公费发生额，形成图表分析其变动情况。

(2)业务活动分析

业务活动分析主要利用下切思维分析办公费的业务活动构成情况，因为办公费发生主要包括书报费、印刷费、办公用品费、消耗用品费、年检和其他(电话费、购买零星用品等)六个业务活动，所以我们可以采用结构分析法对两年办公费的业务活动构成进行分析。

(3)部门分析

部门分析主要从部门维度分析办公费的各部门构成情况，因为办公费发生所属部门主要包括行政人事部、财务部、销售部、生产部、采购部、研发中心、数字化赋能中心、技术支持中心、工程实施中心九个部门，所以我们可以采用结构分析法对两年办公费的部门构成进行分析。此外，我们还可以利用联合思维，将办公费与主营业务收入联系起来，结合指标分析法，通过计算“各部门的办公费率=各部门办公费/主营业务收入”对部门绩效进行分析。

7.5.3 数据展现设计

在数据展现过程中，对于数据之间的对比关系用柱形图或表格进行展示，趋势走向用折线图进行展示，比例关系用饼状图进行展示。

1. 项目分析

由于各月项目办公费数据之间构成比较关系，所以我们采用柱形图将 2020 年和 2021 年 1—12 月份的项目办公费发生额呈现了出来，如图 7-10 所示，并在柱形图下方以表格形式显示了相关数据。

2. 趋势分析

由于各月办公费数据之间构成比较关系，所以我们采用柱形图将 2020 年和 2021 年 1—12 月份的办公费发生额呈现了出来，如图 7-11 所示。

由于要呈现出各月办公费在一年中的趋势走向，所以我们采用折线图将 2020 年和 2021 年 1—12 月份的办公费变动趋势呈现了出来，如图 7-12 所示。

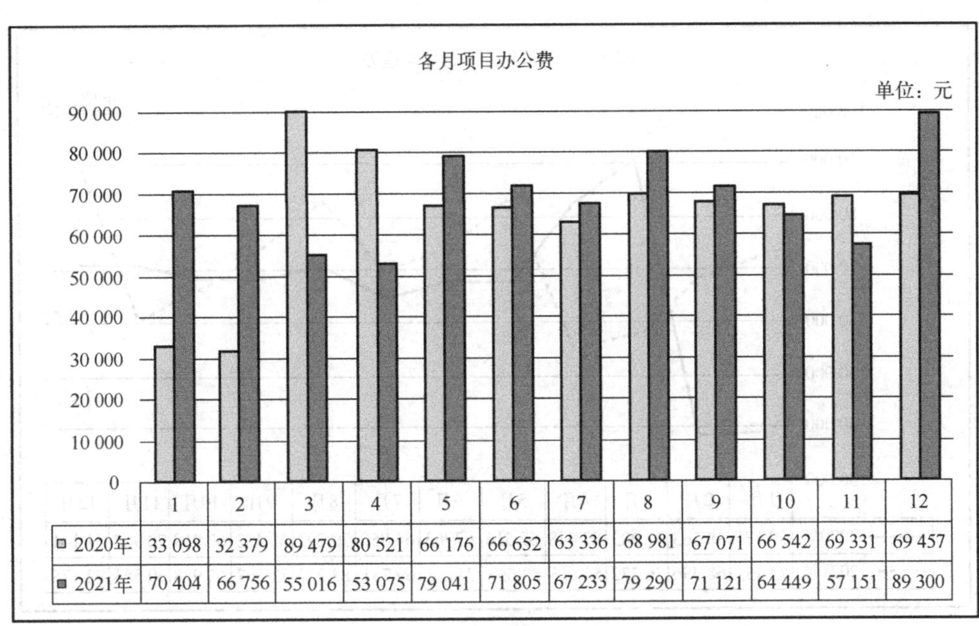

图 7-10　各月项目办公费对比图

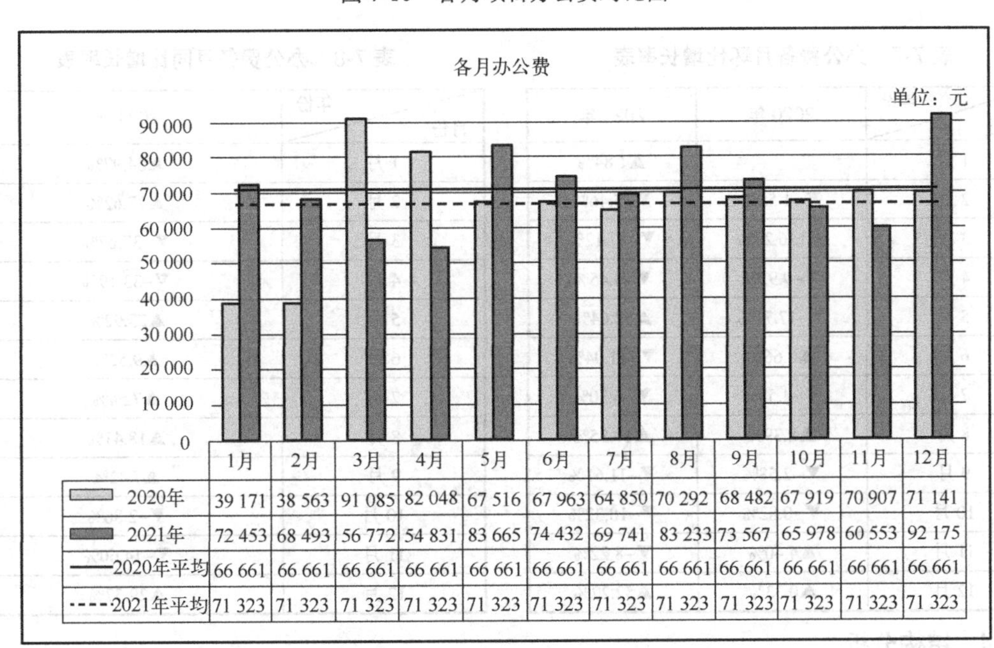

图 7-11　各月办公费对比图

3．环比同比分析

由于各月办公费环比值之间构成比较关系，所以我们采用表格将 2020 年和 2021 年 1—12 月份的环比增长率呈现了出来，如表 7-7 所示。

由于各月的办公费同比值之间构成比较关系，所以我们采用表格将 2021 年 1—12 月份的同比增长率呈现了出来，如表 7-8 所示。

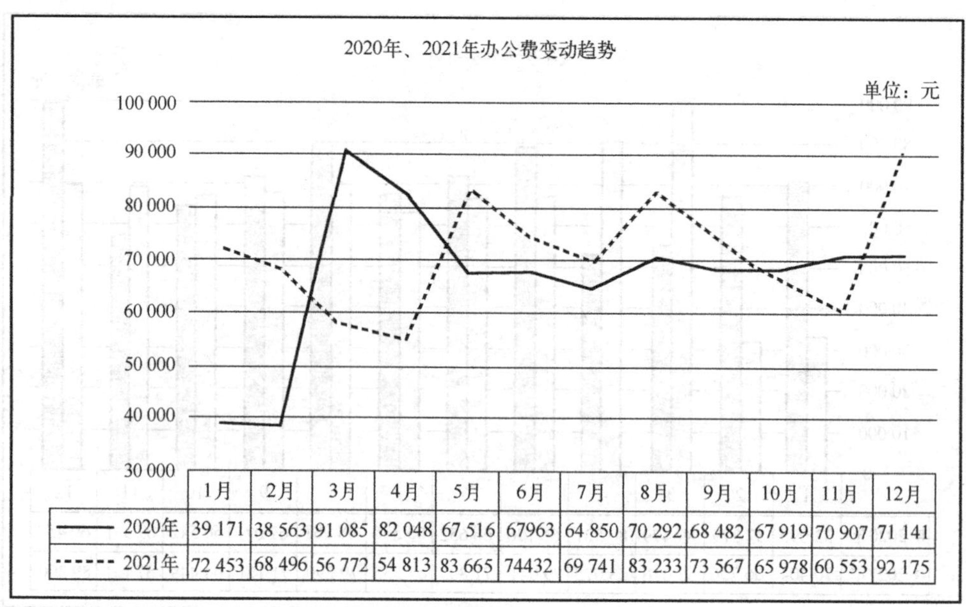

图 7-12　办公费变动趋势图

表 7-7　办公费各月环比增长率表

月份＼年份	2020 年	2021 年
1 月		▲1.84%
2 月	▼-1.55%	▼-5.46%
3 月	▲136.20%	▼-17.12%
4 月	▼-9.92%	▼-3.45%
5 月	▼-17.71%	▲52.64%
6 月	▲0.66%	▼-11.04%
7 月	▼-4.58%	▼-6.30%
8 月	▲8.39%	▲19.35%
9 月	▼-2.58%	▼-11.61%
10 月	▼-0.82%	▼-10.32%
11 月	▲4.40%	▼-8.22%
12 月	▲0.33%	▲52.22%

表 7-8　办公费各月同比增长率表

月份＼年份	2021 年
1 月	▲84.97%
2 月	▲77.62%
3 月	▼-37.67%
4 月	▼-33.19%
5 月	▲23.92%
6 月	▲9.52%
7 月	▲7.54%
8 月	▲18.41%
9 月	▲7.42%
10 月	▼-2.86%
11 月	▼-14.60%
12 月	▲29.57%

4．结构分析

由于各科目办公费数据之间构成比例关系，所以我们采用饼状图将 2020 年办公费的各科目类别构成呈现了出来，如图 7-13 所示。

由于各科目办公费数据之间构成比例关系，所以我们采用饼状图将 2021 年办公费的各科目类别构成呈现了出来，如图 7-14 所示。

由于各科目办公费数据之间构成比较关系，所以我们采用柱形图将 2020 年和 2021 年的各科目发生额呈现了出来，如图 7-15 所示。

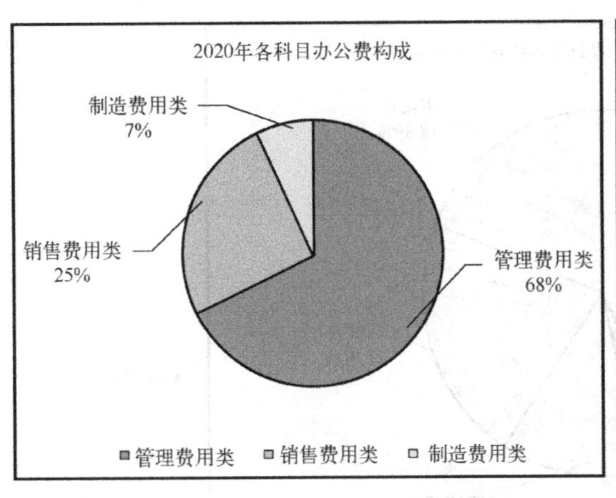

图 7-13　2020 年办公费各科目结构占比图

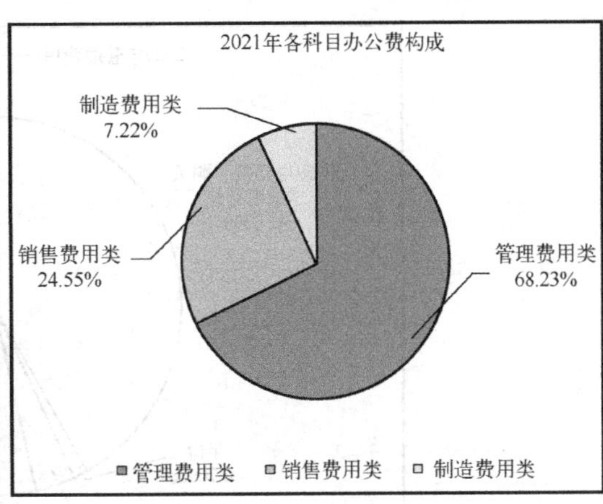

图 7-14　2021 年办公费各科目结构占比图

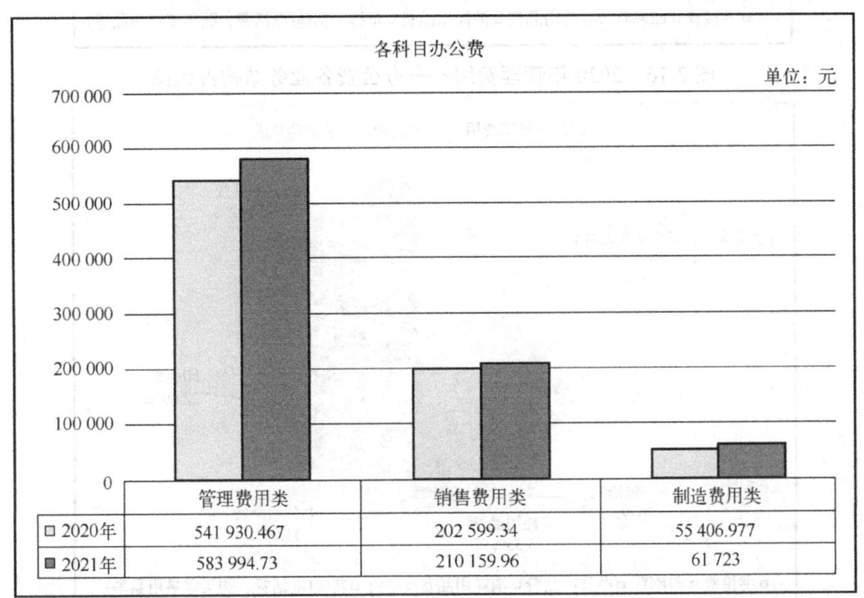

	管理费用类	销售费用类	制造费用类
2020年	541 930.467	202 599.34	55 406.977
2021年	583 994.73	210 159.96	61 723

图 7-15　各科目办公费发生额对比图

5．业务活动分析

由于各业务办公费数据之间构成比例关系，所以我们采用饼状图将 2020 年办公费的各业务活动构成呈现了出来，如图 7-16 所示。

由于各业务办公费数据之间构成比例关系，所以我们采用饼状图将 2021 年办公费的各业务活动构成呈现了出来，如图 7-17 所示。

由于各业务活动办公费数据之间构成比较关系，所以我们采用柱形图将 2020 年和 2021 年的各业务活动发生额呈现了出来，如图 7-18 所示。

6．部门分析

由于各部门办公费数据之间构成比例关系，所以我们采用饼状图将 2020 年办公费的各部门构成呈现了出来，如图 7-19 所示。

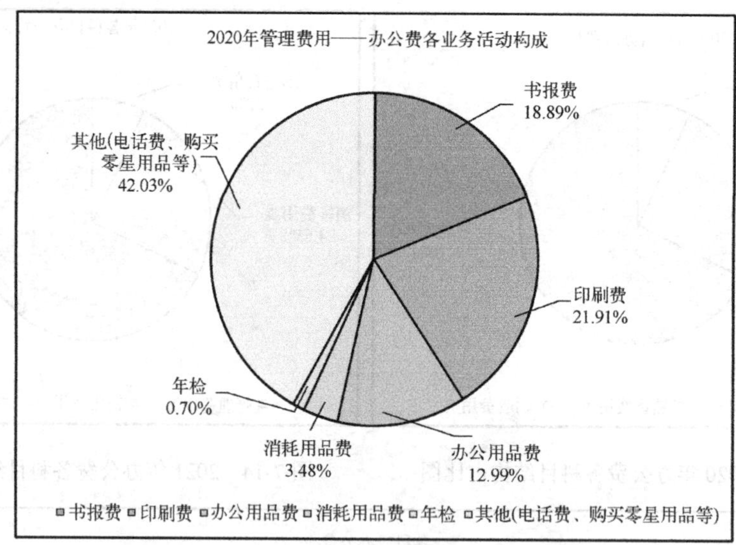

图 7-16　2020 年管理费用——办公费各业务结构占比图

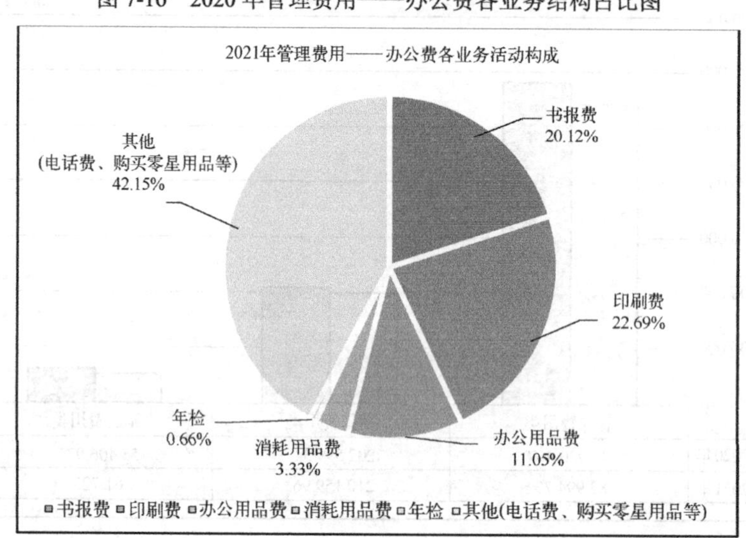

图 7-17　2021 年管理费用——办公费各业务结构占比图

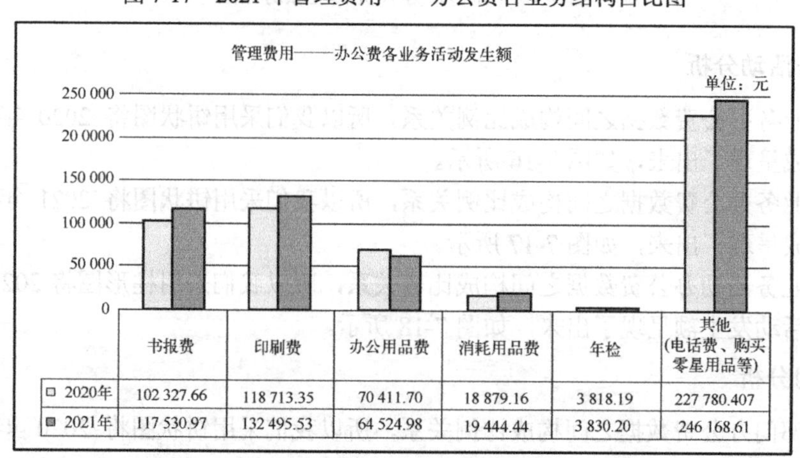

	书报费	印刷费	办公用品费	消耗用品费	年检	其他(电话费、购买零星用品等)
2020年	102 327.66	118 713.35	70 411.70	18 879.16	3 818.19	227 780.407
2021年	117 530.97	132 495.53	64 524.98	19 444.44	3 830.20	246 168.61

图 7-18　管理费用——办公费各业务发生额对比图

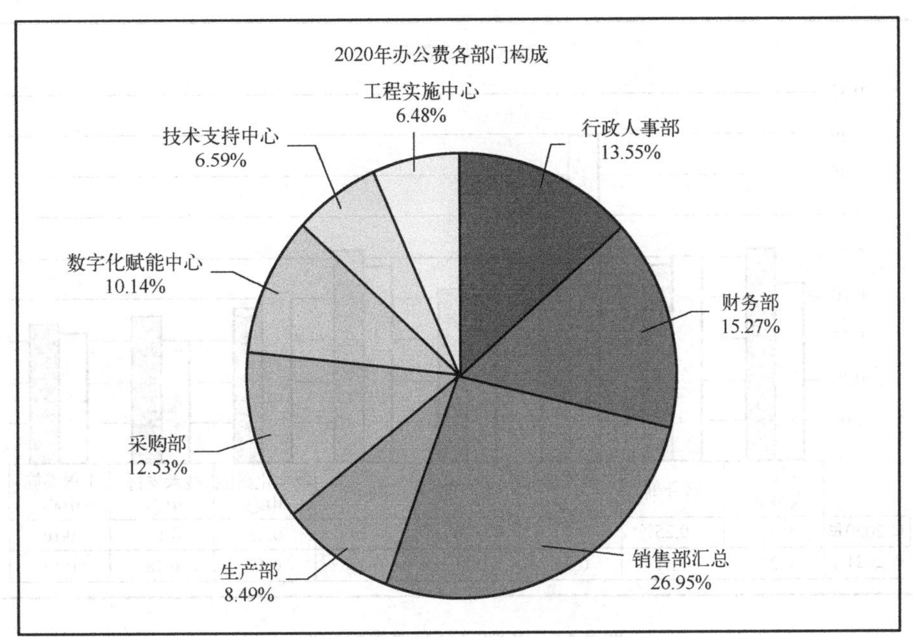

图 7-19　2020 年各部门办公费结构占比图

由于各部门办公费数据之间构成比例关系，所以我们采用饼状图将 2021 年办公费的各部门构成呈现了出来，如图 7-20 所示。

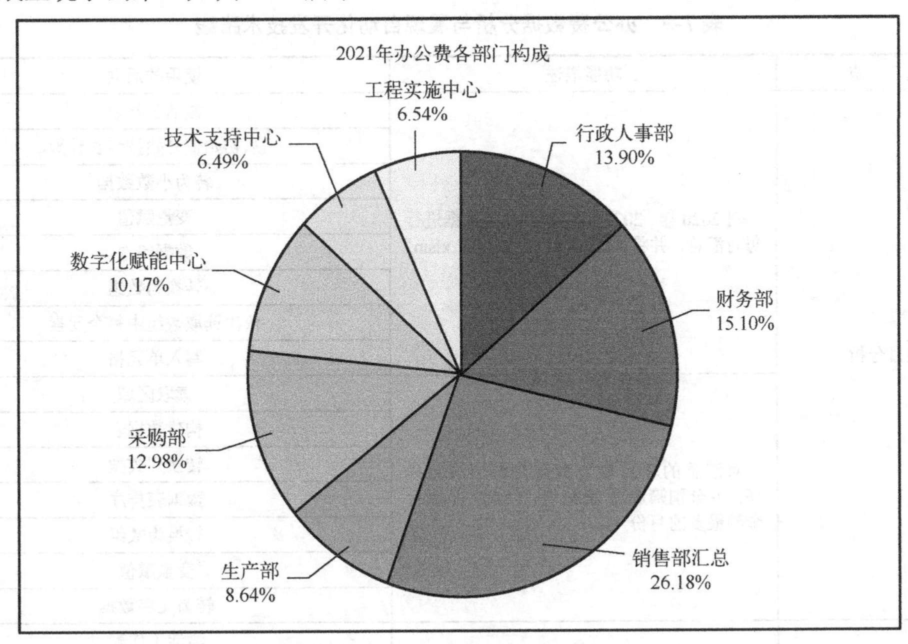

图 7-20　2021 年各部门办公费结构占比图

由于各部门的办公费率数据之间构成比较关系，所以我们采用柱形图将 2020 年和 2021 年的各部门办公费率呈现了出来，如图 7-21 所示。

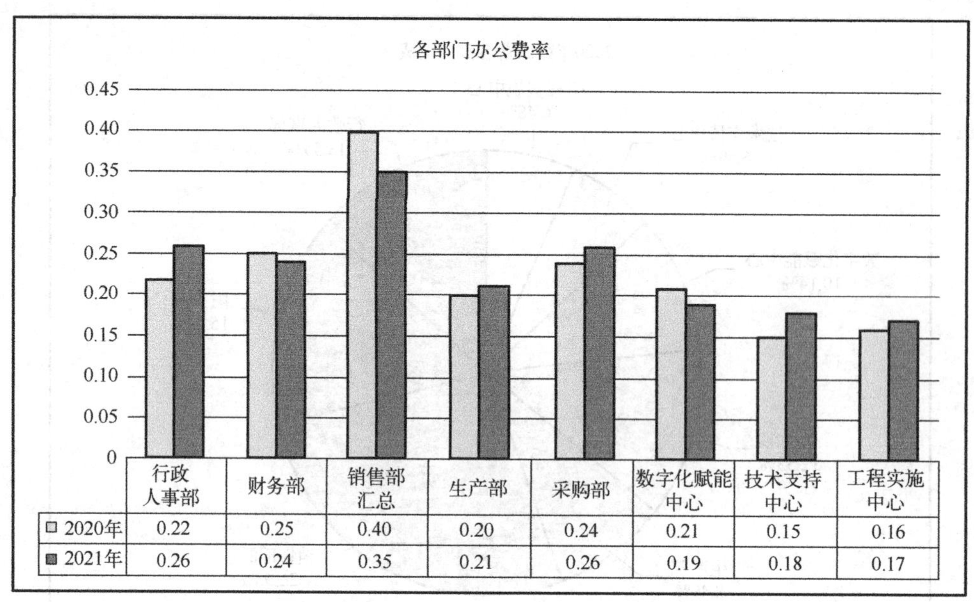

图 7-21　各部门办公费率对比图

7.5.4　RPA 技术路线

办公费分析与展现主要分为六个自动化模块，技术路线如表 7-9 所示。

表 7-9　办公费数据分析与展现自动化开发技术路线

模　块	功能描述	使用的活动
项目分析	对 2020 年、2021 年项目办公费数据进行每月汇总，并将数据填入“生成报告.xlsm”	激活工作表
		从初始值开始按步长计数
		转为小数数据
		变量赋值
		数据筛选
		转换为数组
		依次读取数组中每个元素
		写入单元格
	对汇总的项目办公费每月金额进行排序，并分别筛选出 2020 年与 2021 年项目金额最多的月份	读取区域
		构建数据表
		转换列类型
		数据表排序
		转换为数组
		变量赋值
		转为文字数据
趋势分析	对 2020 年、2021 年办公费数据进行每月汇总，并将数据填入“生成报告.xlsm”	激活工作表
		从初始值开始按步长计数
		转为小数数据
		变量赋值
		数据筛选
		转换为数组

续表

<table>
<tr><th>模　块</th><th>功能描述</th><th>使用的活动</th></tr>
<tr><td rowspan="10">趋势分析</td><td rowspan="4">对 2020 年、2021 年办公费数据进行每月汇总，并将数据填入“生成报告.xlsm”</td><td>依次读取数组中每个元素</td></tr>
<tr><td>写入列</td></tr>
<tr><td>选择数据列</td></tr>
<tr><td>在数组尾部添加元素</td></tr>
<tr><td rowspan="6">对汇总的办公费每月金额进行排序，并分别筛选出 2020 年与 2021 年金额排名前三的月份</td><td>读取区域</td></tr>
<tr><td>构建数据表</td></tr>
<tr><td>转换列类型</td></tr>
<tr><td>数据表排序</td></tr>
<tr><td>转换为数组</td></tr>
<tr><td>变量赋值</td></tr>
<tr><td rowspan="15">环比同比分析</td><td rowspan="6">对已经汇总的每月办公费金额进行环比、同比的计算，并将办公费环比与同比数据填入“生成报告.xlsm”</td><td>合并数组</td></tr>
<tr><td>变量赋值</td></tr>
<tr><td>从初始值开始按步长计数</td></tr>
<tr><td>在数组尾部添加元素</td></tr>
<tr><td>截取数组</td></tr>
<tr><td>写入列</td></tr>
<tr><td rowspan="9">对已计算出的环比、同比值进行排序，分别筛选出2020年与2021年办公费环比值排名前三的月份和环比值、2021 年同比排名前三的月份与同比值及正负同比月份</td><td>读取区域</td></tr>
<tr><td>构建数据表</td></tr>
<tr><td>转换列类型</td></tr>
<tr><td>数据表排序</td></tr>
<tr><td>转换为数组</td></tr>
<tr><td>变量赋值</td></tr>
<tr><td>取四舍五入值</td></tr>
<tr><td>依次读取数组中每个元素</td></tr>
<tr><td>将数组合并为字符串</td></tr>
<tr><td rowspan="12">结构分析</td><td rowspan="8">分别计算出 2020 年、2021 年办公费各科目类别费用的总额与占比，并将计算结果填入“生成报告.xlsm”</td><td>从初始值开始按步长计数</td></tr>
<tr><td>变量赋值</td></tr>
<tr><td>数据筛选</td></tr>
<tr><td>选择数据列</td></tr>
<tr><td>转换为数组</td></tr>
<tr><td>依次读取数组中每个元素</td></tr>
<tr><td>在数组尾部添加元素</td></tr>
<tr><td>写入列</td></tr>
<tr><td rowspan="4">将计算出的 2020 年、2021 年办公费各科目类别费用的总额与占比保存为字符串类型变量</td><td>依次读取数组中每个元素</td></tr>
<tr><td>转为文字数据</td></tr>
<tr><td>在数组尾部添加元素</td></tr>
<tr><td>变量赋值</td></tr>
<tr><td rowspan="6">业务活动分析</td><td rowspan="6">分别计算出 2020 年、2021 年办公费各业务活动的总额与占比，并将计算结果填入“生成报告.xlsm”</td><td>从初始值开始按步长计数</td></tr>
<tr><td>变量赋值</td></tr>
<tr><td>数据筛选</td></tr>
<tr><td>选择数据列</td></tr>
<tr><td>转换为数组</td></tr>
<tr><td>依次读取数组中每个元素</td></tr>
</table>

续表

模　　块	功能描述	使用的活动
业务活动分析	分别计算出 2020 年、2021 年办公费各业务活动的总额与占比，并将计算结果填入“生成报告.xlsm”	在数组尾部添加元素
		写入列
	将计算出的 2020 年、2021 年办公费各业务活动的总额与占比保存为字符串类型变量	从初始值开始按步长计数
		如果条件成立
		变量赋值
		依次读取数组中每个元素
		依次读取字典中每对键值
部门分析	分别计算出 2020 年、2021 年办公费归集到各部门的总额，并将计算结果填入“生成报告.xlsm	从初始值开始按步长计数
		变量赋值
		数据筛选
		选择数据列
		转换为数组
		依次读取数组中每个元素
		在数组尾部添加元素
		写入行
		转为小数数据
	对已归集到部门的两年办公费金额进行排序，并分别筛选出 2020 年与 2021 年办公费金额排名最多的部门与对应金额	读取区域
		构建数据表
		转换列类型
		数据表排序
		转换为数组
		变量赋值
		转为文字数据

7.5.5 RPA 技术实现

1. 项目分析

步骤四：进入第二个流程块，在左侧的命令框中搜索添加元素，添加 3 个“变量赋值”，添加完成后排列顺序如图 7-22 所示，属性填写如表 7-10 所示。

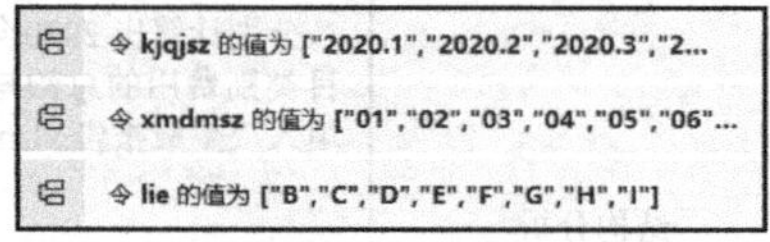

图 7-22　流程界面

步骤五：继续在其下方添加 1 个“激活工作表”、2 个“从初始值开始按步长计数”、4 个“变量赋值”、1 个“数据筛选”、1 个“转换为数组”、1 个“依次读取数组中每个元素”、1 个“转为小数数据”和 1 个“写入单元格”，添加完成后排列顺序如图 7-23 所示，属性填写如表 7-11 所示。这一步用来筛选各月份项目发生的办公费金额并进行汇总。

表 7-10　属性设置

活动名称	属　　性	值
变量赋值	变量名	kjqjsz
	变量值	["2020.1","2020.2","2020.3","2020.4","2020.5","2020.6","2020.7","2020.8","2020.9","2020.10","2020.11","2020.12","2021.1","2021.2","2021.3","2021.4","2021.5","2021.6","2021.7","2021.8","2021.9","2021.10","2021.11","2021.12"]

续表

活动名称	属　　性	值
变量赋值	变量名	xmdmsz
	变量值	["01","02","03","04","05","06","07","08"]
变量赋值	变量名	lie
	变量值	["B","C","D","E","F","G","H","I"]

注意：表格中的属性值都是在专业模式(EXP)中显示。

激活工作表 项目分析
循环 i 从 0 到 23，步长 1
令 kjqj 的值为 kjqjsz[i]
循环 n 从 0 到 7，步长 1
令 xmdm 的值为 xmdmsz[n]
对数据表 bgfhz 进行条件筛选，输出到 objDatatable
将数据表 objDatatable 转换为数组，输出到 arrayRet1
令 zje 的值为 0
用 value 遍历数组 arrayRet1
将 value[11] 转换为数值类型，输出到 je
令 zje 的值为 je+zje
将 zje 写入单元格 lie[n]&i+3

图 7-23　流程界面

步骤六：继续在其下方添加 1 个“读取区域”、1 个“构建数据表”、1 个“转换列类型”、1 个“数据表排序”、1 个“转换为数组”、2 个“变量赋值”和 2 个“转为文字数据”，添加完成后排列顺序如图 7-24 所示，属性填写如表 7-12 所示。本步骤的目的是选出第一年项目办公费发生最大的月份。

将 zje 写入单元格 lie[n]&i+3
读取区域 L3:N14 的值，输出到 arrayRet
使用 arrayRet 构建一个数据表，输出到 objDatatable
转换数据表 objDatatable 中的 ['2020','2021'] 为 浮点数 类型
对数据表 objDatatable 依据 2020 进行排序，输出到 dtTable
将数据表 dtTable 转换为数组，输出到 arrayRet2020
令 year1zczdyf 的值为 arrayRet2020[0][0]
令 year1zczdyfje 的值为 arrayRet2020[0][1]
将 year1zczdyf 转换为字符串类型，输出到 year1zczdyf
将 year1zczdyfje 转换为字符串类型，输出到 year1zczdyfje

图 7-24　流程界面

表 7-11　属性设置

活动名称	属　　性	值
激活工作表	工作簿对象	objExcelWorkBook1
	工作表	"项目分析"
从初始值开始按步长计数	索引名称	i
	初始值	0
	结束值	23
	步长	1
变量赋值	变量名	kjqj
	变量值	kjqjsz[i]
从初始值开始按步长计数	索引名称	n
	初始值	0
	结束值	7
	步长	1
变量赋值	变量名	xmdm
	变量值	xmdmsz[n]
数据筛选	输出到	objDatatable
	数据表	bgfhz
	筛选条件	"会计期间==\""&kjqj&"\"and 项目.str.contains(\""&xmdm&"\")"
转换为数组	输出到	arrayRet1
	源数据表	objDatatable
	包含表头	false
变量赋值	变量名	zje
	变量值	0
依次读取数组中每个元素	值	value
	数组	arrayRet1
转为小数数据	输出到	je
	转换对象	value[11]
变量赋值	变量名	zje
	变量值	je+zje
写入单元格	工作簿对象	objExcelWorkBook1
	工作表	"项目分析"
	单元格	lie[n]&i+3
	数据	zje

步骤七：继续在其下方添加 1 个“数据表排序”、1 个“转换为数组”、2 个“变量赋值”和 2 个“转为文字数据”，添加完成后排列顺序如图 7-25 所示，属性填写如表 7-13 所示。本步骤目的是选出第二年项目办公费发生最大的月份。

对数据表 objDatatable 依据 2021 进行排序，输出到 dtTable
将数据表 dtTable 转换为数组，输出到 arrayRet2021
令 year2zczdyf 的值为 arrayRet2021[0][0]
令 year2zczdyfje 的值为 arrayRet2021[0][2]
将 year2zczdyf 转换为字符串类型，输出到 year2zczdyf
将 year2zczdyfje 转换为字符串类型，输出到 year2zczdyfje

图 7-25　流程界面

2．趋势分析

步骤八：进入第三个流程块，在左侧的命令框中搜索添加元素，添加 2 个“从初始值开始按步长计数”、4 个“变量赋值”、1 个“数据筛选”、1 个“选择数据列”、1 个“转换为数组”、2 个“依次读取数组中每个元素”、1 个“转为小数数据”和 1 个“在数组尾部添加元素”，添加完成后排列顺序如图 7-26 所示，属性填写如表 7-14 所示。这一步用来筛选具体月份的办公费金额并进行汇总。

循环 year 从 2020 到 2021，步长 1
令 myjehz 的值为 空数组
循环 month 从 1 到 12，步长 1
令 kjqj 的值为 year&"."&month
对数据表 bgfhz 进行条件筛选，输出到 ybgf
选取 ybgf 中的列数据生成新的数据表，输出到 ybgfje
将数据表 ybgfje 转换为数组，输出到 ybgfje
用 value 遍历数组 ybgfje
用 value 遍历数组 value
将 value 转换为数值类型，输出到 mybje
令 sum 的值为 sum+mybje
在 myjehz 末尾添加一个元素，输出到 myjehz
令 sum 的值为 0

图 7-26　流程界面

表 7-12　属性设置

活动名称	属　性	值
读取区域	输出到	arrayRet
	工作簿对象	objExcelWorkBook1
	工作表	"项目分析"
	区域	"L3:N14"
	显示即返回	false
构建数据表	输出到	objDatatable
	构建数据	arrayRet
	表格列头	['月份','2020','2021']
转换列类型	源数据表	objDatatable
	转换列名	['2020','2021']
	数据类型	"float"
数据表排序	输出到	dtTable
	源数据表	objDatatable
	排序列	"2020"
	升序排序	false
转换为数组	输出到	arrayRet2020
	源数据表	dtTable
变量赋值	变量名	year1zczdyf
	变量值	arrayRet2020[0][0]
变量赋值	变量名	year1zczdyfje
	变量值	arrayRet2020[0][1]
转为文字数据	输出到	year1zczdyf
	转换对象	year1zczdyf
转为文字数据	输出到	year1zczdyfje
	转换对象	year1zczdyfje

表 7-13　属性设置

活动名称	属　性	值
数据表排序	输出到	dtTable
	源数据表	objDatatable
	排序列	"2021"
	升序排序	false
转换为数组	输出到	arrayRet2021
	源数据表	dtTable
变量赋值	变量名	year2zczdyf
	变量值	arrayRet2021[0][0]
变量赋值	变量名	year2zczdyfje
	变量值	arrayRet2021[0][2]
转为文字数据	输出到	year2zczdyf
	转换对象	year2zczdyf
转为文字数据	输出到	year2zczdyfje
	转换对象	year2zczdyfje

表 7-14 属性设置

活动名称	属性	值	活动名称	属性	值
从初始值开始按步长计数	索引名称	year	转换为数组	输出到	ybgfje
	初始值	2020		源数据表	ybgfje
	结束值	2021		包含表头	false
	步长	1	依次读取数组中每个元素	值	value
变量赋值	变量名	myjehz		数组	ybgfje
	变量值	[]	依次读取数组中每个元素	值	value
从初始值开始按步长计数	索引名称	month		数组	value
	初始值	1	转为小数数据	输出到	mybje
	结束值	12		转换对象	value
	步长	1	变量赋值	变量名	sum
变量赋值	变量名	kjqj		变量值	sum+mybje
	变量值	year&"."&month	在数组尾部添加元素	输出到	myjehz
数据筛选	输出到	ybgf		目标数组	myjehz
	数据表	bgfhz		添加元素	sum
	筛选条件	"会计期间=='"&kjqj&"'"	变量赋值	变量名	sum
选择数据列	输出到	ybgfje		变量值	0
	源数据表	ybgf			
	选择的列	['原币金额']			

步骤九：继续在其下方添加 1 个“如果条件成立”、1 个“否则执行后续操作”、2 个“写入列”和 2 个“变量赋值”，添加完成后排列顺序如图 7-27 所示，属性填写如表 7-15 所示。本步骤在于将计算出的每月办公费金额填入 Excel 表格。

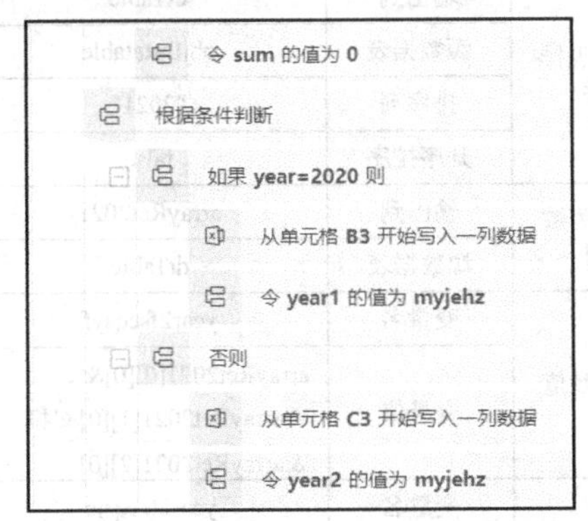

图 7-27 流程界面

表 7-15 属性设置

活动名称	属性	值
如果条件成立	判断表达式	year=2020
写入列	工作簿对象	objExcelWorkBook1
	工作表	"趋势分析"
	单元格	"B3"
	数据	myjehz
变量赋值	变量名	year1
	变量值	myjehz
写入列	工作簿对象	objExcelWorkBook1
	工作表	"趋势分析"
	单元格	"C3"
	数据	myjehz
	立即保存	false
变量赋值	变量名	year2
	变量值	myjehz

步骤十：继续在其下方添加 1 个“读取区域”、1 个“构建数据表”、1 个“转换列类型”、2 个“数据表排序”、2 个“转换为数组”和 4 个“变量赋值”，添加完成后排列顺序如图 7-28

所示，属性填写如表 7-16 所示。本步骤目的是选出每年办公费开支最大的前三个月份及其金额。

令 year2 的值为 myjehz
读取区域 A3:C14 的值，输出到 arrayRet
使用 arrayRet 构建一个数据表，输出到 objDatatable
转换数据表 objDatatable 中的 ['2020','2021'] 为 浮点数 类型
对数据表 objDatatable 依据 2020 进行排序，输出到 dtTable
将数据表 dtTable 转换为数组，输出到 arrayRet2020
令 year1fseqsyf 的值为 arrayRet2020[0][0]&'、'&array...
令 year1fseqsje 的值为 arrayRet2020[0][1]&'元、'&arr...
对数据表 objDatatable 依据 2021 进行排序，输出到 dtTable
将数据表 dtTable 转换为数组，输出到 arrayRet2021
令 year2fseqsyf 的值为 arrayRet2021[0][0]&'、'&array...
令 year2fseqsje 的值为 arrayRet2021[0][2]&'元、'&arr...

图 7-28　流程界面

3．环比同比分析

步骤十一：进入第四个流程块，添加 1 个“合并数组”、4 个“变量赋值”、1 个“从初始值开始按步长计数”、1 个“在数组尾部添加元素”、2 个“截取数组”和 2 个“写入列”，添加完成后排列顺序如图 7-29 所示，属性填写如表 7-17 所示。本步骤用于计算并填写两年办公费环比值。

合并数组 year1 与 year2，输出到 myje
令 sqje 的值为 myje
令 bqje 的值为 myje
令 hbzzlhz 的值为 空数组
循环 i 从 0 到 22，步长 1
令 hbzzl 的值为 (bqje[i+1]-sqje[i])/sqje[i]
在 hbzzlhz 末尾添加一个元素，输出到 hbzzlhz
截取 hbzzlhz 从 0 到 10 的位置，输出到 year1hb
截取 hbzzlhz 从 11 到 22 的位置，输出到 year2hb
从单元格 B4 开始写入一列数据
从单元格 C3 开始写入一列数据

图 7-29　流程界面

表 7-16　属性设置

活动名称	属　性	值
读取区域	输出到	arrayRet
	工作簿对象	objExcelWorkBook1
	工作表	"趋势分析"
	区域	"A3:C14"
	显示即返回	false
构建数据表	输出到	objDatatable
	构建数据	arrayRet
	表格列头	['月份','2020','2021']
转换列类型	源数据表	objDatatable
	转换列名	['2020','2021']
	数据类型	"float"
数据表排序	输出到	dtTable
	源数据表	objDatatable
	排序列	"2020"
	升序排序	false
转换为数组	输出到	arrayRet2020
	源数据表	dtTable
变量赋值	变量名	year1fseqsyf
	变量值	arrayRet2020[0][0]&'　、'&arrayRet2020[1][0]&'　和'&arrayRet2020[2][0]
变量赋值	变量名	year1fseqsje
	变量值	arrayRet2020[0][1]&'元　、'&arrayRet2020[1][1]&'元和'&arrayRet2020[2][1]&'元'
数据表排序	输出到	dtTable
	源数据表	objDatatable
	排序列	"2021"
	升序排序	false
转换为数组	输出到	arrayRet2021
	源数据表	dtTable
变量赋值	变量名	year2fseqsyf
	变量值	arrayRet2021[0][0]&'、'&arrayRet2021[1][0]&'和'&arrayRet2021[2][0]
变量赋值	变量名	year2fseqsje
	变量值	arrayRet2021[0][2]&'元、'&arrayRet2021[1][2]&'元和'&arrayRet2021[2][2]&'元'

表 7-17　属性设置

活动名称	属　性	值	活动名称	属　性	值
合并数组	输出到	myje	截取数组	输出到	year1hb
	目标数组	year1		目标数组	hbzzlhz
	要合并的数组	year2		开始位置	0
变量赋值	变量名	sqje		结束位置	10
	变量值	myje	截取数组	输出到	year2hb
变量赋值	变量名	bqje		目标数组	hbzzlhz
	变量值	myje		开始位置	11
变量赋值	变量名	hbzzlhz		结束位置	22
	变量值	[]	写入列	工作簿对象	objExcelWorkBook1
从初始值开始按步长计数	索引名称	i		工作表	"环比同比分析"
	初始值	0		单元格	"B4"
	结束值	22		数据	year1hb
	步长	1	写入列	工作簿对象	objExcelWorkBook1
变量赋值	变量名	hbzzl		工作表	"环比同比分析"
	变量值	(bqje[i+1]-sqje[i])/sqje[i]		单元格	"C3"
在数组尾部添加元素	输出到	hbzzlhz		数据	year2hb
	目标数组	hbzzlhz			
	添加元素	hbzzl			

步骤十二：继续在其下方添加 2 个“变量赋值”、1 个“从初始值开始按步长计数”、1 个“在数组尾部添加元素”和 1 个“写入列”，添加完成后排列顺序如图 7-30 所示，属性填写如表 7-18 所示。本步骤用于计算并填写 2021 年的同比值。

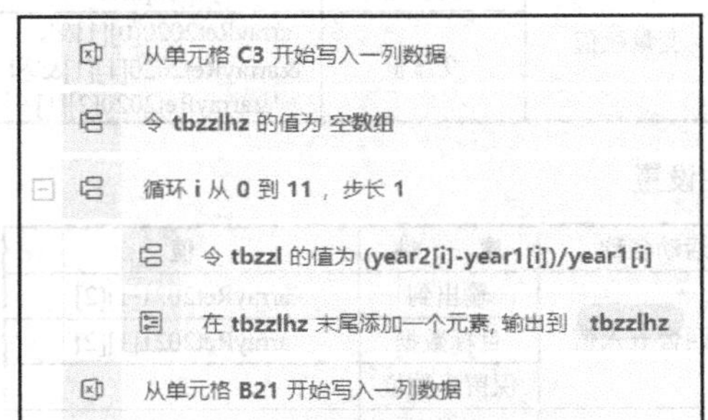

图 7-30　流程界面

表 7-18　属性设置

活动名称	属　性	值
变量赋值	变量名	tbzzlhz
	变量值	[]
从初始值开始按步长计数	索引名称	i
	初始值	0
	结束值	11
	步长	1
变量赋值	变量名	tbzzl
	变量值	(year2[i]-year1[i])/year1[i]
在数组尾部添加元素	输出到	tbzzlhz
	目标数组	tbzzlhz
	添加元素	tbzzl
写入列	工作簿对象	objExcelWorkBook1
	工作表	"环比同比分析"
	单元格	"B21"
	数据	tbzzlhz

步骤十三：继续在其下方添加 1 个“读取区域”、1 个“构建数据表”、1 个“转换列类型”、1 个“数据表排序”、1 个“转换为数组”、2 个“变量赋值”和 3 个“取四舍五入值”，添加完成后排列顺序如图 7-31 所示，属性填写如表 7-19 所示。本步骤目的是选出第一年办公费比值最大的前三个月份。

读取区域 A3:C14 的值, 输出到 arrayRet
使用 arrayRet 构建一个数据表, 输出到 objDatatable
转换数据表 objDatatable 中的 ['2020','2021'] 为 浮点数 类型
对数据表 objDatatable 依据 2020 进行排序, 输出到 dtTable
将数据表 dtTable 转换为数组, 输出到 arrayRet2020
令 year1hbqsyf 的值为 arrayRet2020[0][0]&'、'&array...
取 arrayRet2020[0][1] 的四舍五入值, 输出到 arrayRet2020[0][1]
取 arrayRet2020[1][1] 的四舍五入值, 输出到 arrayRet2020[1][1]
取 arrayRet2020[2][1] 的四舍五入值, 输出到 arrayRet2020[2][1]
令 year1qshbz 的值为 arrayRet2020[0][1]&'、'&array...

图 7-31　流程界面

步骤十四：继续在其下方添加 1 个“数据表排序”、1 个“转换为数组”、2 个“变量赋值”和 3 个“取四舍五入值”，添加完成后排列顺序如图 7-32 所示，属性填写如表 7-20 所示。本步骤目的是选出第二年办公费比值最大的前三个月份。

对数据表 objDatatable 依据 2021 进行排序, 输出到 dtTable
将数据表 dtTable 转换为数组, 输出到 arrayRet2021
令 year2hbqsyf 的值为 arrayRet2021[0][0]&'、'&array...
取 arrayRet2021[0][2] 的四舍五入值, 输出到 arrayRet2021[0][2]
取 arrayRet2021[1][2] 的四舍五入值, 输出到 arrayRet2021[1][2]
取 arrayRet2021[2][2] 的四舍五入值, 输出到 arrayRet2021[2][2]
令 year2qshbz 的值为 arrayRet2021[0][2]&'、'&array...

图 7-32　流程界面

表 7-19　属性设置

活动名称	属　性	值
读取区域	输出到	arrayRet
	工作簿对象	objExcelWorkBook1
	工作表	"环比同比分析"
	区域	"A3:C14"
构建数据表	输出到	objDatatable
	构建数据	arrayRet
	表格列头	['月份','2020','2021']
转换列类型	源数据表	objDatatable
	转换列名	['2020','2021']
	数据类型	"float"
数据表排序	输出到	dtTable
	源数据表	objDatatable
	排序列	"2020"
	升序排序	false
转换为数组	输出到	arrayRet2020
	源数据表	dtTable
变量赋值	变量名	year1hbqsyf
	变量值	arrayRet2020[0][0]&'、'&arrayRet2020[1][0]&'和'&arrayRet2020[2][0]
取四舍五入值	输出到	arrayRet2020[0][1]
	目标数据	arrayRet2020[0][1]
	保留小数位	2
取四舍五入值	输出到	arrayRet2020[1][1]
	目标数据	arrayRet2020[1][1]
	保留小数位	2
取四舍五入值	输出到	arrayRet2020[2][1]
	目标数据	arrayRet2020[2][1]
	保留小数位	2
变量赋值	变量名	year1qshbz
	变量值	arrayRet2020[0][1]&'、'&arrayRet2020[1][1]&'和'&arrayRet2020[2][1]

表 7-20　属性设置

活动名称	属　性	值	活动名称	属　性	值
数据表排序	输出到	dtTable	取四舍五入值	输出到	arrayRet2021[1][2]
	源数据表	objDatatable		目标数据	arrayRet2021[1][2]
	排序列	"2021"		保留小数位	2
	升序排序	false	取四舍五入值	输出到	arrayRet2021[2][2]
转换为数组	输出到	arrayRet2021		目标数据	arrayRet2021[2][2]
	源数据表	dtTable		保留小数位	2
变量赋值	变量名	year2hbqsyf	变量赋值	变量名	year2qshbz
	变量值	arrayRet2021[0][0]&'、'&arrayRet2021[1][0]&'和'&arrayRet2021[2][0]		变量值	arrayRet2021[0][2]&'、'&arrayRet2021[1][2]&'和'&arrayRet2021[2][2]
取四舍五入值	输出到	arrayRet2021[0][2]			
	目标数据	arrayRet2021[0][2]			
	保留小数位	2			

步骤十五：继续在其下方添加 1 个“读取区域”、1 个“构建数据表”、1 个“转换列类型”、1 个“数据表排序”、1 个“转换为数组”、2 个“变量赋值”和 3 个“取四舍五入值”，添加完成后排列顺序如图 7-33 所示，属性填写如表 7-21 所示。本步骤目的是选出办公费同比值最大的前三个月份。

读取区域 A21:B32 的值, 输出到 arrayRet
使用 arrayRet 构建一个数据表, 输出到 objDatatable
转换数据表 objDatatable 中的 ['2021'] 为 浮点数 类型
对数据表 objDatatable 依据 2021 进行排序, 输出到 dtTable
将数据表 dtTable 转换为数组, 输出到 arrayRetYoY2021
令 tbqsyf 的值为 arrayRetYoY2021[0][0]&'、'&a...
取 arrayRetYoY2021[0][1] 的四舍五入值, 输出到 arrayRetYoY2021[0][1]
取 arrayRetYoY2021[1][1] 的四舍五入值, 输出到 arrayRetYoY2021[1][1]
取 arrayRetYoY2021[2][1] 的四舍五入值, 输出到 arrayRetYoY2021[2][1]
令 qstbz 的值为 arrayRetYoY2021[0][1]&'、'&a...

图 7-33　流程界面

步骤十六：继续在其下方添加 1 个“依次读取数组中每个元素”、1 个“转换为数组”、1 个“如果条件成立”、1 个“否则执行后续操作”、2 个“在数组尾部添加元素”和 2 个“将数组合并为字符串”，添加完成后排列顺序如图 7-34 所示，属性填写如表 7-22 所示。本步骤分别筛选出同比值为正和为负的月份。

将数据表 objDatatable 转换为数组, 输出到 arrayRetYoY
用 value 遍历数组 arrayRetYoY
根据条件判断
如果 value[1] > 0 则
在 ztbyf 末尾添加一个元素, 输出到 ztbyf
否则
在 ftbyf 末尾添加一个元素, 输出到 ftbyf
将数组 ztbyf 中的元素拼接为字符串, 输出到 ztbyf
将数组 ftbyf 中的元素拼接为字符串, 输出到 ftbyf

图 7-34　流程界面

表 7-21　属性设置

活动名称	属　性	值
读取区域	输出到	arrayRet
	工作簿对象	objExcelWorkBook1
	工作表	"环比同比分析"
	区域	"A21:B32"
	显示即返回	false
构建数据表	构建数据	arrayRet
	表格列头	['月份','2021']
	输出到	objDatatable
转换列类型	源数据表	objDatatable
	转换列名	['2021']
	数据类型	"float"
数据表排序	输出到	dtTable
	源数据表	objDatatable
	排序列	"2021"
	升序排序	false
转换为数组	输出到	arrayRetYoY2021
	源数据表	dtTable
变量赋值	变量名	tbqsyf
	变量值	arrayRetYoY2021[0][0]&'、'&arrayRetYoY2021[1][0]&'和'&arrayRetYoY2021[2][0]
取四舍五入值	输出到	arrayRetYoY2021[0][1]
	目标数据	arrayRetYoY2021[0][1]
	保留小数位	2
取四舍五入值	输出到	arrayRetYoY2021[1][1]
	目标数据	arrayRetYoY2021[1][1]
	保留小数位	2
取四舍五入值	输出到	arrayRetYoY2021[2][1]
	目标数据	arrayRetYoY2021[2][1]
	保留小数位	2
变量赋值	变量名	qstbz
	变量值	arrayRetYoY2021[0][1]&'、'&arrayRetYoY2021[1][1]&'和'&arrayRetYoY2021[2][1]

4．结构分析

步骤十七：进入第五个流程块，添加 1 个“从初始值开始按步长计数”、4 个“变量赋值”、2 个“依次读取数组中每个元素”、1 个“数据筛选”、1 个“选择数据列”、1 个“转换为数组”、1 个“转为小数数据”和 1 个“在数组尾部添加元素”，添加完成后排列顺序如图 7-35 所示，属性填写如表 7-23 所示。这一步用来筛选每一类别的办公费金额并进行汇总。

图 7-35　流程界面

表 7-22　属性设置

活动名称	属　性	值
转换为数组	输出到	arrayRetYoY
	源数据表	objDatatable
依次读取数组中每个元素	值	value
	数组	arrayRetYoY
如果条件成立	判断表达式	value[1] > 0
在数组尾部添加元素	输出到	ztbyf
	目标数组	ztbyf
	添加元素	value[0]
在数组尾部添加元素	输出到	ftbyf
	目标数组	ftbyf
	添加元素	value[0]
将数组合并为字符串	输出到	ztbyf
	目标数组	ztbyf
	分隔符	"、"
将数组合并为字符串	输出到	ftbyf
	目标数组	ftbyf
	分隔符	"、"

表 7-23　属性设置

活动名称	属　性	值
从初始值开始按步长计数	索引名称	year
	初始值	2020
	结束值	2021
	步长	1
变量赋值	变量名	glbgf
	变量值	['管理费用','销售费用','制造费用']
变量赋值	变量名	glbgfje
	变量值	[]
依次读取数组中每个元素	值	value
	数组	glbgf
数据筛选	输出到	bgf
	数据表	bgfhz
	筛选条件	"科目名称.str.contains('"&value&"') and 会计期间.str.contains('"&year&"')"
选择数据列	输出到	bgf
	源数据表	bgf
	选择的列	['本币金额']

活动名称	属　性	值
转换为数组	输出到	bgf
	源数据表	bgf
	包含表头	否
依次读取数组中每个元素	值	value
	数组	bgf
转为小数数据	输出到	mybbgf
	转换对象	value[0]
变量赋值	变量名	sum
	变量值	sum+mybbgf
在数组尾部添加元素	输出到	glbgfje
	目标数组	glbgfje
	添加元素	sum
变量赋值	变量名	sum
	变量值	0

步骤十八：继续在其下方添加 1 个“如果条件成立”、1 个“写入列”、1 个“复制数据”、4 个“变量赋值”、3 个“取四舍五入值”和 3 个“转为文字数据”，添加完成后排列顺序如图 7-36 所示，属性填写如表 7-24 所示。这一步旨在计算第一年各科目办公费的金额及其占比，并将相关数据填入表格。

令 sum 的值为 0
根据条件判断
如果 year=2020 则
从单元格 B3 开始写入一列数据
将 glbgfje 的数据复制一份，输出到 year1glfyje
令 year1ze 的值为 year1glfyje[0]+year1glfyje[1]+...
令 year1glfyzb 的值为 year1glfyje[0]/year1ze*100
令 year1xsfyzb 的值为 year1glfyje[1]/year1ze*100
令 year1zzfyzb 的值为 year1glfyje[2]/year1ze*100
取 year1glfyzb 的四舍五入值，输出到 year1glfyzb
取 year1xsfyzb 的四舍五入值，输出到 year1xsfyzb
取 year1zzfyzb 的四舍五入值，输出到 year1zzfyzb
将 year1glfyzb 转换为字符串类型，输出到 year1glfyzb
将 year1xsfyzb 转换为字符串类型，输出到 year1xsfyzb
将 year1zzfyzb 转换为字符串类型，输出到 year1zzfyzb

图 7-36　流程界面

步骤十九：继续在其下方添加 1 个“否则执行后续操作”、1 个“写入列”、1 个“复制数据”、4 个“变量赋值”、3 个“取四舍五入值”和 3 个“转为文字数据”，添加完成后排列顺序如图 7-37 所示，属性填写如表 7-25 所示。这一步旨在计算第二年各科目办公费的金额及其占比，并将相关数据填入表格。

将 year1zzfyzb 转换为字符串类型，输出到 year1zzfyzb
否则
从单元格 C3 开始写入一列数据
将 glbgfje 的数据复制一份，输出到 year2glfyje
令 year2ze 的值为 year2glfyje[0]+year2glfyje[1]+...
令 year2glfyzb 的值为 year2glfyje[0]/year2ze*100
令 year2xsfyzb 的值为 year2glfyje[1]/year2ze*100
令 year2zzfyzb 的值为 year2glfyje[2]/year2ze*100
取 year2glfyzb 的四舍五入值，输出到 year2glfyzb
取 year2xsfyzb 的四舍五入值，输出到 year2xsfyzb
取 year2zzfyzb 的四舍五入值，输出到 year2zzfyzb
将 year2glfyzb 转换为字符串类型，输出到 year2glfyzb
将 year2xsfyzb 转换为字符串类型，输出到 year2xsfyzb
将 year2zzfyzb 转换为字符串类型，输出到 year2zzfyzb

图 7-37　流程界面

表 7-24　属性设置

活动名称	属　性	值
如果条件成立	判断表达式	year=2020
写入列	工作簿对象	objExcelWorkBook1
	工作表	"结构分析"
	单元格	"B3"
	数据	glbgfje
复制数据	输出到	year1glfyje
	复制对象	glbgfje
变量赋值	变量名	year1ze
	变量值	year1glfyje[0]+year1glfyje[1]+year1glfyje[2]
变量赋值	变量名	year1glfyzb
	变量值	year1glfyje[0]/year1ze*100
变量赋值	变量名	year1xsfyzb
	变量值	year1glfyje[1]/year1ze*100
变量赋值	变量名	year1zzfyzb
	变量值	year1glfyje[2]/year1ze*100
取四舍五入值	输出到	year1glfyzb
	目标数据	year1glfyzb
	保留小数位	2
取四舍五入值	输出到	year1xsfyzb
	目标数据	year1xsfyzb
	保留小数位	2
取四舍五入值	输出到	year1zzfyzb
	目标数据	year1zzfyzb
	保留小数位	2
转为文字数据	输出到	year1glfyzb
	转换对象	year1glfyzb
转为文字数据	输出到	year1xsfyzb
	转换对象	year1xsfyzb
转为文字数据	输出到	year1zzfyzb
	转换对象	year1zzfyzb

表 7-25 属性设置

活动名称	属　性	值	活动名称	属　性	值
写入列	工作簿对象	objExcelWorkBook1	取四舍五入值	输出到	year2glfyzb
	工作表	"结构分析"		目标数据	year2glfyzb
	单元格	"C3"		保留小数位	2
	数据	glbgfje	取四舍五入值	输出到	year2xsfyzb
复制数据	输出到	year2glfyje		目标数据	year2xsfyzb
	复制对象	glbgfje		保留小数位	2
变量赋值	变量名	year2ze	取四舍五入值	输出到	year2zzfyzb
	变量值	year2glfyje[0]+year2glfyje[1]+year2glfyje[2]		目标数据	year2zzfyzb
变量赋值	变量名	year2glfyzb		保留小数位	2
	变量值	year2glfyje[0]/year2ze*100	转为文字数据	输出到	year2glfyzb
变量赋值	变量名	year2xsfyzb		转换对象	year2glfyzb
	变量值	year2glfyje[1]/year2ze*100	转为文字数据	输出到	year2xsfyzb
变量赋值	变量名	year2zzfyzb		转换对象	year2xsfyzb
	变量值	year2glfyje[2]/year2ze*100	转为文字数据	输出到	year2zzfyzb
				转换对象	year2zzfyzb

步骤二十：继续在其下方添加 4 个“变量赋值”、2 个“依次读取数组中每个元素”、2 个“转为文字数据”和 2 个“在数组尾部添加元素”，添加完成后排列顺序如图 7-38 所示，属性填写如表 7-26 所示。这一步旨在将相关的数据转为文字数据，以便后续生成数据分析报告。

将 year2zzfyzb 转换为字符串类型，输出到 year2zzfyzb
令 year1_glfyje 的值为 空数组
令 year2_glfyje 的值为 空数组
用 value 遍历数组 year1glfyje
将 value 转换为字符串类型，输出到 sRet
在 year1_glfyje 末尾添加一个元素，输出到 year1_glfyje
令 year1glfyje 的值为 year1_glfyje
用 value 遍历数组 year2glfyje
将 value 转换为字符串类型，输出到 sRet
在 year2_glfyje 末尾添加一个元素，输出到 year2_glfyje
令 year2glfyje 的值为 year2_glfyje

图 7-38 流程界面

表 7-26 属性设置

活动名称	属　性	值
变量赋值	变量名	year1_glfyje
	变量值	[]
变量赋值	变量名	year2_glfyje
	变量值	[]
依次读取数组中每个元素	值	value
	数组	year1glfyje
转为文字数据	输出到	sRet
	转换对象	value
在数组尾部添加元素	输出到	year1_glfyje
	目标数组	year1_glfyje
	添加元素	sRet
变量赋值	变量名	year1glfyje
	变量值	year1_glfyje
依次读取数组中每个元素	值	value
	数组	year2glfyje
转为文字数据	输出到	sRet
	转换对象	value
在数组尾部添加元素	输出到	year2_glfyje
	目标数组	year2_glfyje
	添加元素	sRet
变量赋值	变量名	year2glfyje
	变量值	year2_glfyje

5. 业务活动分析

步骤二十一：进入第六个流程块，添加 1

个“从初始值开始按步长计数”、4 个“变量赋值”、2 个“依次读取数组中每个元素”、1 个“数据筛选”、1 个“选择数据列”、1 个“转换为数组”、1 个“转为小数数据”和 1 个“在数组尾部添加元素”，添加完成后排列顺序如图 7-39 所示，属性填写如表 7-27 所示。这一步用来筛选每一业务活动的办公费金额并进行汇总。

循环 year 从 2020 到 2021，步长 1
令 ywhd 的值为 ['书报费','印刷费','办公用品费','消...
令 glywje 的值为 空数组
用 value 遍历数组 ywhd
对数据表 bgfhz 进行条件筛选, 输出到 fy
选取 fy 中的列数据生成新的数据表, 输出到 fy
将数据表 fy 转换为数组, 输出到 fy
用 value 遍历数组 fy
将 value[0] 转换为数值类型, 输出到 mybfy
令 sum 的值为 sum+mybfy
在 glywje 末尾添加一个元素, 输出到 glywje
令 sum 的值为 0

图 7-39 流程界面

步骤二十二：继续在其下方添加 1 个“如果条件成立”、1 个“写入列”、1 个“复制数据”、7 个“变量赋值”和 3 个“取四舍五入值”，添加完成后排列顺序如图 7-40 所示，属性填写如表 7-28 所示。这一步旨在计算第一年各业务活动办公费的金额及其占比，并将相关数据填入表格。

令 sum 的值为 0
根据条件判断
如果 year=2020 则
从单元格 B3 开始写入一列数据
将 glywje 的数据复制一份, 输出到 year1glywje
令 year1ze 的值为 year1glywje[0]+year1glywje[1]...
令 year1sbfzb 的值为 year1glywje[0]/year1ze*100
令 year1ysfzb 的值为 year1glywje[1]/year1ze*100
令 year1bgypfzb 的值为 year1glywje[2]/year1ze*100
令 year1xhypfzb 的值为 year1glywje[3]/year1ze*100
令 year1njfzb 的值为 year1glywje[4]/year1ze*100
令 year1qtzb 的值为 year1glywje[5]/year1ze*100
取 year1sbfzb 的四舍五入值, 输出到 year1sbfzb
取 year1ysfzb 的四舍五入值, 输出到 year1ysfzb
取 year1bgypfzb 的四舍五入值, 输出到 year1bgypfzb

图 7-40 流程界面

表 7-27 属性设置

活动名称	属 性	值
从初始值开始按步长计数	索引名称	year
	初始值	2020
	结束值	2021
	步长	1
变量赋值	变量名	ywhd
	变量值	['书报费','印刷费','办公用品费','消耗用品费','年检','其他']
变量赋值	变量名	glywje
	变量值	[]
依次读取数组中每个元素	值	value
	数组	ywhd
数据筛选	输出到	fy
	数据表	bgfhz
	筛选条件	"科目名称.str.contains('"&value&"') and 会计期间.str.contains('"&year&"')"
选择数据列	输出到	fy
	源数据表	fy
	选择的列	['本币金额']
转换为数组	输出到	fy
	源数据表	fy
	包含表头	否
依次读取数组中每个元素	值	value
	数组	fy
转为小数数据	输出到	mybfy
	转换对象	value[0]
变量赋值	变量名	sum
	变量值	sum+mybfy
在数组尾部添加元素	输出到	glywje
	目标数组	glywje
	添加元素	sum
变量赋值	变量名	sum
	变量值	0

表 7-28　属性设置

活动名称	属　性	值
如果条件成立	判断表达式	year=2020
写入列	工作簿对象	objExcelWorkBook1
	工作表	"业务活动分析"
	单元格	"B3"
	数据	glywje
复制数据	输出到	year1glywje
	复制对象	glywje
变量赋值	变量名	year1ze
	变量值	year1glywje[0]+year1glywje[1]+year1glywje[2]+year1glywje[3]+year1glywje[4]+year1glywje[5]
变量赋值	变量名	year1sbfzb
	变量值	year1glywje[0]/year1ze*100
变量赋值	变量名	year1ysfzb
	变量值	year1glywje[1]/year1ze*100
变量赋值	变量名	year1bgypfzb
	变量值	year1glywje[2]/year1ze*100
变量赋值	变量名	year1xhypfzb
	变量值	year1glywje[3]/year1ze*100
变量赋值	变量名	year1njfzb
	变量值	year1glywje[4]/year1ze*100
变量赋值	变量名	year1qtzb
	变量值	year1glywje[5]/year1ze*100
取四舍五入值	输出到	year1sbfzb
	目标数据	year1sbfzb
	保留小数位	2
取四舍五入值	输出到	year1ysfzb
	目标数据	year1ysfzb
	保留小数位	2
取四舍五入值	输出到	year1bgypfzb
	目标数据	year1bgypfzb
	保留小数位	2

步骤二十三：继续在其下方添加 3 个“取四舍五入值”和 6 个“转为文字数据”，添加完成后排列顺序如图 7-41 所示，属性填写如表 7-29 所示。这一步旨在将相关的数据转为文字数据，以便后续生成数据分析报告。

取 year1xhypfzb 的四舍五入值，输出到 year1xhypfzb
取 year1njfzb 的四舍五入值，输出到 year1njfzb
取 year1qtzb 的四舍五入值，输出到 year1qtzb
将 year1sbfzb 转换为字符串类型，输出到 year1sbfzb
将 year1ysfzb 转换为字符串类型，输出到 year1ysfzb
将 year1bgypfzb 转换为字符串类型，输出到 year1bgypfzb
将 year1xhypfzb 转换为字符串类型，输出到 year1xhypfzb
将 year1njfzb 转换为字符串类型，输出到 year1njfzb
将 year1qtzb 转换为字符串类型，输出到 year1qtzb

图 7-41　流程界面

步骤二十四：继续在其下方添加 1 个“否则执行后续操作”、1 个“写入列”、1 个“复制数据”、7 个“变量赋值”和 3 个“取四舍五入值”，添加完成后排列顺序如图 7-42 所示，属

表 7-29　属性设置

活动名称	属　性	值
取四舍五入值	输出到	year1xhypfzb
	目标数据	year1xhypfzb
	保留小数位	2
取四舍五入值	输出到	year1njfzb
	目标数据	year1njfzb
	保留小数位	2
取四舍五入值	输出到	year1qtzb
	目标数据	year1qtzb
	保留小数位	2
转为文字数据	输出到	year1sbfzb
	转换对象	year1sbfzb
转为文字数据	输出到	year1ysfzb
	转换对象	year1ysfzb
转为文字数据	输出到	year1bgypfzb
	转换对象	year1bgypfzb
转为文字数据	输出到	year1xhypfzb
	转换对象	year1xhypfzb
转为文字数据	输出到	year1njfzb
	转换对象	year1njfzb
转为文字数据	输出到	year1qtzb
	转换对象	year1qtzb

性填写如表 7-30 所示。这一步旨在计算第二年各业务活动办公费的金额及其占比，并将相关数据填入表格。

将 year1qtzb 转换为字符串类型，输出到 year1qtzb
否则
从单元格 C3 开始写入一列数据
将 glywje 的数据复制一份，输出到 year2glywje
令 year2ze 的值为 year2glywje[0]+year2glywje[1]...
令 year2sbfzb 的值为 year2glywje[0]/year2ze*100
令 year2ysfzb 的值为 year2glywje[1]/year2ze*100
令 year2bgypfzb 的值为 year2glywje[2]/year2ze*100
令 year2xhypfzb 的值为 year2glywje[3]/year2ze*100
令 year2njfzb 的值为 year2glywje[4]/year2ze*100
令 year2qtzb 的值为 year2glywje[5]/year2ze*100
取 year2sbfzb 的四舍五入值，输出到 year2sbfzb
取 year2ysfzb 的四舍五入值，输出到 year2ysfzb
取 year2bgypfzb 的四舍五入值，输出到 year2bgypfzb

图 7-42　流程界面

步骤二十五：继续在其下方添加 3 个“取四舍五入值”和 6 个“转为文字数据”，添加完成后排列顺序如图 7-43 所示，属性填写如表 7-31 所示。这一步旨在将相关的数据转为文字数据，以便后续生成数据分析报告。

取 year2xhypfzb 的四舍五入值，输出到 year2xhypfzb
取 year2njfzb 的四舍五入值，输出到 year2njfzb
取 year2qtzb 的四舍五入值，输出到 year2qtzb
将 year2sbfzb 转换为字符串类型，输出到 year2sbfzb
将 year2ysfzb 转换为字符串类型，输出到 year2ysfzb
将 year2bgypfzb 转换为字符串类型，输出到 year2bgypfzb
将 year2xhypfzb 转换为字符串类型，输出到 year2xhypfzb
将 year2njfzb 转换为字符串类型，输出到 year2njfzb
将 year2qtzb 转换为字符串类型，输出到 year2qtzb

图 7-43　流程界面

表 7-30　属性设置

活动名称	属　性	值
写入列	工作簿对象	objExcelWorkBook1
	工作表	"业务活动分析"
	单元格	"C3"
	数据	glywje
复制数据	输出到	year2glywje
	复制对象	glywje
变量赋值	变量名	year2ze
	变量值	year2glywje[0]+year2glywje[1]+year2glywje[2]+year2glywje[3]+year2glywje[4]+year2glywje[5]
变量赋值	变量名	year2sbfzb
	变量值	year2glywje[0]/year2ze*100
变量赋值	变量名	year2ysfzb
	变量值	year2glywje[1]/year2ze*100
变量赋值	变量名	year2bgypfzb
	变量值	year2glywje[2]/year2ze*100
变量赋值	变量名	year2xhypfzb
	变量值	year2glywje[3]/year2ze*100
变量赋值	变量名	year2njfzb
	变量值	year2glywje[4]/year2ze*100
变量赋值	变量名	year2qtzb
	变量值	year2glywje[5]/year2ze*100
取四舍五入值	输出到	year2sbfzb
	目标数据	year2sbfzb
	保留小数位	2
取四舍五入值	输出到	year2ysfzb
	目标数据	year2ysfzb
	保留小数位	2
取四舍五入值	输出到	year2bgypfzb
	目标数据	year2bgypfzb
	保留小数位	2

表 7-31　属性设置

活动名称	属　性	值	活动名称	属　性	值
取四舍五入值	输出到	year2xhypfzb	转为文字数据	输出到	year2ysfzb
	目标数据	year2xhypfzb		转换对象	year2ysfzb
	保留小数位	2	转为文字数据	输出到	year2bgypfzb
取四舍五入值	输出到	year2njfzb		转换对象	year2bgypfzb
	目标数据	year2njfzb	转为文字数据	输出到	year2xhypfzb
	保留小数位	2		转换对象	year2xhypfzb
取四舍五入值	输出到	year2qtzb	转为文字数据	输出到	year2njfzb
	目标数据	year2qtzb		转换对象	year2njfzb
	保留小数位	2	转为文字数据	输出到	year2qtzb
转为文字数据	输出到	year2sbfzb		转换对象	year2qtzb
	转换对象	year2sbfzb			

步骤二十六：继续在其下方添加 4 个“变量赋值”、2 个“依次读取数组中每个元素”、2 个“转为文字数据”和 2 个“在数组尾部添加元素”，添加完成后排列顺序如图 7-44 所示，属性填写如表 7-32 所示。这一步旨在将相关的数据转为文字数据，以便后续生成数据分析报告。

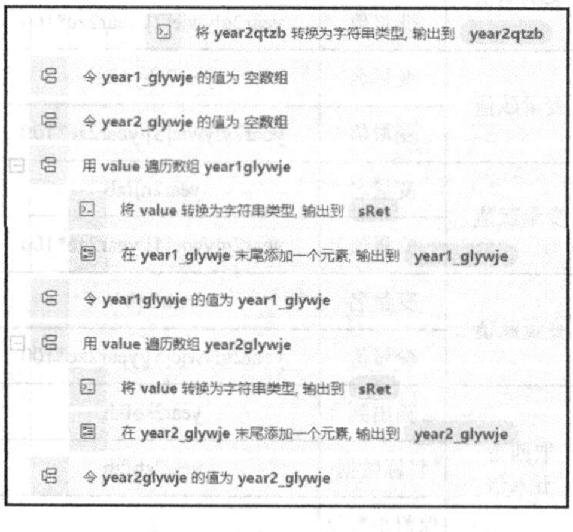

将 year2qtzb 转换为字符串类型，输出到 year2qtzb
令 year1_glywje 的值为 空数组
令 year2_glywje 的值为 空数组
用 value 遍历数组 year1glywje
将 value 转换为字符串类型，输出到 sRet
在 year1_glywje 末尾添加一个元素，输出到 year1_glywje
令 year1glywje 的值为 year1_glywje
用 value 遍历数组 year2glywje
将 value 转换为字符串类型，输出到 sRet
在 year2_glywje 末尾添加一个元素，输出到 year2_glywje
令 year2glywje 的值为 year2_glywje

图 7-44　流程界面

表 7-32　属性设置

活动名称	属　性	值
变量赋值	变量名	year1_glywje
	变量值	[]
变量赋值	变量名	year2_glywje
	变量值	[]
依次读取数组中每个元素	值	value
	数组	year1glywje
转为文字数据	输出到	sRet
	转换对象	value
在数组尾部添加元素	输出到	year1_glywje
	目标数组	year1_glywje
	添加元素	sRet
变量赋值	变量名	year1glywje
	变量值	year1_glywje
依次读取数组中每个元素	值	value
	数组	year2glywje
转为文字数据	输出到	sRet
	转换对象	value
在数组尾部添加元素	输出到	year2_glywje
	目标数组	year2_glywje
	添加元素	sRet
变量赋值	变量名	year2glywje
	变量值	year2_glywje

6. 部门分析

步骤二十七：进入第七个流程块，添加 1 个“从初始值开始按步长计数”、4 个“变量赋值”、2 个“依次读取数组中每个元素”、1 个“数据筛选”、1 个“选择数据列”、1 个“转换为数组”、1 个“转为小数数据”和 1 个“在数组尾部添加元素”，添加完成后排列顺序如图 7-45 所示，属性填写如表 7-33 所示。这一步用来筛选各部门发生的办公费金额并进行汇总。

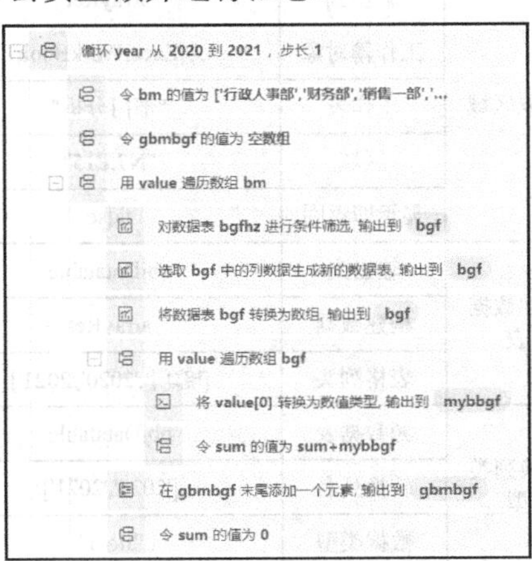

图 7-45 流程界面

步骤二十八：继续在其下方添加 1 个“如果条件成立”、1 个“否则执行后续操作”和 2 个“写入行”，添加完成后排列顺序如图 7-46 所示，属性填写如表 7-34 所示。这一步旨在将相关数据填入表格。

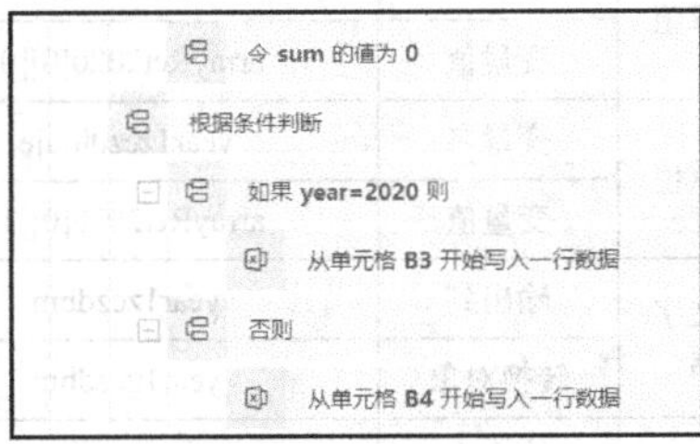

图 7-46 流程界面

表 7-33 属性设置

活动名称	属　性	值
从初始值开始按步长计数	索引名称	year
	初始值	2020
	结束值	2021
	步长	1
变量赋值	变量名	bm
	变量值	['行政人事部','财务部','销售一部','销售二部','销售三部','销售四部','生产部','采购部','数字化赋能中心','技术支持中心','工程实施中心']
变量赋值	变量名	gbmbgf
	变量值	[]
依次读取数组中每个元素	值	value
	数组	bm
数据筛选	输出到	bgf
	数据表	bgfhz
	筛选条件	"部门.str.contains('"&value&"') and 会计期间.str.contains('"&year&"')"
选择数据列	输出到	bgf
	源数据表	bgf
	选择的列	['本币金额']
转换为数组	输出到	bgf
	源数据表	bgf
	包含表头	否
依次读取数组中每个元素	值	value
	数组	bgf
转为小数数据	输出到	mybbgf
	转换对象	value[0]
变量赋值	变量名	sum
	变量值	sum+mybbgf
在数组尾部添加元素	输出到	gbmbgf
	目标数组	gbmbgf
	添加元素	sum
变量赋值	变量名	sum
	变量值	0

表 7-34 属性设置

活动名称	属　性	值
如果条件成立	判断表达式	year=2020
写入行	工作簿对象	objExcelWorkBook1
	工作表	"部门分析"
	单元格	"B3"
	数据	gbmbgf
写入行	工作簿对象	objExcelWorkBook1
	工作表	"部门分析"
	单元格	"B4"
	数据	gbmbgf

步骤二十九：继续在其下方添加 1 个“读取区域”、1 个“构建数据表”、1 个“转换列类型”、1 个“数据表排序”、1 个“转换为数组”、2 个“变量赋值”和 2 个“转为文字数据”，添加完成后排列顺序如图 7-47 所示，属性填写如表 7-35 所示。本步骤的目的是选出第一年办公费发生最大的部门。

图 7-47　流程界面

步骤三十：继续在其下方添加 1 个“数据表排序”、1 个“转换为数组”、2 个“变量赋值”和 2 个“转为文字数据”，添加完成后排列顺序如图 7-48 所示，属性填写如表 7-36 所示。本步骤的目的是选出第二年办公费发生最大的部门。

图 7-48　流程界面

表 7-35　属性设置

活动名称	属　性	值
读取区域	输出到	arrayRet
	工作簿对象	objExcelWorkBook1
	工作表	"部门分析"
	区域	"N7:P15"
	显示即返回	false
构建数据表	输出到	objDatatable
	构建数据	arrayRet
	表格列头	['部门','2020','2021']
转换列类型	源数据表	objDatatable
	转换列名	['2020','2021']
	数据类型	"float"
数据表排序	输出到	dtTable
	源数据表	objDatatable
	排序列	"2020"
	升序排序	false
转换为数组	输出到	arrayRet2020
	源数据表	dtTable
变量赋值	变量名	year1zczdbm
	变量值	arrayRet2020[0][0]
变量赋值	变量名	year1zczdbmje
	变量值	arrayRet2020[0][1]
转为文字数据	输出到	year1zczdbm
	转换对象	year1zczdbm
转为文字数据	输出到	year1zczdbmje
	转换对象	year1zczdbmje

表 7-36　属性设置

活动名称	属　性	值	活动名称	属　性	值
数据表排序	输出到	dtTable	变量赋值	变量名	year2zczdbmje
	源数据表	objDatatable		变量值	arrayRet2021[0][2]
	排序列	"2021"	转为文字数据	输出到	year2zczdbm
	升序排序	false		转换对象	year2zczdbm
转换为数组	输出到	arrayRet2021	转为文字数据	输出到	year2zczdbmje
	源数据表	dtTable		转换对象	year2zczdbmje
变量赋值	变量名	year2zczdbm			
	变量值	arrayRet2021[0][0]			

7.6　办公费数据分析报告自动化

7.6.1　场景描述

岁月更迭，四季轮回，不知不觉，一年就快走到了年末，每年的这个时候，解放碑总是有很多人，他们或是在拍照留念，或是在闲逛消遣。是啊！任何一个城市都有自己的标志，任何一个标志性建筑都是一个城市历史的浓缩与见证。说到重庆，最能体现重庆人精神、最具代表性的，就是这解放碑了，它具有特别的历史内涵，牵动着人们景仰的目光。

春节虽然还未到，但年味似乎已经弥漫在了蛮先进公司的办公室里，人们在工作闲暇时讨论着过年的美食和习俗，分享趣事，场面可谓其乐融融。今天是蛮先进公司放年假的前一天，也是家桐向程总汇报办公费数据分析结果的一天。“咚！咚！咚！”熟悉的敲门声再次响起，接着家桐便进入了程总的办公室，今天的他似乎稳操胜券。

“小伙子看起来很有信心嘛！那就让我好好听听你的数据分析汇报。”程总看着家桐说道。

“程总，根据我的分析，我得出了一些结论和建议，在项目方面，办公费的发生主要受到了疫情影响，在疫情发生的时间段项目较少，一般在疫情得以控制后项目骤增，而各月办公费的发生变动情况与项目的变动情况大致吻合。所以我认为蛮先进公司可以根据疫情发生的规律性和季节性，在疫情发生月份(1—4月、11—12月)减少办公费的预算，在疫情平息月份(次月)增加办公费的预算。”

见程总没有说话，家桐继续说道：“在科目分布方面，企业办公费的科目分布情况显示正常，没有发现太大问题。而在业务活动方面，电话费和购买零星支出的办公费较多，因此我建议蛮先进公司可以针对它们进行适当的管理以缩小支出，如严格管控电话费报销、多设置电话座机、购买零星物品货比三家等。”

“此外，销售、财务和行政部门发生的办公费较多，因此我建议蛮先进公司可以增加财务、行政和销售部门的办公费预算，以保证各部门正常的生产经营活动。”家桐结束了汇报，却发现程总依然没有说话，这时的他显得有些紧张，结结巴巴地说道：“程总，您觉得怎么样？”

程总似乎刚刚回味过来，大声地说道：“家桐，我果然没有看错你，你的分析做得蛮有趣的，今年给你加年终奖，小伙子以后要继续加油哦！”

程总突如其来的赞扬和奖励，让这位实习生有些措手不及，随着两人相视一笑，办公室响起了欢快的笑声，这笑声回荡在走廊里，似是在迎接新年的到来。窗外的天色渐暗，夕阳收起了它最后的微笑，暮霭轻轻地飘落下来，黑夜浓黑的翅膀温柔地覆盖着大地，一切都静悄悄的。

7.6.2　数据分析报告设计

办公费数据分析报告由标题、目录、摘要、正文构成，具体内容可扫描二维码查看。

办公费数据分析报告模板

“疫情背景下的企业预算管理——办公费数据分析报告”是我们的报告标题。此外，还在标题页个性化地显示了“财务数据分析师”和“报告日期”，其中“报告日期”通过自动化流程生成。

报告的目录显示了一级与二级标题及其页码，摘要高度概括了办公费分析的分析背景、分析目的、分析范围、分析思路与方法以及结论与建议。

正文包含 “分析背景与目的”和“分析思路”，在分析背景与目的中阐述了办公费分析的目的是将办公费发生情况进行可视化展示，让管理层了解企业办公费的发生现状，并通过分析找到现状背后的原因并得出结论，为办公费的预算决策提出建议。在分析思路中阐述了办公费分析的六个部分，并依次介绍了每个部分所运用的分析思维和分析方法。

分析内容中蓝色“【】”的内容由元小蛮自动生成，按照办公费项目分析、趋势分析、环比同比分析、结构分析、业务活动分析和部门分析对办公费进行了具体分析。

在“(一)项目分析”中，将蛮先进公司 2020 年、2021 年的每月项目办公费发生情况汇总，并展现出每年项目办公费发生最多的月份及其金额，使管理者对这些月份更加关注。

在“(二)趋势分析”中，找出了每年办公费发生排名前三的月份及其金额。

在“(三)环比同比分析”中，也找出环比同比增长率排名前三的月份，管理者可对这些月份的办公费展开进一步调查。

在“(四)结构分析”中，我们将清晰地看见 2020 年、2021 年这两年办公费中销售费用、管理费用、制造费用的总额和占比。

在“(五)业务活动分析”中，我们可以看到书报费、印刷费、购买办公用品费、购买消耗用品费、年检费和其他的办公费发生总额和占比，以及两年的变动。

在“(六)部门分析”中，我们将展现出每年办公费发生最多的部门及其金额，针对部门办公费进行预算管理。

最后是“结论与建议”，其中蓝色“【】”的内容由元小蛮自动填入，对前面的分析内容进行了总结，将有关办公费的结论进行归纳整理，然后针对结论提出了建议。

7.6.3 RPA 技术路线

办公费数据分析报告自动化流程主要分为两部分，一部分是将 Excel 报告中的图表复制并粘贴到报告的指定位置，另一部分是将相关的文本和数据填写到分析报告中，办公费数据分析报告自动化开发技术路线如表 7-37 所示。

表 7-37 办公费数据分析报告自动化开发技术路线

模　块	功能描述	使用的活动
生成分析报告	打开从本地获取的“分析报告.docx”文件，在“生成报告.xlsm”文件中录制宏，将图表复制到“分析报告.docx”	打开文档
		执行宏
		查找文本后设置光标位置
		粘贴
		延时
	将前面流程块的分析结果填写到“分析报告.docx”中	文字批量替换
		关闭 Excel 工作簿
		关闭文档

➲ 7.6.4　RPA 技术实现

步骤三十一：打开“res/模板文件”中的“生成报告.xlsm”文件，在“视图”工具栏中单击“宏”工具下的“录制宏”，输入“分析 1”，选中项目办公费金额图单击“复制”，再单击“宏”工具下的“停止录制”，如图 7-55 至图 7-58 所示，完成一个宏的录制。

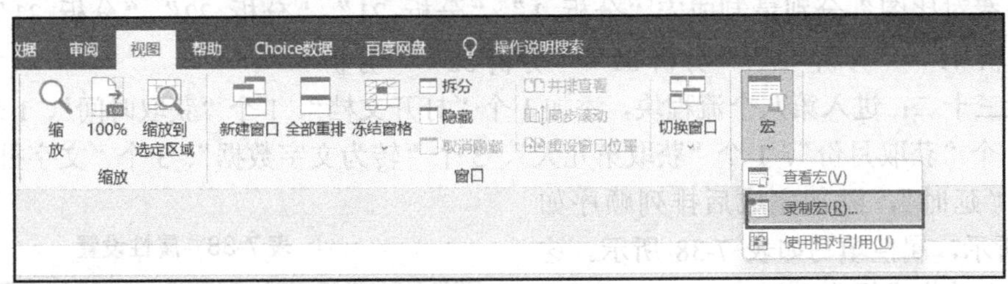

图 7-55　Excel 界面

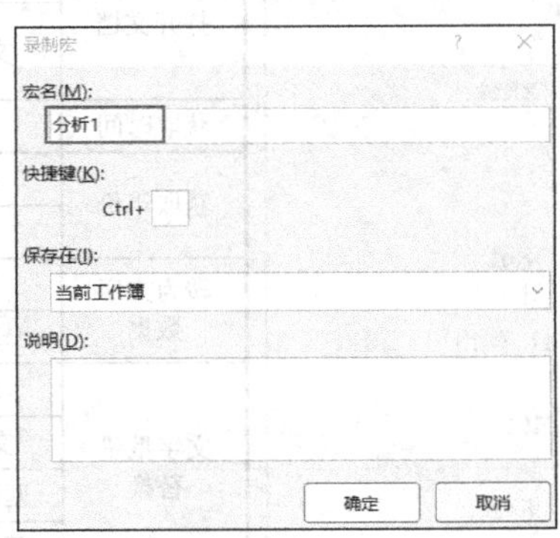

图 7-56　Excel 界面

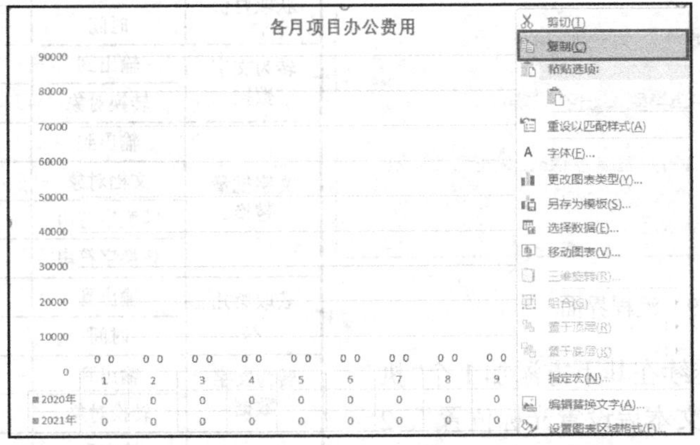

图 7-57　Excel 界面

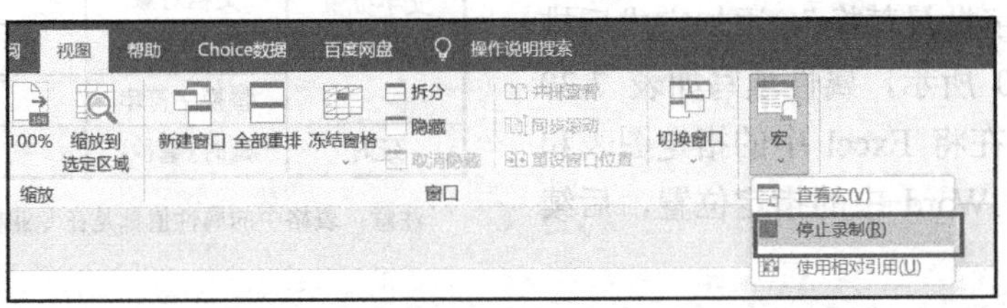

图 7-58　Excel 界面

我们以同样的方法将后面需要用到的图表分别录制成宏，将“各月项目办公费对比图”“各月办公费对比图”“办公费变动趋势图”“办公费各月环比增长率表”“办公费各月同比增长率表”“2020 年办公费各科目结构占比图”“2021 年办公费各科目结构占比图”“2020 年管理费用——办公费各业务结构占比图”“2021 年管理费用——办公费各业务结构占比图”“各部门办公费对比图”分别录制成宏“分析 1”“分析 21”“分析 22”“分析 31”“分析 32”“分析 41”“分析 42”“分析 51”“分析 52”“分析 6”。

步骤三十二：进入第八个流程块，添加 1 个“打开文档”、1 个“获取时间”、1 个“获取年份”、1 个“获取月份”、1 个“获取第几天”、3 个“转为文字数据”、3 个“文字批量替换”和 1 个“延时”，添加完成后排列顺序如图 7-59 所示，属性填写如表 7-38 所示。这一步旨在自动生成报告时间。

打开Word文档, 输出到 objWord
获取本机当前的时间和日期, 输出到 tRet
获取时间在哪一年, 输出到 iRet
将 iRet 转换为字符串类型, 输出到 iRet
将Word文档中的 【年】 替换为 iRet , 输出到 bRet
获取时间在当年的第几月, 输出到 iRet
将 iRet 转换为字符串类型, 输出到 iRet
将Word文档中的 【月】 替换为 iRet , 输出到 bRet
获取时间在当月的第几天, 输出到 iRet
将 iRet 转换为字符串类型, 输出到 iRet
将Word文档中的 【日】 替换为 iRet , 输出到 bRet
等待 2000 毫秒后继续运行

图 7-59 流程界面

表 7-38 属性设置

活动名称	属性	值
打开文档	输出到	objWord
	文件路径	@res"模板文件\\分析报告.docx"
获取时间	输出到	tRet
获取年份	输出到	iRet
	时间	tRet
转为文字数据	输出到	iRet
	转换对象	iRet
文字批量替换	输出到	bRet
	文档对象	objWord
	匹配字符串	"【年】"
	替换字符串	iRet
获取月份	输出到	iRet
	时间	tRet
转为文字数据	输出到	iRet
	转换对象	iRet
文字批量替换	输出到	bRet
	文档对象	objWord
	匹配字符串	"【月】"
	替换字符串	iRet
获取第几天	输出到	iRet
	时间	tRet
转为文字数据	输出到	iRet
	转换对象	iRet
文字批量替换	输出到	bRet
	文档对象	objWord
	匹配字符串	"【日】"
	替换字符串	iRet
延时	延时(毫秒)	2000

注意：表格中的属性值都是在专业模式(EXP)中显示。

步骤三十三：继续在其下方添加 1 个“执行宏”、1 个“查找文本后设置光标位置”、2 个“延时”、1 个“移动光标位置”、1 个“粘贴”和 4 个“文字批量替换”，添加完成后排列顺序如图 7-60 所示，属性填写如表 7-39 所示。这一步旨在将 Excel 中的指定图表和相关数据复制到 Word 中的指定位置，后续操作同理。

执行宏 分析1，输出到 objRet
查找文本 图1 各月项目办公费发生情况 后设置光标位置
等待 2000 毫秒后继续运行
移动光标在Word文档中的位置
对Word文档执行粘贴操作
等待 1000 毫秒后继续运行
将Word文档中的 【year1支出最多月份】 替换为 year1zczdyf，输出到 bRet
将Word文档中的 【year1支出最多月份金额】 替换为 year1zczdyfje，输出到 bRet
将Word文档中的 【year2支出最多月份】 替换为 year2zczdyf，输出到 bRet
将Word文档中的 【year2支出最多月份金额】 替换为 year2zczdyfje，输出到 bRet

图 7-60　流程界面

表 7-39　属性设置

活动名称	属　　性	值
执行宏	输出到	objRet
	工作簿对象	objExcelWorkBook1
	宏定义	"分析 1"
	宏参数	[]
查找文本后设置光标位置	文档对象	objWord
	文本内容	"图1 各月项目办公费对比图"
	相对位置	1
延时	延时(毫秒)	2000
移动光标位置	文档对象	objWord
	移动次数	1
	移动方式	"line"
	移动方向	"up"
粘贴	文档对象	objWord
延时	延时(毫秒)	1000

活动名称	属　　性	值
文字批量替换	输出到	bRet
	文档对象	objWord
	匹配字符串	"【year1 支出最多月份】"
	替换字符串	year1zczdyf
文字批量替换	输出到	bRet
	文档对象	objWord
	匹配字符串	"【year1 支出最多月份金额】"
	替换字符串	year1zczdyfje
文字批量替换	输出到	bRet
	文档对象	objWord
	匹配字符串	"【year2 支出最多月份】"
	替换字符串	year2zczdyf
文字批量替换	输出到	bRet
	文档对象	objWord
	匹配字符串	"【year2 支出最多月份金额】"
	替换字符串	year2zczdyfje

步骤三十四：继续在其下方添加 1 个“执行宏”、1 个“查找文本后设置光标位置”、2 个“延时”、1 个“移动光标位置”和 1 个“粘贴”，添加完成后排列顺序如图 7-61 所示，属性填写如表 7-40 所示。

执行宏 分析21，输出到 objRet
查找文本 图2-1 办公费各月发生情况 后设置光标位置
等待 1000 毫秒后继续运行
移动光标在Word文档中的位置
对Word文档执行粘贴操作
等待 1000 毫秒后继续运行

图 7-61　流程界面

表 7-40　属性设置

活动名称	属　性	值	活动名称	属　性	值
执行宏	输出到	objRet	延时	延时(毫秒)	1000
	工作簿对象	objExcelWorkBook1	移动光标位置	文档对象	objWord
	宏定义	"分析 21"		移动次数	1
	宏参数	[]		移动方式	"line"
查找文本后设置光标位置	文档对象	objWord		移动方向	"up"
	文本内容	"图 2-1 各月办公费对比图"	粘贴	文档对象	objWord
	相对位置	1	延时	延时(毫秒)	1000

步骤三十五：继续在其下方添加 1 个“执行宏”、1 个“查找文本后设置光标位置”、3 个“延时”、1 个“移动光标位置”、1 个“粘贴”和 4 个“文字批量替换”，添加完成后排列顺序如图 7-62 所示，属性填写如表 7-41 所示。

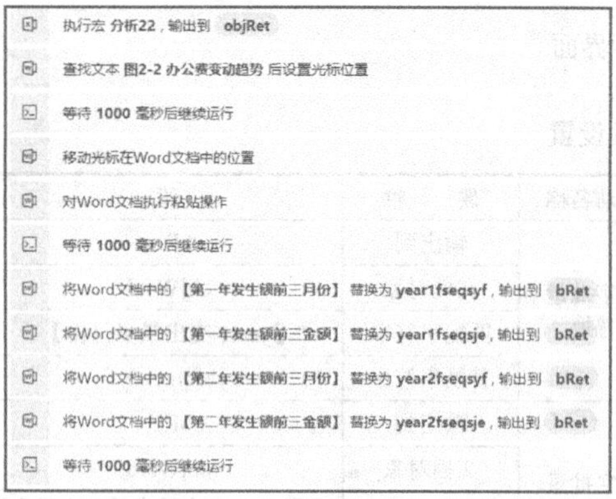

执行宏 分析22，输出到 objRet
查找文本 图2-2 办公费变动趋势 后设置光标位置
等待 1000 毫秒后继续运行
移动光标在Word文档中的位置
对Word文档执行粘贴操作
等待 1000 毫秒后继续运行
将Word文档中的 【第一年发生额前三月份】 替换为 year1fseqsyf，输出到 bRet
将Word文档中的 【第一年发生额前三金额】 替换为 year1fseqsje，输出到 bRet
将Word文档中的 【第二年发生额前三月份】 替换为 year2fseqsyf，输出到 bRet
将Word文档中的 【第二年发生额前三金额】 替换为 year2fseqsje，输出到 bRet
等待 1000 毫秒后继续运行

图 7-62　流程界面

表 7-41　属性设置

活动名称	属　性	值
执行宏	输出到	objRet
	工作簿对象	objExcelWorkBook1
	宏定义	"分析 22"
	宏参数	[]
查找文本后设置光标位置	文档对象	objWord
	文本内容	"图 2-2 办公费变动趋势图"
	相对位置	1
延时	延时(毫秒)	1000
移动光标位置	文档对象	objWord
	移动次数	1
	移动方式	"line"
	移动方向	"up"
粘贴	文档对象	objWord
延时	延时(毫秒)	1000
文字批量替换	输出到	bRet
	文档对象	objWord
	匹配字符串	"【第一年发生额前三月份】"
	替换字符串	year1fseqsyf
文字批量替换	输出到	bRet
	文档对象	objWord
	匹配字符串	"【第一年发生额前三金额】"
	替换字符串	year1fseqsje
文字批量替换	输出到	bRet
	文档对象	objWord
	匹配字符串	"【第二年发生额前三月份】"
	替换字符串	year2fseqsyf
文字批量替换	输出到	bRet
	文档对象	objWord
	匹配字符串	"【第二年发生额前三金额】"
	替换字符串	year2fseqsje
延时	延时(毫秒)	1000

步骤三十六：继续在其下方添加 1 个“执行宏”、1 个“查找文本后设置光标位置”、2 个“延时”、1 个“移动光标位置”、1 个“粘贴”和 4 个“文字批量替换”，添加完成后排列顺序如图 7-63 所示，属性填写如表 7-42 所示。

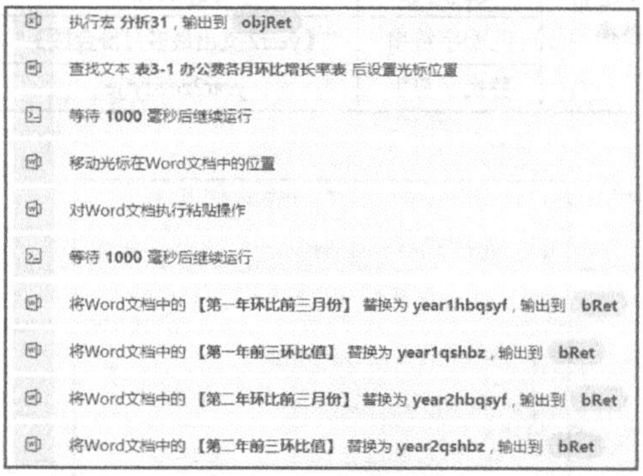

执行宏 分析31，输出到 objRet
查找文本 表3-1 办公费各月环比增长率表 后设置光标位置
等待 1000 毫秒后继续运行
移动光标在Word文档中的位置
对Word文档执行粘贴操作
等待 1000 毫秒后继续运行
将Word文档中的 【第一年环比前三月份】 替换为 year1hbqsyf，输出到 bRet
将Word文档中的 【第一年前三环比值】 替换为 year1qshbz，输出到 bRet
将Word文档中的 【第二年环比前三月份】 替换为 year2hbqsyf，输出到 bRet
将Word文档中的 【第二年前三环比值】 替换为 year2qshbz，输出到 bRet

图 7-63　流程界面

表 7-42 属性设置

活动名称	属性	值	活动名称	属性	值
执行宏	输出到	objRet	文字批量替换	输出到	bRet
	工作簿对象	objExcelWorkBook1		文档对象	objWord
	宏定义	"分析 31"		匹配字符串	"【第一年环比前三月份】"
	宏参数	[]		替换字符串	year1hbqsyf
查找文本后设置光标位置	文档对象	objWord	文字批量替换	输出到	bRet
	文本内容	"表 3-1 办公费各月环比增长率表"		文档对象	objWord
	相对位置	2		匹配字符串	"【第一年前三环比值】"
延时	延时(毫秒)	1000		替换字符串	year1qshbz
移动光标位置	文档对象	objWord	文字批量替换	输出到	bRet
	移动次数	1		文档对象	objWord
	移动方式	"line"		匹配字符串	"【第二年环比前三月份】"
	移动方向	"down"		替换字符串	year2hbqsyf
粘贴	文档对象	objWord	文字批量替换	输出到	bRet
				文档对象	objWord
延时	延时(毫秒)	1000		匹配字符串	"【第二年前三环比值】"
				替换字符串	year2qshbz

步骤三十七：继续在其下方添加 1 个“执行宏”、1 个“查找文本后设置光标位置”、3 个“延时”、1 个“移动光标位置”、1 个“粘贴”和 4 个“文字批量替换”，添加完成后排列顺序如图 7-64 所示，属性填写如表 7-43 所示。

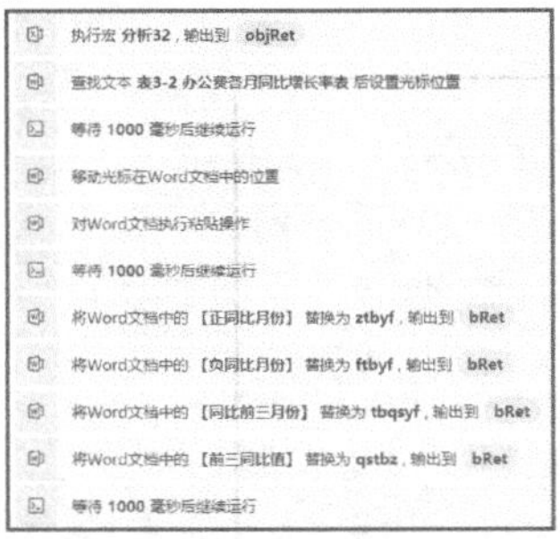

图 7-64 流程界面

表 7-43 属性设置

活动名称	属性	值
执行宏	输出到	objRet
	工作簿对象	objExcelWorkBook1
	宏定义	"分析 32"
	宏参数	[]
查找文本后设置光标位置	文档对象	objWord
	文本内容	"表 3-2 办公费各月同比增长率表"
	相对位置	2
延时	延时(毫秒)	1000
移动光标位置	文档对象	objWord
	移动次数	1
	移动方式	"line"
	移动方向	"down"
粘贴	文档对象	objWord
延时	延时(毫秒)	1000
文字批量替换	输出到	bRet
	文档对象	objWord
	匹配字符串	"【正同比月份】"
	替换字符串	ztbyf
文字批量替换	输出到	bRet
	文档对象	objWord
	匹配字符串	"【负同比月份】"
	替换字符串	ftbyf
文字批量替换	输出到	bRet
	文档对象	objWord
	匹配字符串	"【同比前三月份】"
	替换字符串	tbqsyf
文字批量替换	输出到	bRet
	文档对象	objWord
	匹配字符串	"【前三同比值】"
	替换字符串	qstbz
延时	延时(毫秒)	1000

步骤三十八：继续在其下方添加 2 个“执行宏”、2 个“查找文本后设置光标位置”、4 个“延时”、2 个“移动光标位置”和 2 个“粘贴”，添加完成后排列顺序如图 7-65 所示，属性填写如表 7-44 所示。

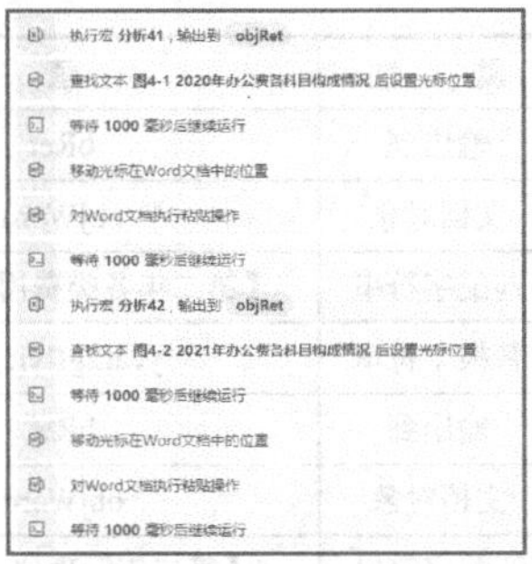

图 7-65 流程界面

表 7-44 属性设置

活动名称	属　性	值	活动名称	属　性	值
执行宏	输出到	objRet	执行宏	输出到	objRet
	工作簿对象	objExcelWorkBook1		工作簿对象	objExcelWorkBook1
	宏定义	"分析 41"		宏定义	"分析 42"
	宏参数	[]		宏参数	[]
查找文本后设置光标位置	文档对象	objWord	查找文本后设置光标位置	文档对象	objWord
	文本内容	"图 4-1 2020 年办公费各科目结构占比图"		文本内容	"图 4-2 2021 年办公费各科目结构占比图"
	相对位置	1		相对位置	1
延时	延时(毫秒)	1000	延时	延时(毫秒)	1000
移动光标位置	文档对象	objWord	移动光标位置	文档对象	objWord
	移动次数	1		移动次数	1
	移动方式	"line"		移动方式	"line"
	移动方向	"up"		移动方向	"up"
粘贴	文档对象	objWord	粘贴	文档对象	objWord
延时	延时(毫秒)	1000	延时	延时(毫秒)	1000

步骤三十九：继续在其下方添加 12 个“文字批量替换”，添加完成后排列顺序如图 7-66 所示，属性填写如表 7-45 所示。

将Word文档中的 【第一年各类费用金额[0]】 替换为 year1glfyje[0]，输出到 bRet
将Word文档中的 【第一年管理费用占比】 替换为 year1glfyzb，输出到 bRet
将Word文档中的 【第一年各类费用金额[1]】 替换为 year1glfyje[1]，输出到 bRet
将Word文档中的 【第一年销售费用占比】 替换为 year1xsfyzb，输出到 bRet
将Word文档中的 【第一年各类费用金额[2]】 替换为 year1glfyje[2]，输出到 bRet
将Word文档中的 【第一年制造费用占比】 替换为 year1zzfyzb，输出到 bRet
将Word文档中的 【第二年各类费用金额[0]】 替换为 year2glfyje[0]，输出到 bRet
将Word文档中的 【第二年管理费用占比】 替换为 year2glfyzb，输出到 bRet
将Word文档中的 【第二年各类费用金额[1]】 替换为 year2glfyje[1]，输出到 bRet
将Word文档中的 【第二年销售费用占比】 替换为 year2xsfyzb，输出到 bRet
将Word文档中的 【第二年各类费用金额[2]】 替换为 year2glfyje[2]，输出到 bRet
将Word文档中的 【第二年制造费用占比】 替换为 year2zzfyzb，输出到 bRet

图 7-66 流程界面

表 7-45 属性设置

活动名称	属　性	值	活动名称	属　性	值
文字批量替换	输出到	bRet	文字批量替换	输出到	bRet
	文档对象	objWord		文档对象	objWord
	匹配字符串	"【第一年各类费用金额[0]】"		匹配字符串	"【第二年各类费用金额[0]】"
	替换字符串	year1glfyje[0]		替换字符串	year2glfyje[0]
文字批量替换	输出到	bRet	文字批量替换	输出到	bRet
	文档对象	objWord		文档对象	objWord
	匹配字符串	"【第一年管理费用占比】"		匹配字符串	"【第二年管理费用占比】"
	替换字符串	year1glfyzb		替换字符串	year2glfyzb

续表

活动名称	属性	值	活动名称	属性	值
文字批量替换	输出到	bRet	文字批量替换	输出到	bRet
	文档对象	objWord		文档对象	objWord
	匹配字符串	"【第一年各类费用金额[1]】"		匹配字符串	"【第二年各类费用金额[1]】"
	替换字符串	year1glfyje[1]		替换字符串	year2glfyje[1]
文字批量替换	输出到	bRet	文字批量替换	输出到	bRet
	文档对象	objWord		文档对象	objWord
	匹配字符串	"【第一年销售费用占比】"		匹配字符串	"【第二年销售费用占比】"
	替换字符串	year1xsfyzb		替换字符串	year2xsfyzb
文字批量替换	输出到	bRet	文字批量替换	输出到	bRet
	文档对象	objWord		文档对象	objWord
	匹配字符串	"【第一年各类费用金额[2]】"		匹配字符串	"【第二年各类费用金额[2]】"
	替换字符串	year1glfyje[2]		替换字符串	year2glfyje[2]
文字批量替换	输出到	bRet	文字批量替换	输出到	bRet
	文档对象	objWord		文档对象	objWord
	匹配字符串	"【第一年制造费用占比】"		匹配字符串	"【第二年制造费用占比】"
	替换字符串	year1zzfyzb		替换字符串	year2zzfyzb

步骤四十：继续在其下方添加 2 个“执行宏”、2 个“查找文本后设置光标位置”、4 个“延时”、2 个“移动光标位置”和 2 个“粘贴”，添加完成后排列顺序如图 7-67 所示，属性填写如表 7-46 所示。

执行宏 分析51，输出到 objRet
查找文本 图5-1 2020年管理费用-办公费业... 后设置光标位置
等待 1000 毫秒后继续运行
移动光标在Word文档中的位置
对Word文档执行粘贴操作
等待 1000 毫秒后继续运行
执行宏 分析52，输出到 objRet
查找文本 图5-2 2021年管理费用-办公费业... 后设置光标位置
等待 1000 毫秒后继续运行
移动光标在Word文档中的位置
对Word文档执行粘贴操作
等待 1000 毫秒后继续运行

图 7-67 流程界面

步骤四十一：继续在其下方添加 12 个“文字批量替换”，添加完成后排列顺序如图 7-68 所示，属性填写如表 7-47 所示。

表 7-46 属性设置

活动名称	属性	值
执行宏	输出到	objRet
	工作簿对象	objExcelWorkBook1
	宏定义	"分析 51"
	宏参数	[]
查找文本后设置光标位置	文档对象	objWord
	文本内容	"图 5-1 2020 年管理费用-办公费各业务结构占比图"
	相对位置	1
延时	延时(毫秒)	1000
移动光标位置	文档对象	objWord
	移动次数	1
	移动方式	"line"
	移动方向	"up"
粘贴	文档对象	objWord
延时	延时(毫秒)	1000
执行宏	输出到	objRet
	工作簿对象	objExcelWorkBook1
	宏定义	"分析 52"
	宏参数	[]
查找文本后设置光标位置	文档对象	objWord
	文本内容	"图 5-2 2021 年管理费用-办公费各业务结构占比图"
	相对位置	1
延时	延时(毫秒)	1000
移动光标位置	文档对象	objWord
	移动次数	1
	移动方式	"line"
	移动方向	"up"
粘贴	文档对象	objWord
延时	延时(毫秒)	1000

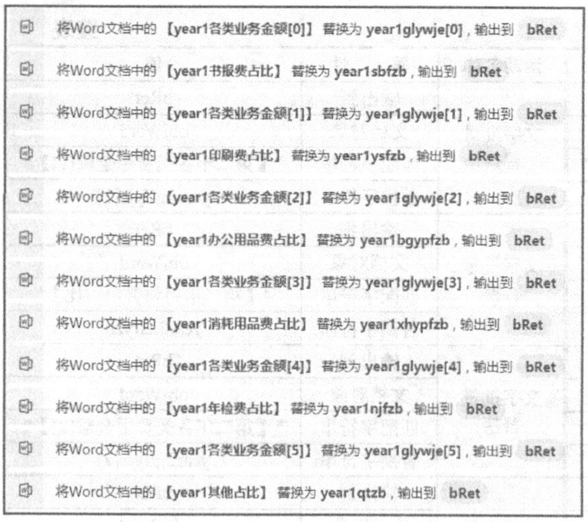

将Word文档中的 【year1各类业务金额[0]】 替换为 year1glywje[0]，输出到 bRet
将Word文档中的 【year1书报费占比】 替换为 year1sbfzb，输出到 bRet
将Word文档中的 【year1各类业务金额[1]】 替换为 year1glywje[1]，输出到 bRet
将Word文档中的 【year1印刷费占比】 替换为 year1ysfzb，输出到 bRet
将Word文档中的 【year1各类业务金额[2]】 替换为 year1glywje[2]，输出到 bRet
将Word文档中的 【year1办公用品费占比】 替换为 year1bgypfzb，输出到 bRet
将Word文档中的 【year1各类业务金额[3]】 替换为 year1glywje[3]，输出到 bRet
将Word文档中的 【year1消耗用品费占比】 替换为 year1xhypfzb，输出到 bRet
将Word文档中的 【year1各类业务金额[4]】 替换为 year1glywje[4]，输出到 bRet
将Word文档中的 【year1年检费占比】 替换为 year1njfzb，输出到 bRet
将Word文档中的 【year1各类业务金额[5]】 替换为 year1glywje[5]，输出到 bRet
将Word文档中的 【year1其他占比】 替换为 year1qtzb，输出到 bRet

图 7-68　流程界面

步骤四十二：继续在其下方添加 12 个“文字批量替换”，添加完成后排列顺序如图 7-69 所示，属性填写如表 7-48 所示。

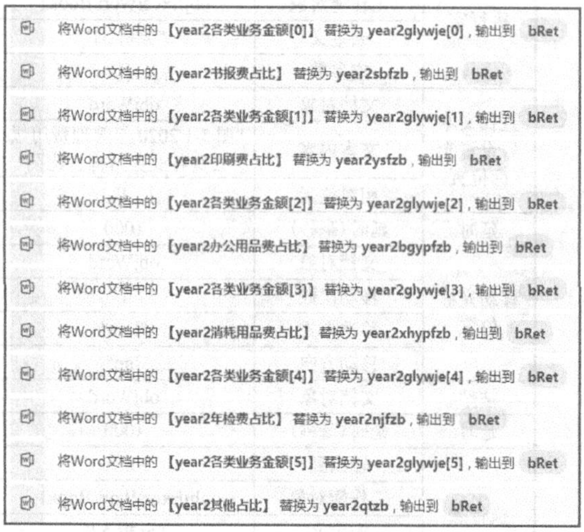

将Word文档中的 【year2各类业务金额[0]】 替换为 year2glywje[0]，输出到 bRet
将Word文档中的 【year2书报费占比】 替换为 year2sbfzb，输出到 bRet
将Word文档中的 【year2各类业务金额[1]】 替换为 year2glywje[1]，输出到 bRet
将Word文档中的 【year2印刷费占比】 替换为 year2ysfzb，输出到 bRet
将Word文档中的 【year2各类业务金额[2]】 替换为 year2glywje[2]，输出到 bRet
将Word文档中的 【year2办公用品费占比】 替换为 year2bgypfzb，输出到 bRet
将Word文档中的 【year2各类业务金额[3]】 替换为 year2glywje[3]，输出到 bRet
将Word文档中的 【year2消耗用品费占比】 替换为 year2xhypfzb，输出到 bRet
将Word文档中的 【year2各类业务金额[4]】 替换为 year2glywje[4]，输出到 bRet
将Word文档中的 【year2年检费占比】 替换为 year2njfzb，输出到 bRet
将Word文档中的 【year2各类业务金额[5]】 替换为 year2glywje[5]，输出到 bRet
将Word文档中的 【year2其他占比】 替换为 year2qtzb，输出到 bRet

图 7-69　流程界面

步骤四十三：继续在其下方添加 1 个“执行宏”、1 个“查找文本后设置光标位置”、2 个“延时”、1 个“移动光标位置”、1 个“粘贴”和 4 个“文字批量替换”，添加完成后排列顺序如图 7-70 所示，属性填写如表 7-49 所示。

表 7-47　属性设置

活动名称	属　性	值
文字批量替换	输出到	bRet
	文档对象	objWord
	匹配字符串	"【year1 各类业务金额[0]】"
	替换字符串	year1glywje[0]
文字批量替换	输出到	bRet
	文档对象	objWord
	匹配字符串	"【year1 书报费占比】"
	替换字符串	year1sbfzb
文字批量替换	输出到	bRet
	文档对象	objWord
	匹配字符串	"【year1 各类业务金额[1]】"
	替换字符串	year1glywje[1]
文字批量替换	输出到	bRet
	文档对象	objWord
	匹配字符串	"【year1 印刷费占比】"
	替换字符串	year1ysfzb
文字批量替换	输出到	bRet
	文档对象	objWord
	匹配字符串	"【year1 各类业务金额[2]】"
	替换字符串	year1glywje[2]
文字批量替换	输出到	bRet
	文档对象	objWord
	匹配字符串	"【year1 办公用品费占比】"
	替换字符串	year1bgypfzb
文字批量替换	输出到	bRet
	文档对象	objWord
	匹配字符串	"【year1 各类业务金额[3]】"
	替换字符串	year1glywje[3]
文字批量替换	输出到	bRet
	文档对象	objWord
	匹配字符串	"【year1 消耗用品费占比】"
	替换字符串	year1xhypfzb
文字批量替换	输出到	bRet
	文档对象	objWord
	匹配字符串	"【year1 各类业务金额[4]】"
	替换字符串	year1glywje[4]
文字批量替换	输出到	bRet
	文档对象	objWord
	匹配字符串	"【year1 年检费占比】"
	替换字符串	year1njfzb
文字批量替换	输出到	bRet
	文档对象	objWord
	匹配字符串	"【year1 各类业务金额[5]】"
	替换字符串	year1glywje[5]
文字批量替换	输出到	bRet
	文档对象	objWord
	匹配字符串	"【year1 其他占比】"
	替换字符串	year1qtzb

表 7-48 属性设置

活动名称	属 性	值	活动名称	属 性	值
文字批量替换	输出到	bRet	文字批量替换	输出到	bRet
	文档对象	objWord		文档对象	objWord
	匹配字符串	"【year2 各类业务金额[0]】"		匹配字符串	"【year2 各类业务金额[3]】"
	替换字符串	year2glywje[0]		替换字符串	year2glywje[3]
文字批量替换	输出到	bRet	文字批量替换	输出到	bRet
	文档对象	objWord		文档对象	objWord
	匹配字符串	"【year2 书报费占比】"		匹配字符串	"【year2 消耗用品费占比】"
	替换字符串	year2sbfzb		替换字符串	year2xhypfzb
文字批量替换	输出到	bRet	文字批量替换	输出到	bRet
	文档对象	objWord		文档对象	objWord
	匹配字符串	"【year2 各类业务金额[1]】"		匹配字符串	"【year2 各类业务金额[4]】"
	替换字符串	year2glywje[1]		替换字符串	year2glywje[4]
文字批量替换	输出到	bRet	文字批量替换	输出到	bRet
	文档对象	objWord		文档对象	objWord
	匹配字符串	"【year2 印刷费占比】"		匹配字符串	"【year2 年检费占比】"
	替换字符串	year2ysfzb		替换字符串	year2njfzb
文字批量替换	输出到	bRet	文字批量替换	输出到	bRet
	文档对象	objWord		文档对象	objWord
	匹配字符串	"【year2 各类业务金额[2]】"		匹配字符串	"【year2 各类业务金额[5]】"
	替换字符串	year2glywje[2]		替换字符串	year2glywje[5]
文字批量替换	输出到	bRet	文字批量替换	输出到	bRet
	文档对象	objWord		文档对象	objWord
	匹配字符串	"【year2 办公用品费占比】"		匹配字符串	"【year2 其他占比】"
	替换字符串	year2bgypfzb		替换字符串	year2qtzb

执行宏 分析6，输出到 objRet
查找文本 图6 办公费各部门发生情况 后设置光标位置
等待 1000 毫秒后继续运行
移动光标在Word文档中的位置
对Word文档执行粘贴操作
等待 1000 毫秒后继续运行
将Word文档中的【year1支出最多部门】替换为 year1zczdbm，输出到 bRet
将Word文档中的【year1支出最多部门金额】替换为 year1zczdbmje，输出到 bRet
将Word文档中的【year2支出最多部门】替换为 year2zczdbm，输出到 bRet
将Word文档中的【year2支出最多部门金额】替换为 year2zczdbmje，输出到 bRet

图 7-70 流程界面

表 7-49 属性设置

活动名称	属 性	值	活动名称	属 性	值
执行宏	输出到	objRet	文字批量替换	输出到	bRet
	工作簿对象	objExcelWorkBook1		文档对象	objWord
	宏定义	"分析 6"		匹配字符串	"【year1 支出最多部门】"
	宏参数	[]		替换字符串	year1zczdbm

续表

活动名称	属　性	值	活动名称	属　性	值
查找文本后设置光标位置	文档对象	objWord	文字批量替换	输出到	bRet
	文本内容	"图 6 各部门办公费对比图"		文档对象	objWord
	相对位置	1		匹配字符串	"【year1 支出最多部门金额】"
延时	延时(毫秒)	1000		替换字符串	year1zczdbmje
移动光标位置	文档对象	objWord	文字批量替换	输出到	bRet
	移动次数	1		文档对象	objWord
	移动方式	"line"		匹配字符串	"【year2 支出最多部门】"
	移动方向	"up"		替换字符串	year2zczdbm
粘贴	文档对象	objWord	文字批量替换	输出到	bRet
				文档对象	objWord
延时	延时(毫秒)	1000		匹配字符串	"【year2 支出最多部门金额】"
				替换字符串	year2zczdbmje

步骤四十四：继续在其下方添加 8 个“文字批量替换”，添加完成后排列顺序如图 7-71 所示，属性填写如表 7-50 所示。

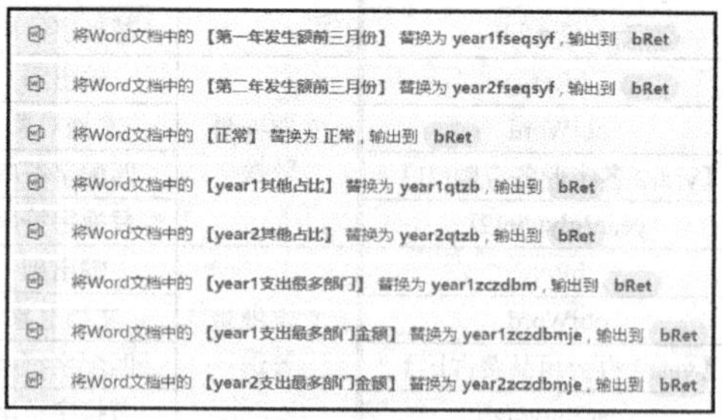

将Word文档中的 【第一年发生额前三月份】 替换为 year1fseqsyf，输出到 bRet
将Word文档中的 【第二年发生额前三月份】 替换为 year2fseqsyf，输出到 bRet
将Word文档中的 【正常】 替换为 正常，输出到 bRet
将Word文档中的 【year1其他占比】 替换为 year1qtzb，输出到 bRet
将Word文档中的 【year2其他占比】 替换为 year2qtzb，输出到 bRet
将Word文档中的 【year1支出最多部门】 替换为 year1zczdbm，输出到 bRet
将Word文档中的 【year1支出最多部门金额】 替换为 year1zczdbmje，输出到 bRet
将Word文档中的 【year2支出最多部门金额】 替换为 year2zczdbmje，输出到 bRet

图 7-71　流程界面

表 7-50　属性设置

活动名称	属　性	值	活动名称	属　性	值
文字批量替换	输出到	bRet	文字批量替换	输出到	bRet
	文档对象	objWord		文档对象	objWord
	匹配字符串	"【第一年发生额前三月份】"		匹配字符串	"【year2 其他占比】"
	替换字符串	year1fseqsyf		替换字符串	year2qtzb
文字批量替换	输出到	bRet	文字批量替换	输出到	bRet
	文档对象	objWord		文档对象	objWord
	匹配字符串	"【第二年发生额前三月份】"		匹配字符串	"【year1 支出最多部门】"
	替换字符串	year2fseqsyf		替换字符串	year1zczdbm
文字批量替换	输出到	bRet	文字批量替换	输出到	bRet
	文档对象	objWord		文档对象	objWord
	匹配字符串	"【正常】"		匹配字符串	"【year1 支出最多部门金额】"
	替换字符串	“正常”		替换字符串	year1zczdbmje
文字批量替换	输出到	bRet	文字批量替换	输出到	bRet
	文档对象	objWord		文档对象	objWord
	匹配字符串	"【year1 其他占比】"		匹配字符串	"【year2 支出最多部门金额】"
	替换字符串	year1qtzb		替换字符串	year2zczdbmje

步骤四十五：继续在其下方添加 1 个“关闭 Excel 工作簿”，添加完成后排列顺序如图 7-72 所示，属性填写如表 7-51 所示。至此，整个办公费分析机器人编写完成。

关闭Excel工作簿

图 7-72　流程界面

表 7-51　属性设置

活动名称	属　　性	值
关闭 Excel 工作簿	工作簿对象	objExcelWorkBook
	立即保存	true

生成的办公费数据分析报告包括封面、目录、摘要以及正文，正文具体包括分析背景与目的、分析思路、分析内容和结论与建议。报告能清晰地展现出办公费数据项目分析、趋势分析、环比同比分析、结构分析、业务活动分析、部门分析的结果，并向报告使用者提出建议。读者可以通过扫描二维码查看“办公费数据分析报告”的具体内容。

办公费数据分析报告

第 8 章　差旅费数据自动化分析

8.1 分析目的

➲ 8.1.1　场景描述

重庆南山位于长江南岸，北起铜锣峡，南至金竹沟，数十座山峰临江拔地而起，山上有各种奇花异草、稀泉怪潭，夏季郁郁苍苍、鸟语蝉鸣，冬季烟雾缭绕、似真似幻。此外还有涂山寺、老君洞、大佛寺等古建筑相映生辉，楼台亭阁、曲径通幽，旅行者到了此处游目四瞩，莫不感叹："入眼处皆为景，入耳声皆为音。"

蛮先进公司位于江北嘴 CBD，从办公室窗外望去刚好能够看到长江和嘉陵江的交汇处以及对面的南岸区和渝中半岛。财务数据分析"元气满蛮"团队初级分析师宛霖的办公桌刚好靠着窗边，她习惯于看着窗外的景色思考工作，似乎滚滚流动的两江江水能带给她更多灵感。某个星期五的下午，宛霖照例若有所思地看着窗外。突然，财务数据分析实习生家桐蹦蹦跳跳地跑过来，正准备跟宛霖打招呼，看着玻璃窗外的景色不由得感叹道："哇！宛霖姐，这景色也太好了吧！你看这两江交汇，你看这鳞次栉比的高楼，你看那远处如黛如墨的青山！"

宛霖忍不住笑："家桐啊家桐，你看这景色把你迷得！话说你知道那对面是什么山吗？"

"不知道哎宛霖姐，"家桐好奇地问道，"虽然我实习没几天，但已经听闻你是公司出名的登山爱好者，你肯定去过，快告诉我，我也喜欢爬山！"

宛霖不好意思地笑道："那是重庆的南山，山上可漂亮了，还有著名的'一棵树'观景台、老君洞道观、美味的泉水鸡……你喜欢爬山的话，明天就是周末了，我们可以一起去呀！"

家桐兴奋地说道："太好了，宛霖姐！早就听说'一棵树'的夜景非比寻常，老君洞道观也是历史悠久！"

这时，财务总监程平正在办公室内边吃下午茶边看报纸，一条标题名为"XX 公司员工使用公款旅游受严重处分"的新闻映入眼帘。程总心头一颤：我们蛮先进公司的业务遍及全国各地，经常在外地召开会议，出差次数、出差时间、出差目的地是否合理？每一笔差旅费的开支是否做到了节省？不行，我得立马让财务数据分析师团队对近两年的差旅费进行一个全面分析。

于是，程总拿起电话拨打宛霖的号码。而另一边，宛霖突然看到名为"野蛮人程总"的来电显示，顿时感到丝丝凉意，再没有欣赏美景的心情，对旁边的家桐做了个"嘘"的手势，接通电话，打开免提。

"程总好！请问您有什么吩咐吗？"宛霖挤出做作的微笑问。

"喂，宛霖呀，你们这几天带着实习生家桐马上做一个 2020 年和 2021 年的差旅费分析哈，不仅要做基础的差旅费汇总核算，还要下沉到业务哈。我看今年差旅费花销有点高啊，你找找是什么原因，比如哪几个月差旅费花销增长最严重，哪个部门差旅费最高？销售部还是行政部？记住一定要深入业务分析啊！你们财务数据分析团队好好讨论哟！”

“好的，程总，”宛霖乖巧地拿起纸笔，再次向程总确认，“您是说对这两年的差旅费做一个整体分析，并且要深入到具体层面，找出差旅费成本可以降低的空间对吧？”

“没错，最后形成一份分析报告交给我哈。”杀伐果断的程总没等宛霖回话便挂了电话。

宛霖思考一会儿后对家桐说：“家桐，前段时间你跟着做办公费分析应该有一点儿经验了，那我考考你还记不记得所有数据分析的第一步骤应该考虑什么？”

家桐眼睛里仿佛闪着光：“当然记得，那就是一定要先明确分析的目的，只有这样后续的分析才能事半功倍，如果分析目的不明确，就会导致分析过程非常盲目！”

“没错，”宛霖继续说道：“那么按刚才程总的话，通过这次差旅费分析我们要审查差旅费总体和具体的开支情况，并且要下沉到业务层面，在业务层面进行多维度分析，为降低差旅费成本提出建议。审查差旅费总体和具体开支情况意在让程总对 2020 和 2021 年的差旅费支出有一个总体到具体的把握，为之后的差旅费计划与管理提供帮助，而降低差旅费当然就是每个财务总监想达到的目标了。”

家桐在一旁拿着“蛮聪明”牌钢笔认真地在本子上写写画画做着笔记。

➲ 8.1.2 目的框架

蛮先进公司差旅费分析目的框架如图 8-1 所示。

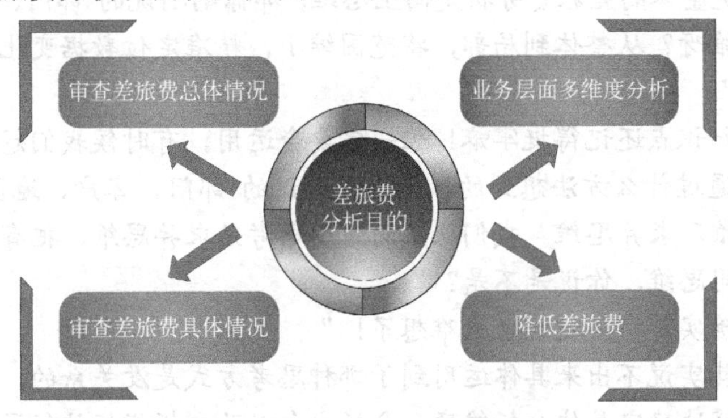

图 8-1 差旅费分析目的框架

8.2 分析内容和思路

➲ 8.2.1 场景描述

明确了分析目的后，宛霖和家桐就要开始梳理分析内容和思路，搭建分析框架了。宛霖一时半会儿理不清头绪，转头看见旁边的同事天雨正躲在办公桌底下偷偷吃饼干，天雨是高级财务数据分析师，算得上是宛霖的前辈，在财务数据分析工作上也常常帮助宛霖。

宛霖缓缓把脑袋向天雨凑过去：“嘿嘿，天雨！在吃什么呢？”

天雨吓得半块饼干从嘴里掉了出来：“吓我一跳！我还以为是谁呢。我这不是在加餐嘛，吃饱了才有力气干活！”

宛霖："不开你玩笑啦队长，我和家桐需要你帮忙想想差旅费要怎么做数据分析！"

天雨："差旅费？详细说说看。"

家桐："程总让我们对 2020 年和 2021 年两年的差旅费进行分析，目的是审查差旅费总体与具体的情况，以及从业务层面多维度分析和降低差旅费。这就是你之前教我的要明确分析目的，但后面的分析思路我们不知道从何入手了。"

"让我想想，"天雨歪着头思考了一会儿说道，"对整个差旅费开支进行分析，首先我们可以从时间维度考虑，分析每个月的差旅费总额，找出花销排名靠前的月份；其次，要看出差旅费每月的变动，我们可以进行环比与同比的分析；最后我们还可以从差旅费的一级科目下手，进行差旅费结构分析。"

"结构分析？"宛霖突然拍手说道"哦，我明白啦！结构分析就是差旅费在管理费用、销售费用和制造费用中分别占比多少，这应该就是你之前教我的结构分析法吧？"

"没错！"天雨欣慰地点点头，"要有效地为差旅费管理提出建议，那么分析一定要深入业务。"

"哇，天雨，你这话跟程总说得一模一样啊！"宛霖崇拜地看着天雨。

"哈哈，等你多做几个分析就知道啦，分析若不融入业务那只能是隔靴搔痒。"天雨认真地说，"差旅费分析要下沉到业务，你可以从部门、客户、地区、项目这几个维度来展开。把差旅费分别归集到对应的部门、客户、地区和项目，进行对比，找出差旅费的高花销到底在哪里。"

家桐："如果说整体的差旅费分析是向上思维，那你刚刚说的'部门、客户、地区、项目'是不是就是下切思维呀？从整体到局部，将范围缩小，精准定位数据变化的具体情况和变化背后的具体原因。"

天雨："家桐知识点还记得挺牢嘛！但一定要会运用，有时候我们想到了分析方法，可能并不知道自己是通过什么方法想到的，比如刚刚说的'部门、客户、地区、项目'分析，其实还用到了求同思维和求异思维。我们从不同角度思考是求异思维，把有着相同属性的差旅费归集到一块是求同思维，你说是不是？"

家桐："是，确实是！不过这也太难想了！"

天雨笑说："其实说不出来具体运用到了哪种思考方式是没关系的，只要你习惯这样的思维方式，并且较好地确定具体分析维度、分析方向以及分析指标就行了。"

宛霖和家桐兴奋地说："谢谢天雨！我们受到了许多启发！"

两人回到自己的工位，打开"蛮好用"电脑，开始梳理差旅费分析框架。

蛮先进公司差旅费分析思路框架如图 8-2 所示。

确定好差旅费分析框架，接下来要开始具体的分析工作了。家桐看着眼前的文件，心里紧张地默念着"数据准备、数据清洗、数据处理、数据分析、生成报告"，心里忍不住想：蛮先进公司每月的差旅费就上百笔，两年的数据就有一千多笔，除了按月汇总，还要把每一笔都归集到相应的部门、客户、地区和项目，这可是个大工程呀。

"想什么呢?家桐，"宛霖拍了下家桐的肩，"接下来我们要开始梳理分析流程了。"

"宛霖姐，这差旅费不少啊，我们的元小蛮 RPA 财务数据分析机器人真的能做到吗？"家桐担心地说。

"当然能，只要我们能清晰地知道具体业务，梳理好分析流程，元小蛮就没什么办不到的！"宛霖有信心地说道。

说着，宛霖将手中的“蛮顺滑”平板电脑打开，与家桐商量着画出差旅费机器人自动化总体流程图。

蛮先进公司差旅费分析思路框架如图 8-2 所示。

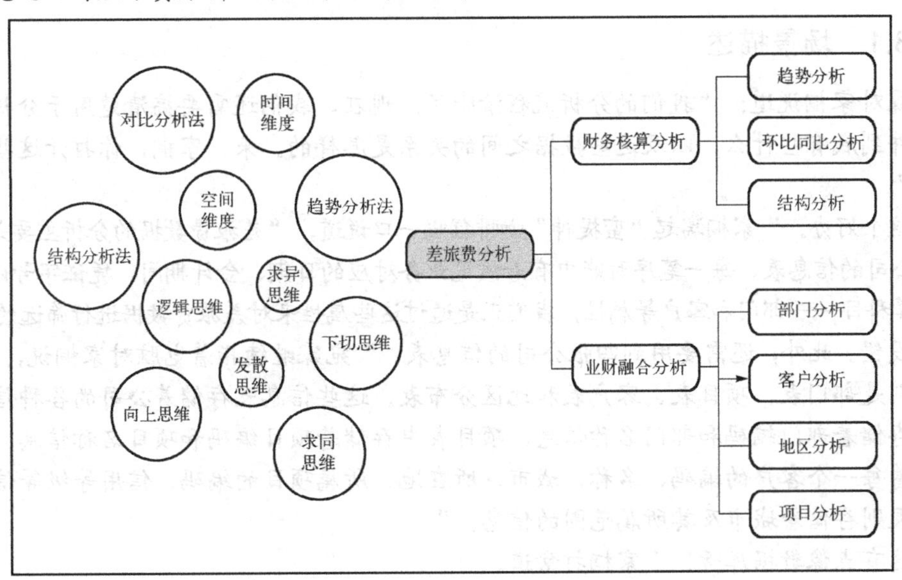

图 8-2 差旅费分析思路框架

8.2.2 自动化分析流程

蛮先进公司差旅费数据自动化分析流程如图 8-3 所示。首先，由元小蛮打开序时账文件和信息表文件，对差旅费相关数据进行清洗和筛选；然后，依次对清洗好的差旅费相关数据进行趋势分析、环比同比分析、结构分析、部门分析、客户分析、地区分析和项目分析；最后，元小蛮将分析结果进行汇总，自动生成差旅费数据分析报告。

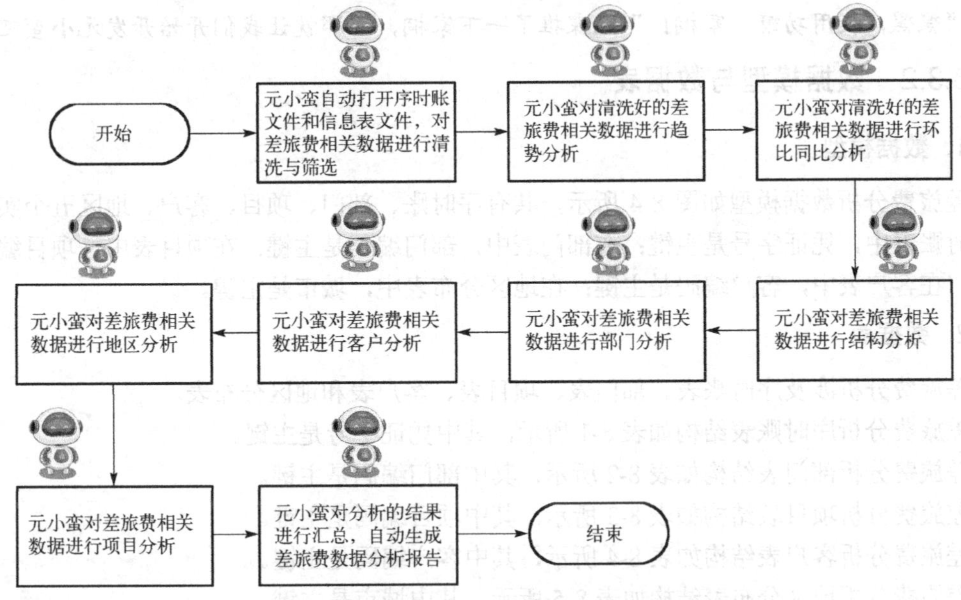

图 8-3 蛮先进公司差旅费数据自动化分析流程

8.3 数据准备

8.3.1 场景描述

宛霖对家桐说道："我们的分析流程清晰了。现在，我们还需要搞清楚用于分析的具体数据文件到底有些什么，以及这些数据之间的关系是怎样的。来，家桐，你打开这些文件告诉我。"

"这个好办。"家桐端起"蛮提神"咖啡猛喝一口说道，"差旅费数据的分析主要是基于序时账和公司的信息表，每一笔序时账中有着该笔业务对应的日期、会计期间、凭证字号以及两个辅助核算科目——部门和客户等属性，我们正是通过这些属性来对差旅费数据进行筛选的。"

"没错。此外，还需要用到四张公司的信息表，"宛霖继续指着电脑对家桐说，"你看，他们分别是部门表、项目表、客户表和地区分布表。这些信息表存储着公司的各种信息。部门表中存储着部门编码和部门名称信息，项目表中存储着项目编码和项目名称信息，客户表中存储着每一个客户的编码、名称、城市、所在地、所属项目的编码、信用等级等信息，地区分布表则存储着城市及其所属范围的信息。"

"这有点像数据库呀！"家桐打岔道。

"没错！不愧是皇家理工大学会计信息化专业毕业的，"宛霖回答道，"我们可以把它看成一个简化版的数据库，在必要的时候要对它们进行连接和查询。比如，想要知道某一笔差旅费归集到哪一个项目，这时我们的序时账里有客户编码信息，我们只需要将客户表与项目表连接起来，就可以通过客户信息查找到所归属的项目了。想查询哪一笔差旅费应该归集到哪一个地区，也是同样的道理。"

家桐："原来如此！我记得在元小蛮开发中，有专门的'合并数据表'活动，就是以内连接的方式将两个数据表进行连接，刚好满足这个需求。"

"嘿嘿，挺用功嘛，家桐！"宛霖推了一下家桐，"那就让我们开始开发元小蛮吧！"

8.3.2 数据模型与数据表

1．数据模型

差旅费分析数据模型如图 8-4 所示，共有序时账、部门、项目、客户、地区五个实体。在序时账表中，凭证字号是主键；在部门表中，部门编码是主键；在项目表中，项目编码是主键；在客户表中，客户编码是主键；在地区分布表中，城市是主键。

2．数据表

差旅费分析涉及序时账表、部门表、项目表、客户表和地区分布表。

差旅费分析序时账表结构如表 8-1 所示，其中凭证字号是主键。

差旅费分析部门表结构如表 8-2 所示，其中部门编码是主键。

差旅费分析项目表结构如表 8-3 所示，其中项目编码是主键。

差旅费分析客户表结构如表 8-4 所示，其中客户编码是主键。

差旅费分析地区分布表结构如表 8-5 所示，其中城市是主键。

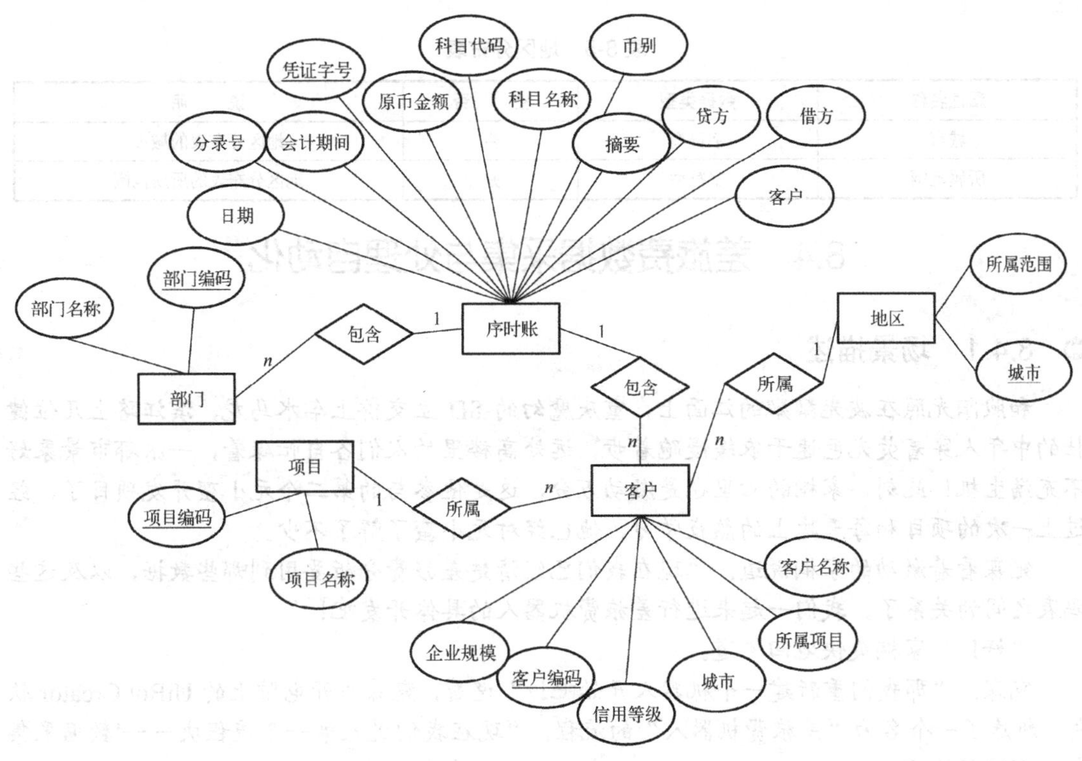

图 8-4　差旅费分析数据模型

注：为训练读者使用 UiBot 表格内的连接功能，本章项目与客户为 1: *n* 关系。

表 8-1　序时账表

属性名称	数据类型	空否	说　明
凭证字号	字符型	否	凭证字号
会计期间	字符型	是	分录发生会计期间
日期	日期型	是	分录发生日期
分录号	字符型	是	分录号
摘要	字符型	是	分录事件摘要
科目代码	字符型	是	科目的代码
科目名称	字符型	是	科目的名称
部门	字符型	是	部门编码
客户	字符型	是	客户编码
币别	字符型	是	币别种类
本币金额	字符型	是	本币金额
借方	数值型	是	借方发生额
贷方	数值型	是	贷方发生额

表 8-2　部门表

属性名称	数据类型	空否	说　明
部门编码	字符型	否	部门表的部门编码
部门名称	字符型	是	部门表的部门名称

表 8-3　项目表

属性名称	数据类型	空否	说　明
项目编码	字符型	否	项目表的项目编码
项目名称	字符型	是	项目表的项目名称

表 8-4　客户表

属性名称	数据类型	空否	说　明
客户编码	字符型	否	客户表的客户编码
客户名称	字符型	是	客户表的客户名称
所属项目	字符型	是	客户所属项目的编码
企业规模	字符型	是	客户表的企业规模
城市	字符型	是	客户表的城市
信用等级	字符型	是	客户表的信用等级

表 8-5　地区分布表

属性名称	数据类型	空　否	说　明
城市	字符型	否	地区分布表的城市
所属范围	字符型	是	地区分布表的所属范围

8.4　差旅费数据采集与处理自动化

➲ 8.4.1　场景描述

和煦阳光照在波光粼粼的江面上，重庆魔幻的 8D 立交桥上车水马龙，滨江路上几位健壮的中年人穿着荧光色速干衣缓慢跑着步，远处高楼里的人们各自忙碌着，一派都市景象好不充满生机！此刻，家桐的心里也是激动万分，这是他参与的第二个元小蛮开发项目了，经过上一次的项目和每天晚上的熬夜学习，他已经对元小蛮了解了不少。

宛霖看着激动的家桐说道："现在我们已经清楚差旅费分析要用到哪些数据，以及这些码表之间的关系了。我们一起来进行差旅费机器人的具体开发吧！"

"好！"家桐爽快地回答道。

宛霖："那我们重新建一个机器人开始吧！"说着，宛霖打开电脑上的 UiBot Creator 软件，新建了一个名为"差旅费机器人"的流程，"现在我们进入第一个流程块——'数据采集与处理流程块'"。

家桐在一旁仔细地看着，也忍不住想亲手开发元小蛮。宛霖似乎看出了家桐的心思，便说："你应该对元小蛮有一点熟悉了，这样，你来操作，我在旁边指导好不好？"

"好啊好啊！"家桐开心地答应了。

"首先，我们将所有要用到的数据文件放进指定的文件夹，然后再添加打开 Excel 工作簿活动，将差旅费序时账、生成报告、信息表这三个工作簿打开。对了，这个生成报告模板是用来存储分析数据、展现分析数据的，待会儿在进行数据分析自动化开发时再详细给你讲。"宛霖耐心地讲道，"然后添加读取区域活动，将序时账、客户码表、地区分布表的信息读取出来，这时候读取出来的数据并不是数据表而是一个二维数组。所以添加构建数据表活动，将数据构建成一个数据表。"

"我们为什么非要将数据构建成数据表的形式呢？"家桐问道。

"因为我们要对序时账里的信息进行筛选，只有将它们转换为数据表，才能运用数据筛选活动。在数据筛选活动中填入限制条件，就可以筛选出差旅费啦。"

家桐跟着宛霖的提示一步步操作着，不免发出很多疑问，比如找不到某个活动在哪里，或者有些属性需要到代码视图里进行修改。宛霖不厌其烦地解答家桐的问题，并告诉家桐熟能生巧，前期开发机器人难免遇到很多问题，需要不断调试，记录下报错原因，今后才能游刃有余。

接近下班时间了，在宛霖的带领下，家桐终于将数据采集与处理流程块开发完毕。

"不错啊家桐！"宛霖向家桐投去赞许的目光，"这是个好开头，这样，我们今天到此为止，下周一回来再继续开发好不好？"

"好的，宛霖姐，有你教我开发元小蛮真是太好啦。"家桐开心地说道。

"对了，还记得我们的约定吗，明早 6:30 南山脚下见哦，我们在游南山的途中也顺便讨论下接下来机器人的开发。"宛霖精神十足地说道。

“记得记得，明早见，宛霖姐！”家桐眉飞色舞地说道。

宛霖和家桐说说笑笑地收拾背包准备离开公司。

8.4.2　RPA 技术路线

差旅费数据采集与处理自动化通过数据采集与处理流程块来实现，数据采集与处理流程块开发主要包括打开 Excel 工作簿、数据读取、构建数据表、数据筛选、转换为数组这几个步骤。

差旅费数据采集与处理自动化开发的具体技术路线如表 8-6 所示

表 8-6　差旅费数据采集与处理自动化开发技术路线

模　块	功能描述	使用的活动
数据采集与处理	打开从本地获取的“差旅费序时账.xlsx”文件、“信息表.xlsx”文件和“生成报告.xlsm”文件，读取这些 Excel 文件中的差旅费相关数据	打开 Excel 工作簿
		读取区域
	将读取到的差旅费数据构建一个数据表，进行数据筛选	构建数据表
		数据筛选

8.4.3　RPA 技术实现

1．搭建整体流程框架

步骤一：打开 UiBot Creator 软件，新建流程，并将其命名为“差旅费分析机器人”。从左侧拖放“流程块”，添加 9 个“流程块”和 1 个“结束”，并将“流程块”分别改名为“数据采集与处理”、“趋势分析”、“环比同比分析”、“结构分析”、“部门分析”、“客户分析””、“地点分析”、“项目分析”和“生成分析报告”，流程界面如图 8-5 所示，并添加流程图变量如表 8-7 所示。

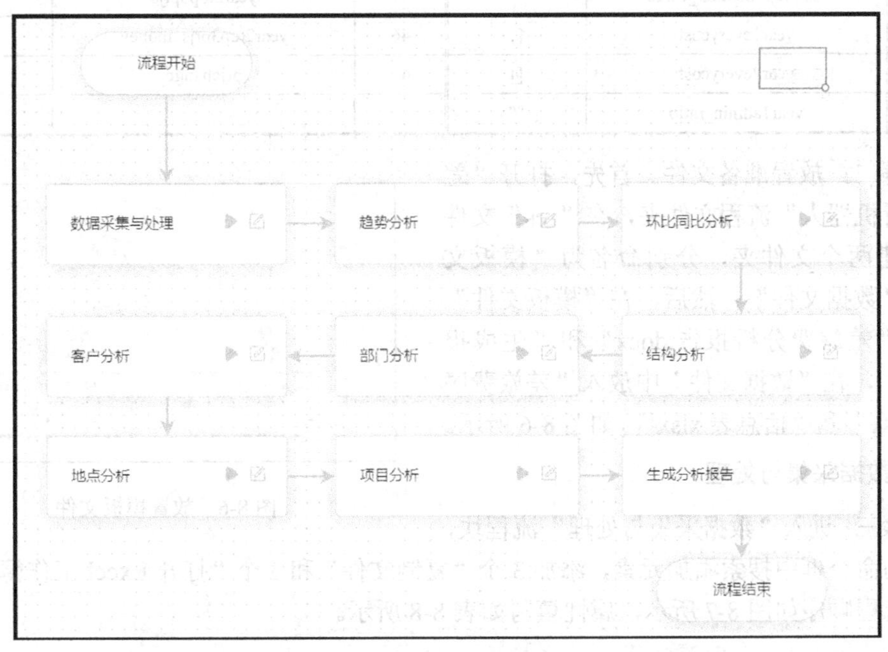

图 8-5　UiBot Creator 流程图界面

表 8-7　流程图变量属性设置

序号	变量名	变量值	序号	变量名	变量值
1	travelall	""	25	year1sale_ratio	""
2	year1	[]	26	year1manu_ratio	""
3	year2	[]	27	year2admin_ratio	""
4	sum	0	28	year2sale_ratio	""
5	objExcelWorkBook	""	29	year2manu_ratio	""
6	objExcelWorkBook1	""	30	year1top3depts	""
7	objExcelWorkBook2	""	31	year1top3depts_money	""
8	clients	""	32	year2top3depts	""
9	regions	""	33	year2top3depts_money	""
10	year1top3months	""	34	year1top3clients	""
11	year1top3months_money	""	35	year1top3clients_money	""
12	year2top3months	""	36	year2top3clients	""
13	year2top3months_money	""	37	year2top3clients_money	""
14	year1MoMtop3months	""	38	year1top3regions	""
15	year1MoMtop3months_value	""	39	year1top3regions_money	""
16	year2MoMtop3months	""	40	year2top3regions	""
17	year2MoMtop3months_value	""	41	year2top3regions_money	""
18	positiveYoY	[]	42	regionchange	""
19	negativeYoY	[]	43	year1top3prjs	""
20	YoYtop3months	""	44	year1top3prjs_money	""
21	YoYtop3months_value	""	45	year2top3prjs	""
22	year1everycost	[]	46	year2top3prjs_money	""
23	year2everycost	[]	47	prjchange	[]
24	year1admin_ratio	""			

步骤二：放置准备文件。首先，打开“差旅费分析机器人”流程文件夹，在“res”文件夹中创建两个文件夹，分别命名为“模板文件”和“数据文件”；然后，在“模板文件”中放入“差旅费分析报告.docx”和“生成报告.xlsm”，在“数据文件”中放入“差旅费序时账 .xlsx”和“信息表.xlsx”，如图 8-6 所示。

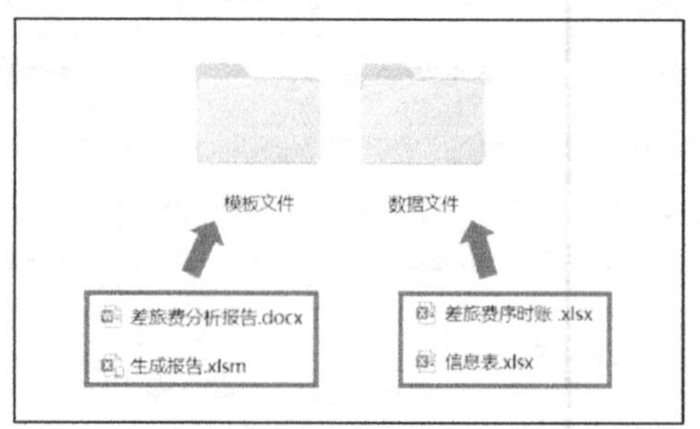

图 8-6　放置模板文件

2. 数据采集与处理

步骤三：进入“数据采集与处理”流程块，在左侧的命令框中搜索添加元素，添加 3 个“复制文件”和 3 个“打开 Excel 工作簿”，添加完成后流程顺序如图 8-7 所示，属性填写如表 8-8 所示。

复制文件 数据文件\差旅费序时账 .xlsx 到路径 下

复制文件 模板文件\生成报告.xlsm 到路径 下

复制文件 数据文件\信息表.xlsx 到路径 下

打开Excel工作簿，路径为 差旅费序时账 .xlsx，输出到 objExcelWorkBook

打开Excel工作簿，路径为 生成报告.xlsm，输出到 objExcelWorkBook1

打开Excel工作簿，路径为 信息表.xlsx，输出到 objExcelWorkBook2

图 8-7　流程界面

表 8-8　属性设置

活动名称	属　性	值
复制文件	路径	@res"数据文件\\差旅费序时账 .xlsx"
	复制到的路径	@res""
	同名时替换	True
复制文件	路径	@res"模板文件\\生成报告.xlsm"
	复制到的路径	@res""
	同名时替换	True
复制文件	路径	@res"数据文件\\信息表.xlsx"
	复制到的路径	@res""
	同名时替换	True
打开 Excel 工作簿	输出到	objExcelWorkBook
	文件路径	@res"差旅费序时账 .xlsx"
打开 Excel 工作簿	输出到	objExcelWorkBook1
	文件路径	@res"生成报告.xlsm"
打开 Excel 工作簿	输出到	objExcelWorkBook2
	文件路径	@res"信息表.xlsx"

注意：表格中的属性值都是在专业模式(EXP)中显示。

步骤四：添加 3 个"读取区域"、3 个"构建数据表"和 1 个"数据筛选"，添加完成后流程顺序如图 8-8 所示，属性填写如表 8-9 所示。旨在采集差旅费序时账、客户信息表和地区分布表的数据，并对差旅费数据进行筛选。

读取区域 A2 的值，输出到 travelall

读取区域 A2 的值，输出到 clients

读取区域 A2 的值，输出到 regions

使用 clients 构建一个数据表，输出到 clients

使用 regions 构建一个数据表，输出到 regions

使用 travelall 构建一个数据表，输出到 travelall

对数据表 travelall 进行条件筛选，输出到 travelall

图 8-8　流程界面

表 8-9　属性设置

活动名称	属　性	值
读取区域	输出到	travelall
	工作簿对象	objExcelWorkBook
	工作表	"差旅费序时账"
	区域	"A2"
读取区域	输出到	clients
	工作簿对象	objExcelWorkBook2
	工作表	"客户信息表"
	区域	"A2"
读取区域	输出到	regions
	工作簿对象	objExcelWorkBook2
	工作表	"地区分布表"
	区域	"A2"

活动名称	属　性	值
构建数据表	输出到	clients
	构建数据	clients
	表格列头	['客户编码','客户名称','所属项目','企业规模','城市','信用等级']
构建数据表	输出到	regions
	构建数据	regions
	表格列头	['地区','所属范围']
构建数据表	输出到	travelall
	构建数据	travelall
	表格列头	['日期','会计期间','凭证字号','分录号','摘要','科目代码','科目名称','部门','客户','币别','本币金额','借方','贷方']
数据筛选	输出到	travelall
	数据表	travelall
	筛选条件	"科目名称.str.contains('差旅费') and 摘要!='结转本期损益'"

8.5 差旅费数据分析与展现自动化

8.5.1 场景描述

清晨 6：30，宛霖和家桐在南山步道上并肩攀爬，慢慢地，太阳拨开雾霭，将余温洒向南山山脉。宛霖和家桐一边走一边感叹着这山中美景确实绝妙非凡，眼前突然出现一面高大而威严的朱红色石墙，正面印着"上清仙界"，这便是老君洞了。

看到"仙界"二字宛霖心里一怔，便问家桐："家桐，最近程总常说的那个'元宇宙'你知道吧？"

"知道啊，我看网上讲的，大概就是人们用计算机制作出一个与现实世界平行的数字世界，在这个虚拟数字世界中我们每个人都可以有数字替身。宛霖姐怎么突然想到这个？"家桐说道。

"你可知道我国著名科学家钱学森将'虚拟现实'称为'灵境'，刚刚我看见这'仙界'二字便不觉想到了，"宛霖停下脚步神色凝重地继续说道，"你说得对，元宇宙是数字世界，但到最后不仅仅是虚拟世界那么简单了，它最终将实现虚实共生，人们区分不了哪里是现实哪里是虚拟世界。有时候我会想元小蛮会不会就本应属于元宇宙，而我们将以虚拟的形式存在……"

家桐一时半会儿不知如何接话。

"算了，"宛霖脸上重现灿烂的笑容，"走，我们进老君洞看看，待会儿该讨论讨论我们的元小蛮开发咯！"

家桐一听闻要讨论机器人，开心不已，飞快地跟上宛霖的脚步。一进老君洞，便见翘顶飞檐、曲折游廊。宛霖摸着朱红栏杆对家桐说："我们昨天把差旅费数据清洗好了，下周一就要进行具体的数据分析步骤了。在此之前，我们要先确定每一个分析要形成何种图表。家桐，考考你，我们要得到哪些数据，又该用哪种形式展现？"

"容我想想，"家桐边走边说："在差旅费趋势分析中，我们要计算出 2020 年、2021 年每月的差旅费总额，为了让报告使用者直观地看到花销金额的变动趋势，当然要采用折线图来呈现；在差旅费环比同比分析中，我们要算出 2020 年与 2021 年两年的月环比，以及 2020 年的同比，为了使对比清晰，我们采用折线图和双坐标图。在差旅费结构分析中，我们要分别算出两年管理费用、销售费用、制造费用中差旅费的总额和占比，由于是结构分析，我们采用饼状图。"

走进殿内，独特的焚香扑面而来，宛霖顿时觉得神清气爽，说道："你说的这几个都没错。此外，差旅费部门分析中，要算出每一个部门每一年平均差旅费花销，为了使报告使用者直观看到各部门间的对比，我们采用表格和柱形图的形式呈现；在差旅费客户分析中，要计算出归集到每一个客户身上的年差旅费花销总额，并计算其与该客户带来的收入比值，由于公司客户数较多，难以用图形清晰地展现出来，所以我们采用表格的形式；在差旅费地区分析中，计算出归集到每一片区年差旅费花销总额，为了对比各地区的差旅费用我们采用柱形图；同样，在差旅费项目分析中，计算出归集到每一项目的年差旅费花销总额，为了对比各项目的差旅费用，我们也采用柱形图。"

家桐："根据我少量的经验，我们先要把那些图表模型放进 Excel 文件，形成一个'生成报告.xlsm'，有了这个模板，机器人把数据放入 Excel 表格，就可以进行自动数据可视化，我们就事半功倍了！"

宛霖微笑着看着家桐："没错家桐，你学得很快嘛！"

讨论完元小蛮，两人也游了一圈老君洞。

8.5.2　数据分析模型

差旅费数据分析包括趋势分析、环比同比分析、结构分析、部门分析、客户分析、地区分析、项目分析七个分析主题，采用向上思维、下切思维、求同思维、求异思维和趋势分析法、对比分析法、结构分析法和平均分析法等思维与方法，其分析模型如图 8-9 所示。

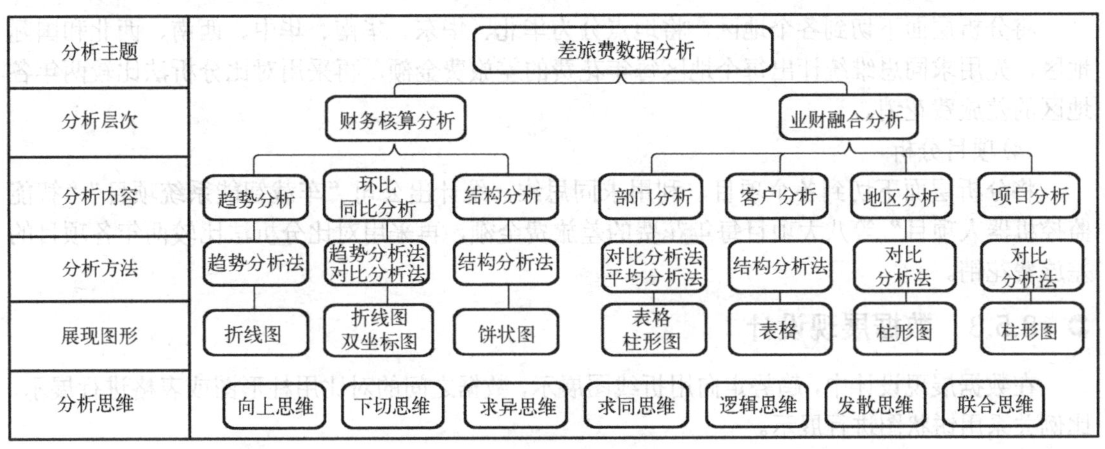

图 8-9　差旅费数据分析模型

在差旅费分析中我们分成了两种类别，在财务核算分析方面，对差旅费数据进行趋势分析、环比同比分析以及结构分析，让报告使用者从整体视角审查差旅费；在业财融合分析方面，从部门、客户、地区和项目方面去分析差旅费，根据分析结果和公司现有情况为有效管理差旅费提出建议。

1. 财务核算分析

(1) 趋势分析

从时间维度，计算出 2020 年和 2021 年每个月差旅费花销的总金额，利用向上思维，对两年差旅费进行总体分析，采用趋势分析法对各月差旅费的具体发生情况和趋势走向进行分析。

(2) 环比同比分析

从时间维度，利用下切思维计算蛮先进公司差旅费 2020 年和 2021 年的月环比值，采用趋势分析法分析各月环比值的增减情况，同时采用对比分析法对比两年的月环比值。同样，计算 2021 年的同比值，采用趋势分析法分析当年同比值的增减情况。

(3) 结构分析

通过求同思维与下切思维，从管理费用、销售费用和制造费用三个类别来分析差旅费。采用结构分析法，将 2020 年与 2021 年差旅费按管理费用、销售费用和制造费用归类，计算其占比，并判断占比是否合理。

2. 业财融合分析

(1) 部门分析

由于公司销售部门花费的差旅费往往最多，所以将分析层面下切到十二个部门，先用求同思维求出各部门差旅费总额，再采用对比分析法和平均分析法，计算“各部门差旅费/每个部门发生差旅费笔数”的值，即各部门平均差旅费，并对两年各部门平均差旅费进行比较。

(2) 客户分析

由于公司大部分差旅费产生于与客户的合作，将分析层面下切到各个客户，先用求同思维统计出每一个客户所涉及的差旅费，再采用结构分析法中的指标分析法，计算“各客户差旅费/每个客户带来的收入”值，并对两年进行比较，分析为客户花费的差旅费是否合理。

(3) 地区分析

将分析层面下切到各个地区，将地点分为华北、华东、华南、华中、西南、西北和国际地区，先用求同思维统计出每个地区每年花费的差旅费金额，再采用对比分析法比较两年各地区的差旅费花销。

(4) 项目分析

将分析层面下切到各个项目，利用求同思维，统计出公司“车载智能系统项目”“智能监控机器人项目”等八大项目每年花费的差旅费金额，再采用对比分析法比较两年各项目的差旅费花销。

8.5.3 数据展现设计

在数据展现设计中，趋势走向用折线图展示，数据之间的对比用柱形图或表格进行展示，比例关系用饼状图进行展示。

1．趋势分析

在进行差旅费趋势分析时，为了清晰地呈现出各个月度差旅费的趋势走向，我们采用折线图来展现 2020 年和 2021 年 1—12 月份的差旅费，在折线图下方列出数据表，让报告使用者能看到各月份差旅费具体值，数据展现设计如图 8-10 所示。

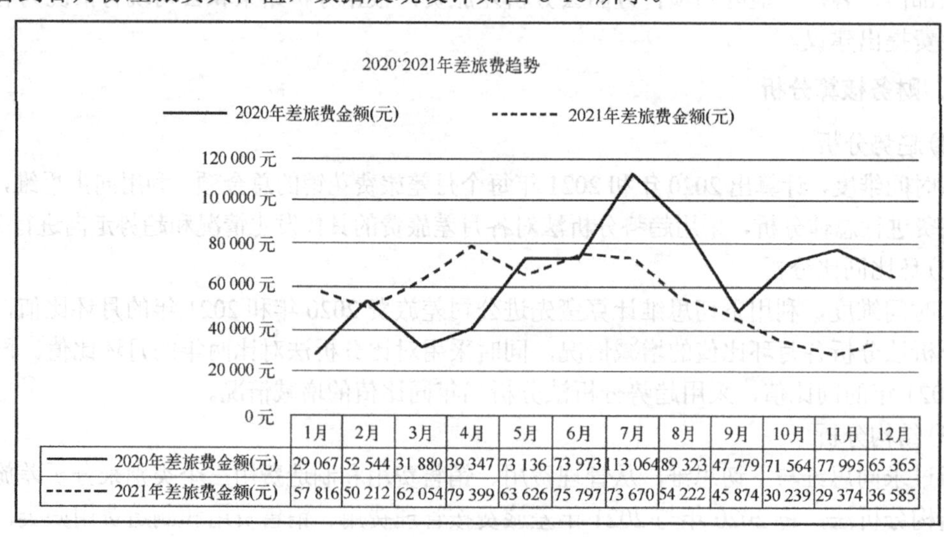

	1月	2月	3月	4月	5月	6月	7月	8月	9月	10月	11月	12月
2020年差旅费金额(元)	29 067	52 544	31 880	39 347	73 136	73 973	113 064	89 323	47 779	71 564	77 995	65 365
2021年差旅费金额(元)	57 816	50 212	62 054	79 399	63 626	75 797	73 670	54 222	45 874	30 239	29 374	36 585

图 8-10　差旅费变动趋势图

2．环比同比分析

在进行差旅费环比分析时，为了清晰地呈现出各个月度差旅费环比值的变化趋势，并且对比两年数据，我们采用折线图来展现 2020 年和 2021 年差旅费的月环比值，在折线图下方列出数据表，让报告使用者能看到环比具体值，数据展现设计如图 8-11 所示。

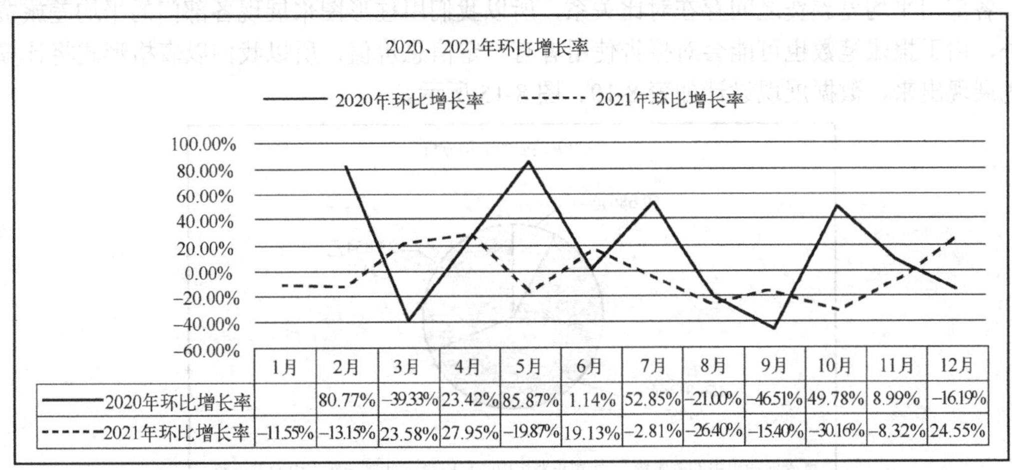

图 8-11　差旅费环比增长率图

同样，在进行差旅费同比分析时，我们需要清晰展现 2021 年差旅费同比值的变化情况，又由于同比值与各月差旅费金额息息相关，我们采用双坐标图、折线图呈现差旅费环比值，柱形图展现各月差旅费金额，数据展现设计如图 8-12 所示。

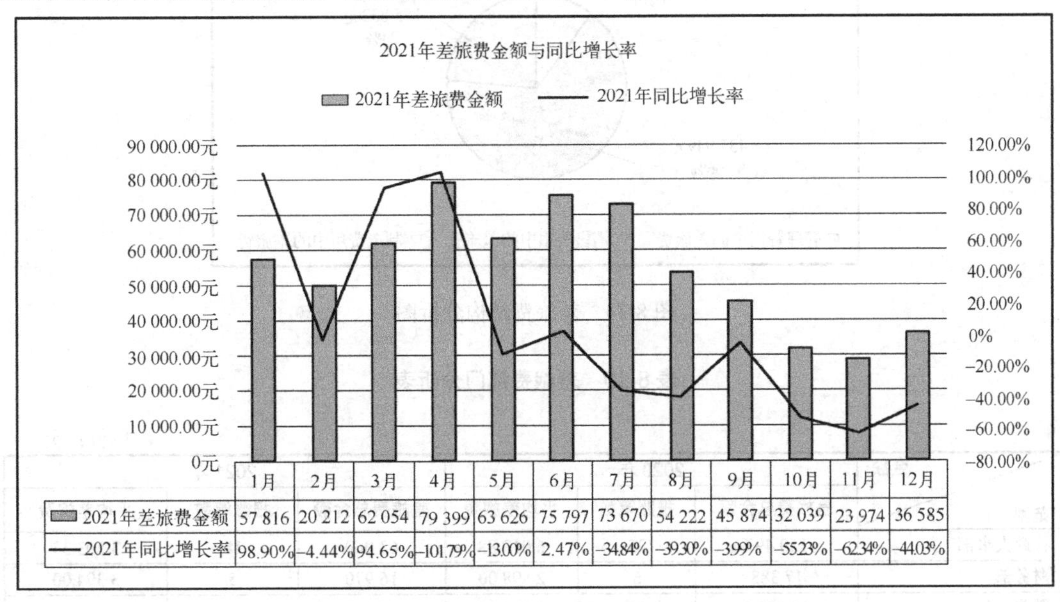

图 8-12　差旅费同比增长率图

3. 结构分析

管理费用、销售费用和制造费用是差旅费的一级科目，因为各科目间的差旅费数据构成比例关系，所以差旅费结构分析采用饼状图展示，并标注出具体费用数值和所占百分比，数据展现设计如图 8-13、图 8-14 所示。

4. 部门分析

各部门平均差旅费之间存在对比关系，所以我们用柱形图来展现各部门的平均差旅费。此外，由于报账笔数也可能会对报告使用者有一定信息价值，所以我们以表格形式将计算过程也展现出来，数据展现设计如表 8-10、图 8-15 所示。

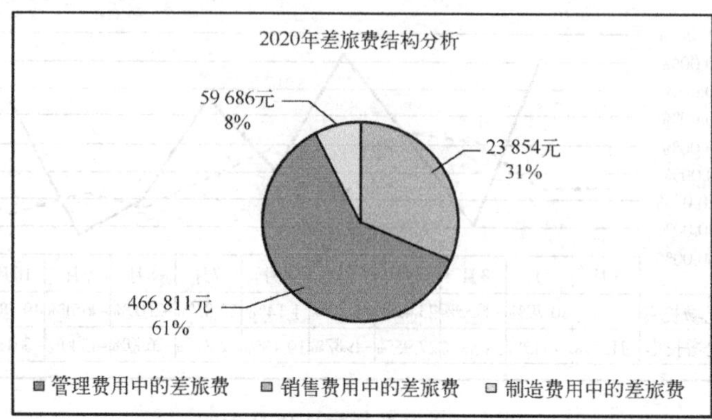

图 8-13 差旅费结构分析图

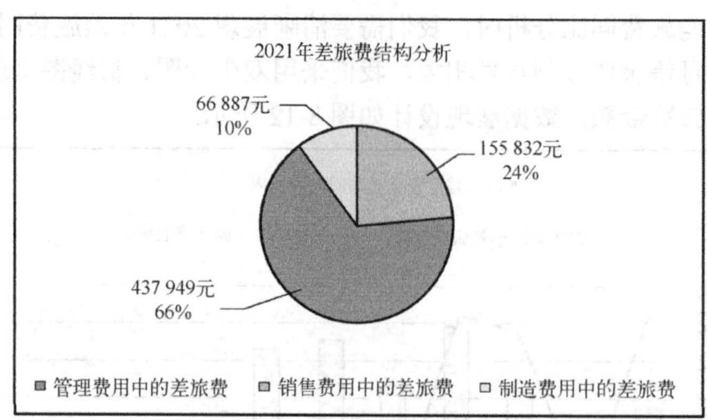

图 8-14 差旅费结构分析图

表 8-10 差旅费部门分析表

单位：元

金额 范围	2020 年			2021 年		
	差旅费总金额	报账笔数	平均差旅费	差旅费总金额	报账笔数	平均差旅费
行政人事部	150 497	25	6 019.88	63 060	18	3 503.33
财务部	17 388	6	2 898.00	16 970	5	3 394.00
销售一部	48 073.2	39	1 232.65	18 649	20	932.45
销售二部	45 523.4	22	2 069.25	42 905	19	2 258.16
销售三部	22 949	15	1 529.93	30 623	17	1 801.35
销售四部	108 159	17	6 362.29	44 530	7	6 361.43
生产部	59 686	27	2 210.59	66 887	25	2 675.48
采购部	7 800	3	2 600.00	18 664	6	3 110.67
数字化赋能中心	34 196	9	3 799.56	48 806	16	3 050.38
技术支持中心	23 136	8	2 892.00	8 332	3	2 777.33
工程实施中心	247 630.4	118	2 098.56	30 1242.4	180	1 673.57

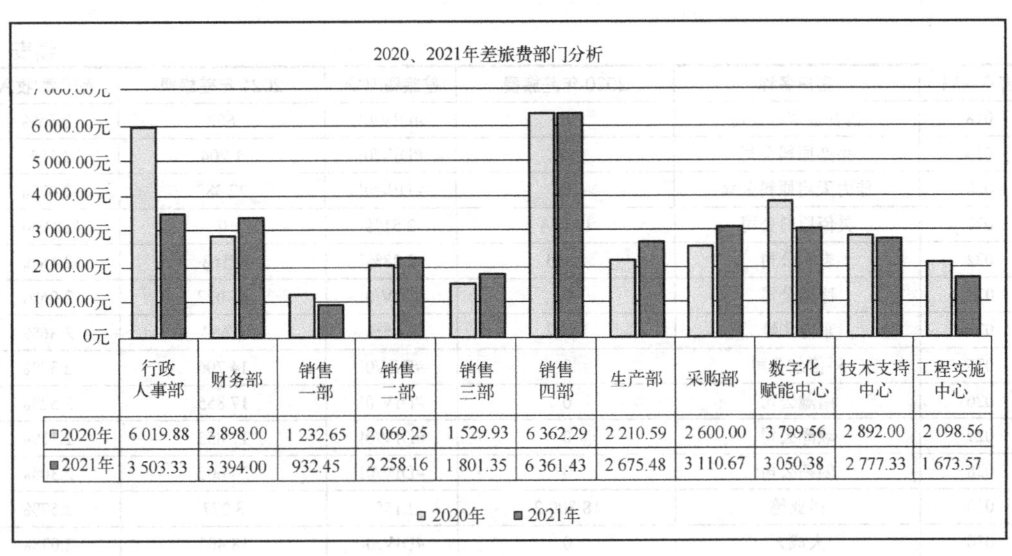

	行政人事部	财务部	销售一部	销售二部	销售三部	销售四部	生产部	采购部	数字化赋能中心	技术支持中心	工程实施中心
□2020年	6 019.88	2 898.00	1 232.65	2 069.25	1 529.93	6 362.29	2 210.59	2 600.00	3 799.56	2 892.00	2 098.56
■2021年	3 503.33	3 394.00	932.45	2 258.16	1 801.35	6 361.43	2 675.48	3 110.67	3 050.38	2 777.33	1 673.57

图 8-15　差旅费部门分析图

5. 客户分析

各客户的差旅费之间构成比较关系，又由于客户数较多不便于绘制折线图或柱形图，所以我们采用表格的形式展现各客户涉及的差旅费金额及其与该客户带来收入的比值，并且将金额、比值靠前的公司标注出来，数据展现设计如表 8-11 所示。

表 8-11　差旅费客户分析表

单位：元

客户编码	客户名称	2020 年差旅费	差旅费/收入	2021 年差旅费	差旅费/收入
001	明力电器	12 788.2	2.13%	0	#DIV/0!
002	重余股份	2 905	2.86%	0	#DIV/0!
003	云科股份公司	15 763	2.22%	0	#DIV/0!
004	珠峰国际酒店	95 495	2.17%	0	#DIV/0!
005	明成公司	16 115	2.38%	0	#DIV/0!
006	海诚毅电器	10 924	2.27%	0	#DIV/0!
007	雾都大酒店	12 369	2.20%	5986	2.13%
008	司奇博公司	34 799	2.14%	0	#DIV/0!
009	驰名公司	31 946	2.00%	0	#DIV/0!
010	海科天机公司	4 843	2.21%	10125	2.05%
011	三生大酒店	18 173	2.10%	0	#DIV/0!
012	米为公司	0	#DIV/0!	18402	2.28%
013	永达力电器	19 652	2.05%	0	#DIV/0!
014	蛮赚钱银行	0	#DIV/0!	9211	2.38%
015	蛮好吃公司	0	#DIV/0!	1712	2.27%
016	科维诺南亚酒店	0	#DIV/0!	82398	2.06%
017	亚特斯蓝帝酒店	60 298	2.06%	22100	2.28%

续表

客户编码	客户名称	2020 年差旅费	差旅费/收入	2021 年差旅费	差旅费/收入
018	蛮有趣家居公司	0	#DIV/0!	602	2.65%
019	兴亦原料公司	0	#DIV/0!	1 204	2.15%
020	佳力天启原料公司	0	#DIV/0!	27 382	2.07%
021	灵佰原料公司	18 234	2.51%	0	#DIV/0!
022	志柏公司	4 355	2.28%	9 163	2.16%
023	铮臻公司	0	#DIV/0!	15 027	2.06%
024	东方华峰	5 652	2.65%	8 664	2.86%
025	科信尔公司	0	#DIV/0!	14 706	2.37%
026	鸿瀚公司	0	#DIV/0!	17 855	2.52%
027	颂泽公司	0	#DIV/0!	17 855	2.11%
028	创拓公司	0	#DIV/0!	24 605	2.30%
029	诺亚德	18 800.2	2.15%	8 277	2.57%
030	大成天	0	#DIV/0!	18 402	2.07%
031	东盛泓	5 620	2.16%	24 474	3.00%
032	瑞通公司	1 320	2.50%	32 360	2.36%
033	尔启公司	9 526	2.07%	0	#DIV/0!
034	友信公司	4 653	2.53%	0	#DIV/0!
035	帝润公司	25 696.4	2.16%	24 656.4	2.21%

6. 地区分析

差旅费地区分析将地区分为华北地区、华东地区、华南地区、华中地区、西南地区、西北地区和国际，各个地区之间的差旅费以及 2020 年与 2021 年的数据形成比较关系，所以我们采用柱形图来展现，并且在柱形图下方列出各地区差旅费的具体值，数据展现设计如图 8-16 所示。

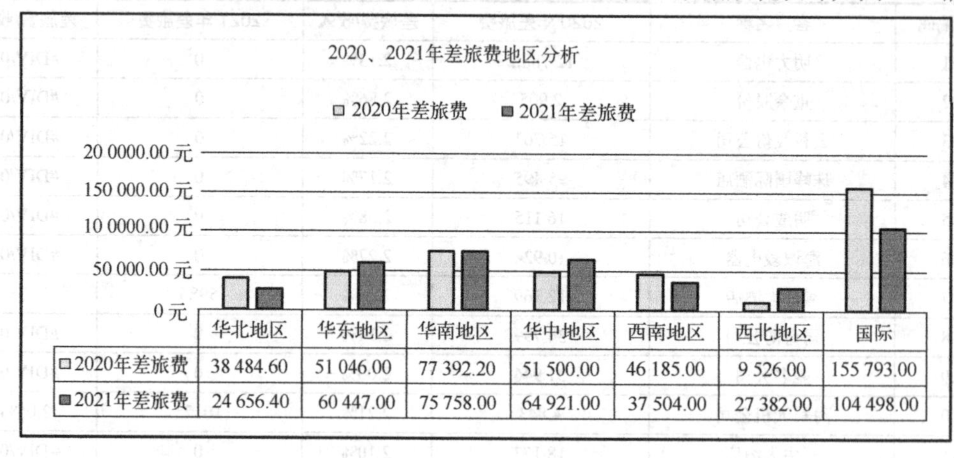

图 8-16　差旅费地区分析图

7. 项目分析

蛮先进公司有“车载智能系统项目”“智能监控机器人项目”等八大项目，各项目归集的差旅费数据构成比较关系，所以我们同样采用柱形图来展现，并且在柱形图下方列出各项目差旅费的具体值，数据展现设计如图 8-17 所示。

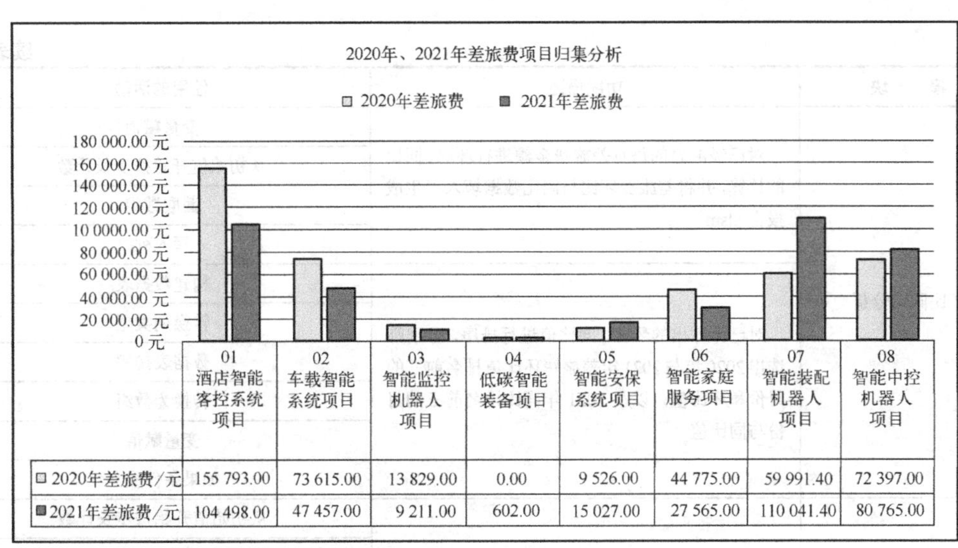

图 8-17　差旅费项目分析图

8.5.4　RPA 技术路线

差旅费数据分析与展现自动化包含了趋势分析、环比同比分析、结构分析、部门分析、客户分析、地区分析以及项目分析。

在每一个分析流程块中，首先要做的是利用从初始值开始按步长计数、变量赋值、数据表及数组相关活动筛选出子分析需要的差旅费数据，并利用遍历数组、变量赋值等功能对这些数据进行汇总、加减、占比计算等数据处理活动，再通过 Excel 预制件将结果填入“生成报告.xlsm”文件中。接着，利用数据表、如果条件成立等相关活动对生成的结果进行排序、最值等分析，并通过变量赋值将分析结果保存于流程图变量中，便于后续生成分析报告。

差旅费数据分析与展现自动化开发的具体技术路线如表 8-12 所示。

表 8-12　差旅费数据分析与展现自动化开发技术路线

模　块	功能描述	使用的活动
趋势分析	对 2020、2021 年差旅费数据进行每月汇总，并将每月差旅费数据填入“生成报告.xlsm”	从初始值开始按步长计数
		变量赋值
		数据筛选
		选择数据列
		转换为数组
		依次读取数组中每个元素
		在数组尾部添加元素
		写入列
	对汇总的差旅费每月金额进行排序，并分别筛选出 2020 年与 2021 年金额排名前三的月份	构建数据表
		转换列类型
		数据表排序
		转换为数组
		变量赋值

续表

模　　块	功能描述	使用的活动
环比同比分析	对已经汇总的每月差旅费金额进行环比、同比的计算，并将差旅费环比与同比数据填入“生成报告.xlsm”	变量赋值
		从初始值开始按步长计数
		截取数组
		写入列
	对已计算出的环比、同比值进行排序，分别筛选出2020年与2021年差旅费环比值排名前三的月份和环比值，以及2021年同比排名前三的月份与同比值	构建数据表
		转换列类型
		数据表排序
		转换为数组
		变量赋值
		如果条件成立
结构分析	分别计算出2020、2021年差旅费中各类费用的总额与占比，并将计算结果填入“生成报告.xlsm”	从初始值开始按步长计数
		变量赋值
		数据筛选
		选择数据列
		转换为数组
		依次读取数组中每个元素
		在数组尾部添加元素
		写入列
	将计算出的2020、2021年差旅费中各类费用的总额与占比保存为字符串类型变量	依次读取数组中每个元素
		转为文字数据
		在数组尾部添加元素
		变量赋值
部门分析	分别计算出2020、2021年差旅费归集到各部门的总额，并将计算结果填入“生成报告.xlsm”	从初始值开始按步长计数
		变量赋值
		数据筛选
		选择数据列
		转换为数组
		依次读取数组中每个元素
		在数组尾部添加元素
		写入列
	对已归集到部门的两年差旅费金额进行排序，并分别筛选出2020年与2021年差旅费金额排名前三的部门与对应金额	构建数据表
		转换列类型
		数据表排序
		转换为数组
		变量赋值
		如果条件成立
客户分析	分别计算出2020、2021年差旅费归集到各客户的总额与占比，并将计算结果填入“生成报告.xlsm”	从初始值开始按步长计数
		变量赋值
		数据筛选

续表

模　　块	功能描述	使用的活动
客户分析	分别计算出 2020、2021 年差旅费归集到各客户的总额与占比，并将计算结果填入“生成报告.xlsm”	选择数据列
		转换为数组
		依次读取数组中每个元素
		在数组尾部添加元素
		写入列
	对已归集到客户的两年差旅费金额进行排序，并分别筛选出 2020 年与 2021 年差旅费金额排名前三的客户与对应金额	构建数据表
		转换列类型
		数据表排序
		转换为数组
		变量赋值
		如果条件成立
地区分析	分别计算出 2020、2021 年差旅费归集到各地区的总额，并将计算结果填入“生成报告.xlsm”	从初始值开始按步长计数
		变量赋值
		数据筛选
		选择数据列
		转换为数组
		依次读取数组中每个元素
		在数组尾部添加元素
		写入列
	对已归集到地区的两年差旅费金额进行排序，并分别筛选出 2020 年与 2021 年差旅费金额排名前三的地区与对应金额	构建数据表
		转换列类型
		数据表排序
		转换为数组
		变量赋值
		如果条件成立
项目分析	分别计算出 2020、2021 年差旅费归集到各项目的总额，并将计算结果填入“生成报告.xlsm”	从初始值开始按步长计数
		变量赋值
		数据筛选
		选择数据列
		转换为数组
		依次读取数组中每个元素
		在数组尾部添加元素
		写入列
	对已归集到项目的两年差旅费金额进行排序，并分别筛选出 2020 年与 2021 年差旅费金额排名前三的项目与对应金额	构建数据表
		转换列类型
		数据表排序
		转换为数组
		变量赋值
		如果条件成立

8.5.5 RPA 技术实现

1. 趋势分析

步骤五：进入“趋势分析”流程块，添加2个“从初始值开始按步长计数”、4个“变量赋值”、1个“数据筛选”、1个“选择数据列”、1个“转换为数组”、2个“依次读取数组中每个元素”、1个“转为小数数据”和1个“在数组尾部添加元素”，流程顺序如图8-18 所示，属性设置如表 8-13 所示。这一步用来筛选具体月份的差旅费金额并进行汇总。

循环 年份 从 2020 到 2021，步长 1
令 每月金额汇总 的值为 空数组
循环 月份 从 1 到 12，步长 1
令 会计期间 的值为 年份&"."&月份
对数据表 travelall 进行条件筛选, 输出到 月差旅费
选取 月差旅费 中的列数据生成新的数据表, 输出到 月差旅费金额
将数据表 月差旅费金额 转换为数组, 输出到 月差旅费金额
用 value 遍历数组 月差旅费金额
用 value 遍历数组 value
将 value 转换为数值类型, 输出到 每一笔金额
令 sum 的值为 sum+每一笔金额
在 每月金额汇总 末尾添加一个元素, 输出到 每月金额汇总
令 sum 的值为 0

图 8-18 流程界面

表 8-13 属性设置

活动名称	属　性	值
从初始值开始按步长计数	索引名称	年份
	初始值	2020
	结束值	2021
	步长	1
变量赋值	变量名	每月金额汇总
	变量值	[]
从初始值开始按步长计数	索引名称	月份
	初始值	1
	结束值	12
	步长	1
变量赋值	变量名	会计期间
	变量值	年份&"."&月份
数据筛选	输出到	月差旅费
	数据表	travelall
	筛选条件	"会计期间=="'&会计期间&"'"
选择数据列	输出到	月差旅费金额
	源数据表	月差旅费
	选择的列	['本币金额']
转换为数组	输出到	月差旅费金额
	源数据表	月差旅费金额
	包含表头	false
依次读取数组中每个元素	值	value
	数组	月差旅费金额
依次读取数组中每个元素	值	value
	数组	value
转为小数数据	输出到	每一笔金额
	转换对象	value
变量赋值	变量名	sum
	变量值	sum+每一笔金额
在数组尾部添加元素	输出到	每月金额汇总
	目标数组	每月金额汇总
	添加元素	sum
变量赋值	变量名	sum
	变量值	0

步骤六：继续在第一个循环内添加1个“如果条件成立”、2个“写入列”、2个“变量赋值”和1个“否则执行后续操作”，流程顺序如图 8-19 所示，属性设置如表 8-14 所示。本步骤在于将计算出的每月差旅费金额填入 Excel 表格。

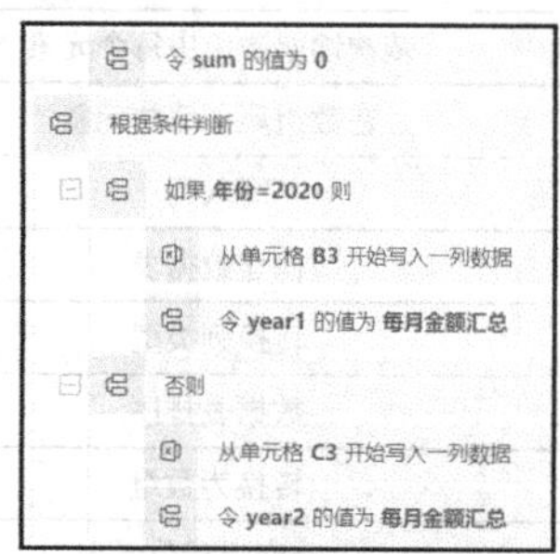

图 8-19 流程界面

步骤七：循环之外添加 1 个“读取区域”、1 个“构建数据表”、1 个“转换列类型”、2 个“数据表排序”、2 个“转换为数组”和 4 个“变量赋值”，流程顺序如图 8-20 所示，属性设置如表 8-15 所示。本步骤的目的是选出每年差旅费开支最大的前三个月份。

图 8-20　流程界面

表 8-14　属性设置

活动名称	属　性	值
如果条件成立	判断表达式	年份=2020
写入列	工作簿对象	objExcelWorkBook1
	工作表	"差旅费趋势分析"
	单元格	"B3"
	数据	每月金额汇总
变量赋值	变量名	year1
	变量值	每月金额汇总
写入列	工作簿对象	objExcelWorkBook1
	工作表	"差旅费趋势分析"
	单元格	"C3"
	数据	每月金额汇总
变量赋值	变量名	year2
	变量值	每月金额汇总

表 8-15　属性设置

活动名称	属　性	值
读取区域	输出到	arrayRet
	工作簿对象	objExcelWordBook1
	工作表	"差旅费趋势分析"
	区域	"A3:C14"
构建数据表	输出到	objDatatable
	构建数据	arrayRet
	表格列头	['月份','2020','2021']
转换列类型	源数据表	objDatatable
	转换列名	['2020','2021']
	数据类型	"float"
数据表排序	输出到	dtTable
	源数据表	objDatatable
	排序列	"2020"
	升序排序	false
转换为数组	输出到	arrayRet2020
	源数据表	dtTable

活动名称	属　性	值
变量赋值	变量名	year1top3months
	变量值	arrayRet2020[0][0]&'、'&arrayRet2020[1][0]&'和'&arrayRet2020[2][0]
变量赋值	变量名	year1top3months_money
	变量值	arrayRet2020[0][1]&'元、'&arrayRet2020[1][1]&'元和'&arrayRet2020[2][1]&'元'
数据表排序	输出到	dtTable
	源数据表	objDatatable
	排序列	"2021"
	升序排序	false
转换为数组	输出到	arrayRet2021
	源数据表	dtTable
变量赋值	变量名	year2top3months
	变量值	arrayRet2021[0][0]&'、'&arrayRet2021[1][0]&'和'&arrayRet2021[2][0]
变量赋值	变量名	year2top3months_money
	变量值	arrayRet2021[0][2]&'元、'&arrayRet2021[1][2]&'元和'&arrayRet2021[2][2]&'元'

2. 环比同比分析

步骤八：进入“环比同比分析”流程块，添加 1 个“合并数组”、4 个“变量赋值”、1 个“从初始值开始按步长计数”、1 个“在数组尾部添加元素”、2 个“截取数组”和 2 个“写入列”，流程顺序如图 8-21 所示，属性设置如表 8-16 所示。本步骤用于计算并填写两年差旅费环比值。

合并数组 year1 与 year2，输出到 每月金额
令 上期金额 的值为 每月金额
令 本期金额 的值为 每月金额
令 环比增长率汇总 的值为 空数组
循环 i 从 0 到 22，步长 1
令 环比增长率 的值为 (本期金额[i+1]-上期金额[i])/上期...
在 环比增长率汇总 末尾添加一个元素，输出到 环比增长率汇总
截取 环比增长率汇总 从 0 到 10 的位置，输出到 year1环比
截取 环比增长率汇总 从 11 到 22 的位置，输出到 year2环比
从单元格 B4 开始写入一列数据
从单元格 C3 开始写入一列数据

图 8-21 流程界面

表 8-16 属性设置

活动名称	属 性	值
合并数组	输出到	每月金额
	目标数组	year1
	要合并的数组	year2
变量赋值	变量名	上期金额
	变量值	每月金额
变量赋值	变量名	本期金额
	变量值	每月金额
变量赋值	变量名	环比增长率汇总
	变量值	[]
从初始值开始按步长计数	索引名称	i
	初始值	0
	结束值	22
	步长	1
变量赋值	变量名	环比增长率
	变量值	(本期金额[i+1]-上期金额[i])/上期金额[i]
在数组尾部添加元素	输出到	环比增长率汇总
	目标数组	环比增长率汇总
	添加元素	环比增长率
截取数组	输出到	year1 环比
	目标数组	环比增长率汇总
	开始位置	0
	结束位置	10
截取数组	输出到	year2 环比
	目标数组	环比增长率汇总
	开始位置	11
	结束位置	22
写入列	工作簿对象	objExcelWorkBook1
	工作表	"差旅费环比同比分析"
	单元格	"B4"
	数据	year1 环比
写入列	工作簿对象	objExcelWorkBook1
	工作表	"差旅费环比同比分析"
	单元格	"C3"
	数据	year2 环比

步骤九：添加 2 个“变量赋值”、1 个“从初始值开始按步长计数”、1 个“在数组尾部添加元素”和 1 个“写入列”，流程顺序如图 8-22 所示，属性设置如表 8-17 所示。本步骤用于计算并填写 2021 年的同比值。

令 同比增长率汇总 的值为 空数组
循环 i 从 0 到 11，步长 1
令 同比增长率 的值为 (year2[i]-year1[i])/year1[i]
在 同比增长率汇总 末尾添加一个元素，输出到 同比增长率汇总
从单元格 C18 开始写入一列数据

图 8-22 流程界面

步骤十：添加 1 个“读取区域”、1 个“构建数据表”、1 个“转换列类型”、2 个“数据表排序”、2 个“转换为数组”、4 个“变量赋值”和 6 个“取四舍五入值”，流程顺序如图 8-23 所示，属性设置如表 8-18 所示。本步骤目的是选出每年差旅费环比值最大的前三个月份。

表 8-17　属性设置

活动名称	属　性	值
变量赋值	变量名	同比增长率汇总
	变量值	[]
从初始值开始按步长计数	索引名称	i
	初始值	0
	结束值	11
	步长	1
变量赋值	变量名	同比增长率
	变量值	(year2[i]-year1[i])/year1[i]
在数组尾部添加元素	输出到	同比增长率汇总
	目标数组	同比增长率汇总
	添加元素	同比增长率
写入列	工作簿对象	objExcelWorkBook1
	工作表	"差旅费环比同比分析"
	单元格	"C18"
	数据	同比增长率汇总

读取区域 A3:C14 的值, 输出到 arrayRet
使用 arrayRet 构建一个数据表, 输出到 objDatatable
转换数据表 objDatatable 中的 ['2020','2021'] 为 浮点数 类型
对数据表 objDatatable 依据 2020 进行排序, 输出到 dtTable
将数据表 dtTable 转换为数组, 输出到 arrayRet2020
令 year1MoMtop3months 的值为 arrayRet2020[0][0]&'、'&array...
取 arrayRet2020[0][1] 的四舍五入值, 输出到 arrayRet2020[0][1]
取 arrayRet2020[1][1] 的四舍五入值, 输出到 arrayRet2020[1][1]
取 arrayRet2020[2][1] 的四舍五入值, 输出到 arrayRet2020[2][1]
令 year1MoMtop3months_value 的值为 arrayRet2020[0][1]&'、'&array...
对数据表 objDatatable 依据 2021 进行排序, 输出到 dtTable
将数据表 dtTable 转换为数组, 输出到 arrayRet2021
令 year2MoMtop3months 的值为 arrayRet2021[0][0]&'、'&array...
取 arrayRet2021[0][2] 的四舍五入值, 输出到 arrayRet2021[0][2]
取 arrayRet2021[1][2] 的四舍五入值, 输出到 arrayRet2021[1][2]
取 arrayRet2021[2][2] 的四舍五入值, 输出到 arrayRet2021[2][2]
令 year2MoMtop3months_value 的值为 arrayRet2021[0][2]&'、'&array...

图 8-23　流程界面

表 8-18　属性设置

活动名称	属　性	值
读取区域	输出到	arrayRet
	工作簿对象	objExcelWorkBook1
	工作表	"差旅费环比同比分析"
	区域	"A3:C14"
构建数据表	输出到	objDatatable
	构建数据	arrayRet
	表格列头	['月份','2020','2021']
转换列类型	源数据表	objDatatable
	转换列名	['2020','2021']
	数据类型	"float"
数据表排序	输出到	dtTable
	源数据表	objDatatable
	排序列	"2020"
	升序排序	false
转换为数组	输出到	arrayRet2020
	源数据表	dtTable

活动名称	属　性	值
取四舍五入值	输出到	arrayRet2020[2][1]
	目标数据	arrayRet2020[2][1]
	保留小数位	2
变量赋值	变量名	year1MoMtop3months_value
	变量值	arrayRet2020[0][1]&'、'&arrayRet2020[1][1]&'和'&arrayRet2020[2][1]
数据表排序	输出到	dtTable
	源数据表	objDatatable
	排序列	"2021"
	升序排序	false
转换为数组	输出到	arrayRet2021
	源数据表	dtTable
变量赋值	变量名	year2MoMtop3months
	变量值	arrayRet2021[0][0]&'、'&arrayRet2021[1][0]&'和'&arrayRet2021[2][0]
取四舍五入值	输出到	arrayRet2021[0][2]
	目标数据	arrayRet2021[0][2]
	保留小数位	2

续表

活动名称	属　性	值
变量赋值	变量名	year1MoMtop3months
	变量值	arrayRet2020[0][0]&'、'&arrayRet2020[1][0]&'和'&arrayRet2020[2][0]
取四舍五入值	输出到	arrayRet2020[0][1]
	目标数据	arrayRet2020[0][1]
	保留小数位	2
取四舍五入值	输出到	arrayRet2020[1][1]
	目标数据	arrayRet2020[1][1]
	保留小数位	2
取四舍五入值	输出到	arrayRet2021[1][2]
	目标数据	arrayRet2021[1][2]
	保留小数位	2
取四舍五入值	输出到	arrayRet2021[2][2]
	目标数据	arrayRet2021[2][2]
	保留小数位	2
变量赋值	变量名	year2MoMtop3months_value
	变量值	arrayRet2021[0][2]&'、'&arrayRet2021[1][2]&'和'&arrayRet2021[2][2]

步骤十一：添加 1 个“读取区域”、1 个“构建数据表”、1 个“转换列类型”、1 个“数据表排序”、1 个“转换为数组”和 2 个“变量赋值”和 3 个“取四舍五入值”，流程顺序如图 8-24 所示，属性设置如表 8-19 所示。本步骤的目的是选出差旅费同比值最大的前三个月份。

读取区域 A18:C29 的值, 输出到 arrayRet
使用 arrayRet 构建一个数据表, 输出到 objDatatable
转换数据表 objDatatable 中的 ['同比'] 为 浮点数 类型
对数据表 objDatatable 依据 同比 进行排序, 输出到 dtTable
将数据表 dtTable 转换为数组, 输出到 arrayRetYoY2021
令 YoYtop3months 的值为 arrayRetYoY2021[0][0]&'、'&a...
取 arrayRetYoY2021[0][2] 的四舍五入值, 输出到 arrayRetYoY2021[0][2]
取 arrayRetYoY2021[1][2] 的四舍五入值, 输出到 arrayRetYoY2021[1][2]
取 arrayRetYoY2021[2][2] 的四舍五入值, 输出到 arrayRetYoY2021[2][2]
令 YoYtop3months_value 的值为 arrayRetYoY2021[0][2]&'、'&a...

图 8-24　流程界面

步骤十二：添加 1 个“转换为数组”、1 个“依次读取数组中每个元素”、1 个“如果条件成立”、1 个“否则执行后续操作”、2 个“在数组尾部添加元素”和 2 个“将数组合并为字符串”，流程顺序如图 8-25 所示，属性设置如表 8-20 所示。本步骤分别筛选出同比值为正和为负的月份。

表 8-19　属性设置

活动名称	属　性	值
读取区域	输出到	arrayRet
	工作簿对象	objExcelWorkBook1
	工作表	"差旅费环比同比分析"
	区域	"A18:C29"
构建数据表	输出到	objDatatable
	构建数据	arrayRet
	表格列头	['月份','2021','同比']
转换列类型	源数据表	objDatatable
	转换列名	['同比']
	数据类型	"float"
数据表排序	输出到	dtTable
	源数据表	objDatatable
	排序列	"同比"
	升序排序	false(否)
转换为数组	输出到	arrayRetYoY2021
	源数据表	dtTable
变量赋值	变量名	YoYtop3months
	变量值	arrayRetYoY2021[0][0]&'、'&arrayRetYoY2021[1][0]&'和'&arrayRetYoY2021[2][0]
取四舍五入值	输出到	arrayRetYoY2021[0][2]
	目标数据	arrayRetYoY2021[0][2]
	保留小数位	2
取四舍五入值	输出到	arrayRetYoY2021[1][2]
	目标数据	arrayRetYoY2021[1][2]
	保留小数位	2
取四舍五入值	输出到	arrayRetYoY2021[2][2]
	目标数据	arrayRetYoY2021[2][2]
	保留小数位	2
变量赋值	变量名	YoYtop3months_value
	变量值	arrayRetYoY2021[0][2]&'、'&arrayRetYoY2021[1][2]&'和'&arrayRetYoY2021[2][2]

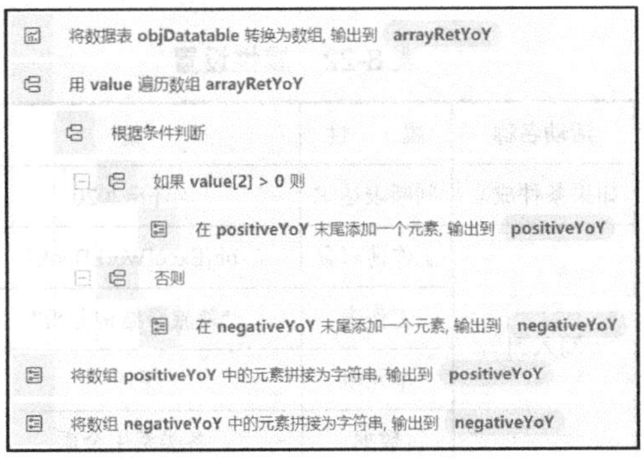

将数据表 objDatatable 转换为数组, 输出到 arrayRetYoY
用 value 遍历数组 arrayRetYoY
根据条件判断
如果 value[2] > 0 则
在 positiveYoY 末尾添加一个元素, 输出到 positiveYoY
否则
在 negativeYoY 末尾添加一个元素, 输出到 negativeYoY
将数组 positiveYoY 中的元素拼接为字符串, 输出到 positiveYoY
将数组 negativeYoY 中的元素拼接为字符串, 输出到 negativeYoY

图 8-25　流程界面

3. 结构分析

步骤十三：进入“结构分析”流程块，添加 1 个“从初始值开始按步长计数”、4 个“变量赋值”、2 个“依次读取数组中每个元素”、1 个“数据筛选”、1 个“选择数据列”、1 个“转换为数组”、1 个“转为小数数据”和 1 个“在数组尾部添加元素”，流程顺序如图 8-26 所示，属性设置如表 8-21 所示。这一步用来筛选每一类别的差旅费金额并进行汇总。

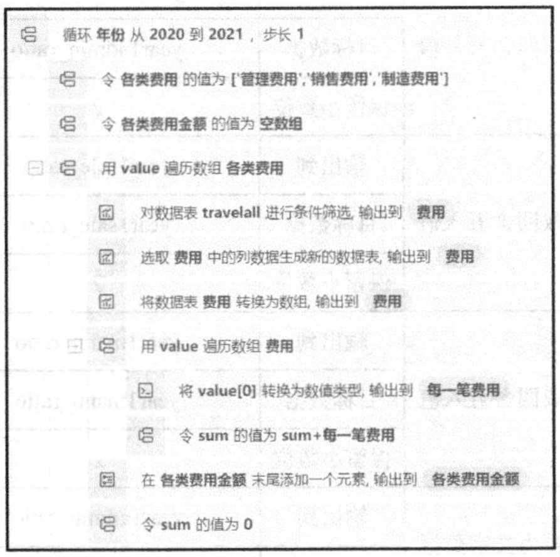

循环 年份 从 2020 到 2021 ，步长 1
令 各类费用 的值为 ['管理费用','销售费用','制造费用']
令 各类费用金额 的值为 空数组
用 value 遍历数组 各类费用
对数据表 travelall 进行条件筛选, 输出到 费用
选取 费用 中的列数据生成新的数据表, 输出到 费用
将数据表 费用 转换为数组, 输出到 费用
用 value 遍历数组 费用
将 value[0] 转换为数值类型, 输出到 每一笔费用
令 sum 的值为 sum+每一笔费用
在 各类费用金额 末尾添加一个元素, 输出到 各类费用金额
令 sum 的值为 0

图 8-26　流程界面

步骤十四：继续在年份循环中添加 1 个“如果条件成立”、1 个“写入列”、1 个“复制数据”、4 个“变量赋值”、3 个“取四舍五入值”和 3 个“转为文字数据”，流程顺序如图 8-27 所示，属性设置如表 8-22 所示。

表 8-20　属性设置

活动名称	属　　性	值
转换为数组	输出到	arrayRetYoY
	源数据表	objDatatable
依次读取数组中每个元素	值	value
	数组	arrayRetYoY
如果条件成立	判断表达式	value[2] > 0
在数组尾部添加元素	输出到	positiveYoY
	目标数组	positiveYoY
	添加元素	value[0]
在数组尾部添加元素	输出到	negativeYoY
	目标数组	negativeYoY
	添加元素	value[0]
将数组合并为字符串	输出到	positiveYoY
	目标数组	positiveYoY
	分隔符	"、"
将数组合并为字符串	输出到	negativeYoY
	目标数组	negativeYoY
	分隔符	"、"

表 8-21　属性设置

活动名称	属　　性	值
从初始值开始按步长计数	索引名称	年份
	初始值	2020
	结束值	2021
	步长	1
变量赋值	变量名	各类费用
	变量值	['管理费用','销售费用','制造费用']
变量赋值	变量名	各类费用金额
	变量值	[]
依次读取数组中每个元素	值	value
	数组	各类费用
数据筛选	输出到	费用
	数据表	travelall
	筛选条件	"科目名称.str.contains("'&value&'") and 会计期间.str.contains("'&年份&'")"
选择数据列	输出到	费用
	源数据表	费用
	选择的列	['本币金额']
转换为数组	输出到	费用
	源数据表	费用
	包含表头	false
依次读取数组中每个元素	值	value
	数组	费用
转为小数数据	输出到	每一笔金额
	转换对象	value[0]
变量赋值	变量名	sum
	变量值	sum+每一笔金额
在数组尾部添加元素	输出到	各类费用金额
	目标数组	各类费用金额
	添加元素	sum
变量赋值	变量名	sum
	变量值	0

令 sum 的值为 0
根据条件判断
如果 年份=2020 则
从单元格 F19 开始写入一列数据
将 各类费用金额 的数据复制一份，输出到 year1everycost
令 year1总额 的值为 year1everycost[0]+year1every...
令 year1admin_ratio 的值为 year1everycost[0]/year1总额*100
令 year1sale_ratio 的值为 year1everycost[1]/year1总额*100
令 year1manu_ratio 的值为 year1everycost[2]/year1总额*100
取 year1admin_ratio 的四舍五入值，输出到 year1admin_ratio
取 year1sale_ratio 的四舍五入值，输出到 year1sale_ratio
取 year1manu_ratio 的四舍五入值，输出到 year1manu_ratio
将 year1admin_ratio 转换为字符串类型，输出到 year1admin_ratio
将 year1sale_ratio 转换为字符串类型，输出到 year1sale_ratio
将 year1manu_ratio 转换为字符串类型，输出到 year1manu_ratio

图 8-27 流程界面

步骤十五：继续添加 1 个“否则执行后续操作”、1 个“写入列”、1 个“复制数据”、4 个“变量赋值”、3 个“取四舍五入值”和 3 个“转为文字数据”，流程顺序如图 8-28 所示，属性设置如表 8-23 所示。

将 year1manu_ratio 转换为字符串类型，输出到 year1manu_ratio
否则
从单元格 G19 开始写入一列数据
将 各类费用金额 的数据复制一份，输出到 year2everycost
令 year2总额 的值为 year2everycost[0]+year2every...
令 year2admin_ratio 的值为 year2everycost[0]/year2总额*100
令 year2sale_ratio 的值为 year2everycost[1]/year2总额*100
令 year2manu_ratio 的值为 year2everycost[2]/year2总额*100
取 year2admin_ratio 的四舍五入值，输出到 year2admin_ratio
取 year2sale_ratio 的四舍五入值，输出到 year2sale_ratio
取 year1manu_ratio 的四舍五入值，输出到 year2admin_ratio
将 year2admin_ratio 转换为字符串类型，输出到 year2admin_ratio
将 year2sale_ratio 转换为字符串类型，输出到 year2sale_ratio
将 year2manu_ratio 转换为字符串类型，输出到 year2manu_ratio

图 8-28 流程界面

表 8-22 属性设置

活动名称	属性	值
如果条件成立	判断表达式	年份=2020
写入列	工作簿对象	objExcelWorkBook1
	工作表	"差旅费结构分析"
	单元格	"F19"
	数据	各类费用金额
复制数据	输出到	year1everycost
	复制对象	各类费用金额
变量赋值	变量名	year1 总额
	变量值	year1everycost[0]+year1everycost[1]+year1everycost[2]
变量赋值	变量名	year1admin_ratio
	变量值	year1everycost[0]/year1 总额*100
变量赋值	变量名	year1sale_ratio
	变量值	year1everycost[1]/year1 总额*100
变量赋值	变量名	year1manu_ratio
	变量值	year1everycost[2]/year1 总额*100
取四舍五入值	输出到	year1admin_ratio
	目标数据	year1admin_ratio
	保留小数位	2
取四舍五入值	输出到	year1sale_ratio
	目标数据	year1sale_ratio
	保留小数位	2
取四舍五入值	输出到	year1manu_ratio
	目标数据	year1manu_ratio
	保留小数位	2
转为文字数据	输出到	year1admin_ratio
	转换对象	year1admin_ratio
转为文字数据	输出到	year1sale_ratio
	转换对象	year1sale_ratio
转为文字数据	输出到	year1manu_ratio
	转换对象	year1manu_ratio

表 8-23　属性设置

活动名称	属　性	值	活动名称	属　性	值
写入列	工作簿对象	objExcelWorkBook1	取四舍五入值	输出到	year2admin_ratio
	工作表	"差旅费结构分析"		目标数据	year2admin_ratio
	单元格	"G19"		保留小数位	2
	数据	各类费用金额	取四舍五入值	输出到	year2sale_ratio
复制数据	输出到	year2everycost		目标数据	year2sale_ratio
	复制对象	各类费用金额		保留小数位	2
变量赋值	变量名	year2 总额	取四舍五入值	输出到	year2manu_ratio
	变量值	year2everycost[0]+year2everycost[1]+year2everycost[2]		目标数据	year2manu_ratio
变量赋值	变量名	year2admin_ratio		保留小数位	2
	变量值	year2everycost[0]/year2 总额*100	转为文字数据	输出到	year2admin_ratio
变量赋值	变量名	year1sale_ratio		转换对象	year2admin_ratio
	变量值	year2everycost[1]/year2 总额*100	转为文字数据	输出到	year2sale_ratio
变量赋值	变量名	year1manu_ratio		转换对象	year2sale_ratio
	变量值	year2everycost[2]/year2 总额*100	转为文字数据	输出到	year2manu_ratio
				转换对象	year2manu_ratio

步骤十六：单击左侧工具栏“扩展命令”旁的“+获取命令”，找到“常用 python 插件”，单击“安装”，跳出安装成功提示框，单击“确定”，安装扩展命令的操作如图 8-29 至图 8-31 所示。在所有循环之外添加 2 个“数组类型转换”，流程界面如图 8-32 所示，属性设置如表 8-24 所示。本步骤是为了将数组转换为字符串形式，便于后续生成分析报告。

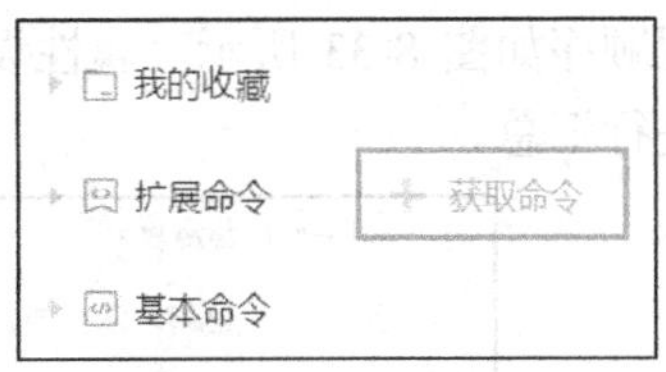

图 8-29　安装拓展命令

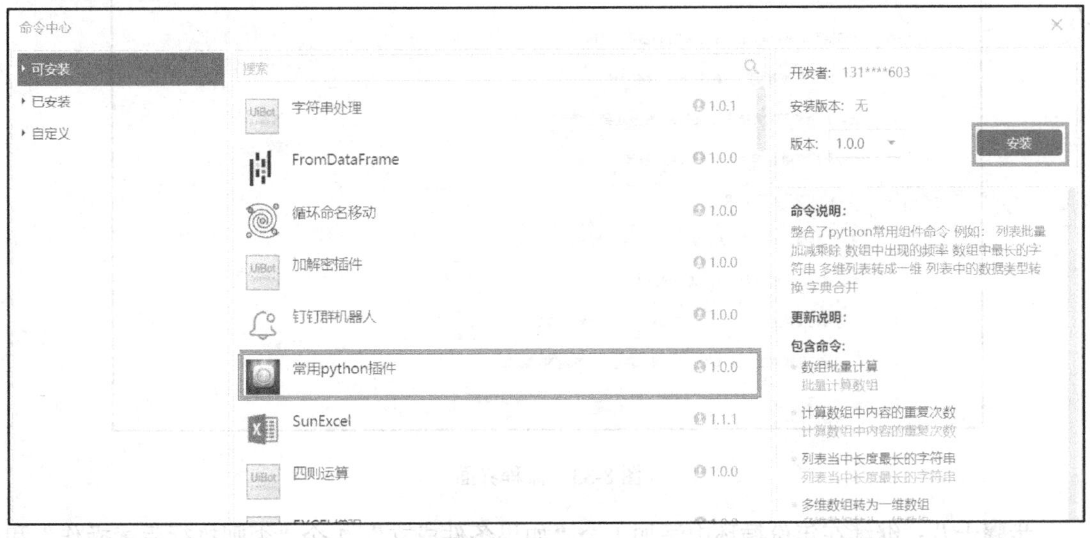

图 8-30　安装拓展命令

图 8-31　安装拓展命令

转换数组中数据类型(支持字符串，整数，小数), 输出到 year1everycost
转换数组中数据类型(支持字符串，整数，小数), 输出到 year2everycost

图 8-32　流程界面

表 8-24　属性设置

活动名称	属　性	值	活动名称	属　性	值
数组类型转换	输出到	year1everycost	数组类型转换	输出到	year2everycost
	待处理数组	year1everycost		待处理数组	year2everycost
	转换类型	"str"		转换类型	"str"

4．部门分析

步骤十七：进入“部门分析”流程块，添加 1 个“从初始值开始按步长计数”、5 个“变量赋值”、2 个“依次读取数组中每个元素”、1 个“数据筛选”、1 个“获取行列数”、1 个“选择数据列”、1 个“转换为数组”、1 个“转为小数数据”和 2 个“在数组尾部添加元素”，流程顺序如图 8-33 所示，属性设置如表 8-25 所示。这一步用来筛选每一部门的差旅费金额并进行汇总。

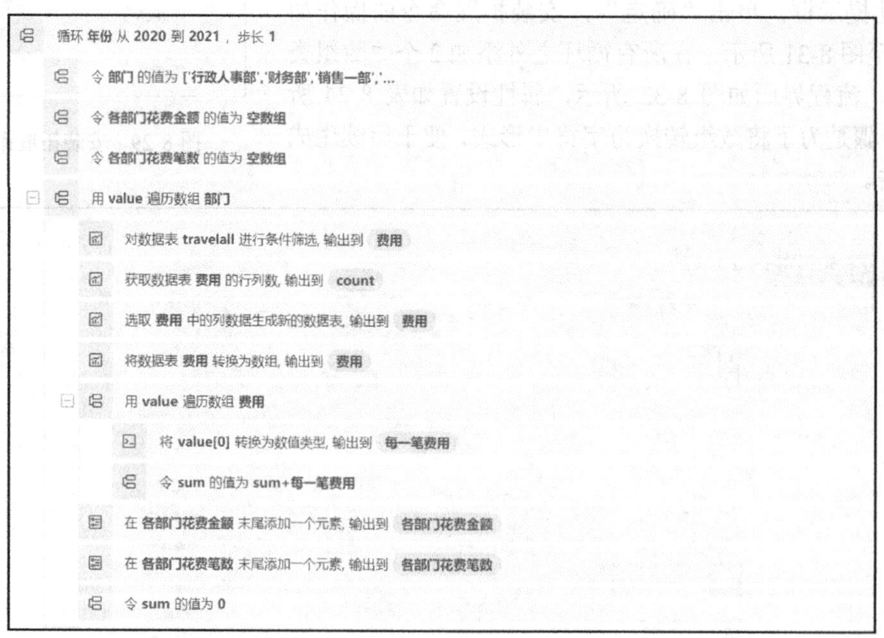

图 8-33　流程界面

步骤十八：继续在年份循环中添加 1 个“如果条件成立”、1 个“否则执行后续操作”和 4 个“写入列”，流程顺序如图 8-34 所示，属性设置如表 8-26 所示。

表 8-25　属性设置

活动名称	属　性	值
从初始值开始按步长计数	索引名称	年份
	初始值	2020
	结束值	2021
	步长	1
变量赋值	变量名	部门
	变量值	['行政人事部','财务部','销售一部','销售二部','销售三部','销售四部','生产部','采购部','数字化赋能中心','技术支持中心','工程实施中心']
变量赋值	变量名	各部门花费金额
	变量值	[]
变量赋值	变量名	各部门花费笔数
	变量值	[]
依次读取数组中每个元素	值	value
	数组	部门
数据筛选	输出到	费用
	数据表	travelall
	筛选条件	"部门.str.contains('"&value&"') and 会计期间.str.contains('"&年份&"')"
获取行列数	输出到	count
	源数据表	费用
选择数据列	输出到	费用
	源数据表	费用
	选择的列	['本币金额']
转换为数组	输出到	费用
	源数据表	费用
	包含表头	false
依次读取数组中每个元素	值	value
	数组	费用
转为小数数据	输出到	每一笔费用
	转换对象	value[0]
变量赋值	变量名	sum
	变量值	sum+每一笔费用
在数组尾部添加元素	输出到	各部门花费金额
	目标数组	各部门花费金额
	添加元素	sum
在数组尾部添加元素	输出到	各部门花费笔数
	目标数组	各部门花费笔数
	添加元素	count[0]
变量赋值	变量名	sum
	变量值	0

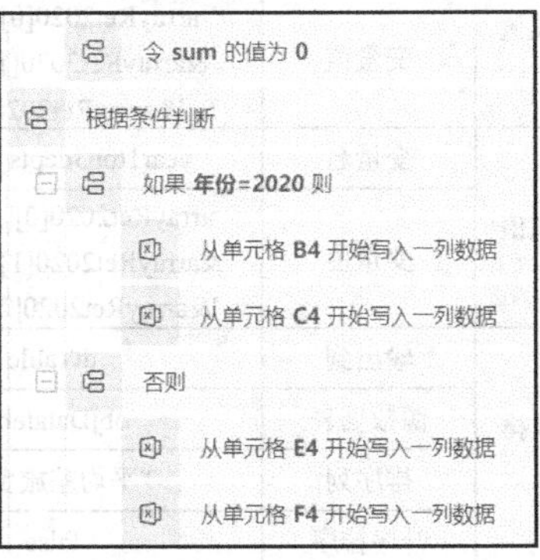

图 8-34　流程界面

步骤十九：所有循环外添加 1 个“读取区域”、1 个“构建数据表”、1 个“转换列类型”、2 个“数据表排序”、2 个“转换为数组”和 4 个“变量赋值”，流程顺序如图 8-35 所示，属性设置如表 8-27 所示。本步骤的目的是选出每年差旅费开支最大的前三个部门。至此，“辅助核算之部门分析”流程块编写完成。

表 8-26　属性设置

活动名称	属　性	值
如果条件成立	判断表达式	年份=2020
写入列	工作簿对象	objExcelWorkBook1
	工作表	"辅助核算之部门分析"
	单元格	"B4"
	数据	各部门花费金额
写入列	工作簿对象	objExcelWorkBook1
	工作表	"辅助核算之部门分析"
	单元格	"C4"
	数据	各部门花费笔数
写入列	工作簿对象	objExcelWorkBook1
	工作表	"辅助核算之部门分析"
	单元格	"E4"
	数据	各部门花费金额
写入列	工作簿对象	objExcelWorkBook1
	工作表	"辅助核算之部门分析"
	单元格	"F4"
	数据	各部门花费笔数

从单元格 F4 开始写入一列数据
读取区域 A4:G14 的值, 输出到 arrayRet
使用 arrayRet 构建一个数据表, 输出到 objDatatable
转换数据表 objDatatable 中的 ['平均差旅费1','平均差旅费2'] 为 浮点数 类型
对数据表 objDatatable 依据 平均差旅费1 进行排序, 输出到 dtTable
将数据表 dtTable 转换为数组, 输出到 arrayRet2020
令 year1top3depts 的值为 arrayRet2020[0][0]&'、'&array...
令 year1top3depts_money 的值为 arrayRet2020[0][3]&'元、&arr...
对数据表 objDatatable 依据 平均差旅费2 进行排序, 输出到 dtTable
将数据表 dtTable 转换为数组, 输出到 arrayRet2021
令 year2top3depts 的值为 arrayRet2021[0][0]&'、'&array...
令 year2top3depts_money 的值为 arrayRet2021[0][6]&'元、&arr...

图 8-35 流程界面

5. 客户分析

步骤二十：进入“客户分析”流程块，添加 1 个“从初始值开始按步长计数”、4 个“变量赋值”、2 个“依次读取数组中每个元素”、1 个“数据筛选”、1 个“选择数据列”、1 个“转换为数组”、1 个“转为小数数据”和 1 个“在数组尾部添加元素”，流程顺序如图 8-36 所示，属性设置如表 8-28 所示。这一步用来筛选每一客户的差旅费金额并进行汇总。

循环 年份 从 2020 到 2021 ，步长 1
令 客户 的值为 ['001','002','003','004','005','00...
令 各客户花费金额 的值为 空数组
用 value 遍历数组 客户
对数据表 travelall 进行条件筛选, 输出到 费用
选取 费用 中的列数据生成新的数据表, 输出到 费用
将数据表 费用 转换为数组, 输出到 费用
用 value 遍历数组 费用
将 value[0] 转换为数值类型, 输出到 每一笔费用
令 sum 的值为 sum+每一笔费用
在 各客户花费金额 末尾添加一个元素, 输出到 各客户花费金额
令 sum 的值为 0

图 8-36 流程界面

表 8-27 属性设置

活动名称	属　性	值
读取区域	输出到	arrayRet
	工作簿对象	objExcelWordBook1
	工作表	"辅助核算之部门分析"
	区域	"A4:G14"
构建数据表	输出到	objDatatable
	构建数据	arrayRet
	表格列头	['部门','差旅费总金额 1','报账笔数 1','平均差旅费 1','差旅费总金额 2','报账笔数 2','平均差旅费 2']
转换列类型	源数据表	objDatatable
	转换列名	['平均差旅费 1','平均差旅费 2']
	数据类型	"float"
数据表排序	输出到	dtTable
	源数据表	objDatatable
	排序列	"平均差旅费 1"
	升序排序	false
转换为数组	输出到	arrayRet2020
	源数据表	dtTable
变量赋值	变量名	year1top3depts
	变量值	arrayRet2020[0][0]&'、'&arrayRet2020[1][0]&'和'&arrayRet2020[2][0]
变量赋值	变量名	year1top3depts_money
	变量值	arrayRet2020[0][3]&'元、'&arrayRet2020[1][3]&'元和'&arrayRet2020[2][3]&'元'
数据表排序	输出到	dtTable
	源数据表	objDatatable
	排序列	"平均差旅费 2"
	升序排序	false
转换为数组	输出到	arrayRet2021
	源数据表	dtTable
变量赋值	变量名	year2top3depts
	变量值	arrayRet2021[0][0]&'、'&arrayRet2021[1][0]&'和'&arrayRet2021[2][0]
变量赋值	变量名	year2top3depts_money
	变量值	arrayRet2021[0][6]&'元、'&arrayRet2021[1][6]&'元和'&arrayRet2021[2][6]&'元'

步骤二十一：继续在年份循环中添加 1 个“如果条件成立”、1 个“否则执行后续操作”和 2 个“写入列”，流程顺序如图 8-37 所示，属性设置如表 8-29 所示。

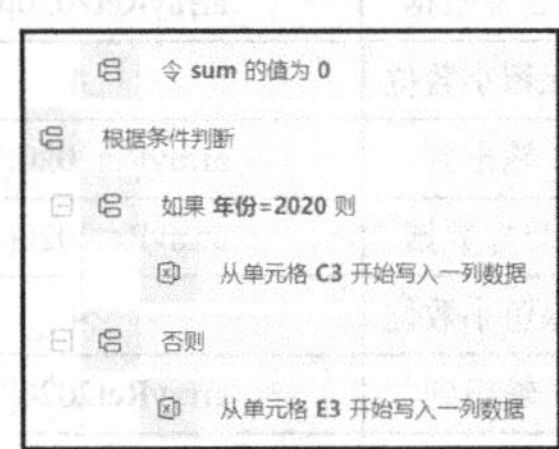

图 8-37　流程界面

表 8-29　属性设置

活动名称	属　性	值
如果条件成立	判断表达式	年份=2020
写入列	工作簿对象	objExcelWorkBook1
	工作表	"辅助核算之客户分析"
	单元格	"C3"
	数据	各客户花费金额
写入列	工作簿对象	objExcelWorkBook1
	工作表	"辅助核算之客户分析"
	单元格	"E3"
	数据	各客户花费金额

步骤二十二：所有循环之外添加 1 个“读取区域”、1 个“构建数据表”、1 个“转换列类型”、1 个“数据表排序”、1 个“转换为数组”、3 个“取四舍五入值”和 2 个“变量赋值”，流程顺序如图 8-38 所示，属性设置如表 8-30 所示。本步骤的目的是选出 2020 年“差旅费/收入”比值最大的前三个客户。

从单元格 E3 开始写入一列数据
读取区域 B3:F37 的值，输出到 arrayRet
使用 arrayRet 构建一个数据表，输出到 objDatatable
转换数据表 objDatatable 中的 ['比值1','比值2'] 为 浮点数 类型
对数据表 objDatatable 依据 比值1 进行排序，输出到 dtTable
将数据表 dtTable 转换为数组，输出到 arrayRet2020
取 arrayRet2020[0][2] 的四舍五入值，输出到 arrayRet2020[0][2]
取 arrayRet2020[1][2] 的四舍五入值，输出到 arrayRet2020[1][2]
取 arrayRet2020[2][2] 的四舍五入值，输出到 arrayRet2020[2][2]
令 year1top3clients 的值为 arrayRet2020[0][0]&'、'&array...
令 year1top3clients_money 的值为 arrayRet2020[0][2]&'、'&array...

图 8-38　流程界面

表 8-28　属性设置

活动名称	属　性	值
从初始值开始按步长计数	索引名称	年份
	初始值	2020
	结束值	2021
	步长	1
变量赋值	变量名	客户
	变量值	['001','002','003','004','005','006','007','008','009','010','011','012','013','014','015','016','017','018','019','020','021','022','023','024','025','026','027','028','029','030','031','032','033','034','035']
变量赋值	变量名	各客户花费金额
	变量值	[]
依次读取数组中每个元素	值	value
	数组	客户
数据筛选	输出到	费用
	数据表	travelall
	筛选条件	"客户.str.contains('"&value&"') and 会计期间.str.contains('"&年份&"')"
选择数据列	输出到	费用
	源数据表	费用
	选择的列	['本币金额']
转换为数组	输出到	费用
	源数据表	费用
	包含表头	false
依次读取数组中每个元素	值	value
	数组	费用
转为小数数据	输出到	每一笔费用
	转换对象	value[0]
变量赋值	变量名	sum
	变量值	sum+每一笔费用
在数组尾部添加元素	输出到	各客户花费金额
	目标数组	各客户花费金额
	添加元素	sum
变量赋值	变量名	sum
	变量值	0

表 8-30　属性设置

活动名称	属　性	值
读取区域	输出到	arrayRet
	工作簿对象	objExcelWordBook1
	工作表	"辅助核算之客户分析"
	区域	"B3:F37"
构建数据表	输出到	objDatatable
	构建数据	arrayRet
	表格列头	['客户','2020','比值 1','2021','比值 2']
转换列类型	源数据表	objDatatable
	转换列名	['比值 1','比值 2']
	数据类型	"float"
数据表排序	输出到	dtTable
	源数据表	objDatatable
	排序列	"比值 1"
	升序排序	false
转换为数组	输出到	arrayRet2020
	源数据表	dtTable

活动名称	属　性	值
取四舍五入值	输出到	arrayRet2020[0][2]
	目标数据	arrayRet2020[0][2]
	保留小数位	4
取四舍五入值	输出到	arrayRet2020[1][2]
	目标数据	arrayRet2020[1][2]
	保留小数位	4
取四舍五入值	输出到	arrayRet2020[2][2]
	目标数据	arrayRet2020[2][2]
	保留小数位	4
变量赋值	变量名	year1top3clients
	变量值	arrayRet2020[0][0]&'、'&arrayRet2020[1][0]&'和'&arrayRet2020[2][0]
变量赋值	变量名	year1top3clients_money
	变量值	arrayRet2020[0][2]&'、'&arrayRet2020[1][2]&'和'&arrayRet2020[2][2]

步骤二十三：添加 1 个“数据表排序”、1 个“转换为数组”、3 个“取四舍五入值”和 2 个“变量赋值”，流程顺序如图 8-39 所示，属性设置如表 8-31 所示。本步骤的目的是选出 2021 年“差旅费/收入”比值最大的前三个客户。至此，“客户分析”流程块编写完成。

对数据表 objDatatable 依据 比值2 进行排序, 输出到 dtTable
将数据表 dtTable 转换为数组, 输出到 arrayRet2021
取 arrayRet2021[0][4] 的四舍五入值，输出到 arrayRet2021[0][4]
取 arrayRet2021[1][4] 的四舍五入值，输出到 arrayRet2021[1][4]
取 arrayRet2021[2][4] 的四舍五入值，输出到 arrayRet2021[2][4]
令 year2top3clients 的值为 arrayRet2021[0][0]&'、'&array...
令 year2top3clients_money 的值为 arrayRet2021[0][4]&'、'&array...

图 8-39　流程界面

表 8-31　属性设置

活动名称	属　性	值
数据表排序	输出到	dtTable
	源数据表	objDatatable
	排序列	"比值 2"
	升序排序	false
转换为数组	输出到	arrayRet2021
	源数据表	dtTable
取四舍五入值	输出到	arrayRet2021[0][4]
	目标数据	arrayRet2021[0][4]
	保留小数位	4
取四舍五入值	输出到	arrayRet2021[1][4]
	目标数据	arrayRet2021[1][4]
	保留小数位	4
取四舍五入值	输出到	arrayRet2021[2][4]
	目标数据	arrayRet2021[2][4]
	保留小数位	4
变量赋值	变量名	year2top3clients
	变量值	arrayRet2021[0][0]&'、'&arrayRet2021[1][0]&'和'&arrayRet2021[2][0]
变量赋值	变量名	year2top3clients_money
	变量值	arrayRet2021[0][4]&'、'&arrayRet2021[1][4]&'和'&arrayRet2021[2][4]

6．地区分析

步骤二十四：进入“地区分析”流程块，添加 1 个“选择数据列”、1 个“转换为数组”、1 个“变量赋值”、1 个“依次读取数组中每个元素”、1 个“转为文字数据”、1 个“获取左侧字符串”、1 个“在数组尾部添加元素”、1 个“增加列”和 2 个“合并数据表”，流程顺序如图 8-40 所示，属性设置如表 8-32 所示。本步骤用于将差旅费序时账与客户表、地区分布表进行内连接。

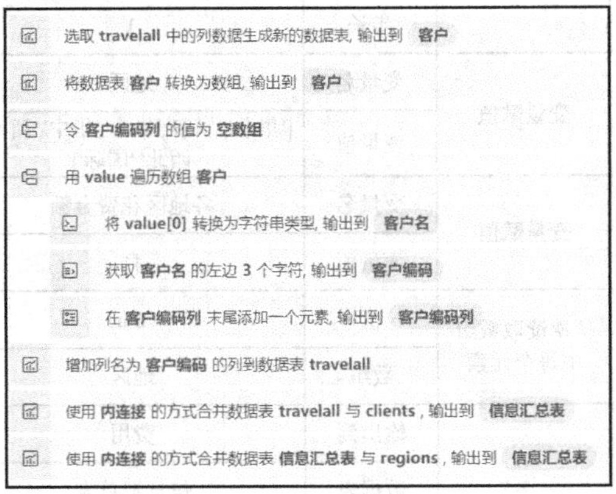

选取 travelall 中的列数据生成新的数据表, 输出到 客户
将数据表 客户 转换为数组, 输出到 客户
令 客户编码列 的值为 空数组
用 value 遍历数组 客户
将 value[0] 转换为字符串类型, 输出到 客户名
获取 客户名 的左边 3 个字符, 输出到 客户编码
在 客户编码列 末尾添加一个元素, 输出到 客户编码列
增加列名为 客户编码 的列到数据表 travelall
使用 内连接 的方式合并数据表 travelall 与 clients，输出到 信息汇总表
使用 内连接 的方式合并数据表 信息汇总表 与 regions，输出到 信息汇总表

图 8-40　流程界面

步骤二十五：添加 1 个“从初始值开始按步长计数”、4 个“变量赋值”、2 个“依次读取数组中每个元素”、1 个“数据筛选”、1 个“选择数据列”、1 个“转换为数组”、1 个“转为小数数据”和 1 个“在数组尾部添加元素”，流程顺序如图 8-41 所示，属性设置如表 8-33 所示。这一步用来筛选每一地区的差旅费金额并进行汇总。

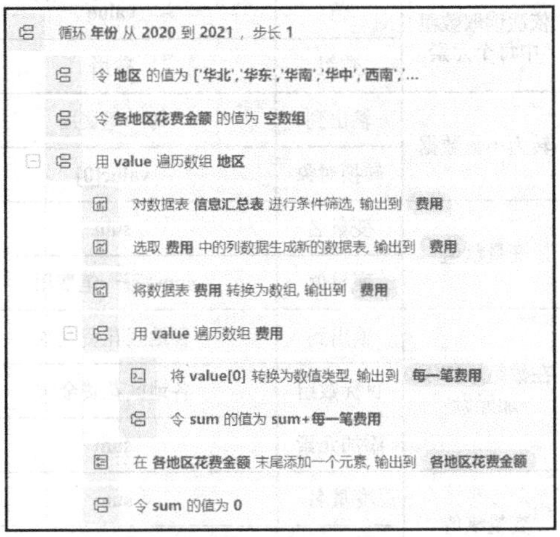

循环 年份 从 2020 到 2021，步长 1
令 地区 的值为 ['华北','华东','华南','华中','西南',...
令 各地区花费金额 的值为 空数组
用 value 遍历数组 地区
对数据表 信息汇总表 进行条件筛选, 输出到 费用
选取 费用 中的列数据生成新的数据表, 输出到 费用
将数据表 费用 转换为数组, 输出到 费用
用 value 遍历数组 费用
将 value[0] 转换为数值类型, 输出到 每一笔费用
令 sum 的值为 sum+每一笔费用
在 各地区花费金额 末尾添加一个元素, 输出到 各地区花费金额
令 sum 的值为 0

图 8-41　流程界面

表 8-32　属性设置

活动名称	属　性	值
选择数据列	输出到	客户
	源数据表	travelall
	选择的列	['客户']
转换为数组	输出到	客户
	源数据表	客户
变量赋值	变量名	客户编码列
	变量值	[]
依次读取数组中每个元素	值	value
	数组	客户
转为文字数据	输出到	客户名
	转换对象	value[0]
获取左侧字符串	输出到	客户编码
	目标字符串	客户名
	截取长度	3
在数组尾部添加元素	输出到	客户编码列
	目标数组	客户编码列
	添加元素	客户编码
增加列	源数据表	travelall
	列名	"客户编码"
	列位置	null
	填充值	客户编码列
合并数据表	输出到	信息汇总表
	左表	travelall
	右表	clients
	连接方式	"inner"
	左表列	"客户编码"
	右表列	"客户编码"
合并数据表	输出到	信息汇总表
	左表	信息汇总表
	右表	regions
	连接方式	"inner"
	左表列	"客户所在地"
	右表列	"地区"

步骤二十六：继续在年份循环中添加 1 个“如果条件成立”、2 个“写入列”和 1 个“否则执行后续操作”，流程顺序如图 8-42 所示，属性设置如表 8-34 所示。

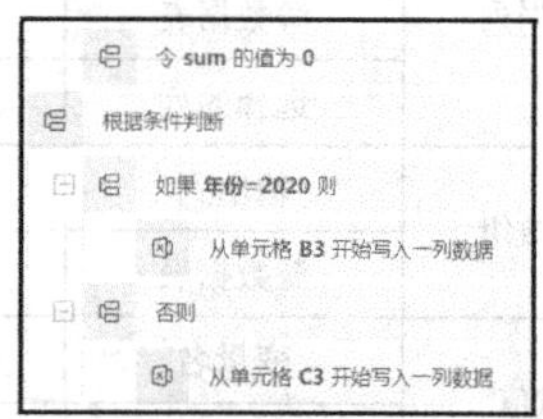

图 8-42　流程界面

表 8-34　属性设置

活动名称	属　性	值
如果条件成立	判断表达式	年份=2020
写入列	工作簿对象	objExcelWorkBook1
	工作表	"辅助核算之地区分析"
	单元格	"B3"
	数据	各地区花费金额
写入列	工作簿对象	objExcelWorkBook1
	工作表	"辅助核算之地区分析"
	单元格	"C3"
	数据	各地区花费金额

步骤二十七：添加 1 个“读取区域”、1 个“构建数据表”、1 个“转换列类型”、2 个“数据表排序”、2 个“转换为数组”和 4 个“变量赋值”，流程顺序如图 8-43 所示，属性设置如表 8-35 所示。本步骤目的是选出每年差旅费开支最大的前三个地区。

读取区域 A3:C9 的值，输出到 arrayRet
使用 arrayRet 构建一个数据表，输出到 objDatatable
转换数据表 objDatatable 中的 ['2020','2021'] 为 浮点数 类型
对数据表 objDatatable 依据 2020 进行排序，输出到 dtTable
将数据表 dtTable 转换为数组，输出到 arrayRet2020
令 year1top3regions 的值为 [arrayRet2020[0][0],arrayRet2...
令 year1top3regions_money 的值为 [arrayRet2020[0][1],arrayRet2...
对数据表 objDatatable 依据 2021 进行排序，输出到 dtTable
将数据表 dtTable 转换为数组，输出到 arrayRet2021
令 year2top3regions 的值为 [arrayRet2021[0][0],arrayRet2...
令 year2top3regions_money 的值为 [arrayRet2021[0][1],arrayRet2...

图 8-43　流程界面

表 8-33　属性设置

活动名称	属　性	值
从初始值开始按步长计数	索引名称	年份
	初始值	2020
	结束值	2021
	步长	1
变量赋值	变量名	地区
	变量值	['华北','华东','华南','华中','西南','西北','国际']
变量赋值	变量名	各地区花费金额
	变量值	[]
依次读取数组中每个元素	值	value
	数组	地区
数据筛选	输出到	费用
	数据表	信息汇总表
	筛选条件	"所属范围.str.contains('"&value&"') and 会计期间.str.contains('"&年份&"')"
选择数据列	输出到	费用
	源数据表	费用
	选择的列	['本币金额']
转换为数组	输出到	费用
	源数据表	费用
	包含表头	false
依次读取数组中每个元素	值	value
	数组	费用
转为小数数据	输出到	每一笔费用
	转换对象	value[0]
变量赋值	变量名	sum
	变量值	sum+每一笔费用
在数组尾部添加元素	输出到	各地区花费金额
	目标数组	各地区花费金额
	添加元素	sum
变量赋值	变量名	sum
	变量值	0

表 8-35　属性设置

活动名称	属　性	值
读取区域	输出到	arrayRet
	工作簿对象	objExcelWorkBook1
	工作表	"辅助核算之地点分析"
	区域	"A3:C9"
构建数据表	输出到	objDatatable
	构建数据	arrayRet
	表格列头	['地区','2020','2021']
转换列类型	源数据表	objDatatable
	转换列名	['2020','2021']
	数据类型	"float"
数据表排序	输出到	dtTable
	源数据表	objDatatable
	排序列	"2020"
	升序排序	false
转换为数组	输出到	arrayRet2020
	源数据表	dtTable
变量赋值	变量名	year1top3regions
	变量值	[arrayRet2020[0][0],arrayRet2020[1][0],arrayRet2020[2][0]]
变量赋值	变量名	year1top3regions_money
	变量值	[arrayRet2020[0][1],arrayRet2020[1][1],arrayRet2020[2][1]]
数据表排序	输出到	dtTable
	源数据表	objDatatable
	排序列	"2021"
	升序排序	false
转换为数组	输出到	arrayRet2021
	源数据表	dtTable
变量赋值	变量名	year2top3regions
	变量值	[arrayRet2021[0][0],arrayRet2021[1][0],arrayRet2021[2][0]]
变量赋值	变量名	year2top3regions_money
	变量值	[arrayRet2021[0][1],arrayRet2021[1][1],arrayRet2021[2][1]]

步骤二十八：添加 2 个“将数组合并为字符串”、1 个“如果条件成立”、2 个“变量赋值”、1 个“否则执行后续操作”和 2 个“数组类型转换”，流程顺序如图 8-44 所示，属性设置如表 8-36 所示。本步骤用于判断两年差旅费花销最高的三个地区是否发生变化。至此，“辅助核算之地区分析”流程块编写完成。

将数组 year1top3regions 中的元素拼接为字符串，输出到 year1前三地区字符

将数组 year2top3regions 中的元素拼接为字符串，输出到 year2前三地区字符

根据条件判断

如果 year1前三地区字符=year2前三地... 则

令 regionchange 的值为 没有发生

否则

令 regionchange 的值为 发生

转换数组中数据类型(支持字符串，整数，小数)，输出到 year1top3regions_money

转换数组中数据类型(支持字符串，整数，小数)，输出到 year2top3regions_money

图 8-44　流程界面

表 8-36　属性设置

活动名称	属　性	值
将数组合并为字符串	输出到	year1 前三地区字符
	目标数组	year1top3regions
	分隔符	","
将数组合并为字符串	输出到	year2 前三地区字符
	目标数组	year2top3regions
	分隔符	","
如果条件成立	判断表达式	year1 前三地区字符=year2 前三地区字符
变量赋值	变量名	regionchange
	变量值	"没有发生"
变量赋值	变量名	regionchange
	变量值	"发生"
数组类型转换	输出到	year1top3regions_money
	待处理数组	year1top3regions_money
	转换类型	"str"
数组类型转换	输出到	year2top3regions_money
	待处理数组	year2top3regions_money
	转换类型	"str"

7．项目分析

步骤二十九：进入“项目分析”流程块，

添加 1 个“选择数据列”、1 个“转换为数组”、1 个“变量赋值”、1 个“依次读取数组中每个元素”、1 个“转为文字数据”、1 个“获取左侧字符串”、1 个“在数组尾部添加元素”、1 个“增加列”和 1 个“合并数据表”，流程顺序如图 8-45 所示，属性设置如表 8-37 所示。本步骤用于将差旅费序时账与客户表进行内连接。

选取 travelall 中的列数据生成新的数据表，输出到 客户
将数据表 客户 转换为数组，输出到 客户
令 客户编码列 的值为 空数组
用 value 遍历数组 客户
将 value[0] 转换为字符串类型，输出到 客户名
获取 客户名 的左边 3 个字符，输出到 客户编码
在 客户编码列 末尾添加一个元素，输出到 客户编码列
增加列名为 客户编码 的列到数据表 travelall
使用 内连接 的方式合并数据表 travelall 与 clients，输出到 信息汇总表

图 8-45　流程界面

步骤三十：添加 1 个“从初始值开始按步长计数”、4 个“变量赋值”、2 个“依次读取数组中每个元素”、1 个“数据筛选”、1 个“选择数据列”、1 个“转换为数组”、1 个“转为小数数据”和 1 个“在数组尾部添加元素”，流程顺序如图 8-46 所示，属性设置如表 8-38 所示。这一步用来筛选每一项目的差旅费金额并进行汇总。

表 8-37　属性设置

活动名称	属　性	值
选择数据列	输出到	客户
	源数据表	travelall
	选择的列	['客户']
转换为数组	输出到	客户
	源数据表	客户
变量赋值	变量名	客户编码列
	变量值	[]
依次读取数组中每个元素	值	value
	数组	客户
转为文字数据	输出到	客户名
	转换对象	value[0]
获取左侧字符串	输出到	客户编码
	目标字符串	客户名
	截取长度	3
在数组尾部添加元素	输出到	客户编码列
	目标数组	客户编码列
	添加元素	客户编码
增加列	源数据表	travelall
	列名	"客户编码"
	列位置	null
	填充值	客户编码列
合并数据表	输出到	信息汇总表
	左表	travelall
	右表	clients
	连接方式	"inner"
	左表列	"客户编码"
	右表列	"客户编码"

循环 年份 从 2020 到 2021，步长 1
令 项目 的值为 ['01','02','03','04','05','06','07',...
令 各项目花费金额 的值为 空数组
用 value 遍历数组 项目
对数据表 信息汇总表 进行条件筛选，输出到 费用
选取 费用 中的列数据生成新的数据表，输出到 费用
将数据表 费用 转换为数组，输出到 费用
用 value 遍历数组 费用
将 value[0] 转换为数值类型，输出到 每一笔费用
令 sum 的值为 sum+每一笔费用
在 各项目花费金额 末尾添加一个元素，输出到 各项目花费金额
令 sum 的值为 0

图 8-46　流程界面

步骤三十一：继续在年份循环中添加 1 个“如果条件成立”、2 个“写入列”和 1 个“否则执行后续操作”，流程顺序如图 8-47 所示，属性设置如表 8-39 所示。

令 sum 的值为 0
根据条件判断
如果 年份=2020 则
从单元格 B3 开始写入一列数据
否则
从单元格 C3 开始写入一列数据

图 8-47　流程界面

表 8-39　属性设置

活动名称	属　性	值
如果条件成立	判断表达式	年份=2020
写入列	工作簿对象	objExcelWorkBook1
	工作表	"辅助核算之项目分析"
	单元格	"B3"
	数据	各项目花费金额
写入列	工作簿对象	objExcelWorkBook1
	工作表	"辅助核算之项目分析"
	单元格	"C3"
	数据	各项目花费金额

步骤三十二：添加 1 个“读取区域”、1 个“构建数据表”、1 个“转换列类型”、2 个“数据表排序”、2 个“转换为数组”和 4 个“变量赋值”，流程顺序如图 8-48 所示，属性设置如表 8-40 所示。本步骤目的是选出每年差旅费开支最大的前三个项目。

读取区域 A3:C10 的值，输出到 arrayRet
使用 arrayRet 构建一个数据表，输出到 objDatatable
转换数据表 objDatatable 中的 ['2020','2021'] 为 浮点数 类型
对数据表 objDatatable 依据 2020 进行排序，输出到 dtTable
将数据表 dtTable 转换为数组，输出到 arrayRet2020
令 year1top3prjs 的值为 [arrayRet2020[0][0],arrayRet2...
令 year1top3prjs_money 的值为 [arrayRet2020[0][1],arrayRet2...
对数据表 objDatatable 依据 2021 进行排序，输出到 dtTable
将数据表 dtTable 转换为数组，输出到 arrayRet2021
令 year2top3prjs 的值为 [arrayRet2021[0][0],arrayRet2...
令 year2top3prjs_money 的值为 [arrayRet2021[0][1],arrayRet2...

图 8-48　流程界面

表 8-38　属性设置

活动名称	属　性	值
从初始值开始按步长计数	索引名称	年份
	初始值	2020
	结束值	2021
	步长	1
变量赋值	变量名	项目
	变量值	['01','02','03','04','05','06','07','08']
变量赋值	变量名	各项目花费金额
	变量值	[]
依次读取数组中每个元素	值	value
	数组	项目
数据筛选	输出到	费用
	数据表	信息汇总表
	筛选条件	"所属项目.str.contains("'&value&'") and 会计期间.str.contains("'&年份&'")"
选择数据列	输出到	费用
	源数据表	费用
	选择的列	['本币金额']
转换为数组	输出到	费用
	源数据表	费用
	包含表头	false
依次读取数组中每个元素	值	value
	数组	费用
转为小数数据	输出到	每一笔费用
	转换对象	value[0]
变量赋值	变量名	sum
	变量值	sum+每一笔费用
在数组尾部添加元素	输出到	各项目花费金额
	目标数组	各项目花费金额
	添加元素	sum
变量赋值	变量名	sum
	变量值	0

步骤三十三：添加 2 个“将数组合并为字符串”、1 个“如果条件成立”、2 个“变量赋值”、1 个“否则执行后续操作”和 2 个“数组类型转换”，流程顺序如图 8-49 所示，属性设置如表 8-41 所示。本步骤用于判断两年差旅费花销最高的三个项目是否发生变化。至此，“辅助核算之项目分析”流程块编写完成。

将数组 year1top3prjs 中的元素拼接为字符串，输出到 year1前三项目字符
将数组 year2top3prjs 中的元素拼接为字符串，输出到 year2前三项目字符
根据条件判断
如果 year1前三项目字符 = year2前三... 则
令 prjchange 的值为 没有发生
否则
令 prjchange 的值为 发生
转换数组中数据类型(支持字符串，整数，小数)，输出到 year1top3prjs_money
转换数组中数据类型(支持字符串，整数，小数)，输出到 year2top3prjs_money

图 8-49 流程界面

表 8-41 属性设置

活动名称	属 性	值
将数组合并为字符串	输出到	year1 前三地区字符
	目标数组	year1top3prjs
	分隔符	","
将数组合并为字符串	输出到	year2 前三项目字符
	目标数组	year2top3prjs
	分隔符	","
如果条件成立	判断表达式	year1 前三项目字符 = year2 前三项目字符
变量赋值	变量名	prjchange
	变量值	"没有发生"
变量赋值	变量名	prjchange
	变量值	"发生"
数组类型转换	输出到	year1top3prjs_money
	待处理数组	year1top3prjs_money
	转换类型	"str"
数组类型转换	输出到	year2top3prjs_money
	待处理数组	year2top3prjs_money
	转换类型	"str"

表 8-40 属性设置

活动名称	属 性	值
读取区域	输出到	arrayRet
	工作簿对象	objExcelWorkBook1
	工作表	"辅助核算之项目分析"
	区域	"A3:C10"
构建数据表	输出到	objDatatable
	构建数据	arrayRet
	表格列头	['项目','2020','2021']
转换列类型	源数据表	objDatatable
	转换列名	['2020','2021']
	数据类型	"float"
数据表排序	输出到	dtTable
	源数据表	objDatatable
	排序列	"2020"
	升序排序	false
转换为数组	输出到	arrayRet2020
	源数据表	dtTable
变量赋值	变量名	year1top3prjs
	变量值	[arrayRet2020[0][0],arrayRet2020[1][0],arrayRet2020[2][0]]
变量赋值	变量名	year1top3prjs_money
	变量值	[arrayRet2020[0][1],arrayRet2020[1][1],arrayRet2020[2][1]]
数据表排序	输出到	dtTable
	源数据表	objDatatable
	排序列	"2021"
	升序排序	false
转换为数组	输出到	arrayRet2021
	源数据表	dtTable
变量赋值	变量名	year2top3prjs
	变量值	[arrayRet2021[0][0],arrayRet2021[1][0],arrayRet2021[2][0]]
变量赋值	变量名	year2top3prjs_money
	变量值	[arrayRet2021[0][1],arrayRet2021[1][1],arrayRet2021[2][1]]

8.6 差旅费数据分析报告自动化

➲ 8.6.1 场景描述

周一上午，由于在周末宛霖和家桐已经详细讨论过，两人顺利完成了元小蛮差旅费数据分析与展现自动化的开发。下午，他们要完成最后也是尤为重要的一步开发——差旅费数据分析报告自动化。

“进行完数据分析自动化后，其实我们已经完成一大半工作啦。”宛霖调皮地对家桐说，“但我想你肯定不敢直接交一个 Excel 表格给程总吧？”

“啊，当然不敢！”家桐急切地摇头，整理好桌面，去泡了两杯“蛮提神”绿茶，继续对宛霖说，“数据分析最重要的一步就是生成分析报告了。宛霖姐，我们赶快进行数据分析报告自动化的开发吧！”

宛霖：“同样，在开发机器人前，我们要进行差旅费数据分析报告的设计，形成一个 Word 分析模板，在模板中输入特定的标识符，到时候机器人将标识符替换为变量中的文本，就能自动生成报告了。”

宛霖和家桐继续商量着，按照范式设计出了一个差旅费数据分析报告模板。

这一块流程的开发虽然量大，但步骤简单，没过多久宛霖和家桐便完成了开发。

“呼～终于完成了，”宛霖瘫在椅子上，“家桐，现在你单击运行，看看分析结果吧！”

家桐紧张又兴奋地将鼠标移动到“运行”按钮，“唰唰唰”，只见元小蛮机器人在屏幕上快速操作着，不出几分钟，分析报告便生成了。

家桐小心翼翼地打开“差旅费分析报告.docx”，高兴地叫道：“宛霖姐你快看！这些图表和分析结果真的自动生成了！”

宛霖暗笑家桐的大惊小怪，但还是忍耐不住内心的激动，和家桐一起开始仔细浏览生成的分析报告。

宛霖：“这些标记为蓝色的字就是机器人填入的啦，你看，比如差旅费趋势分析中，元小蛮算出了每月金额，并自动找出 2020、2021 年花销排名前三的月份，这样程总就知道在下一年的差旅费计划中会额外关注这几个月。同样，在差旅费环比同比分析中，生成的表格突出了环比同比值大于 0 的数值，也找出增长率前三的月份。”

家桐接着说道：“再比如，在部门分析中，我们可以看到 2020、2021 年销售四部和行政人事部的平均差旅费开销都位居前三，程总恐怕要对这两个部门好好审查审查了。客户分析中，我们可以看到重余股份、东方华峰、友信公司、东盛泓和蛮有趣家居公司的差旅费与收入比值较大，销售部人员应该好好考虑下对待这几个客户的销售方式，分析其收入与成本，看是否值得进一步拓展业务。”

宛霖：“不错呀，家桐，我们把这份报告交给程总，程总一定会表扬我们的。而且今后我们可以利用这个机器人定期进行差旅费分析，只要几分钟的时间就可以出具一份漂亮的差旅费数据分析报告。怎么样，元小蛮还是靠谱吧？”

“真是太棒啦！谢谢你，宛霖姐！这一次我对元小蛮的开发又熟练了不少。走，我们下周末再去南山，这次‘泉水鸡’我请客！”家桐激动地拉着宛霖的手说道。

宛霖也非常开心，转头又看到窗外滔滔不绝的江水，碧绿的嘉陵江和混浊的长江在朝天门码头合二为一，来福士金属般的塔楼高高耸立着，给这山城添上一抹赛博朋克的科技感。宛霖心想：RPA 和财务数据分析就如同窗外的嘉陵江和长江，他们都绽放着各自的独特魅力，但他们终将融合为“大江”，给这世界带来更多的五彩斑斓。

8.6.2 数据分析报告设计

差旅费数据分析报告模板

差旅费数据分析报告由标题、目录、摘要、正文构成，具体内容可扫描二维码查看。

“走南闯北，‘云’游天下——差旅费数据分析报告”是我们的报告标题。此外，还在标题页个性化地显示了“财务数据分析师”和“报告日期”，其中“报告日期”通过自动化流程生成。

在目录中显示了一级与二级标题及其页码。摘要高度概括了差旅费分析的分析背景、分析目的、分析范围、分析思路与方法以及结论与建议。

正文包含“分析背景与目的”和“分析思路”，指出差旅费分析的目的在于审查 2020 年与 2021 年两年差旅费总体开支情况，以降低未来差旅成本。分析思路详细介绍了通过向上、下切、求同、求异等思维，利用对比分析法、结构分析法等方法，从时间、结构、客户、部门、项目等不同维度对两年差旅费进行分析。

分析内容中蓝色“【】”内容由元小蛮自动生成，按照差旅费趋势分析、环比同比分析、结构分析、部门分析、客户分析、地点分析和项目分析这七个板块对差旅费进行了具体分析。

在“(一)趋势分析”中，元小蛮将把蛮先进公司 2020 年、2021 年的每月花销汇总，并展现出每年差旅费花销排名前三的月份，使管理者对这些月份更加关注。

在“(二)环比同比分析”中，元小蛮也找出同比环比增长率排名前三的月份，管理者可对这些月份的差旅费展开进一步调查。

在“(三)结构分析”中，我们将清晰地看见 2020 年、2021 年这两年差旅费中的销售费用、管理费用、制造费用的总额和占比。

在“(四)部门分析”中，元小蛮将自动生成 2020 年与 2021 年每个部门的平均差旅费花销，并选取平均差旅费排名前三的部门详细展开分析。

在“(五)客户分析”中，元小蛮将自动生成 2020 年与 2021 年每个客户的差旅费及与该客户带来的收入比值，并选取比值排名前三的客户详细展开分析。

在“(六)地区分析”中，元小蛮将自动生成 2020 年与 2021 年每个地区的差旅费总额，并选取差旅费排名前三的地区详细展开分析。

在“(七)项目分析”中，元小蛮将自动生成 2020 年与 2021 年每个项目的差旅费总额，并选取差旅费排名前三的项目详细展开分析。

最后是结论与建议，蓝色“【】”的内容由元小蛮自动填入。结论与建议对前面的分析内容进行了总结，提醒公司应注意哪些时间段、哪些客户、哪些地区和项目的差旅费应该得到关注，并且向管理层提出了关于优化差旅费管理的一些建议。

8.6.3　RPA 技术路线

差旅费数据分析报告自动化通过生成分析报告流程块来实现，分析报告流程块开发主要包括通过执行宏、查找文本后设置光标位置、移动光标位置、粘贴等活动将“生成报告.xlsm”Excel 文件里的图表复制到“差旅费分析报告.docx”文件中去，再通过文字批量替换活动将前面流程块生成的分析结果填入“差旅费分析报告.docx”中，最后关闭所有 Excel 和 Word 文件。

差旅费数据分析报告自动化开发的具体技术路线如表 8-42 所示。

表 8-42　差旅费数据分析报告自动化开发技术路线

<table>
<tr><th>模　块</th><th>功能描述</th><th>使用的活动</th></tr>
<tr><td rowspan="8">生成分析报告</td><td rowspan="5">打开从本地获取的“差旅费分析报告.docx”文件，在“生成报告.xlsm”文件中录制宏，将图表复制到“差旅费分析报告.docx”</td><td>打开文档</td></tr>
<tr><td>执行宏</td></tr>
<tr><td>查找文本后设置光标位置</td></tr>
<tr><td>粘贴</td></tr>
<tr><td>延时</td></tr>
<tr><td rowspan="3">将前面流程块的分析结果填入“分析报告.docx”中</td><td>文字批量替换</td></tr>
<tr><td>关闭 Excel 工作簿</td></tr>
<tr><td>关闭文档</td></tr>
</table>

8.6.4　RPA 技术实现

步骤三十二：打开“res/模板文件”中的“生成报告.xlsm”文件，在“视图”工具栏中单击“宏”工具下的“录制宏”，输入“分析 1”，如图 8-59、图 8-60 所示。选中差旅费趋势单击“复制”，再单击“宏”工具下的“停止录制”，如图 8-61、图 8-62 所示。这样，就录制好一个宏了。

我们以同样的方法将后面需要用到的图表分别录制成宏，将“2020 年、2021 年每月差旅费金额变动趋势”“2020 年、2021 年环比增长率变动图”“2021 年同比增长率变动图”“2020 年差旅费结构分析图”“2021 年差旅费结构分析图”“差旅费部门分析表”“2020 年、2021 年差旅费部门分析图”“差旅费客户分析表”“2020 年、2021 年差旅费地区分析图”“2020 年、2021 年差旅费项目归集分析图”分别录制成宏“分析 1”“分析 21”“分析 22”“分析 31”“分析 32”“分析 41”“分析 42”“分析 5”“分析 6”“分析 7”。

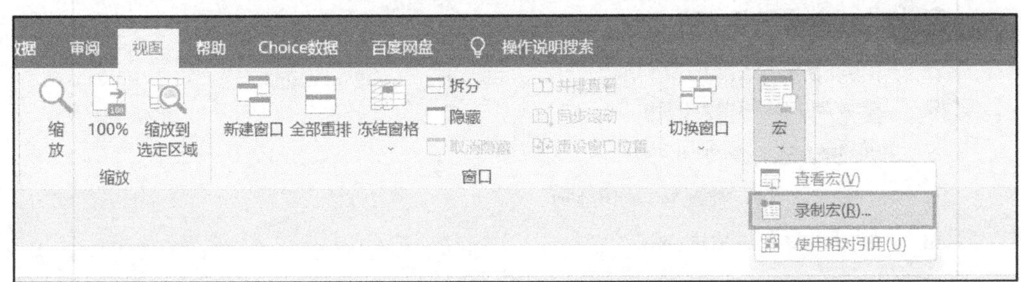

图 8-59　Excel 界面

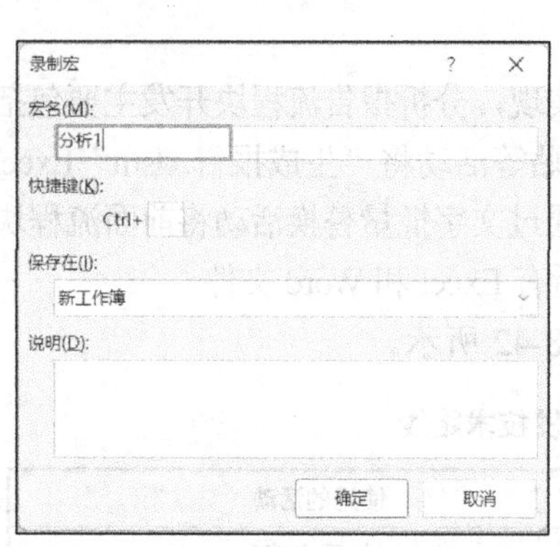

图 8-60 Excel 界面

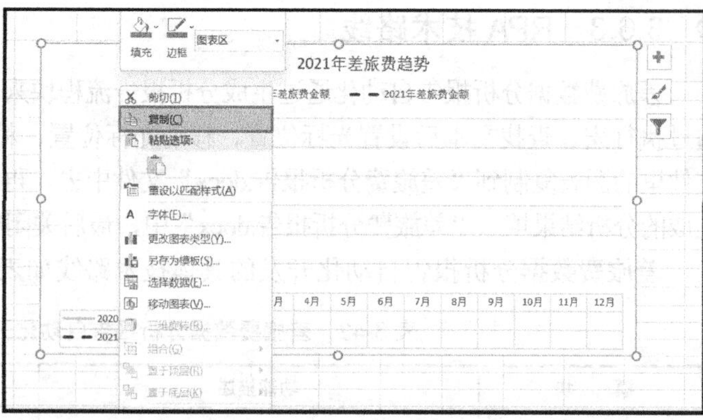

图 8-61 Excel 界面

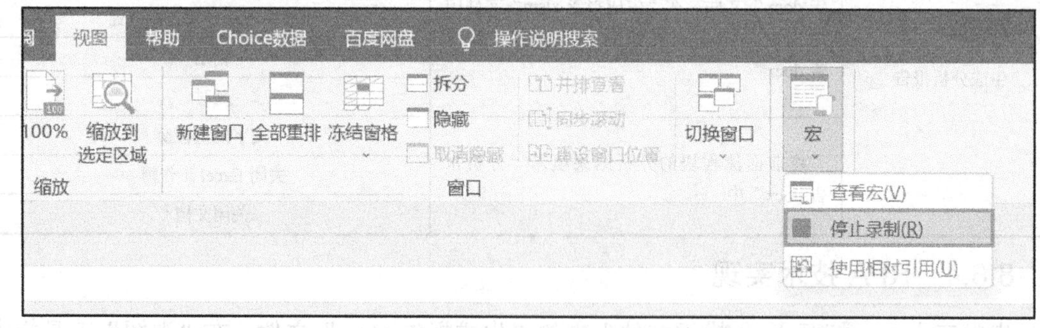

图 8-62 Excel 界面

步骤三十五：进入“生成分析报告”流程块，添加 1 个“复制文件”、1 个“打开文档”、1 个“获取时间”、1 个“获取年份”、1 个“获取月份”、1 个“获取第几天”、3 个“转为文字数据”和 3 个“文字批量替换”，活动顺序如图 8-63 所示，具体属性设置如表 8-43 所示。

复制文件 **模板文件\差旅费分析报告.docx** 到路径 下
打开Word文档, 输出到 **objWord**
获取本机当前的时间和日期, 输出到 **tRet**
获取时间在哪一年, 输出到 **iRet**
将 **iRet** 转换为字符串类型, 输出到 **iRet**
将Word文档中的 **【年】** 替换为 **iRet** , 输出到 **bRet**
获取时间在当年的第几月, 输出到 **iRet**
将 **iRet** 转换为字符串类型, 输出到 **iRet**
将Word文档中的 **【月】** 替换为 **iRet** , 输出到 **bRet**
获取时间在当月的第几天, 输出到 **iRet**
将 **iRet** 转换为字符串类型, 输出到 **iRet**
将Word文档中的 **【日】** 替换为 **iRet** , 输出到 **bRet**

图 8-63 流程界面

步骤三十六：添加“执行宏”、“查找文本后设置光标位置”、“移动光标位置”和“粘贴”，这四个活动能将 Excel 中的指定图表复制进 Word 中的指定位置，流程界面如图 8-64 所示，具体属性如表 8-44 所示。

执行宏 分析1，输出到 objRet
查找文本 图1 蛮先进智能制造公司差旅费金... 后设置光标位置
移动光标在Word文档中的位置
对Word文档执行粘贴操作

图 8-64 流程界面

表 8-44 属性设置

活动名称	属　性	值
执行宏	输出到	objRet
	工作簿对象	objExcelWorkBook1
	宏定义	"分析 1"
	宏参数	[]
查找文本后设置光标位置	文档对象	objWord
	文本内容	"图 1 蛮先进公司差旅费金额变动趋势"
	相对位置	1（光标在文本之前）
移动光标位置	文档对象	objWord
	移动次数	1
	移动方式	"line"（行）
	移动方向	"up"（上）
	是否按住 Shift	false（否）
粘贴	文档对象	objWord

表 8-43 属性设置

活动名称	属　性	值
复制文件	路径	@res"模板文件\\差旅费分析报告.docx"
	复制到的路径	@res""
	同名时替换	ture
打开文档	输出到	objWord
	文件路径	@res"差旅费分析报告.docx"
获取时间	输出到	tRet
获取年份	输出到	iRet
	时间	tRet
转为文字数据	输出到	iRet
	转换对象	iRet
文字批量替换	匹配字符串	"【年】"
	替换字符串	iRet
获取月份	输出到	iRet
	时间	tRet
转为文字数据	输出到	iRet
	转换对象	iRet
文字批量替换	匹配字符串	"【月】"
	替换字符串	iRet
获取第几天	输出到	iRet
	时间	tRet
转为文字数据	输出到	iRet
	转换对象	iRet
文字批量替换	匹配字符串	"【日】"
	替换字符串	iRet

步骤三十七：按照步骤三十五相同操作，修改“执行宏”中的“宏定义”属性和“查找文本后设置光标位置”中“文本内容”的属性，把所有图表粘贴进“差旅费分析报告.docx”，此步骤流程界面如图 8-65 至图 8-67 所示。此外，若调试程序时出现如图 8-68 的报错，可在报错位置添加“延时”活动。

步骤三十八：添加“查找文本后设置光标位置”和“文字批量替换”，将“差旅费分析报告.docx”中的标识符替换为变量内的文本，流程界面如图 8-69 所示，属性设置如表 8-45 所示。由于需要替换的文本较多，属性表只展示了前六个步骤，后面步骤不一一叙述，均采用“文字批量替换”进行替换，请读者们自行完成后与流程界面图 8-70 至图 8-72 进行对照。

执行宏 分析21，输出到 objRet
查找文本 图2 2020、2021年蛮先进智能制... 后设置光标位置
移动光标在Word文档中的位置
对Word文档执行粘贴操作
执行宏 分析22，输出到 objRet
等待 3000 毫秒后继续运行
查找文本 图3 2021年蛮先进智能制造公司差... 后设置光标位置
移动光标在Word文档中的位置
对Word文档执行粘贴操作
执行宏 分析31，输出到 objRet
等待 3000 毫秒后继续运行
查找文本 图4 2020年蛮先进智能制造公司差... 后设置光标位置
移动光标在Word文档中的位置
对Word文档执行粘贴操作
执行宏 分析32，输出到 objRet
查找文本 图5 2021年蛮先进智能制造公司差... 后设置光标位置
移动光标在Word文档中的位置
对Word文档执行粘贴操作

图 8-65 流程界面

执行宏 分析41，输出到 objRet
等待 1000 毫秒后继续运行
查找文本 表1 2020、2021年蛮先进智能制... 后设置光标位置
移动光标在Word文档中的位置
对Word文档执行粘贴操作
执行宏 分析42，输出到 objRet
等待 1000 毫秒后继续运行
查找文本 图6 2020、2021年蛮先进智能制... 后设置光标位置
移动光标在Word文档中的位置
对Word文档执行粘贴操作

图 8-66 流程界面

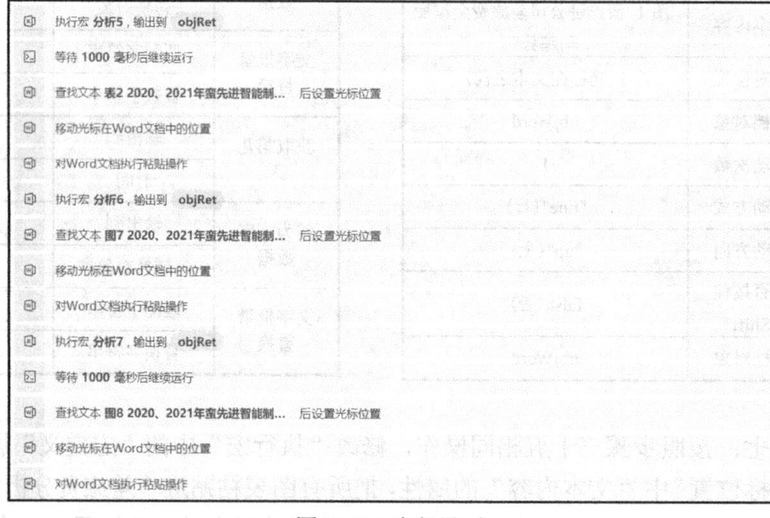

图 8-67 流程界面

输出
[2022-2-14 18:23:04] [INFO] 辅助核算之项目分析(流程块11.task) 第157行："发生"
[2022-2-14 18:23:04] [INFO] 进入流程块"生成分析报告"
[2022-2-14 18:23:08] [ERROR] 流程块8.task 第39行：模块 Word.MovePosition 命令出错：MovePosition 异常 (-2147417846, '消息筛选器显示应用程序正在使用中。', None, None)
[2022-2-14 18:23:08] [INFO] main.prj 运行已结束

图 8-68 报错界面

查找文本 2020、2021年每月差旅花销总额... 后设置光标位置

将Word文档中的【year1花销前三月份】替换为 year1top3months，输出到 bRet

将Word文档中的【year1花销前三金额】替换为 year1top3months_money，输出到 bRet

将Word文档中的【year2花销前三月份】替换为 year2top3months，输出到 bRet

将Word文档中的【year2花销前三金额】替换为 year2top3months_money，输出到 bRet

将Word文档中的【year1环比前三月份】替换为 year1MoMtop3months，输出到 bRet

将Word文档中的【year1前三环比值】替换为 year1MoMtop3months_value，输出到 bRet

图 8-69 流程界面

表 8-45 属性设置

活动名称	属　性	值
查找文本后设置光标位置	文档对象	objWord
	文本内容	"2020、2021 年每月差旅花销总额如表 1 所示"
	相对位置	2（光标在文本之后）
文本批量替换	文档对象	objWord
	匹配字符串	"【year1 花销前三月份】"
	替换字符串	year1top3months
文本批量替换	文档对象	objWord
	匹配字符串	"【year1 花销前三金额】"
	替换字符串	year1top3months_money
文本批量替换	文档对象	objWord
	匹配字符串	"【year2 花销前三月份】"
	替换字符串	year2top3months
文本批量替换	文档对象	objWord
	匹配字符串	"【year2 花销前三金额】"
	替换字符串	year2top3months_money
文本批量替换	文档对象	objWord
	匹配字符串	"【year1 环比前三月份】"
	替换字符串	year1MoMtop3months
文本批量替换	文档对象	objWord
	匹配字符串	"【year1 前三环比值】"
	替换字符串	year1MoMtop3months_valaue

将Word文档中的【year2环比前三月份】替换为 year2MoMtop3months，输出到 bRet

将Word文档中的【year2前三环比值】替换为 year2MoMtop3months_value，输出到 bRet

将Word文档中的【正同比月份】替换为 positiveYoY，输出到 bRet

将Word文档中的【负同比月份】替换为 negativeYoY，输出到 bRet

将Word文档中的【同比前三月份】替换为 YoYtop3months，输出到 bRet

将Word文档中的【前三同比值】替换为 YoYtop3months_value，输出到 bRet

将Word文档中的【year1各类费用金额[0]】替换为 year1everycost[0]，输出到 bRet

将Word文档中的【year1管理费用占比】替换为 year1admin_ratio，输出到 bRet

将Word文档中的【year1各类费用金额[1]】替换为 year1everycost[1]，输出到 bRet

将Word文档中的【year1销售费用占比】替换为 year1sale_ratio，输出到 bRet

将Word文档中的【year1各类费用金额[2]】替换为 year1everycost[2]，输出到 bRet

将Word文档中的【year1制造费用占比】替换为 year1manu_ratio，输出到 bRet

将Word文档中的【year2各类费用金额[0]】替换为 year2everycost[0]，输出到 bRet

将Word文档中的【year2管理费用占比】替换为 year2admin_ratio，输出到 bRet

将Word文档中的【year2各类费用金额[1]】替换为 year2everycost[1]，输出到 bRet

将Word文档中的【year2销售费用占比】替换为 year2sale_ratio，输出到 bRet

将Word文档中的【year2各类费用金额[2]】替换为 year2everycost[2]，输出到 bRet

将Word文档中的【year2制造费用占比】替换为 year2manu_ratio，输出到 bRet

图 8-70 流程界面

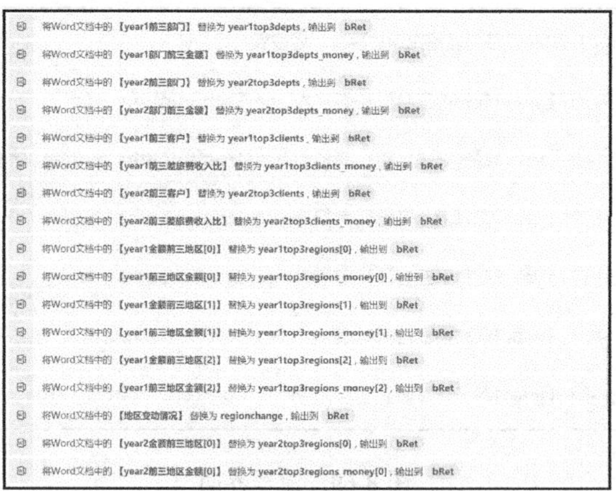

图 8-71 流程界面

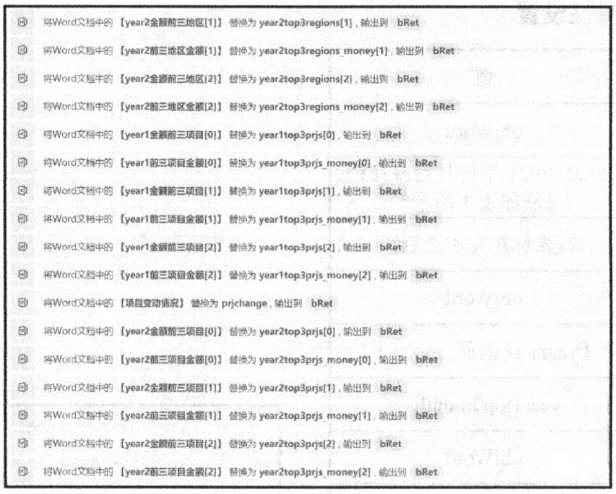

将Word文档中的【year2金额前三地区[1]】替换为 year2top3regions[1]，输出到 bRet
将Word文档中的【year2前三地区金额[1]】替换为 year2top3regions_money[1]，输出到 bRet
将Word文档中的【year2金额前三地区[2]】替换为 year2top3regions[2]，输出到 bRet
将Word文档中的【year2前三地区金额[2]】替换为 year2top3regions_money[2]，输出到 bRet
将Word文档中的【year1金额前三项目[0]】替换为 year1top3prjs[0]，输出到 bRet
将Word文档中的【year1前三项目金额[0]】替换为 year1top3prjs_money[0]，输出到 bRet
将Word文档中的【year1金额前三项目[1]】替换为 year1top3prjs[1]，输出到 bRet
将Word文档中的【year1前三项目金额[1]】替换为 year1top3prjs_money[1]，输出到 bRet
将Word文档中的【year1金额前三项目[2]】替换为 year1top3prjs[2]，输出到 bRet
将Word文档中的【year1前三项目金额[2]】替换为 year1top3prjs_money[2]，输出到 bRet
将Word文档中的【项目变动情况】替换为 prjchange，输出到 bRet
将Word文档中的【year2金额前三项目[0]】替换为 year2top3prjs[0]，输出到 bRet
将Word文档中的【year2前三项目金额[0]】替换为 year2top3prjs_money[0]，输出到 bRet
将Word文档中的【year2金额前三项目[1]】替换为 year2top3prjs[1]，输出到 bRet
将Word文档中的【year2前三项目金额[1]】替换为 year2top3prjs_money[1]，输出到 bRet
将Word文档中的【year2金额前三项目[2]】替换为 year2top3prjs[2]，输出到 bRet
将Word文档中的【year2前三项目金额[2]】替换为 year2top3prjs_money[2]，输出到 bRet

图 8-72 流程界面

步骤三十九：添加 3 个“关闭 Excel 工作簿”和 1 个“关闭文档”，流程界面如图 8-73 所示，属性设置如表 8-46 所示。至此，整个差旅费分析机器人编写完毕。

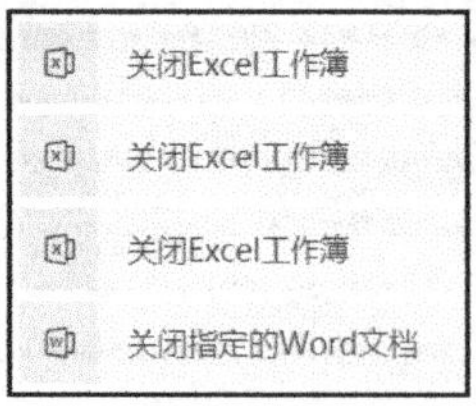

关闭Excel工作簿
关闭Excel工作簿
关闭Excel工作簿
关闭指定的Word文档

图 8-73 流程界面

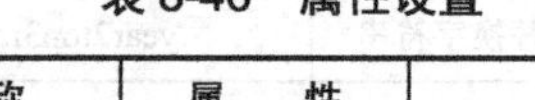

表 8-46 属性设置

活动名称	属 性	值
关闭 Excel 工作簿	工作簿对象	objExcelWorkBook
关闭 Excel 工作簿	工作簿对象	objExcelWorkBook1
关闭 Excel 工作簿	工作簿对象	objExcelWorkBook2
关闭文档	文档对象	objWord

差旅费数据分析报告

生成的差旅费数据分析报告包括封面、目录、摘要以及正文，正文具体包括分析背景与目的、分析思路、分析内容和结论与建议。报告能清晰地展现出差旅费数据趋势分析、环比同比分析、结构分析、部门分析、客户分析、地点分析、项目分析的结果，并向报告使用者提出建议。读者可以通过扫描二维码查看“差旅费数据分析报告”的具体内容。

第9章 银行存款数据自动化分析

9.1 分析目的

9.1.1 场景描述

十二月的重庆，潮湿阴冷的空气中又夹杂着新年热腾柔软的气息。

江北嘴 CBD 高楼耸立，这里是中国中西部地区唯一的国家级战略金融中心，也是中国长江经济带龙首的金融中心，与长江经济带龙尾的上海“陆家嘴”金融 CBD 遥相呼应，共同主宰着长江经济带的金融脉搏。蛮先进公司就位于江北嘴CBD。按照每年惯例，为了迎接元旦新年，道路旁的行道树在年前早就已挂满了灯笼和彩灯。

子轩沿着这一条张灯结彩的路走到蛮先进公司大门门口，这也是他第一次来到蛮先进公司，搓着冻得冰凉的双手望着眼前火红的灯笼，心里唱着：“新年好呀，新年好呀，祝福大家新年好。”

子轩推开财务部办公室的大门，局促不安地东张西望。子轩是一名即将毕业的学生，年末才刚到蛮先进公司做实习生，被安排到“与蛮同行”RPA 财务数据分析团队。“您好，请问高级财务数据分析师刘泓在吗？我是今天来报到的实习生子轩。”子轩看到眼前路过的刘泓，连忙问道。

“是子轩啊，我就是刘泓，几天前就听说有个实习生小伙要来到我们团队，今天正式欢迎你来到‘与蛮同行’财务数据分析师团队这个大家庭。”刘泓转过头，伸出右手准备和子轩握手。

子轩连忙伸出手握住刘泓的手，紧张地说：“泓姐，您好您好，我是新来的实习生子轩。”

刘泓拍了拍子轩的肩膀，并将他引到“与蛮同行”团队的办公位旁边：“别紧张，来给你介绍一下我们团队的成员们，这位是中级财务数据分析师谭果君，这边两位是初级财务数据分析师朱思懿和邓佳红，这里就是你的办公位啦。”

果君、思懿和佳红纷纷抬起头来与子轩打招呼，果君说：“你好呀，子轩，欢迎你成为我们团队的一员，以后遇到什么问题尽管来问我们，你现在先协助刘泓工作，她可是拥有五年财务数据分析工作经验的高级财务数据分析师，是‘与蛮同行’团队的主要负责人。”

子轩连连点头应道。

上午十点，子轩坐在办公桌前，电脑蹦出财务总监程平发来的一份文件和一句话——银行存款序时账和“做一份银行存款财务数据分析，年前完成。”子轩打开那份银行存款序时账，看着电脑屏幕上显示的密密麻麻的财务数据，一下子蹿起来，走到刘泓的办公桌旁。

刘泓一抬头就看到一脸紧张兮兮的子轩站在办公桌旁，“子轩，怎么了，工作上有遇到什么困难吗？”刘泓忍不住问子轩。

“是这样的，刚刚程总给我们团队发了一份银行存款序时账，让我们做银行存款的财务数据分析，还让我们年前就完成。”子轩着急地说。

刘泓：“我还以为多大点事儿呢，这些都是我们日常的工作内容，这次就由你协助我完成这个项目吧。之前没有具体的项目没法特别仔细地给你讲清楚，那就趁着这次的银行存款财务数据分析，让你系统地学习如何做财务数据分析吧。”

子轩听到这话终于松开了紧皱的眉头，说：“那真是太好了，这个年还是有盼头的。”

“你别光想着过年了，仔细听我说。你知道银行存款这一科目的相关内容吗？”刘泓问。

子轩：“这个我知道，银行存款是指企业存放在银行的货币资金。按照国家现金管理和结算制度的规定，每个企业都要在银行开立账户，企业收入的一切款项，除国家另有规定的，都必须当日解交银行；一切支出，除规定可用现金支付的，应按照银行有关结算办法的规定通过银行办理转账结算。有了银行存款和现金，才能购买材料、支付工资和其他费用，保证生产经营的正常进行。”

刘泓点点头，说：“没错，银行存款也是企业进行收入、支出分析的重要数据，但我们的会计分录只有交易记录的密集堆砌，可读性不高。所以为了充分挖掘银行存款在企业经营中的各项数据价值，我们不光要对它进行表面层次的财务分析，还要下沉到部门、客户以及项目上，进行深入的业务分析，从而掌握企业各部门及项目等资金流向，进而对企业进行资金管理。这些就是我们做银行存款数据分析的目的了。”

子轩手握“蛮聪明”牌钢笔，仔细地记录着刘泓所说的银行存款数据分析目的，并画成总结图形。

9.1.2 目的框架

蛮先进公司银行存款分析目的框架如图 9-1 所示。

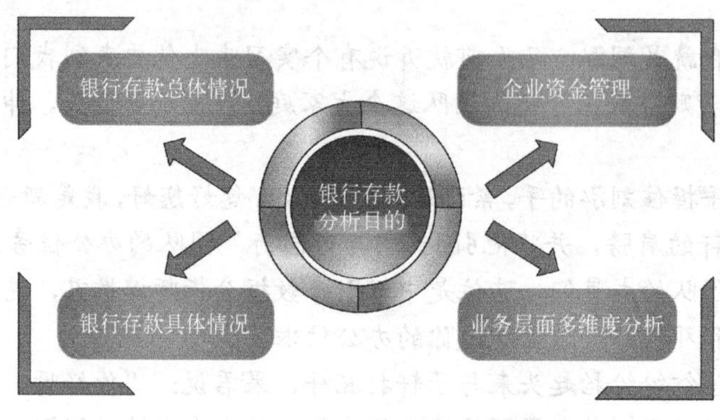

图 9-1　银行存款分析目的框架

9.2 分析内容和思路

9.2.1 场景描述

办公室里开着空调，子轩冻僵的双手慢慢暖和过来，刘泓也脱掉了厚重的羽绒服坐在子轩身旁，不断传授她在工作中的经验。

刘泓："明确了分析目的，接下来我们就要梳理数据分析的内容和思路了。"

子轩托着下巴望向刘泓说："我们要从哪些方面来进行银行存款数据分析呢？"

"银行存款数据分析有两大内容，分别是对银行存款的趋势、同比环比、结构进行财务核算分析，对公司部门、公司客户、公司项目进行业财融合深入分析。我们把银行存款数据分析分成六个部分，包括趋势分析、环比同比分析、结构分析、部门分析、客户分析、项目分析。"刘泓说。

子轩："哇，居然要从一份序时账里面分析这么多内容，你快给我讲讲每个部分具体要怎么分析啊！"

刘泓："那我们先来看财务核算分析部分，首先是银行存款趋势分析，是银行存款按月份汇总统计后进行整体趋势分析，运用趋势分析法和向上思维，便于分析银行存款在各个月份中收支的具体情况和变动趋势，以及对2020年和2021年银行存款数据进行对比分析，分析这两年数据的差异和变化情况，并且统计计算每月银行存款占总体货币资金的比率，分析银行存款在企业货币资金流通中的使用程度，结合货币资金比率，衡量企业短期偿债能力。"

子轩记录的手停顿了一下问道："你等等，这个趋势分析法和对比分析法我大概能理解，但向上思维是什么意思呢？"

"这第一部分呢就是我们对银行存款的一个整体分析，而向上思维就是揭示银行存款数据发展的整体状态，其关键在于建立长远目标、全局观念、整体概念。"刘泓回答道。

子轩："有点明白了，那我根据第一部分来试着分析一下环比同比分析。可以运用对比分析法，计算银行存款在不同时间维度下的同比、环比的变动情况，用于分析公司银行存款支出和收入的增减变动趋势，也可以用来分析预测公司未来现金流情况。怎么样，是这样分析吗？"

刘泓："不错啊！子轩，脑子转得挺快的嘛。一定要注意用了什么样的分析方法和思维，逻辑要清楚并且要符合我们分析的内容。你再想想怎么做银行存款结构分析呢？"

子轩挠挠头发说："可以运用结构分析法和求异思维，将银行存款科目按管理费用、制造费用、销售费用、应收账款、应付账款等进行归类汇总，分析银行存款的收入与支出主要用于哪些方面以及各部分占总体的比例，便于查看银行存款科目的收入与支出的整体结构情况。"

刘泓补充说："我们还可以结合银行存款在货币资金的结构，从货币资金结存量和货币资金周转率两个方面进行分析，借以评价企业货币资金的支付能力和使用效率。"

"哇，好厉害，这样仅仅通过基本的财务核算就可以达到数据深入分析，那我们怎么渗透到业务中去呢？"

刘泓："这时我们就要运用联合思维，利用辅助核算把部门、客户和项目与银行存款数据联合起来进行分析，将银行存款数据分析深入到业财融合分析。你做好笔记。

"部门分析，运用结构分析法和下切思维，由于每一笔银行存款的收入和支出都有对应的操作部门，深入分析各部门用于管理费用、制造费用、销售费用的银行存款支出情况以及各部门费用支出的占比，了解当前费用支出较多的部门并分析其原因。

"客户分析，运用对比分析法和逻辑思维，统计近两年银行存款在每个客户上发生的收支情况，并对其进行排名，计算各客户收入占总体收入的比例，用于分析各客户对于银行存款收入的影响程度。

"项目分析，运用对比分析法和下切思维，在不同的时间维度下，银行存款数据深入到项目进行业财分析，便于查看各个项目的银行存款收入和支出的具体情况及占比，对比 2020 年和 2021 年各项目的收支变化趋势。"

子轩一边刷刷地记录着一边说："这样梳理一遍分析框架就很清晰了，也知道自己要做什么了，但是这么多的分析内容从序时账中整理出来那得多久啊，刘泓姐，我先去摸索学习一下，就不聊了哈。"

刘泓："诶诶，你别着急啊，我话还没说完呢。你想要手工整理，年过完了你也整理不完，财务总监得等到何年何月呢。听说过最近很火的一个词'元宇宙'了吗？元宇宙可以给我们呈现一个更为立体、全面的数字经济世界。你要知道我们可是智能制造公司，我们公司引进了 RPA 机器人流程自动化技术，只要编写好程序，做成元小蛮财务数据分析机器人，再把这序时账放入这元小蛮机器人，几分钟就能出财务数据分析报告。"

子轩："简直太酷了，那我不光要学习怎么做财务数据分析，还要学习如何做银行存款数据分析机器人。我已经迫不及待了！"

刘泓笑着不说话，指着"蛮好用"电脑的屏幕让子轩往那儿看，上面是刚刚在梳理分析框架的时候画的银行存款分析思路框架。

银行存款分析思路框架如图 9-2 所示。

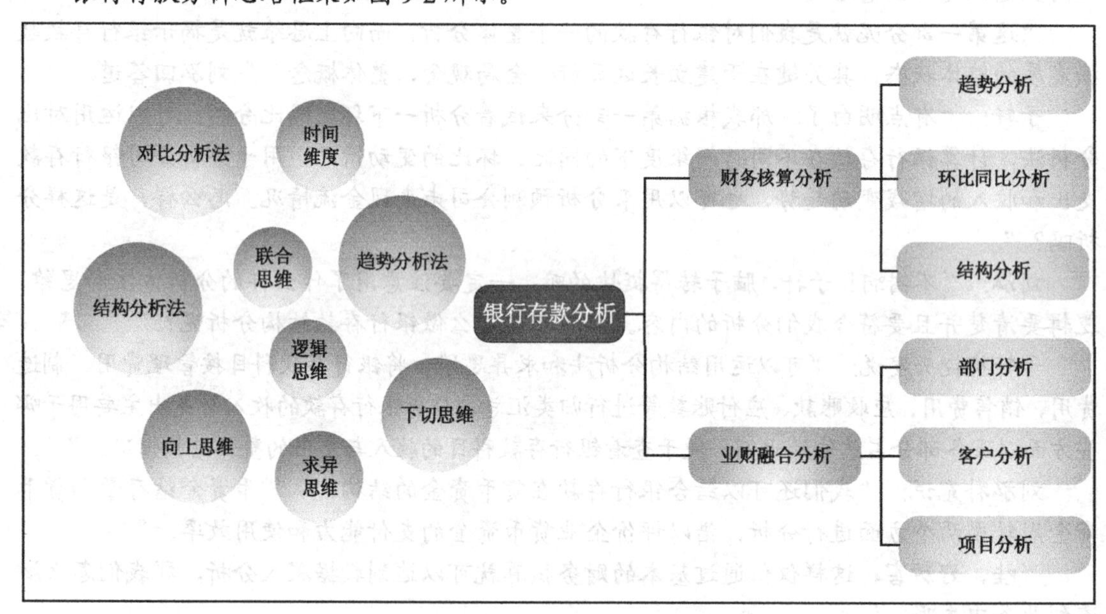

图 9-2 银行存款分析思路框架

9.2.2 自动化分析流程

蛮先进公司银行存款数据自动化分析流程如图 9-3 所示。首先由机器人元小蛮打开银行存款序时账文件，对银行存款相关数据进行清洗和筛选，然后依次对清洗好的银行存款相关数据进行银行存款趋势分析、环比同比分析、结构分析、部门分析、客户分析、项目分析，最后机器人元小蛮将分析结果进行汇总，自动生成银行存款分析报告。

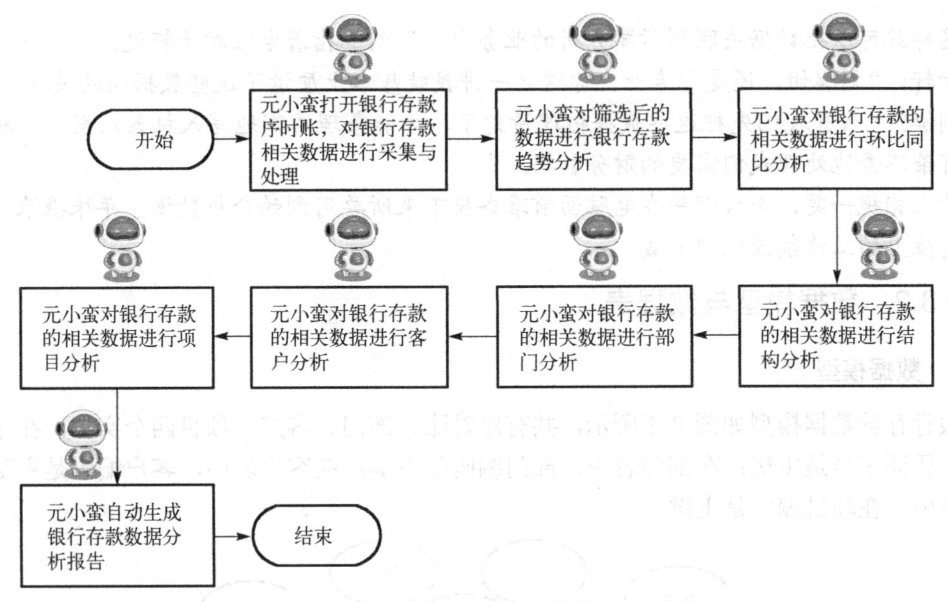

图 9-3　蛮先进公司银行存款数据自动化分析流程

9.3　数据准备

9.3.1　场景描述

"我们的机器人元小蛮就是根据这个流程实现自动化的啊，那我们应该从哪里入手呢？"子轩激动地说。

刘泓："在正式做机器人之前呢，我们还要厘清原有数据和我们需要的数据之间的联系，以便我们编写 RPA 程序时从原始数据中筛选统计我们所需要的数据。"

子轩看着自己整理的笔记说："目前就只有一份银行存款序时账，我们需要银行存款的收支数据，还有银行存款是通过哪些科目进行收支的数据，以及要把这些银行存款数据细分到部门、客户和项目。"

刘泓点点头，打开银行存款序时账说："子轩，你看，这银行存款序时账里面包含了日期、会计期间、凭证字号、摘要、科目代码、科目名称、本币金额、借方金额等，这些只能帮助我们进行财务数据分析，还不能深入到业务。"

"的确，这些数据只能进行浅层次的财务分析，那与业务有关的数据我们要通过什么样的形式拿到呢？"子轩不解地问。

刘泓："你提到要通过什么样的形式，事实上我们是通过辅助核算来补充序时账。就拿我们这个银行存款数据来说，我们还需要 3 个辅助核算科目——部门、客户和项目属性。我们正是这样对银行存款有关业务数据进行筛选的。

"并且我们还需要用到 3 张公司的信息表，你看，它们分别是部门表、客户表和项目表。这些信息表存储着公司的各种信息，其中，部门表中存储着部门编码和部门名称信息；客户表中，存储着每一个客户的编码、名称和所属项目；项目表中存储着项目编码和项目名称信息。这样就可以把数据关联到所要分析的业务中。”刘泓指着电脑对子轩说。

子轩:“刘泓姐，还是你专业，你这么一讲我就基本上厘清了这些数据间的关联。”

刘泓:“只有我们先把这些数据梳理清楚了，才能条理清晰地写入机器人里面，机器人才会有条不紊地处理我们需要的财务数据。”

两人相视一笑，而后埋头在电脑面前准备接下来所要用到的分析数据。年味很浓，财务分析岗位上的工作氛围依旧不减。

9.3.2 数据模型与数据表

1. 数据模型

银行存款数据模型如图 9-4 所示，共有序时账、部门、客户、项目四个实体。在序时账表中，凭证字号是主键；在部门表中，部门编码是主键；在客户表中，客户编码是主键；在项目表中，在项目编码是主键。

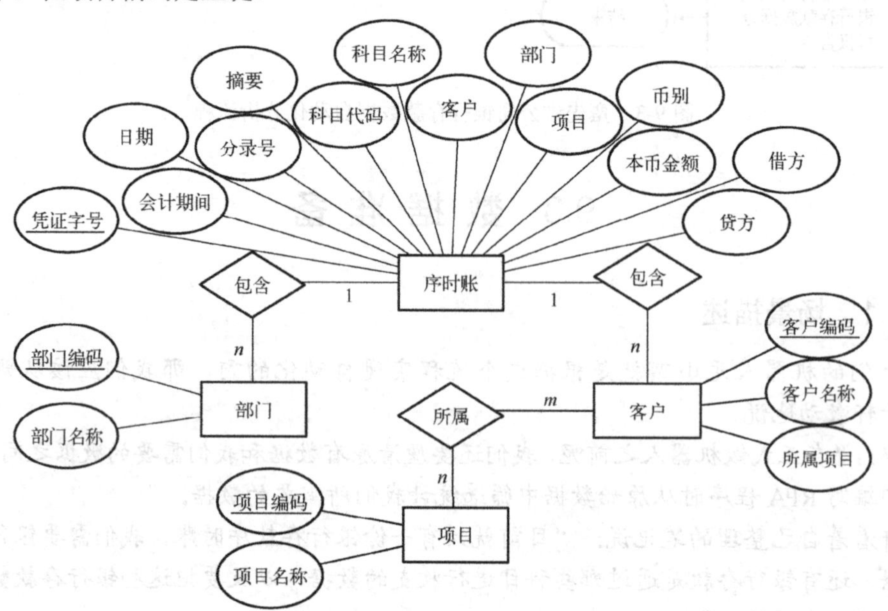

图 9-4 银行存款分析数据模型

2. 数据表

银行存款分析涉及序时账表、部门表、客户表和项目表。

序时账表如表 9-1 所示，其中凭证字号是主键。

表 9-1 序时账表

属性名称	数据类型	空 否	说 明
凭证字号	字符型	否	凭证字号
会计期间	字符型	是	分录发生会计期间
日期	日期型	是	分录发生日期
分录号	字符型	是	分录号

续表

属性名称	数据类型	空　否	说　明
摘要	字符型	是	分录事件摘要
科目代码	字符型	是	科目的代码
科目名称	字符型	是	科目的名称
部门	字符型	是	部门编码
客户	字符型	是	客户编码
项目	字符型	是	项目编码
币别	字符型	是	币别种类
本币金额	字符型	是	本币金额
借方	数值型	是	借方发生额
贷方	数值型	是	贷方发生额

银行存款分析中的部门表如表9-2所示，其中部门编码是主键。

表9-2　部门表

属性名称	数据类型	空　否	说　明
部门编码	字符型	否	部门的编码
部门名称	字符型	是	部门的名称

银行存款分析中的客户表如表9-3所示，其中客户编码是主键。

表9-3　客户表

属性名称	数据类型	空　否	说　明
客户编码	字符型	否	客户的编码
客户名称	字符型	是	客户的名称
所属项目	字符型	是	客户所属项目的编码

银行存款分析中的项目表结构如表9-4所示，其中项目编码是主键。

表9-4 项目表

属性名称	数据类型	空否	说明
项目编码	字符型	否	项目的编码
项目名称	字符型	是	项目的名称

9.4　银行存款数据采集与处理自动化

9.4.1　场景描述

重庆是一座有记忆的城市，人们可以看到长江索道上承载着的昔日的交通运输方式，在江面上缓缓滑动；也可以看到现代交通工具——轻轨，在跨江大桥上飞速穿梭。这形成了重庆独特的气质——在现实和魔幻间交替着。

窗外有风在摇晃着装饰喜庆的树，树上的灯笼也跟着树随着风摆动。子轩做完了前期的数据准备工作，伸着懒腰望向窗外的树，心也随之震颤。

刘泓看着子轩满脸的倦意，拍了拍他的肩膀说："数据准备工作都做完了吧，走啦，吃饭去。"

子轩揉了揉眼睛，看向桌面的显示时间，吃惊地说："这就到饭点了，一忙起来时间过得可真快，正想问你是不是要开始做机器人呢。那我们去吃酸辣粉，我要一份加辣加酸的，补充补充能量，下午接着干。"

午休之后，子轩拍了拍在一旁小憩的刘泓，试图叫醒她。"刘泓姐，快喝口水，清醒一下，我们开始进入机器人开发阶段啦。"子轩小声说。

刘泓拍了拍脸颊让自己回归工作状态，看着旁边异常积极的子轩说："来了来了，之前没见你这么积极过。"一边说着一边打开"蛮好用"电脑上的 UiBot Creator 软件，新建了一个名为"银行存款分析机器人"的流程，并往里面拖入一个活动块，命名为"数据采集与处理"。

"数据采集与处理就是我们所要编写的第一个流程块，在这里面我们要把 Excel 文件里面的数据采集到程序中去，就像这样。"只见刘泓单击进入第一个模块的编辑区域，依次拖入打开 Excel 工作簿、读取区域、构建数据表和关闭 Excel 工作簿。

子轩："我有一个问题，我们读取的本来就是一个表格，为什么还要构建数据表呢？"

刘泓往各个命令中填写属性并解释道："因为我们读取的是银行存款的序时账，里面的内容非常多，但我们并不是全部都要使用，建立一个数据表，我们就可以在这些数据里面筛选出我们需要的数据啦。"

子轩看着刘泓一步一步地操作着，如何设置路径、如何精准读取到数据、如何设置变量等，子轩提出他看不懂的操作，刘泓也不厌其烦地为他解答。经过不断地调试，机器人元小蛮的第一个活动块——数据采集与处理就编写完成了。

9.4.2 RPA 技术路线

数据采集与处理是银行存款分析机器人的第一个模块。首先是利用打开 Excel 工作簿、读取区域、构建数据表等活动对银行存款序时账的数据进行读取，并把读取到的数据构建成新的数据表。再用复制文件把数据分析模板以及报告模板放入指定的文件夹下。银行存款分析机器人数据采集与处理开发的具体技术路线如表 9-5 所示。

表 9-5 银行存款数据采集与处理开发技术路线

模　块	功能描述	使用的活动
数据采集与处理	打开本地存放的银行存款序时账文件，读取序时账中的数据并构建新的数据表，筛选所需数据	打开 Excel 工作簿
		读取区域
		构建数据表
	把数据分析模板以及报告模板放入指定的文件夹下	复制文件

9.5 银行存款数据分析与展现自动化

9.5.1 场景描述

"第一个活动块内容不多稍显简单，接下来我们要进入到具体的数据分析板块，这一部分也是我们整个元小蛮机器人最重点的部分。总共有六个板块，分别是趋势分析、环比同比分析、结构分析、部门分析、客户分析、项目分析。"刘泓对着子轩说。

"你先等等，"子轩说完，起身到茶水间泡了两杯"蛮提神"绿茶端到办公桌旁，然后一脸认真地说道，"那我们正式开始吧。"

刘泓被子轩的举动逗笑了，说："你不用这么严肃，你要相信我。首先，我们需要制作一个银行存款分析 Excel 模板文件，确定我们每一个分析模块需要形成什么样的分析图表，当我们的元小蛮机器人将数据计算出来自动放入 Excel 文件中，就可以实现数据的自动可视化了。现在我们可以想一想每个分析板块所要展现的图形"。

子轩："第一个是银行存款趋势分析，我们要统计计算出 2020 年和 2021 年每个期间的借方贷方总金额，要分析它的趋势，我们可以用折线图来展示，一个图形里面放入两条折线分别代表 2020 年和 2021 年，这样就可以通过一张图形对比两年的数据以及一年中每个期间银行存款的变化趋势。"

"经过一上午的财务数据分析的熏陶，你还是很上道嘛。那我们继续，看看其他五个板块可以用什么图形。"刘泓满脸笑意地说。

子轩："环比同比分析可以利用上一个模块得到的统计数据来计算同比环比的变动分析。环比分析用柱形图加折线图的形式，柱形图对比两年内每个期间的具体收支情况，用折线图表示环比增长率。同比也是用这两种图形，柱形图描述每个期间的具体数值，折线图表示同比增长率的变化情况。银行存款结构分析可以用到三种图形，饼状图、条形图和扇形图。饼状图分析每项银行存款支出费用占整体支出的情况，条形图和折线图可以对比两年各项费用的具体支出及变化情况。"

刘泓："你有点财务分析师的感觉了，接下来，我们要深入一个层次，对业务进行分析。首先是对公司部门分析，我们要归集十二个部门的销售、制造和管理费用，按会计期间和年度进行统计，用饼状图、条形图和折线图展示。对客户的分析是统计近两年银行存款在每个客户上发生的收支情况，并对其进行排名、计算各客户收入占总体收入的比例，这里可以用饼状图进行可视化展示，用于分析各客户对于银行存款收入的影响程度。最后是项目的分析，统计每个项目每一年的收支情况，用饼状图和折线图展示其占比情况和变化趋势。"

"不愧是我们的高级财务数据分析师，每个部分的图形都展现出我们所要达到的分析效果。"子轩说。

刘泓："这工作都是熟能生巧，分析多了自然就能轻松应对。那么你根据我们的分析来搭建模板，我来设计程序。"说完两人又投入到各自的工作中。

➲ 9.5.2　数据分析模型

银行存款数据分析包括趋势分析、环比同比分析、结构分析、部门分析、客户分析、项目分析六个分析主题展开，如图 9-5 所示。

在分析中我们分成了两种类别，从财务核算分析角度分析蛮先进公司银行存款变动趋势、环比同比和内部结构；从业财融合角度对蛮先进公司的部门、客户以及项目进行银行存款数据分析。

1．财务核算分析

(1)趋势分析

从时间维度，运用向上思维和趋势分析法，统计计算出银行存款 2020 年和 2021 年每个期间的借方贷方总金额，并对比两年的数据以及一年中每个期间银行存款的变化趋势。分析银行存款在企业货币资金流通中的使用程度，衡量企业短期偿债能力。

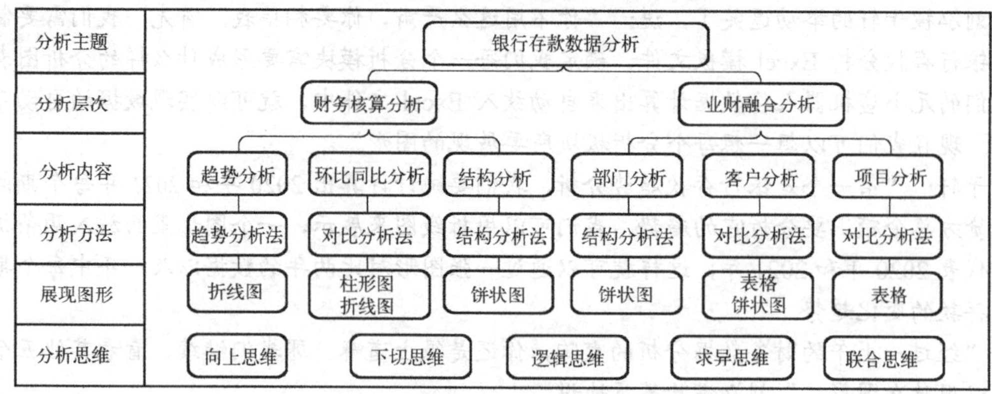

图 9-5 银行存款数据分析模型

(2) 环比同比分析

从时间维度，运用向上思维和对比分析法，计算分析银行存款的月度环比和年度同比情况，对比分析两年内每个期间的具体收支情况以及环比同比增长率情况。

(3) 结构分析

分析银行存款的构成，采用求异思维和结构分析法，分析每项银行存款支出费用占整体支出的情况，并且对比两年各项费用的具体支出及变化情况。结合银行存款在货币资金的结构，从货币资金结存量和货币资金周转率两个方面进行分析，借以评价企业货币资金的支付能力和使用效率。

2. 业财融合分析

(1) 部门分析

每一笔银行存款的收入和支出都有对应的操作部门，在时间维度下，利用结构分析法、下切思维和联合思维，展示对比各部门银行存款科目的收入与支出的结构情况。

(2) 客户分析

从客户的角度，运用联合思维和对比分析法，统计近两年每个客户在银行存款上发生的收支情况，并对其进行排名、计算各客户收入占总体收入的比例，用于分析各客户对于银行存款收入的影响程度。

(3) 项目分析

从项目的角度，运用下切思维和对比分析法，统计每个项目每一年的银行存款收支情况，并对其进行排名、计算各项目收入占总体收入的比例，分析其占比情况和每个项目两年的变化趋势。

➲ 9.5.3 数据展现设计

在分析过程中，对银行存款的六个分析主题进行可视化分析，以折线图、条形图、饼状图等图形进行展示。

1. 趋势分析

在银行存款的趋势分析中，两年的银行存款数据构成比较关系，用折线图来展示，一个图形里面放入两条折线分别代表 2020 年和 2021 年，这样就可以通过一张图形对比两年的数据以及一年中每个期间银行存款的变化趋势，如图 9-6、图 9-7 所示。

图 9-6　银行存款借方总金额月度趋势分析

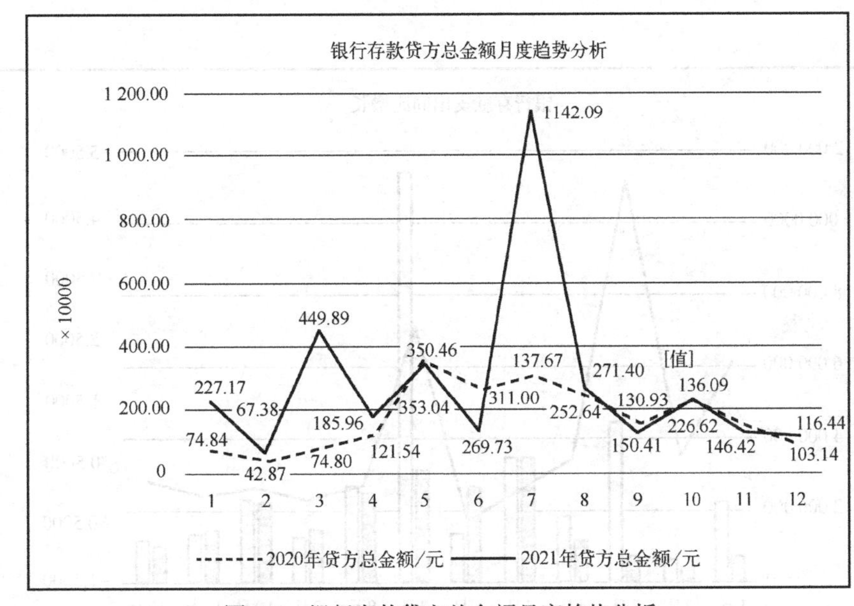

图 9-7　银行存款贷方总金额月度趋势分析

2．环比同比分析

环比同比分析用来分析各数据之间的变动关系。其中环比分析用柱形图加折线图的形式，柱形图对比两年内每个期间的具体收支情况，用折线图表示环比增长率。同比也是用这两种图形，柱形图描述每个期间的具体数值，折线图表示同比增长率的变化情况，如图 9-8 至 9-13 所示。

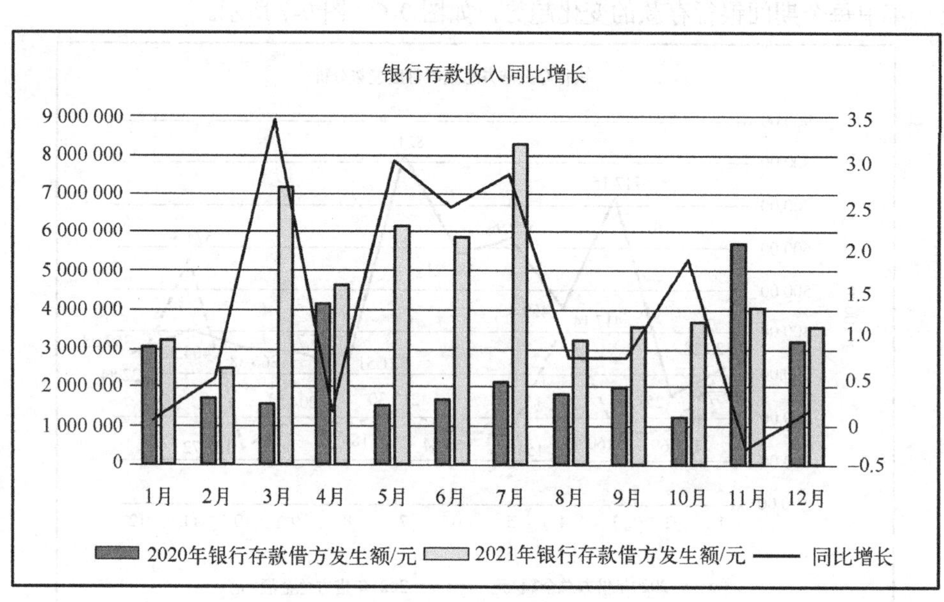

图 9-8　银行存款收入同比增长

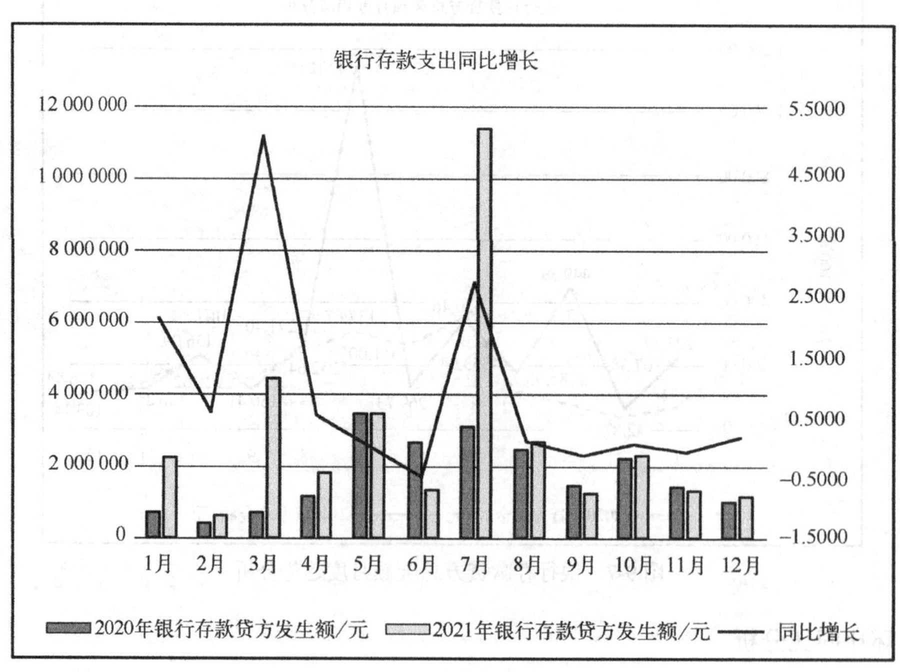

图 9-9　银行存款支出同比增长

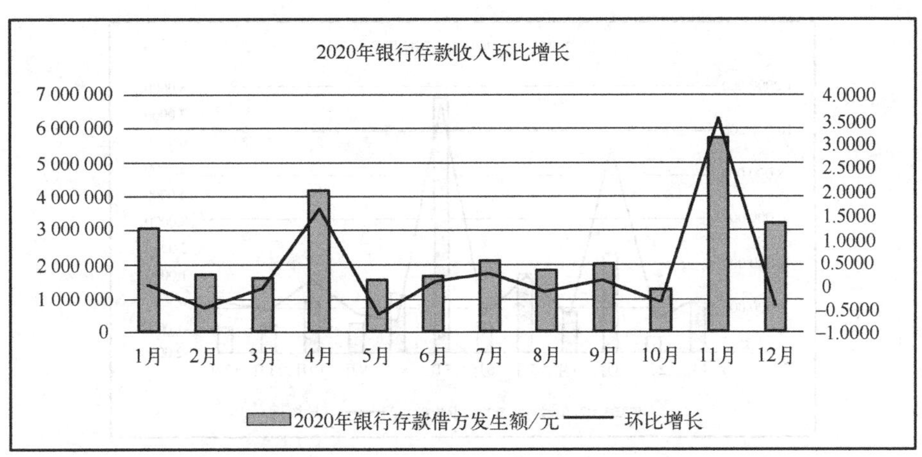

图 9-10　2020 年银行存款收入环比增长

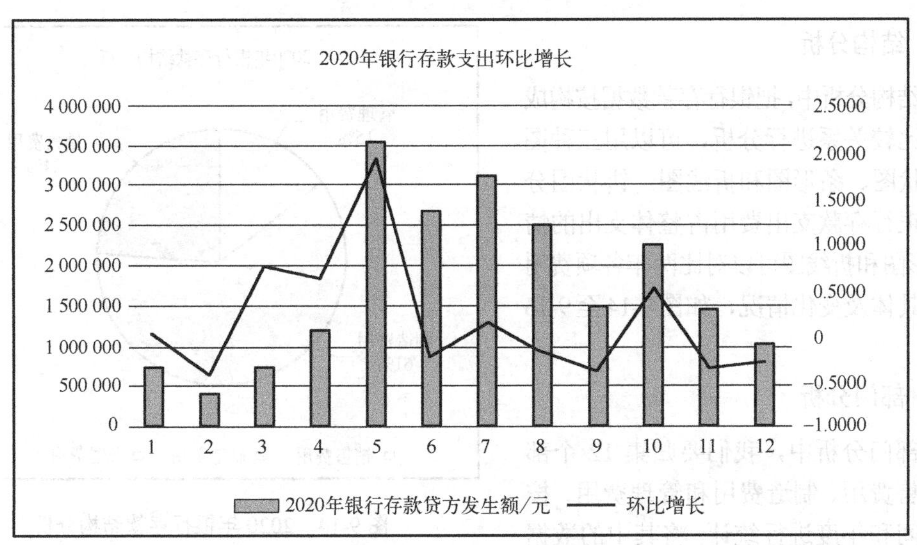

图 9-11　2020 年银行存款支出环比增长

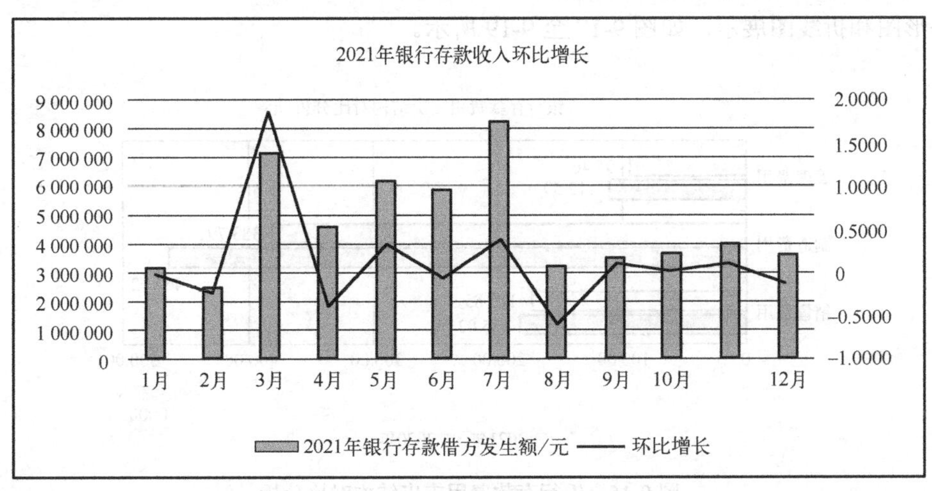

图 9-12　2021 年银行存款收入环比增长

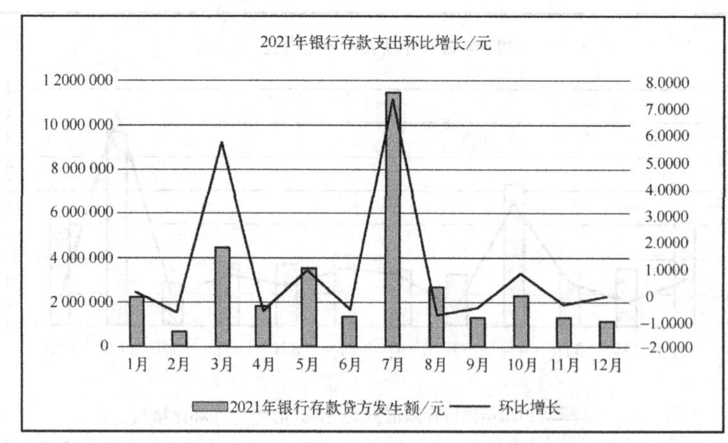

图 9-13　2021 年银行存款支出环比增长

3．结构分析

在结构分析中，把银行存款数据按构成关系和比较关系进行分析，可以用三种图形：饼状图、条形图和折线图。饼状图分析每项银行存款支出费用占整体支出的情况，条形图和折线图可以对比两年各项费用的支出具体及变化情况，如图 9-14 至 9-16 所示。

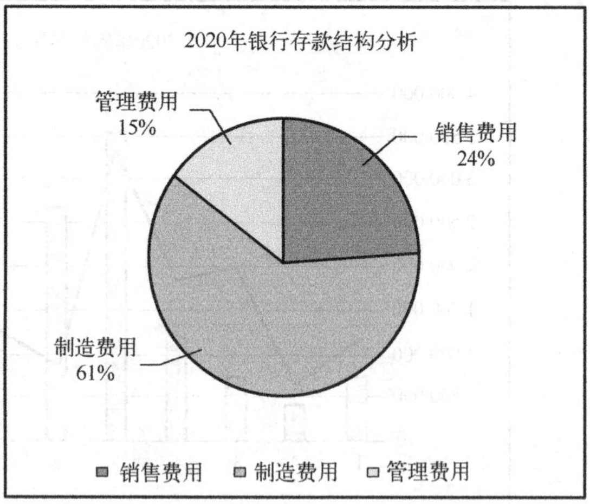

4．部门分析

在部门分析中，我们要归集 12 个部门的销售费用、制造费用和管理费用，按会计期间和年度进行统计，将其中的数据按构成关系和比较关系进行分析，用饼状图、条形图和折线图展示，如图 9-17 至 9-19 所示。

图 9-14　2020 年银行存款结构分析

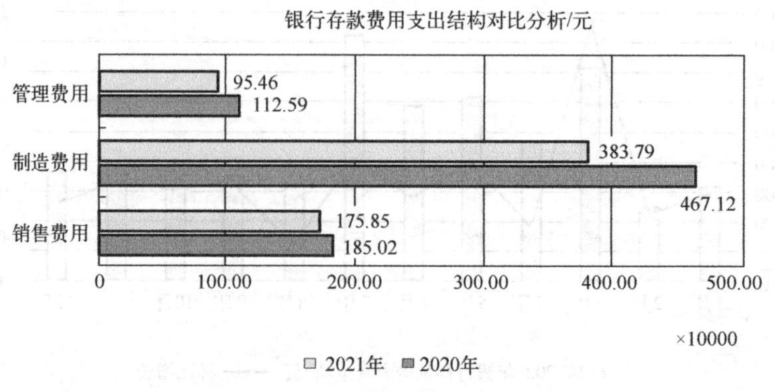

图 9-15　银行存款费用支出结构对比分析

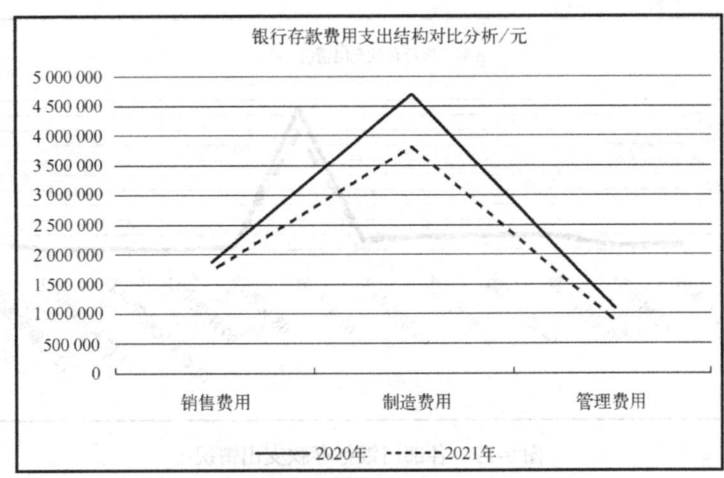

图 9-16 银行存款费用支出结构对比分析

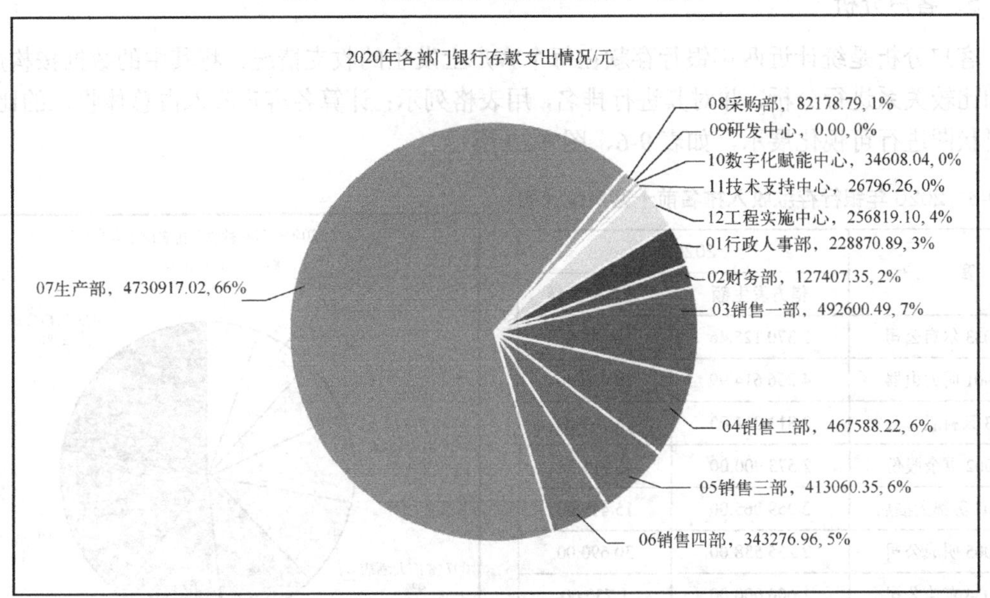

图 9-17 2020 年各部门银行存款支出情况

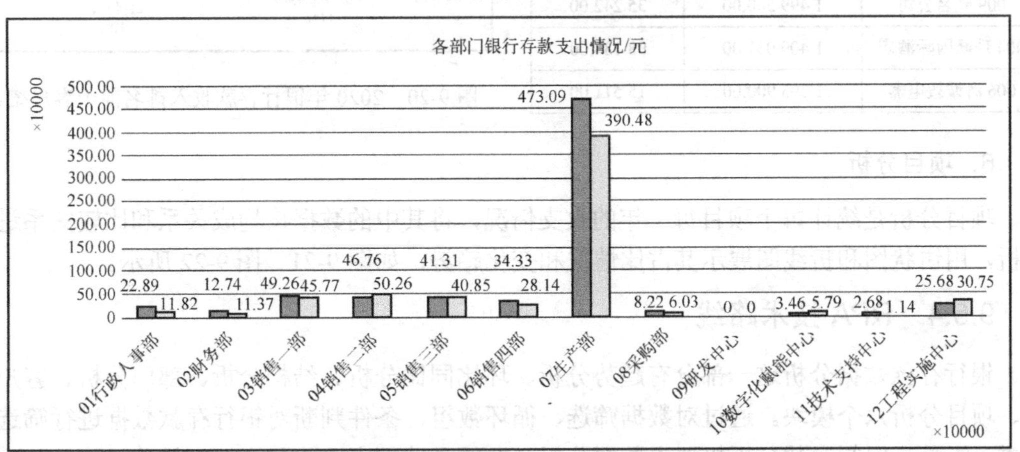

图 9-18 各部门银行存款支出情况

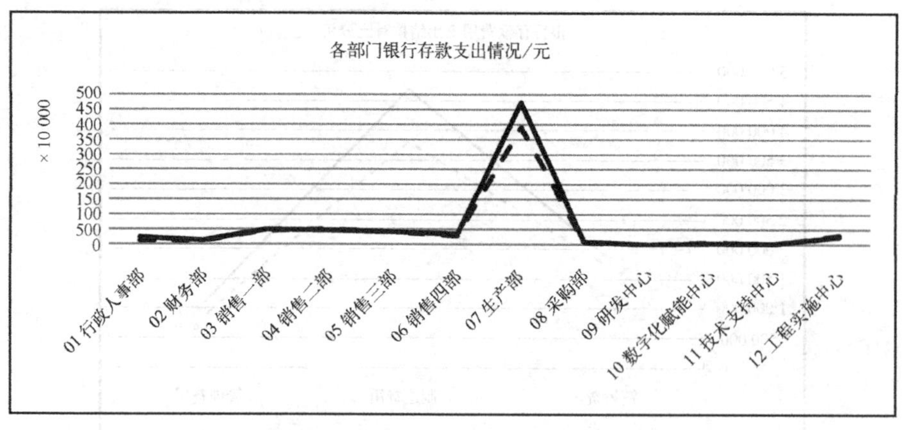

图 9-19 各部门银行存款支出情况

5. 客户分析

客户分析是统计近两年银行存款在每个客户上发生的收支情况，将其中的数据按构成关系和比较关系进行分析，并对其进行排名，用表格列示；计算各客户收入占总体收入的比例，用饼状图进行可视化展示，如表 9-6、图 9-20 所示。

表 9-6 2020 年银行存款收入排名前十客户统计表

客户	2020 年	
	借方发生额	贷方发生额
033 尔启公司	5 370 125.46	18 234.00
001 明力电器	4 256 614.99	19 496.40
003 云科股份公司	2 811 011.00	15 763.00
002 重余股份	2 573 900.00	45 715.26
007 雾都大酒店	2 259 065.00	15 419.00
005 明成公司	2 255 538.00	30 690.00
034 友信公司	1 600 000.00	1 750.00
009 驰名公司	1 499 500.00	35 242.00
004 珠峰国际酒店	1 409 031.00	98 134.00
006 海诚毅电器	1 395 900.00	15 511.00

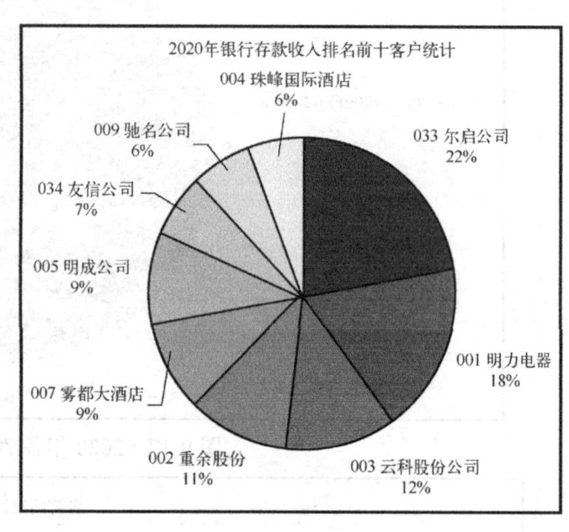

图 9-20 2020 年银行存款收入排名前十客户统计

6. 项目分析

项目分析是统计每个项目每一年的收支情况，将其中的数据按构成关系和比较关系进行分析，用饼状图和折线图展示其占比情况和变化趋势，如图 9-21、图 9-22 所示。

9.5.4 RPA 技术路线

银行存款数据分析这一部分有趋势分析、环比同比分析、结构分析、部门分析、客户分析、项目分析六个模块。通过对数据筛选、循环数组、条件判断对银行存款数据进行筛选、分类、汇总。银行存款分析机器人数据分析开发的具体技术路线如表 9-7 所示。

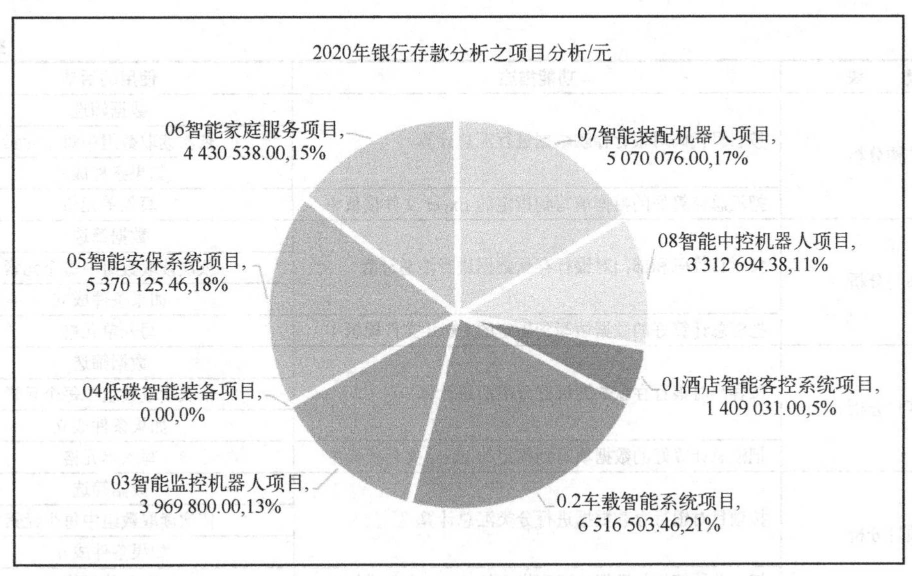

图 9-21　2020 年银行存款分析之项目分析

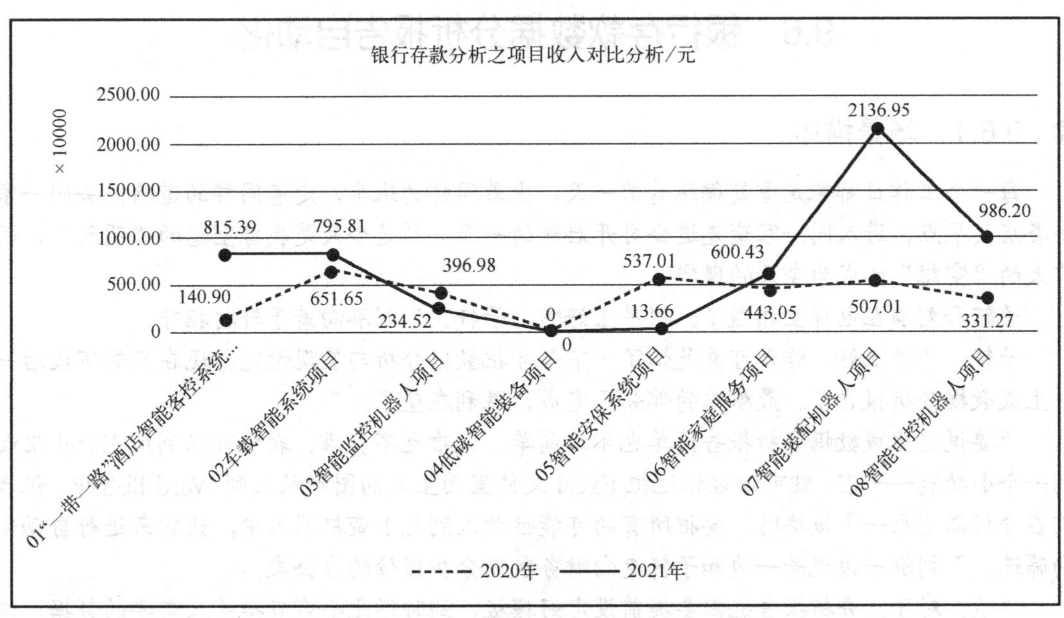

图 9-22　银行存款分析之项目收入对比分析

表 9-7　银行存款数据分析与展现自动化开发技术路线

模　块	功能描述	使用的活动
趋势分析	按会计期间对银行存款数据进行汇总	数据筛选
		依次读取数组中每个元素
		如果条件成立
	把汇总计算好的数据填写到指定的 Excel 文件模板中	写入单元格
环比同比分析	把之前统计好的银行存款数据填入另一个表中	读取范围
		写入单元格

续表

模　块	功能描述	使用的活动
结构分析	按科目代码对银行存款数据进行汇总计算	数据筛选
		依次读取数组中每个元素
		如果条件成立
	把汇总计算好的数据填写到指定的 Excel 文件模板中	写入单元格
部门分析	按科目代码和部门对银行存款数据进行汇总计算	数据筛选
		依次读取数组中每个元素
		如果条件成立
	把汇总计算好的数据填写到指定的 Excel 文件模板中	写入单元格
客户分析	按客户对银行存款数据进行分类汇总计算	数据筛选
		依次读取数组中每个元素
		如果条件成立
	把汇总计算好的数据填写到指定的 Excel 文件模板中	写入单元格
项目分析	按项目对银行存款数据进行分类汇总计算	数据筛选
		依次读取数组中每个元素
		如果条件成立
	把汇总计算好的数据填写到指定的 Excel 文件模板中	写入单元格

9.6　银行存款数据分析报告自动化

9.6.1　场景描述

每一个工作日都像是重复循环着前一天，坐着同样的班车，走着同样的道路，去同一家早餐店买早点，进入同一家蛮先进公司开启新的一天。只是今天是我曾空想的“明天”，而昨天的“空想”已成为今天的现实。

子轩和刘泓在电梯里相遇了。“早上好啊，子轩。”刘泓向着子轩打招呼。

子轩：“早上好。昨天可真是忙了一下午才把数据分析与展现做完，现在只剩下最后一个生成数据分析报告了。最艰难的部分已完成，胜利在望了。”

“要说这生成数据分析报告简单也不算简单，说难也不算难。我们可以利用 Excel 里面的一个小功能——宏，就可以轻松地把 Excel 文件里面生成的图形放入到 Word 报告中。但我们在分析描述每一个板块时，要把所有的可能性放入到元小蛮机器人中，让它来进行自动化的筛选。”刘泓一边说着一边和子轩走向财务数据分析岗位的办公桌。

“哦，对了。分析报告也需要提前设定好模板，到时候元小蛮直接填入需要的数据，这样一份数据分析报告就算完成了。”刘泓补充道。

子轩：“那我们每一个部分需要什么样的分析描述呢？”

刘泓：“首先描述它所呈现的有价值数据，比如最大值、最小值这种具体的数值。其次描述图形所要表达的含义，比如扇形图表达的占比，折线图表达的趋势等。最后我们还可以分析数据呈现出这样的原因。”

子轩和刘泓一同坐到电脑前，刘泓说：“一天的工作又开始了，来吧，子轩你去准备 Word 分析报告模板，我来搭建最后一个流程块。”

临近中午，经过不断地调试更改，最终一份数据分析报告完整地生成了。子轩惊喜地大叫：“我们成功了！”两人相视一笑。

"走走走，为庆祝你参与的第一个机器人圆满完成，我叫上我们'与蛮同行'团队的成员们坐长江索道到江对面的洪崖洞吃串串。"刘泓说。

子轩一把抱住刘泓的手臂兴奋地说："真的吗？太好了，虽然洪崖洞离公司只隔一条江的距离，但我都没晚上去看过传说中的现实版千与千寻。快走吧，我等不及啦！"

元小蛮财务数据分析机器人可以从一份序时账开始，到形成一份完整的数据分析报告，实现全面自动化。所有的财务数据分析工作都交给了元小蛮，剩下的只有浓浓的年味了。

9.6.2　数据分析报告设计

银行存款数据分析报告由标题、目录、摘要、正文构成。具体内容可扫描二维码查看。

银行存款数据分析报告模板

本分析报告的标题为"企业资金管理下的银行存款分析——银行存款数据分析报告"。此外，还在标题页个性化地显示了"财务数据分析师"和"报告日期"，其中"报告日期"通过自动化流程生成。

报告的目录显示了一级与二级标题及其页码，摘要高度概括了银行存款分析的分析背景、分析目的、分析范围、分析思路与方法以及结论与建议。

正文包含"分析背景与目的"和"分析思路"，在分析背景与目的中阐述了银行存款分析的目的是将企业资金收支情况进行可视化展示，让管理层了解企业银行存款数据现状，从而能够对企业进行资金管理等。在分析思路中阐述了银行存款数据分析主要包括六个板块，并依次介绍了每个板块所运用的分析思维和分析方法。

分析内容中蓝色"【】"内容由元小蛮自动生成，按趋势分析、环比同比分析、结构分析、部门分析、客户分析、项目分析这六个板块对银行存款进行具体分析。

根据六个分析板块的图和表的可视化展示，我们可以清晰地看出各种数据的趋势、占比、差异等情况，再根据元小蛮的计算，将重要数据通过结论中的文字展示出来。

最后是"结论与建议"部分，蓝色"【】"的内容由元小蛮自动填入，它对前面的分析内容进行了总结，并给出相关建议。从整体、部门和项目三个重要分析角度来总结整个银行存款的数据分析情况，并向管理层提出建议。

9.6.3　RPA 技术路线

生成分析报告是银行存款分析机器人的最后一个模块。通过获取时间来记录报告生成时间，执行宏和粘贴来实现把图形从 Excel 文件里复制出来并且粘贴到 Word 文件中这样一个动作。银行存款数据分析报告自动化开发的具体技术路线如表 9-8 所示。

表 9-8　银行存款数据分析报告自动化开发技术路线

模　　块	功能描述	使用的活动
生成分析报告	把图形从 Excel 分析文件里复制出来并且粘贴到 Word 报告文件中	执行宏
		设置光标位置
		粘贴
	获取生成报告的时间	获取时间

生成的银行存款数据分析报告包括封面、目录、摘要以及正文，正文具体包括分析背景与目的、分析思路、分析内容和结论与建议。报告能清晰地展现出银行存款数据趋势分析、环比同比分析、结构分析、部门分析、客户分析、项目分析的结果，并向报告使用者提出建议。读者可以通过扫描二维码查看“银行存款数据分析报告”的具体内容。

银行存款数据分析报告

第10章 销售费用数据自动化分析

10.1 分析目的

➲ 10.1.1 场景描述

子轩是蛮先进公司财务数据分析“与蛮同行”团队的实习生，周末跟着同事们一起前往歌乐山感受红岩精神。子轩在讲解员绘声绘色的讲解中认识了一个可爱又坚强的革命小战士——小萝卜头，在参观完歌乐山烈士陵园后，还补看了电影《烈火中永生》，革命烈士用热血谱写了一曲悲壮的革命之歌。观影之后，子轩暗下决心珍惜时光，不负革命烈士的牺牲，在自己的岗位上发光发热，做一个对社会有价值的人。

子轩刚结束了一个快乐且充实的周末，工作日的第一天早早地就到了办公室，在茶水间接水时碰到正在泡咖啡的财务总监程平。

子轩：“程总，早啊！”

程总：“早，子轩。元旦假期过得怎么样？”

子轩笑眯眯地说道：“这个周末可充实啦，跟着公司同事们去歌乐山爬山，同事们特别照顾我，我们还一起吃了‘蛮地道’农家乐的歌乐山辣子鸡。”

程总笑着说道：“看来你跟同事们相处得很融洽，这有利于开展工作。公司现在需要了解近两年销售费用使用情况，需要一份数据分析报告，你之前跟刘泓一起参与过数据分析项目，有一定的项目经验，这次跟着谭果君一起做销售费用数据分析。”

子轩欢呼雀跃道：“太好了，终于又可以参与到具体的数据分析项目中啦，我这就去联系果君姐。”

说完这句话，子轩就赶紧回到座位上，稍做整理便去找果君讨论销售费用数据分析相关的工作事宜。

果君在上周五前便接到程总的工作指示，此时正在梳理整个数据分析涉及的内容。突然，子轩火急火燎地跑过来，人未到声先至：“果君姐，在干嘛呢，刚程总通知我跟你一起参与销售费用数据分析工作，我有些问题得向你请教请教。”

果君看着子轩说道：“太好了，这下有帮手啰。我正在梳理销售费用数据分析有关内容，我们去茶水间一起讨论。”

“果君姐，根据之前我参与的数据分析项目经验，数据分析首先就是要确定分析的目的，销售费用数据分析的目的是不是找到销售费用下降的空间啊？”

果君：“是的，确定分析目的是数据分析的第一步。一般财务分析的目的包含描述现状，分析现状的原因，以及根据以往的数据预测下一个阶段的状况。挖掘销售费用降低的空间只是其中一个分析目的哦，你再仔细想想还有没有其他目的呢？”

子轩点了点头，稍做思考，说道："那结合公司目前的情况，本次销售费用现状描述主要就是审查近两年销售费用的总体情况，对销售费用进行基础核算，将本期和去年同期费用水平、本年上期费用水平进行比较，罗列相关数据后计算变动比，对费用变动的原因进行分析，对异常的变动予以深究。"

果君补充道："光是财务数据分析是不够的，还要结合业务进行分析，才能够更加清楚地知道钱到底花在哪个业务项目上，以便有针对性地对销售费用进行控制。"

子轩若有所思，继续说："销售费用分析目的就包含销售费用基础汇总核算、销售费用具体情况汇报和结合业务对销售费用进行分析，而最终的目的便是挖掘降低销售费用成本的空间。"

果君微微一笑："是的，我们子轩小朋友真聪明，这下销售费用分析的目的已经明确啦，接下来就要确定具体的分析内容和思路啰！"

果君看着眼前这位阳光好学的大男孩，心里满是喜欢。子轩从加入公司实习到现在才短短一个月，已经稍有工作经验，怪不得同事们都夸这个小伙子呢。

得到大家的认可，子轩可开心呢，下定决心一定要好好完成销售费用数据分析工作。

经过子轩和果君的讨论，最终确定销售费用数据分析包含以下四个目的：一是对销售费用进行基础汇总核算，二是审查销售费用具体情况，三是结合业务层面对销售费用进行多维度分析，四是挖掘销售费用成本降低的空间。

10.1.2 目的框架

蛮先进公司销售费用分析目的框架如图 10-1 所示。

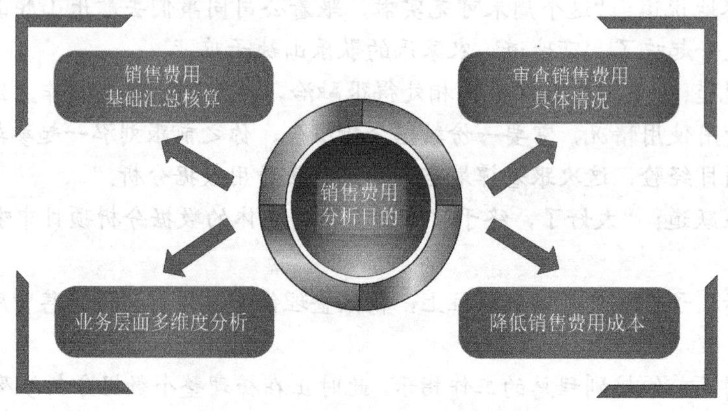

图 10-1 销售费用分析目的框架

10.2 分析内容和思路

10.2.1 场景描述

窗外阳光正好，办公室暖洋洋的，子轩眉头紧皱……

此时邓佳红刚结束午睡，看到子轩的状态不对，赶紧关心道："咋啦，干嘛这么愁眉苦脸的，中午都不休息？"

子轩答道："程总安排我跟果君姐一起参与销售费用数据分析项目，之前跟果君姐确定了分析的目的，但是整体的思路和分析的具体内容我感觉一团乱麻。"

佳红安慰道："子轩你别着急嘛，静下心来慢慢梳理，再说你不是之前跟着刘泓姐一起参与过数据分析的项目嘛，你再回忆回忆上次参与项目时怎么做的。"说完佳红还递过来一杯"蛮好喝"咖啡。

佳红比子轩大一届，是子轩的直系学姐，现是蛮先进公司财务数据分析"与蛮同行"团队的一名初级财务数据分析师，经佳红的介绍子轩才选择到蛮先进公司实习。

子轩抿了一口咖啡，继续说道："这咖啡不错啊，瞬间提神醒脑，我种草啦！"

结束完跟佳红的对话，子轩开始静下心来思考销售费用数据分析的内容和思路，在有一定的思路和想法之后便去找果君商量。

子轩又笑眯眯地向果君问道："果君姐，数据分析要讲究整体意识，销售费用数据分析从整体上分析销售费用变动趋势、费用内部结构占比，当然还有最基本的财务指标销售费用率分析，果君姐你看还需要确定哪些内容呢？"

听了子轩的思路，果君稍做思考，向子轩讲道："在分析时还要注意分析内容下沉到业务，业务是公司的核心，销售是业务的终端，销售费用的金额大小、现状、未来的发展趋势和费用内部结构与业务紧密相关，非常重要。程总要求我们将销售费用单独进行分析，实际上就是为了分析与业务直接相关的费用的使用效率，以便更好地掌控业务。因此在分析的时候要结合业务进行分析。"

"对销售费用进行整体分析是采用了向上思维，在分析时还要考虑具体分析内容，运用下切思维对部门、客户、项目进行分析。"果君补充道。

子轩紧接着说道："果君姐，除此之外我还想到了针对特别容易出错的销售费用明细进行分析，这算不算利用发散思维呢？"

"哈哈哈，小伙子想法不错嘛，当然算啰，"果君继续说道："你忽略了一个最重要的，在分析时应最先考虑逻辑性，也就是逻辑思维。"

子轩边听果君讲话边做笔记，那股认真劲特别讨人喜欢。

"分析要讲究逻辑性，在销售费用数据分析时首先要汇总每个年度包括每月的销售费用数据，从整体上进行分析，从销售费用变动趋势、费用内部结构的占比，以及费用占收入的比例等财务视角进行分析，然后结合业务进行业财融合分析，分析各部门销售费用、各项目销售费用，最后结合公司的具体情况对容易出现异常且不好控制的费用进行针对性分析，如业务招待费、运输费等。"子轩一脸认真地说道。

明确了销售费用分析的内容，子轩结合上次数据分析的方法谈了谈自己的想法："在分析方法上我目前想到运用对比分析法，分析不同时间维度下销售费用发生额以及不同部门、不同项目之间销售费用的差异；运用结构分析法，分析各部分费用占销售费用总额的比例，明确哪部分费用对销售费用的影响最大；运用趋势分析法，分析销售费用环比同比的变动趋势，确定销售费用增减变动的方向以及变动幅度。"

眼看子轩又要长篇大论好一阵，果君赶紧打住："分析方法上是没有问题的，但是我感觉你整个分析的思维和框架有点模糊哎。"

子轩停下来细想："你说得对，我只顾着分析去了，果君姐你教教我，给我讲讲你的想法呗。"

果君看着好学的子轩，耐心地解释道："在财务数据分析时特别要讲究分析思维的培养，逻辑思维贯穿整个数据分析过程。销售费用数据分析要综合采用向上思维和下切思维，明确销售费用数据分析的目的，从年度视角整体地分析销售费用，以获得销售费用整体的情况和变动趋势，同时要利用下切思维分析销售费用的构成明细，根据重要性原则选择部分分解的销售费用数据进行局部分析，剖析销售费用变化的具体情况和变动原因。除此之外结合业务对销售费用进行多角度分析，在这个分析过程中也会涉及求同思维以及联合思维。总的来说，销售费用数据分析分为两个层次，一方面是财务核算分析，另一方面是业财融合分析。"

子轩听完果君的分析，一脸的崇拜，喜上眉梢，说道："果君姐，你再多给我讲讲呗，听完你的分析我豁然开朗，今晚'蛮好吃'餐厅走起，他们家歌乐山辣子鸡特别好吃，我们边吃边聊。"

子轩在蛮先进公司财务数据分析"与蛮同行"团队已经实习一段时间了，对公司目前的状况已经非常熟悉了。公司先前引入了 RPA 机器人，还为此专门设立了数字化赋能中心，恰巧子轩所学专业正是会计信息化，因此在销售费用数据分析时采用了 RPA 机器人——元小蛮进行销售费用数据自动化分析。

经过子轩和果君的讨论，最终确定了如图 10-2 所示的销售费用分析思路框架。

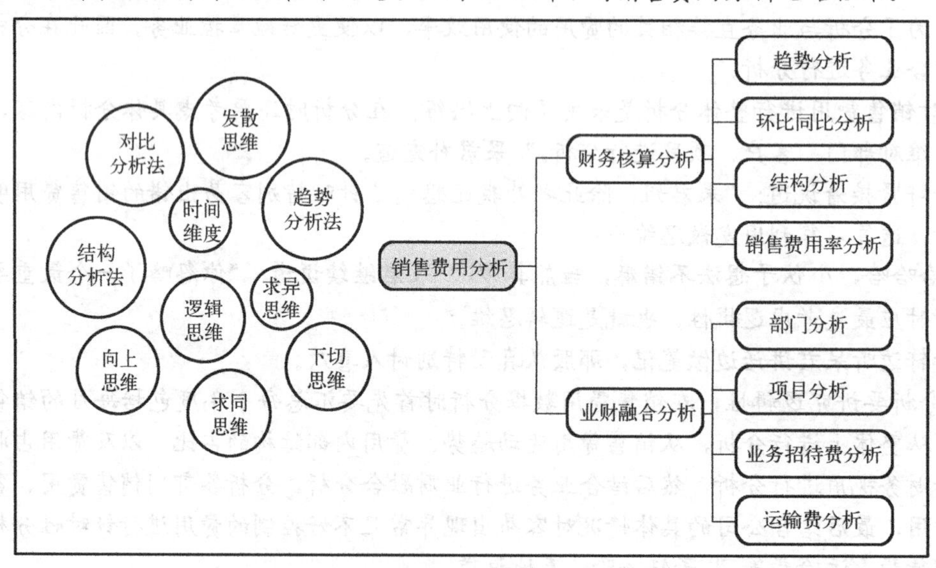

图 10-2　销售费用分析思路框架图

➲ 10.2.2　自动化分析流程

蛮先进公司销售费用数据自动化分析流程如图 10-3 所示。首先由机器人元小蛮打开序时账文件，对销售费用相关数据进行清洗和筛选，然后依次对清洗好的销售费用相关数据进行趋势分析、环比同比分析、结构分析、销售费用率分析、部门分析、项目分析、业务招待费分析、运输费分析，最后机器人元小蛮将分析结果进行汇总，自动生成销售费用数据分析报告。

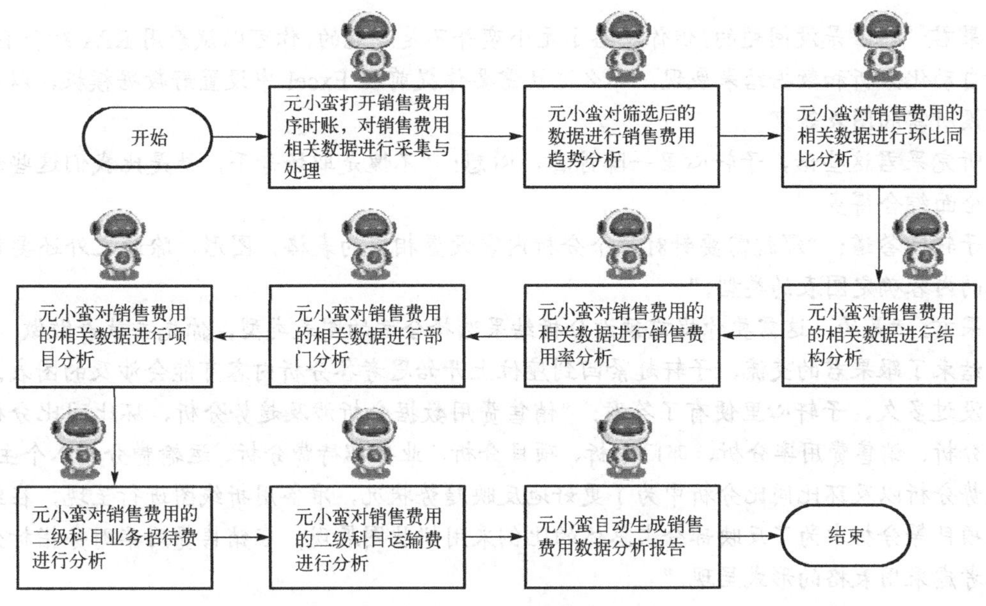

图 10-3　蛮先进公司销售费用数据自动化分析流程

10.3　数据准备

10.3.1　场景描述

经过昨天跟果君的讨论，子轩很快就明确了销售费用分析的方法和思路，今天一早便哼着小曲踏进办公室。今天又是阳光明媚的一天，子轩心想：这么好的天气，今天的工作也要顺顺利利。

最近“元宇宙”有关的新闻报道铺天盖地而来，一夜之间仿佛所有人都在聊元宇宙。昨晚子轩看了同事朱思懿推荐的电影《头号玩家》，电影讲述了由于现实生活无趣，无数年轻人沉迷在一款超级火爆的游戏《绿洲》的世界里的故事，故事中虚拟显示技术渗透到了人类生活的每一个角落。在子轩看来所谓“元宇宙”就是平行于现实世界但又独立的一种空间，就像电影《头号玩家》中的虚拟世界一样。

子轩想着：“说不定未来，元宇宙会为我们财务人员建立一个真实的财务生态呢。”

子轩的思绪被“蛮顺滑”手机震动声音拉了回来，打开手机一看，原来是果君发来的工作任务：“子轩，今天得完成数据准备工作哦，有什么不懂的，随时来找我沟通哈。”

在确定好销售费用数据分析的目的和内容之后，子轩开始着手准备机器人自动化分析所需要的数据，虽然之前曾参与过类似的数据分析项目，但还是有诸多方面拿不定主意，于是他计划先自行准备所需数据，然后去询问果君的想法。

子轩蹦蹦跳跳地向果君走来：“果君姐，元小蛮销售费用自动化分析机器人所需的前期数据准备我已经弄好了，你看看这样行不？”

果君：“好的，那你先详细讲讲你怎么做的。”

子轩：“首先，我从 ERP 系统中导出销售费用序时账，然后机器人进行数据采集与处理，最后按照我们分析的主题进行自动化分析与结果展现。”

果君："想法是没问题的，但你忽略了元小蛮并不是万能的，你可以试着用 RPA 结合 Excel 进行自动化分析和数据结果展现，那么这就需要你提前在 Excel 中设置好数据模板，以及提前预设所需的图表等。"

听完果君这些话，子轩心里一阵惊喜，心想："不愧是职场老手，就是比我们这些新手想的全面综合得多。"

子轩回答道："那就需要针对每个分析内容设置相应的表格、图形，除此之外还要根据具体的内容确定图表的类型。"

果君："是的，这需要你提前预设分析结果选择合适的图表类型，你先去试着做做。"

结束了跟果君的交流，子轩赶紧回到座位上开始思考各分析内容可能会涉及的图表。

没过多久，子轩心里便有了答案："销售费用数据分析涉及趋势分析、环比同比分析、结构分析、销售费用率分析、部门分析、项目分析、业务招待费分析、运输费分析八个主题。在趋势分析以及环比同比分析中为了更好地反映趋势状况，准备用折线图进行呈现，在结构以及项目等分析中为了反映部分占总体的比例采用饼状图展现；在销售费用率财务指标分析上则考虑采用表格的形式呈现。"

确定好了销售费用八个主题的图表展现类型，子轩赶紧在手机上下单了"蛮好喝"咖啡奖励认真工作的自己。

➲ 10.3.2 数据模型与数据表

1. 数据模型

销售费用数据模型如图 10-4 所示，共有序时账、部门、项目、客户四个实体。在序时账表中，凭证字号是主键；在部门表中，部门编码是主键；在项目表中，项目编码是主键；在客户表中，客户编码是主键。

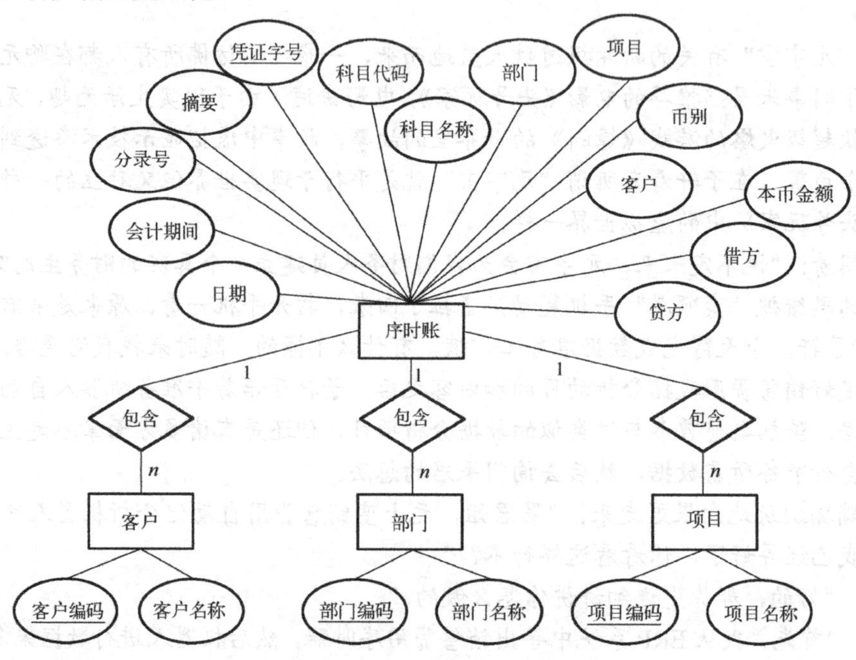

图 10-4 销售费用分析数据模型

2. 数据表

销售费用分析涉及的数据表有序时账表、部门表、客户表、项目表，具体内容如表 10-1 至 10-4 所示。

表 10-1　序时账表

属性名称	数据类型	空否	说　明
凭证字号	字符型	否	凭证字号
会计期间	字符型	是	分录发生会计期间
日期	日期型	是	分录发生日期
分录号	字符型	是	分录号
摘要	字符型	是	分录事件摘要
科目代码	字符型	是	科目的代码
科目名称	字符型	是	科目的名称
部门	字符型	是	部门编码
客户	字符型	是	客户编码
项目	字符型	是	项目编码
币别	字符型	是	币别种类
本币金额	字符型	是	本币金额
借方	数值型	是	借方发生额
贷方	数值型	是	贷方发生额

表 10-2　部门表

属性名称	数据类型	空否	说　明
部门编码	字符型	否	部门表的编码
部门名称	字符型	是	部门表的名称

表 10-3　客户表

属性名称	数据类型	空否	说　明
客户编码	字符型	否	客户表的编码
客户名称	字符型	是	客户表的名称

表 10-4　项目表

属性名称	数据类型	空否	说　明
项目编码	字符型	否	项目表的编码
项目名称	字符型	是	项目表的名称

销售费用分析序时账表结构如表 10-1 所示，其中凭证字号是主键。

销售费用分析部门表如表 10-2 所示，其中部门编码是主键。

销售费用分析客户表如表 10-3 所示，其中客户编码是主键。

销售费用分析项目表如表 10-4 所示，其中项目编码是主键。

10.4　销售费用数据采集与处理自动化

10.4.1　场景描述

第二天一早，果君早早地到了办公室，计划在今天将元小蛮销售费用数据采集与处理机器人开发出来。当果君打开 UiBot Creator6.0 版本的时候，朱思懿刚到办公室。

思懿："果君，早！"

果君："早，思懿。"

思懿："最近你好积极啊，每天都早早地到了办公室。"

果君："哈哈哈，早起的鸟儿有虫吃，今天我得把元小蛮销售费用数据采集与处理部分开发出来，到时候程总还得审核呢。"

思懿："咦，公司前段时间不是招了一位小伙儿在跟着你一起参与这个项目嘛，怎么没看到他呢？"

果君："你是说子轩啊，这个小伙儿还真不错，学习特别积极。"

话音刚落，子轩便出现了，看到果君和思懿在聊天，赶紧打招呼道：“果君姐，思懿姐早啊，一大早聊什么呢？这么开心。”

思懿笑着说道：“说曹操曹操到，果君姐正在夸你做事麻利呢，这不果君姐正在准备数据采集与处理部分的工作，赶紧过来学习学习。”

子轩听到大家在夸他，心里暗喜，赶紧回复道：“谢谢思懿姐和果君姐的夸奖，我一定再接再厉，继续努力工作！”

紧接着，子轩赶紧回到自己工位上，抱上“蛮顺滑”笔记本急匆匆地赶到果君身边，一脸好奇地问道：“果君姐，销售费用数据采集与处理的元小蛮机器人开发主要涉及哪些内容呢？”

果君：“慢点，慢点，小心摔了。其实财务数据采集与处理内容大致差不多，你之前也参与过类似项目，那我考考你，你觉得要注意哪些？”

子轩思考了一会儿说道：“首先是分成两个部分，一方面进行数据的采集，另一方面就是对数据进行处理，筛选我们分析需要的数据。数据采集直接从系统中导出就好啦，但是我现在就是有点不清楚具体分析时要采集哪些数据。”说完，子轩还不好意思地挠了挠自己的头。

果君拍了拍子轩的肩膀说道：“别不好意思啊，不会就多学习嘛，你看你刚进公司没多久，进步空间还很大呢，元小蛮是我们公司财务数据分析团队的得力助手，今后也是你的工作伙伴，有什么不明白的可以问问我们团队的高级数据分析师刘泓，她可厉害了。”果君边说边操作电脑，此时果君打开了模板数据文件夹，继续说道：“子轩，你看，我从系统中直接导出了所需要的原始数据，也就是序时账。打开序时账稍做浏览之后你就会发现后续分析涉及的销售费用只需要明细销售费用，也就是并不包括每月结转损益的部分，在数据清理的时候我们就要剔除掉这部分内容，当然这只是其中一部分，还需要考虑哪些因素你得根据你自己分析的内容确定哦。”

子轩点点头，说道：“这就相当于从杂乱、格式不一致的初始数据中抽取出对分析内容有价值、有意义的数据。”

果君补充道：“换个角度思考，这部分的数据采集与清洗是为了后续的数据分析更加便利高效，也就是说数据采集与清洗要服务于后续分析工作，后续分析需要什么数据，就需要采集对应的数据，并完成清洗工作。”

听完果君的分析，子轩满意地回到自己的座位上，认真地投入到繁忙的工作当中去了。

10.4.2 RPA 技术路线

数据采集与处理主要包括文件复制、数据读取、数据筛选三个内容。

首先是复制数据文件夹和模板文件夹下的数据表格；其次是读取销售费用序时账中的数据；最后根据后续分析内容对数据进行筛选。

销售费用数据采集与处理自动化的具体技术路线如表 10-5 所示。

表 10-5 销售费用数据采集与处理自动化开发技术路线

模 块	功能描述	使用的活动
数据采集与处理	打开从本地获取的数据文件夹中的“销售费用序时账.xlsx”文件和模板文件夹中的“分析报告.docx”和“生成报告.xlsm”文件，复制到相对文件夹中	复制文件

续表

模　　块	功能描述	使用的活动
数据采集与处理	打开相对文件夹的“销售费用序时账.xlsx”文件，读取销售费用序时账中的数据	打开 Excel 工作簿
		读取区域
	根据读取的数据构建数据表并对数据表进行筛选	构建数据表
		数据筛选

10.5　销售费用数据分析与展现自动化

10.5.1　场景描述

午后的阳光在冬日里格外珍贵，午间休息片刻后，子轩又要投入工作中，眼看距离提交汇报的日子越来越近，子轩开始心慌了，担心自己拖了团队的进度。

在完成元小蛮销售费用数据采集与处理自动化开发之后，“与蛮同行”团队又要开始准备销售费用数据分析与展现自动化部分了。关于数据分析的展现形式，“与蛮同行”团队内部还得再次讨论确定，便计划下午两点在会议室进行讨论。

子轩早早地到会议室做准备并为每位同事都泡了一杯“蛮好喝”咖啡。

思懿看到桌上的咖啡，喜笑颜开：“子轩小朋友不错的嘞。”接着抿了一口咖啡说道，“今天的‘蛮好喝’咖啡特别好喝，哈哈哈。”

子轩赶紧接道：“思懿姐，你就别打趣我了，咖啡好喝多喝点，喝了这么好喝的咖啡那你多教教我呗。”

“没问题，下个项目我邀请你加入我的 Team!”

子轩欢呼道：“一言为定哦!”

一阵简单的寒暄后，大家开始正式讨论销售费用数据分析与展现自动化工作内容。

果君：“上次我们确定了分析主要内容，在元小蛮数据分析与展现部分开发之前，大家再一起核对一下具体的数据分析。”

思懿：“可以，没问题。确定好之后后续工作开展就会高效很多。”

果君：“分析的核心主要是通过机器人统计出销售费用数据值，分析其变动趋势，查找变动的原因……”

果君还没说完，子轩打断了她：“仅有数据值是不够的，有些明细数据值看起来很小，但是内部占比比较大，我觉得可以考虑百分比。又或者绝对值和相对值，也就是将百分比结合着使用。”

果君：“当然，子轩刚提到的这点我们也要纳入考虑范围。”

思懿补充道：“数据分析的内容划分为两部分，一个是基础的财务核算分析，另一个是融合业务的销售费用数据分析。”

果君：“内容划分可以的，数据展现部分先进行整体数据情况展现，然后进行业财融合分析部分展现，最后再有针对性地选取内容进行展现。数据展现这部分内容思懿就带着子轩一起参与设计哈。”

子轩回答道：“好的，没问题。”

思懿：“数据展现我暂时考虑的是图表结合，图表中的样式以及设计的内容我跟子轩确定之后发你邮箱。”

果君：“行，数据展现设计好之后我们再具体沟通，其他方面有问题也随时反馈沟通哦！”

结束完对话，大家回到各自的工位上又投入到忙碌的工作中了。

在后续数据展现设计工作中，思懿与子轩根据分析的主题选定了部分数据分析的图形，最终经“与蛮同行”团队内部讨论确定了以柱形图、饼状图、折线图以及表格等形式对数据进行展现。

10.5.2 数据分析模型

销售费用是与销售活动直接相关的费用，比如销售部门的人员工资、差旅费、业务招待费以及广告费，是一种特定的费用。销售费用是一种指向性很强的支出，它的金额大小、现状、未来的发展趋势和费用内部结构与业务紧密相关，非常重要。我们将销售费用单独进行分析，实际上就是为了分析与业务直接相关的费用的使用效率，以便更好地掌控业务。销售费用数据分析包括趋势分析、环比同比分析、结构分析、销售费用率分析、部门分析、项目分析、业务招待费分析、运输费分析，其分析模型如图 10-5 所示。

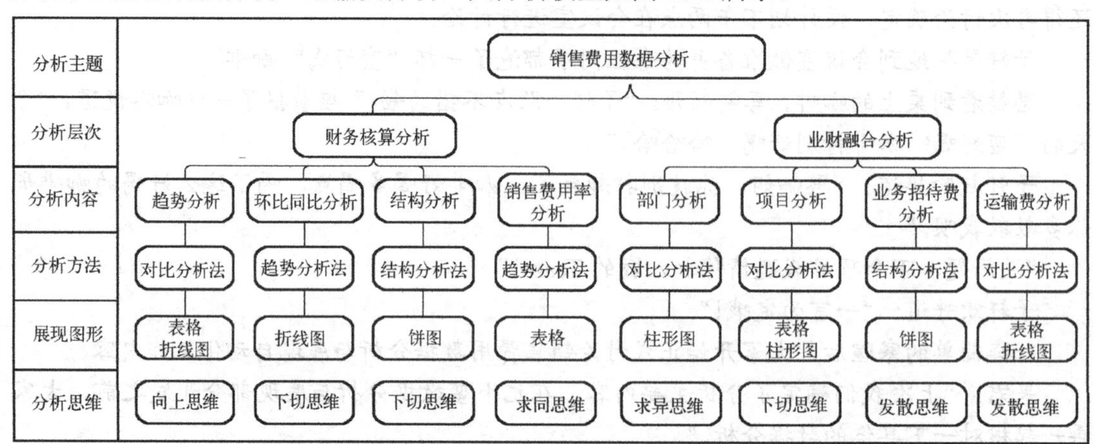

图 10-5 销售费用数据分析模型

在图 10-5 销售费用数据分析模型中，我们分成了两种类别，在财务核算分析方面，对销售费用趋势、环比同比、结构以及销售费用率进行分析；在业财融合分析方面，为了更好地反映销售费用与业务之间的联系，具体分析了蛮先进公司各销售部门销售费用花费情况，各项目销售费用花费情况，以及结合公司具体情况针对特别容易出现异常且不好控制的费用，例如业务招待费和运输费进行专项分析。

1. 财务核算分析

（1）趋势分析

趋势分析是指统计出每年各月份的销售费用总额以及月平均销售费用，运用向上思维对销售费用进行整体分析，统计出每年销售费用排名前三的月份，以便对销售费用进行针对性地管控。在分析方法上运用对比分析法分析不同时间维度下销售费用发生额以便更好地了解销售费用变动趋势。

（2）环比同比分析

环比同比分析是在计算出每年各月销售费用总额的基础上，再算出环比与同比值，分析销售费用环比同比的变动趋势，确定销售费用增减变动的方向以及变动幅度。在环比同比分析中运用下切思维分析每月销售费用的波动情况，运用趋势分析法分析月销售费用变动趋势，增强销售费用预测的准确性。

（3）结构分析

结构分析是指将每年销售费用按二级科目进行归类汇总，分析其占比情况。在结构分析中运用下切思维，对销售费用明细波动进行分析，查找销售费用波动的具体原因。在分析方法上运用结构分析法，分析各部分费用占销售费用总额的比例，明确哪部分费用对销售费用的影响最大。

（4）销售费用率分析

销售费用率分析是指统计出每年销售费用占营业收入的比例，运用求同思维，聚焦企业销售效率，监督销售费用的支出情况。在分析方法上运用趋势分析法分析销售费用率的变动趋势。

2．业财融合分析

（1）部门分析

部门分析是指统计出各个销售部门每年销售费用总额。在分析思维中采用求异思维，对不同部门的年销售费用额进行比较并排名，结合部门规模分析其合理性。在分析方法上运用对比分析法分析不同部门销售费用发生额以及不同部门之间销售费用的差异。

（2）项目分析

项目分析指按照销售部门涉及的八个项目进行销售费用归集，运用对比分析法分析不同项目销售费用花销情况以及不同项目之间销售费用差异。在分析思维中采用下切思维，深入项目分析每个项目具体的销售费用额以及变动率，统计出每年销售费用排名前三的项目，加强对各个项目的管理。

（3）业务招待费分析

业务招待费分析指将每年业务招待费按客户性质进行归类汇总，运用结构分析法并分析在不同类型客户上花费金额及其占比。在分析思维中运用发散思维，将全部客户分为三种类别，针对不同类型的客户进行分析，加强客户管理，维持优质的客户关系。

（4）运输费分析

运输费分析是指结合项目分析运输费的变动情况。在分析思维中采用发散思维，结合公司实际情况选择与业务高度联系的运输费进行专项分析，了解运输费的变动趋势，加强物流运输服务的管理。在分析方式上采用对比分析法分析不同项目运输费发生额以及不同项目之间运输费的差异。

➲ 10.5.3　数据展现设计

在数据分析模型中我们确定了两大分析主题：一个是财务核算分析，包含销售费用涉及的财务指标；另一个是结合业务对销售费用进行分析。因此，在数据展现部分先从销售费用数据本身进行展现，设计其展现样式，再考虑结合业务进行结果呈现。在数据展现过程中，对于数据之间的对比关系用柱形图或表格进行展示，趋势走向用折线图进行展示，比例关系用饼状图进行展示。

1. 趋势分析

各月销售费用具有波动性，为了更好地显示各月销售费用的趋势走向，我们用折线图将 2020 年和 2021 年各月的销售费用发生额呈现出来，并在折线图下方以表格的形式显示具体数据，如图 10-6 所示。

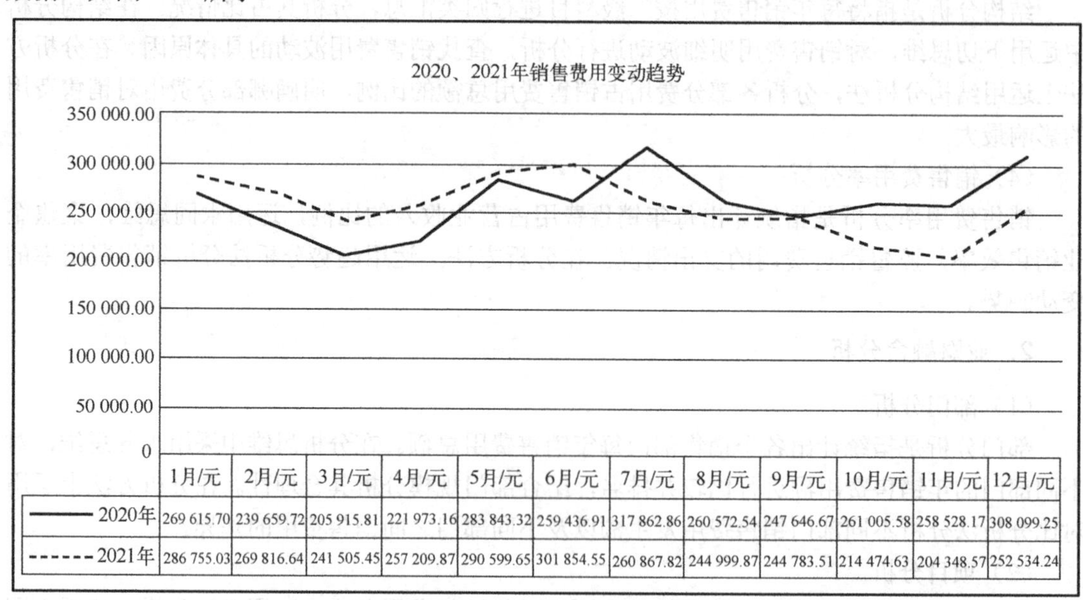

图 10-6　销售费用变动趋势图

由于要呈现 2020 年和 2021 年各月销售费用排名情况，因此我们采用表格的形式将销售费用的排名情况呈现出来，如表 10-6 所示。

表 10-6　销售费用金额表

年份 月份	2020 年/元	2021 年/元	变动率	2020 年各月销售费用排名	2021 年各月销售费用排名
1 月	269 615.70	286 755.03	▲6.36%	4	3
2 月	239 659.72	269 816.64	▲12.58%	10	4
3 月	205 915.81	241 505.45	▲17.28%	12	10
4 月	221 973.16	257 209.87	▲15.87%	11	6
5 月	283 843.32	290 599.65	▲2.38%	3	2
6 月	259 436.91	301 854.55	▲16.35%	7	1
7 月	317 862.86	260 867.82	▼−17.93%	1	5
8 月	260 572.54	244 999.87	▼−5.98%	6	8
9 月	247 646.67	244 783.51	▼−1.16%	9	9
10 月	261 005.58	214 474.63	▼−17.83%	5	11
11 月	258 528.17	204 348.57	▼−20.96%	8	12
12 月	308 099.25	252 534.24	▼−18.03%	2	7

续表

月份＼年份	2020 年/元	2021 年/元	变动率	2020 年各月销售费用排名	2021 年各月销售费用排名
月平均销售费用	261 179.97	255 812.49	▼-2.06%	—	—
年销售费用总额	3 134 159.69	3 069 749.83	▼-2.06%	—	—

2．环比同比分析

由于要呈现出各月销售费用在一年中的趋势走向，所以我们用折线图将 2020 年和 2021 年 1—12 月份的销售费用变动趋势呈现出来，如图 10-7、图 10-8 所示。

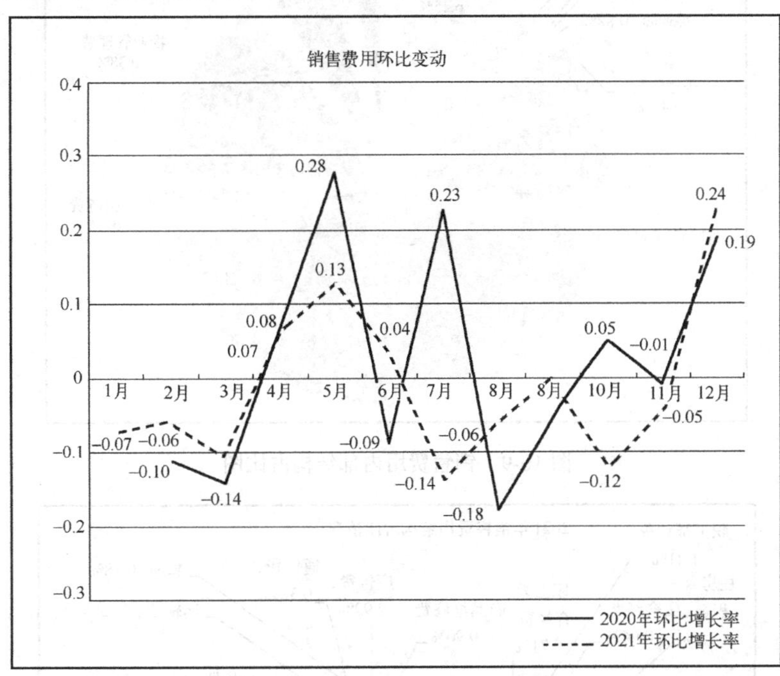

图 10-7　销售费用环比变动趋势图

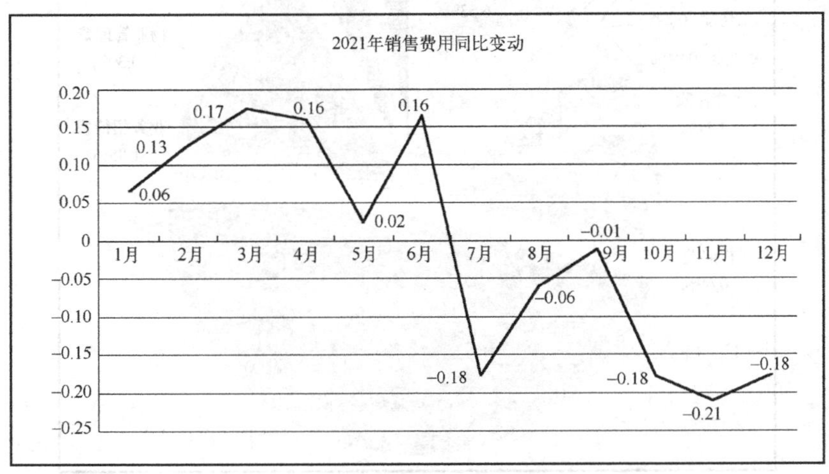

图 10-8　销售费用同比变动趋势图

3. 结构分析

由于各年销售费用明细数据之间存在比例关系，所以我们采用饼状图将 2020 年和 2021 年销售费用发生额呈现了出来，并在饼状图中显示其具体占比，如图 10-9 和图 10-10 所示。

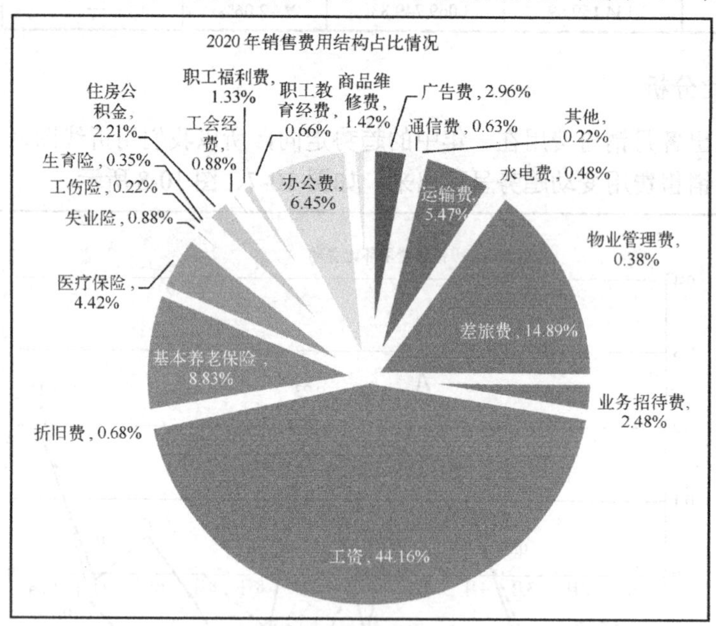

图 10-9　销售费用内部结构占比图

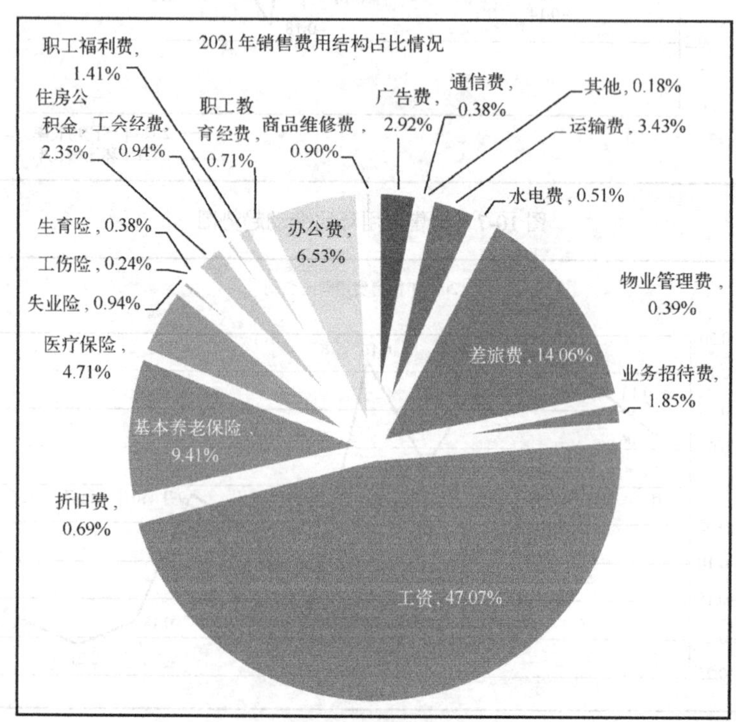

图 10-10　销售费用内部结构占比图

4. 销售费用率分析

在销售费用率分析中，由于各年销售费用率构成比较关系，我们通过表格的形式进行呈现，并详细展现了营业收入和销售费用的具体金额和变动率，具体示例如表 10-7 所示。

表 10-7 销售费用率分析表

科目 \ 时间	2020 年	2021 年	变动率
营业收入/元	50 273 993.74	57 577 263.07	▲14.53%
销售费用/元	3 134 159.69	3 069 749.83	▼-2.06%
销售费用率	6.23%	5.33%	▼-0.90%

5. 部门分析

由于各部门销售费用数据之间构成对比关系，所以我们采用柱形图将 2020 年和 2021 年各部门销售费用发生额呈现了出来，并在柱形图中展现各部门销售费用具体发生额，如图 10-11 所示。

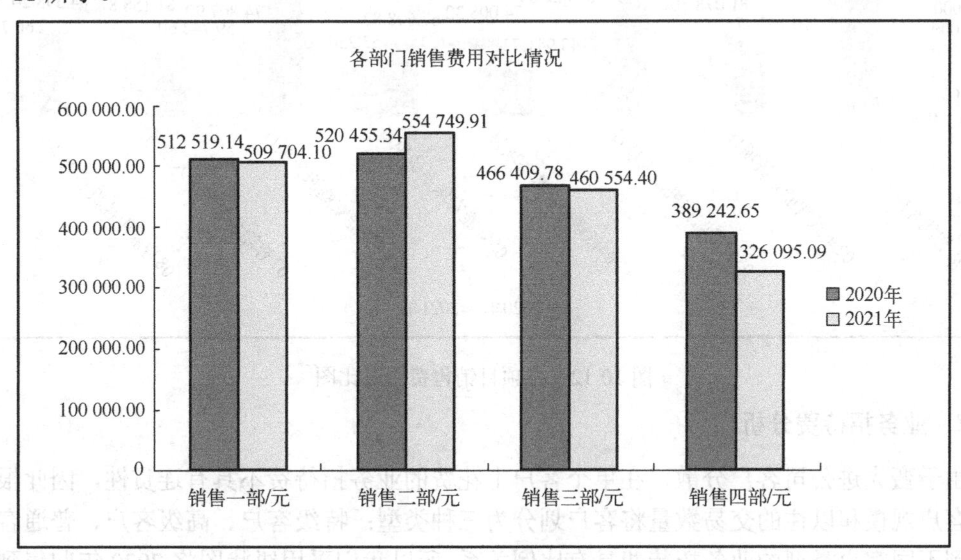

图 10-11 各部门销售费用对比图

6. 项目分析

在项目分析中，除了得出每个项目各年的销售费用总额，我们还需要知道各项目销售费用的占比情况以及年销售费用变动情况，具体示例如表 10-8 所示。

表 10-8 销售费用项目分析表

项　　目	2020 年销售费用/元	2021 年销售费用/元	变动率	2020 年占比	2021 年占比
01 酒店智能客控系统项目	156 254.42	115 062.30	▼-26.36%	20.53%	18.23%
02 车载智能系统项目	70 153.47	81 078.30	▲15.57%	9.22%	12.85%
03 智能监控机器人项目	150 421.31	87 022.05	▼-42.15%	19.76%	13.79%

续表

项　目	2020 年销售费用/元	2021 年销售费用/元	变动率	2020 年占比	2021 年占比
04 低碳智能装备项目	43 941.72	74 008.32	▲68.42%	5.77%	11.73%
05 智能安保系统项目	67 608.82	57 226.70	▼–15.36%	8.88%	9.07%
06 智能家庭服务项目	128 533.51	74 807.90	▼–41.80%	16.89%	11.85%
07 智能装配机器人项目	59 742.60	81 158.87	▲35.85%	7.85%	12.86%
08 智能中控机器人项目	84 398.20	60 723.30	▼–28.05%	11.09%	9.62%
合计	761 054.05	631 087.74	▼–17.08%	100.00%	100.00%

由于各项目销售费用数据之间构成比较关系，所以我们采用柱形图将 2020 年和 2021 年项目销售费用发生额呈现了出来，并在柱形图中展现各项目销售费用具体发生额，如图 10-12 所示。

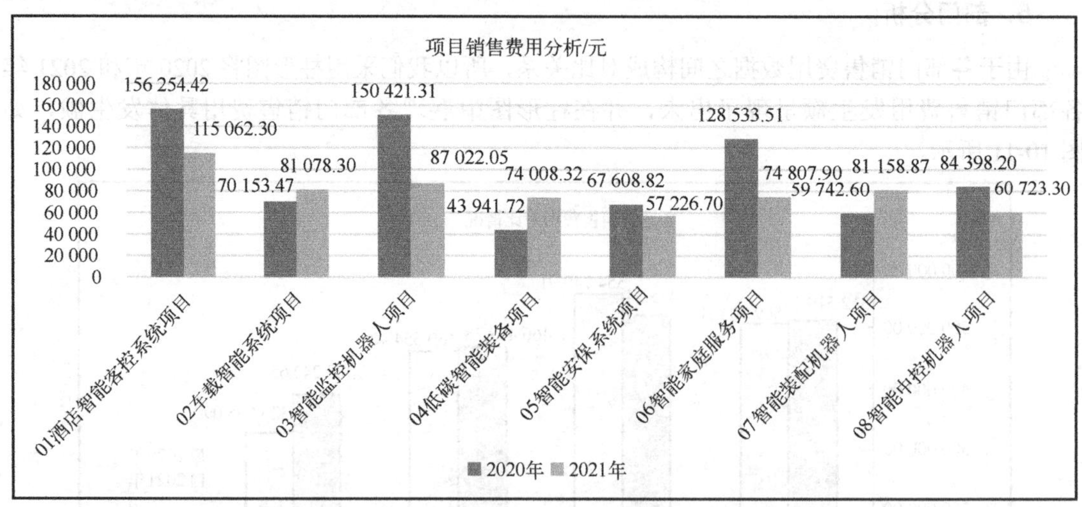

图 10-12　各项目销售费用对比图

7．业务招待费分析

由于蛮先进公司客户分散，在单个客户上花费的业务招待费不具有连贯性，因此根据公司的客户规模和以往的交易数量将客户划分为三种类型：特级客户、高级客户、普通客户。归集到不同客户类型的业务招待费具有比例关系，所以我们采用饼状图将 2020 年归集到不同类型客户的业务招待费呈现了出来，如图 10-13 所示。

8．运输费分析

在运输费分析中，我们用表格的形式呈现各项目的运输费，具体内容包括各项目的年运输费金额、占比及变动情况，具体示例如表 10-9 所示。

表 10-9　项目运输费分析表

项　目	2020 年运输费/元	2021 年运输费/元	变动率	2020 年占比	2021 年占比
01 酒店智能客控系统项目	34 422.72	41 450.30	▲20.42%	20.09%	39.37%
02 车载智能系统项目	13 094.99	22 358.30	▲70.74%	7.64%	21.24%

续表

项 目	2020 年运输费/元	2021 年运输费/元	变动率	2020 年占比	2021 年占比
03 智能监控机器人项目	41 901.00	3 548.60	▼-91.53%	24.45%	3.37%
04 低碳智能装备项目	10 655.80	13 164.85	▲23.55%	6.22%	12.50%
05 智能安保系统项目	9 081.82	1 792.26	▼-80.27%	5.30%	1.70%
06 智能家庭服务项目	47 386.50	10 832.52	▼-77.14%	27.65%	10.29%
07 智能装配机器人项目	13 034.60	9 503.80	▼-27.09%	7.61%	9.03%
08 智能中控机器人项目	1 772.64	2 632.70	▲48.52%	1.03%	2.50%
合计	171 350.07	105 283.33	▼-38.56%	100.00%	100.00%

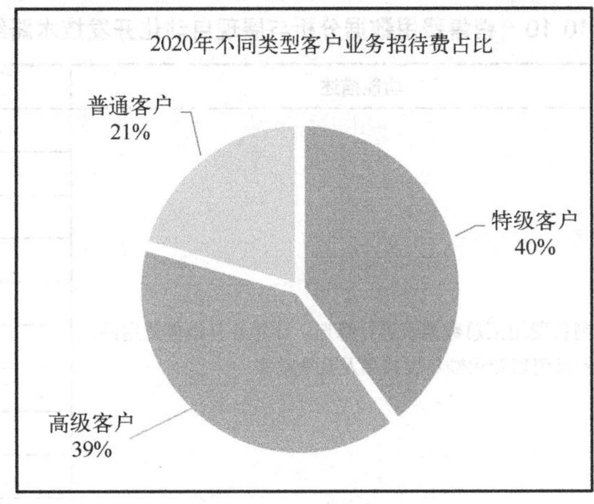

图 10-13 业务招待费占比

由于要呈现出各月运输费在一年中的趋势走向，所以我们用折线图将 2020 年和 2021 年 1—12 月份的运输费变动趋势呈现出来，如图 10-14 所示。

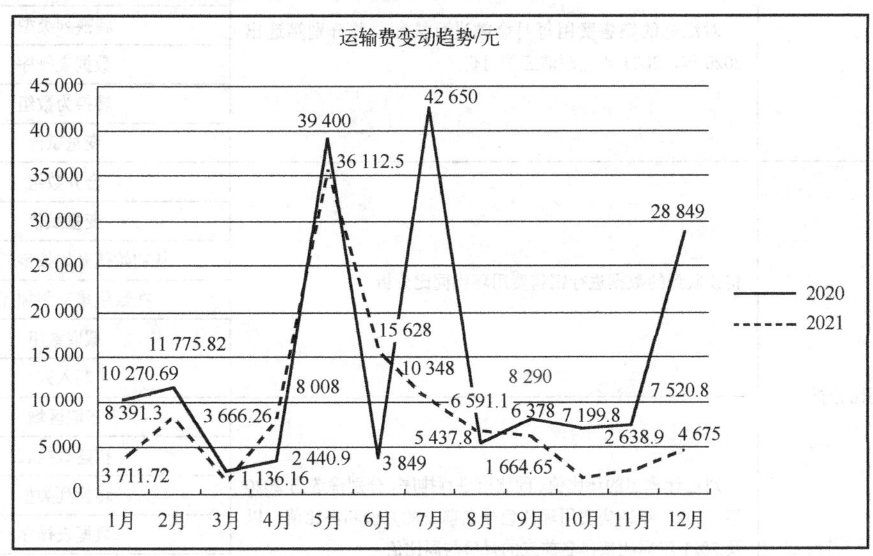

图 10-14 运输费变动趋势图

➲ 10.5.4 RPA 技术路线

销售费用数据分析与展现自动化部分主要包括趋势分析、环比同比分析、结构分析、销售费用率分析、部门分析、项目分析、业务招待费分析和运输费分析八个模块。

首先是利用机器人采集并处理后的数据进行数据筛选，整体分析销售费用，这包含趋势分析、环比同比分析、结构分析，再用读取区域等活动将读取到的数据写入生成报告中分析销售费用率；其次，通过条件判断、循环数组对销售费用序时账的数据与部门、项目等特征相匹配；最后，机器人通过写入区域，将数据写入生成的报告中。具体技术路线如表 10-10 所示。

表 10-10　销售费用数据分析与展现自动化开发技术路线

<table>
<tr><th>模　　块</th><th>功能描述</th><th>使用的活动</th></tr>
<tr><td rowspan="17">趋势分析</td><td rowspan="11">对销售费用汇总数据表进行筛选，计算各月销售费用额，统计各月销售费用额年度排名及其变动率</td><td>从初始值开始按步长计数</td></tr>
<tr><td>变量赋值</td></tr>
<tr><td>数据筛选</td></tr>
<tr><td>选择数据列</td></tr>
<tr><td>转换为数组</td></tr>
<tr><td>依次读取数组中每个元素</td></tr>
<tr><td>转为小数数据</td></tr>
<tr><td>在数组尾部添加元素</td></tr>
<tr><td>如果条件成立</td></tr>
<tr><td>写入列</td></tr>
<tr><td>否则执行后续操作</td></tr>
<tr><td rowspan="6">对汇总的销售费用每月金额进行排序，并分别筛选出 2020 年、2021 年金额前三的月份</td><td>读取区域</td></tr>
<tr><td>构建数据表</td></tr>
<tr><td>转换列类型</td></tr>
<tr><td>数据表排序</td></tr>
<tr><td>转换为数组</td></tr>
<tr><td>变量赋值</td></tr>
<tr><td rowspan="12">环比同比分析</td><td rowspan="6">将读取到的数据进行销售费用环比同比分析</td><td>合并数组</td></tr>
<tr><td>变量赋值</td></tr>
<tr><td>从初始值开始按步长计数</td></tr>
<tr><td>在数组尾部添加元素</td></tr>
<tr><td>截取数组</td></tr>
<tr><td>写入列</td></tr>
<tr><td rowspan="6">对已计算出的环比值、同比值进行排序，分别筛选出 2020 年、2021 年销售费用环比值排名前三的月份和环比值，以及 2021 年同比值排名前三的月份与同比值</td><td>读取区域</td></tr>
<tr><td>构建数据表</td></tr>
<tr><td>转换列类型</td></tr>
<tr><td>数据表排序</td></tr>
<tr><td>转换为数组</td></tr>
<tr><td>变量赋值</td></tr>
</table>

续表

模　块	功能描述	使用的活动
环比同比分析	对已计算出的环比值、同比值进行排序，分别筛选出 2020 年、2021 年销售费用环比值排名前三的月份和环比值，以及 2021 年同比值排名前三的月份与同比值	依次读取数组中的每个元素
		如果条件成立
		否则执行后续操作
		在数组尾部添加元素
		将数组合并为字符串
结构分析	对销售费用汇总数据表进行筛选，统计销售费用明细占比及其变动率	从初始值开始按步长计数
		变量赋值
		依次读取数组中每个元素
		数据筛选
		选择数据列
		转换为数组
		转为小数数据
		在数组尾部添加元素
		如果条件成立
		写入列
		否则执行后续操作
销售费用率分析	获取年营业收入和销售费用，分析年销售费用率	读取区域
		写入行
部门分析	对销售费用汇总数据表进行筛选，统计各销售部门销售费用金额及其变动率	从初始值开始按步长计数
		变量赋值
		依次读取数组中每个元素
		数据筛选
		选择数据列
		转换为数组
		转为小数数据
		在数组尾部添加元素
		如果条件成立
		写入行
		否则执行后续操作
	对已归集到部门的销售费用金额进行排序，并分别筛选出 2020 年、2021 年销售费用金额排名前三的部门与对应金额	读取区域
		构建数据表
		转换列类型
		数据表排序
		转换为数组
		变量赋值
项目分析	对销售费用汇总数据表进行筛选，统计各项目销售费用金额、变动率及其占比情况	从初始值开始按步长计数
		变量赋值
		依次读取数组中每个元素
		数据筛选
		选择数据列
		转换为数组

续表

模　　块	功能描述	使用的活动
项目分析	对销售费用汇总数据表进行筛选，统计各项目销售费用金额、变动率及其占比情况	转为小数数据
		在数组尾部添加元素
		如果条件成立
		写入行
		否则执行后续操作
	对已归集到项目的销售费用金额进行排序，并分别筛选出 2020 年、2021 年销售费用金额排名前三的项目与对应金额	读取区域
		构建数据表
		转换列类型
		数据表排序
		转换为数组
		变量赋值
业务招待费分析	对销售费用汇总数据表进行筛选，统计与各客户直接挂钩的业务招待费，对不同类型客户业务招待费进行分析	从初始值开始按步长计数
		变量赋值
		依次读取数组中每个元素
		数据筛选
		选择数据列
		转换为数组
		转为小数数据
		在数组尾部添加元素
		如果条件成立
		写入行
		否则执行后续操作
运输费分析	对销售费用汇总数据表进行筛选，统计各年各项目运输费金额，对运输费增减变动情况进行分析	从初始值开始按步长计数
		变量赋值
		依次读取数组中每个元素
		数据筛选
		选择数据列
		转换为数组
		转为小数数据
		在数组尾部添加元素
		如果条件成立
		写入行
		否则执行后续操作
		读取区域
		构建数据表
		转换列类型
		数据表排序
		转换为数组
		变量赋值

10.6　销售费用数据分析报告自动化

10.6.1　场景描述

完成数据分析自动化后，子轩开心极了，想着总算把最复杂的部分解决了。此时程总恰好外出回到公司，看到子轩笑眯眯的，便问道："什么事让我们子轩在这么冷的天里还这么开心呢？"

面对程总的调侃，子轩稍加收敛，说道："程总，我们团队已经完成数据展现样式设计，销售费用数据分析自动化也已经完成啦。"

程总："你们不会打算到时候直接在会议上用 Excel 投屏汇报吧？"

子轩连忙解释道："当然不是啦，思懿姐和果君姐正在讨论用元小蛮财务数据分析机器人自动生成销售费用数据分析报告，开会之前我会将报告打印出来分发给大家。"

程总点了点头，说道："不错不错，元小蛮真是咱们财务数据分析师的得力伙伴。对了，分析报告的模板设计可以多问问你们团队的思懿，思懿在这方面一级棒！"

"好嘞，我待会儿就去向思懿姐请教。"子轩回答道。

等程总进了总监办公室，子轩赶紧喝了口水，准备缓一会儿，梳理好思路就去找思懿沟通与分析报告有关的问题。

思懿："子轩，你来啦，我正要找你呢。刚才程总给我发消息，说让我带着你一起完成销售费用数据分析报告这部分，你有什么好主意吗？"

思懿："现在就两部分内容，一部分是设计分析报告的格式，另一部分就是开发 RPA 机器人自动生成报告。分析报告我目前直接以'销售费用数据分析报告'命名，从分析背景与目的、分析思路、分析内容、结论与建议四个部分进行汇报。"

看着子轩没有接话，思懿停了下来，问道："子轩，你觉得我刚说得怎么样？"

子轩回答道："我在想报告主体可不可以以大标题加小标题的形式呈现，例如'企业期间费用管理——销售费用数据分析报告'，这样明确划分了费用的类别，属于期间费用；另外，还有其他同事分析的其他期间费用，这样就可以统一格式了。"

思懿欣慰地点了点头："不错，不愧是我选的队友，以后要是谁跟我抢你，我就跟谁急。分析主题按照你的建议来，那主体框架你有什么想法呢？"

听到思懿的夸奖，子轩害羞地笑了，说道："那我可得跟着思懿姐好好学习，不能拖思懿姐的后腿。"

"主体框架就可以按前面确定的分析主题依次进行汇报，首先是整体的销售费用情况汇报，然后介绍具体的销售费用情况，再针对性地进行专题汇报，最后再给出相应的财务建议。"子轩补充道。

思懿："框架没问题，但最好在前面进行总体介绍，不然直接汇报会有点太干了，可以考虑加摘要内容，因为毕竟汇报时要面对全公司人员，很多人并不是很了解财务概念。"

子轩："可以，就在前面增添摘要内容，具体模板我设计好之后发给你检查，敲定最终的格式。我还有一个问题就是元小蛮自动生成报告，这个到底要怎么做？"

思懿耐心解释道："这个其实就是在设计数据分析报告时形成 Word 分析模板，在模板中输入特定的标识符，将标识符替换为所需数据结果就好了，至于图片，可以结合 Excel 宏功能，首先在 Excel 中录制宏，然后在 UiBot 中执行宏就可以将图片粘贴至 Word 中了。”

子轩听完思懿的解释，准备先动手试试，说道：“那我先试试，到时候不懂的再来问你，为了感谢思懿姐这段时间的免费教学，今天下午的‘蛮好喝’咖啡我请客。”

思懿笑道：“好，你先去试试，我等你的咖啡哦。”

10.6.2 数据分析报告设计

销售费用数据分析报告模板

销售费用数据分析报告由标题、目录、摘要、正文构成，具体内容可扫描二维码查看。

“企业期间费用管理——销售费用数据分析报告”是我们的报告标题。此外，还在标题页个性化地显示了“财务数据分析师”和“报告日期”，其中“报告日期”通过自动化流程生成。

报告的目录显示了一级与二级标题及其页码，摘要高度概括了销售费用的分析背景与目的、分析思路与方法以及分析内容。

正文包含“分析背景与目的”和“分析思路”，指出销售费用的发生与业务紧密相连，要想了解与业务直接相关的销售费用的使用效率，需要单独对销售费用进行分析。销售费用包括的范围很广，而且是企业销售所必需的费用，与企业的利润水平有着密切联系，因此分析企业销售费用数据，了解销售费用变动趋势，及时发现异常费用，实行精准的费用分析对于降低销售费用，挖掘销售费用降低的空间，提高企业经济效益十分重要。分析思路详细介绍了通过向上、下切、求同、求异等思维，利用对比分析法、结构分析法等方法，从时间、结构、部门、项目等不同维度对两年销售费用进行分析。

分析内容中蓝色“【】”的内容由元小蛮自动生成，按照趋势分析、环比同比分析、结构分析、销售费用率分析、部门分析、项目分析、业务招待费分析和运输费分析这 8 个板块对销售费用进行了具体分析。

在“（一）趋势分析”中，元小蛮将把蛮先进公司 2020 年、2021 年的每月销售费用花销汇总，反映年销售费用的总额、年销售费用变动率、月平均销售费用及各月销售费用的变动趋势并展现出每年销售费用花销排名前三的月份，使管理者对这些月份更加关注。

在“（二）环比同比分析”中，元小蛮在计算出每年各月销售费用总额的基础上，再算出环比值，并展示出 2020 年、2021 年销售费用的环比排名前三的月份及其分析。销售费用同比增长消除了季节变动的影响，元小蛮对销售费用数据进行处理，统计出销售费用正同比月份、负同比月份，以了解销售费用增减情况，对销售费用实行预算控制管理。

在“（三）结构分析”中，我们能清晰地看见 2020 年、2021 年部分业务特征明显且存在波动情况的明细销售费用的具体金额及其占比。

在“（四）销售费用率分析”中，为了了解公司单位收入所花费的单位销售费用，元小蛮将计算出每年销售费用占营业收入的比例并分析其趋势。

在“（五）部门分析”中，元小蛮将统计出各个销售部门每年的销售费用总额，并进行纵向对比，分析其趋势。

在“（六）项目分析”中，将按照销售部门涉及的 8 个项目进行销售费用归集，分析不同项目的销售费用情况，统计出 2020 年、2021 年销售费用金额排名前三的项目以及对应的销售费用金额，并查看项目销售费用的变动情况。

在“（七）业务招待费分析”中，将每年业务招待费按客户性质进行归类汇总并分析。蛮先进公司共有 35 家客户，客户较为分散，为便于客户管理，公司将客户按销售规模大小分为特级客户、高级客户、普通客户三种类型，其中特级客户 6 家，高级客户 12 家。由此统计出各类型客户业务招待费占比及变动率。

在“（八）运输费分析”中，元小蛮将计算出运输费变动率，并结合各个项目对不同项目的运输费进行分析，分析出 2020 年运输费排名前三的项目及对应的运输费金额。

最后是“结论与建议”，蓝色“【】”的内容由元小蛮自动填入，分别从销售费用趋势、销售费用结构、销售费用率、部门、项目及重要的明细费用给出分析的结论并针对以上结论给出相应的财务建议。

10.6.3 RPA 技术路线

销售费用数据分析报告自动化通过生成报告流程块来实现，生成报告流程块主要通过执行宏、查找文本后设置光标位置、移动光标位置、粘贴等活动将“生成报告.xlsm”里的图表复制到“分析报告.docx”文件中去，再通过文字批量替换活动将前面流程块生成的分析结果填入“分析报告.docx”中，最后关闭所有 Excel 和 Word 文件。

销售费用数据分析报告自动化开发的具体技术路线如表 10-11 所示。

表 10-11 销售费用数据分析报告自动化开发技术路线

模 块	功能描述	使用的活动
生成报告	打开从本地获取的“分析报告.docx”文件，在“生成报告.xlsm”文件中录制宏，将图标复制到“分析报告.docx”	打开文档
		执行宏
		查找文本后设置光标位置
		粘贴
		延时
	将分析结果填入“分析报告.docx”中	打开文档
		读取单元格
		文字批量替换
		关闭 Excel 工作簿
		关闭文档

生成的销售费用数据分析报告包括封面、目录、摘要以及正文，正文具体包括分析背景与目的、分析思路、分析内容和结论与建议。报告能清晰地展现出销售费用数据趋势分析、环比同比分析、结构分析、销售费用率分析、部门分析、项目分析、业务招待费分析、运输费分析的结果，并向报告使用者提出建议。读者可以通过扫描二维码查看“销售费用数据分析报告”的具体内容。

销售费用数据分析报告

第 11 章 管理费用数据自动化分析

11.1 分析目的

11.1.1 场景描述

冬日的暖阳斜照进来，细细密密的光透过百叶窗照在蛮先进公司财务分析办公室的桌面上，在窗前留下泛泛的一抹暖意……

“叮”，电梯门一开，回到办公室的家桐就听到了财务分析办公室敲打键盘的声音，窗外和煦的阳光似乎没有叨扰到大家，办公室内一片忙碌景象，几乎每个工位上都坐着忙碌的人，有人夹着电话听筒匆忙记录着什么，墙上的白板贴满了便签，空气中弥漫着淡淡的咖啡味道，家桐虽然来到财务数据分析办公室的时间不长，但在实习期也和“元气满蛮”团队一起做过两个分析项目，现在已经习以为常了，这似乎是他们财务数据分析师的日常。家桐回到座位上将之前完成的分析项目总结整理了一下，准备向财务总监程平汇报最近的实习进展。

家桐怀着忐忑的心情向财务总监程平的办公室走去，不一会儿就到了财务总监办公室门前，家桐透过玻璃窗看到里面程总盯着电脑忙碌的身影，推开门轻声问道：“程总好，我来汇报差旅费分析的总结。”虽然家桐内心有些许紧张，但谈论起上一个分析项目还是眉飞色舞的，在分析师宛霖的带领下学到了许多的东西。程总频频点头，赞许道：“家桐，很不错嘛，跟了两个分析任务，进步得很快呀，那下一步你就和湘煜一起做管理费用的分析，之前对于管理费用的分析深度和精度不太够，需要对数据进行更深度的挖掘，有效地管理各项费用的开支情况，这样才能保证其对公司的管理和长远发展有着积极的影响。”

家桐回道：“好的，程总，我大概明白了，就是对管理费用进行分析，通过数据来反映公司近年来的情况对吗？”程总道：“嗯嗯是的，你好好想一想，从哪些角度进行管理费用数据分析，能够帮助公司更好地实现管理费用的管控。特别要注意哦，这次的要求就是数据分析不能只浮于表面，要注意下沉到业务层面，深入到各部门的管理费用情况，比如公司数字化赋能中心，他们的工作是对各个部门进行服务，帮助其更好地开展公司的数字化工作，所以对于数字化赋能中心产生的管理费用还需要将它分摊到各个部门，按照他们工作的工时进行计算，这样才能够更好地了解他们的工作情况。”

“嗯呢，深入到业务……”家桐应和道，陷入了思考中。

程总看着家桐思考的样子，拍了拍他的肩，说道：“哈哈哈，回去再慢慢想吧，有什么问题可以问问财务数据分析‘元气满蛮’团队，他们对这方面比较擅长，这次的管理费用分析公司很看重的，相信过不了多久你就可以转正了。”

家桐回道：“好的，程总，保证完成任务！这次分析就是要深入到业务层面，帮助评价管理费用的管控，降低公司的管理费用成本，分析目的大概我已经清楚了，程总那我就先回办公室去了。”家桐说完后便向财务分析办公室走去，开始今天的工作。

11.1.2 目的框架

蛮先进公司管理费用分析目的框架如图 11-1 所示。

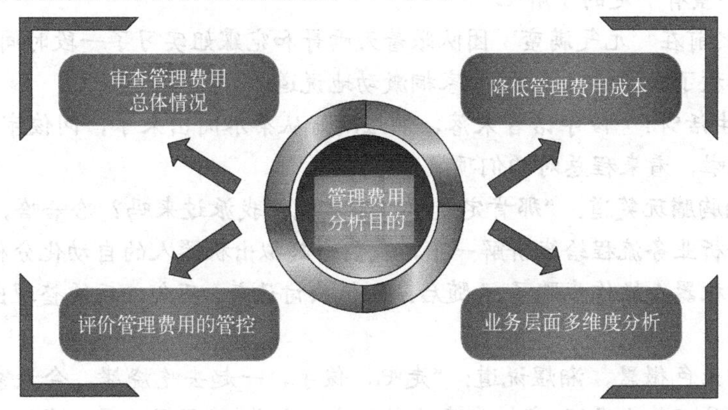

图 11-1　管理费用分析目的框架

11.2　分析内容和思路

11.2.1　场景描述

此时的湘煜正在办公室整理思路，翻找以前的分析资料寻找灵感，家桐从门外火急火燎地跑过来，兴奋地说道：“湘煜姐，程总给我安排了一个分析任务，这次和你一起完成管理费用数据分析，刚刚程总在办公室叮嘱了我许多，我要跟着你好好学学呢！”

湘煜看着家桐回道：“那可太好了，我这正在整理管理费用的分析思路呢，一起加入呀！”随即向家桐阐述着她的想法，“管理费用……首先从整体上可以用对比分析法、趋势分析法，对比分析这两年的变动趋势；也可以从时间维度出发，以月为时间段进行环比同比分析，分析其现实状态或者后期走势。家桐，谈谈你的看法。在数据分析中合理地运用分析方法和分析思维可以快速帮助我们理清思绪哦！”

“分析方法和分析思维？那我有思路了，是不是也可以利用结构分析法，分析各部门管理费用使用的占比情况，从而看出这两年各部门管理费用的占比变动，看出哪个部门对总体管理费用影响最大。还可以用求异思维，对各部门和二级科目的结构进行分析，这样也可以了解管理费用使用的具体情况。”家桐欣喜地望着湘煜道。

“是的，就是这样，挺会举一反三呢，不过还有一点儿你要注意，就是在进行数据分析时，一定要联系实际业务情况，虽然管理费用不涉及太多的业务，但是我记得程总规定数字化赋能中心要按工时进行分配，这一点你要注意哦！”

“湘煜姐，真有你的，程总今天专门提醒我这个了。”家桐回道。“哈哈哈，可别夸我了，我可听天雨和宛霖说了，你在他们分析组里面的表现可是不错呢，好好干，小伙子！目前，数字化赋能中心工时表我也拿到了，那我们就开工了。”湘煜看着家桐，赞许地点点头。

不一会儿，经过湘煜和家桐的讨论，管理费用分析思路框架就出炉了，两人开始整理数据，着手各个分析主题。

“当当当”，敲门声响起，数字化赋能中心的俊宇来到家桐的工位旁，说道：“家桐，程总说今天安排你跟着湘煜一起做管理费用数据分析，特意安排我来配合你们，之前你应该对咱们的 RPA 元小蛮有一定的了解吧？”

“是的，我之前在‘元气满蛮’团队跟着天雨哥和宛霖姐实习了一段时间，有了元小蛮，真可谓是彻底解放了我们的双手呀！”家桐激动地说道。

“科技改变生活呀！”俊宇话音未落，湘煜刚好从茶水间出来了，问俊宇：“俊宇，程总也把你安排过来啦，看来程总对咱们项目很重视呀。”

俊宇拍了拍胸脯玩笑道：“那肯定是呀，不然能把我派过来吗？哈哈哈，还是老规矩，你们把具体的分析业务流程给我讲解一下，我们一起拟出机器人的自动化分析流程，后面就可以着手具体的机器人操作步骤了。”随后三人低头讨论着，不久之后便整理出了自动化分析流程图。

抬头一看，天色微黑，湘煜说道：“走吧，俊宇，一起去吃烧烤，今天家桐给我推荐了一家烧烤店，说是可美味了！”家桐在旁边激动地补充道：“嗯嗯就是，离这儿也不是太远，就在弹子石大佛段老街，它家的油辣椒可谓是一绝，油而不腻，还上过纪录片《人生一串》呢！”一拍即合，三人兴高采烈地离开了公司。

蛮先进公司管理费用分析思路框架如图 11-2 所示。

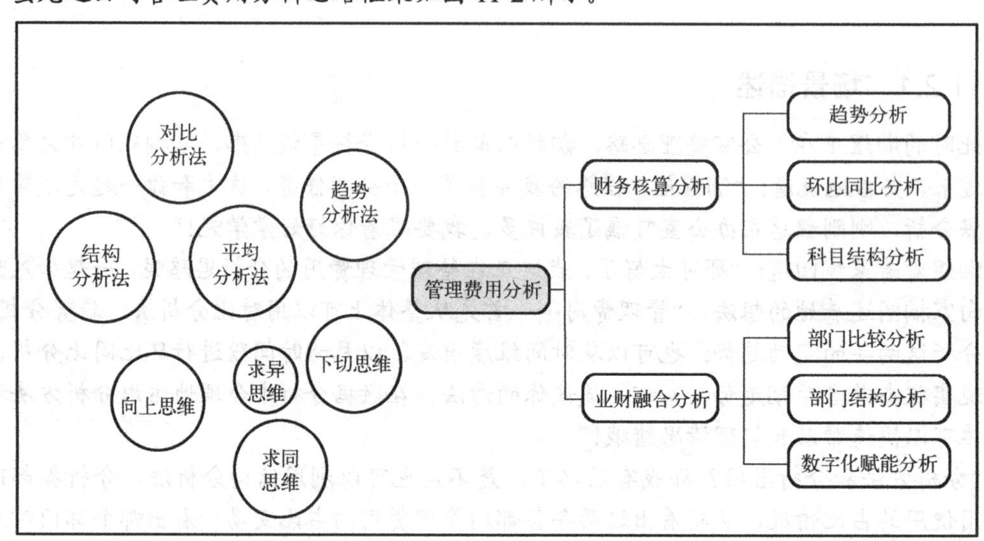

图 11-2　管理费用分析思路框架

11.2.2　自动化分析流程

蛮先进公司管理费用数据自动化分析流程如图 11-3 所示。首先由元小蛮打开管理费用序时账文件，对管理费用相关数据进行清洗和筛选，然后对清洗好的管理费用相关数据进行管理费用趋势分析、环比同比分析、科目结构分析、部门比较分析、部门结构分析、数字化赋能分析，最后元小蛮将分析结果进行汇总，自动生成管理费用数据分析报告。

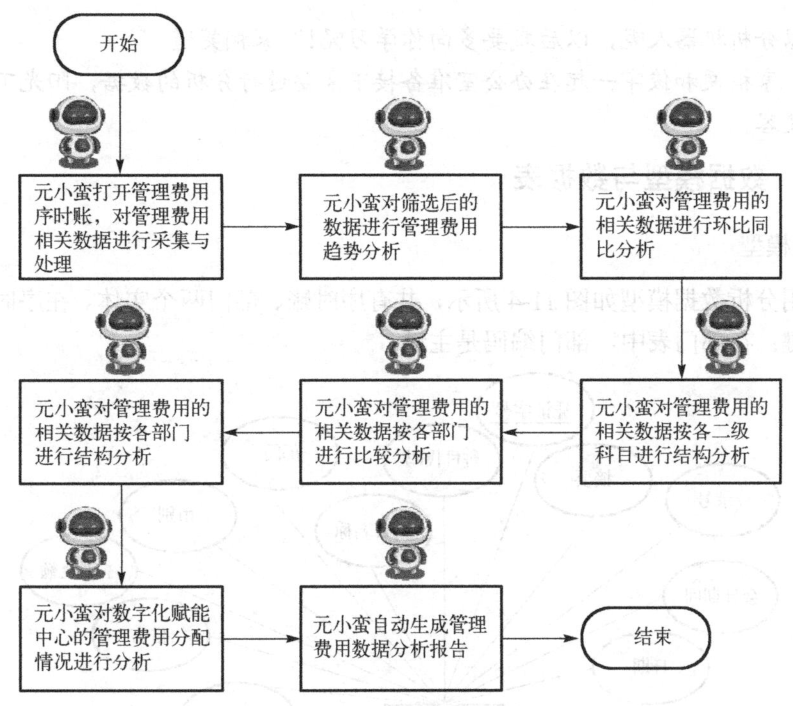

图 11-3　蛮先进公司管理费用数据自动化分析流程

11.3 数据准备

11.3.1 场景描述

昨晚下了一场小雨，雨后的重庆呈现出勃勃生机，云雾消散，温暖的阳光洒向地面，照在每一个行人身上，像披上了一件金色的斗篷，突然映入眼帘的是蛮先进公司的大楼，家桐看着高高的楼宇，迈着轻快的步伐走向办公室，开始崭新的一天。

家桐刚进办公室就看到了工位上的俊宇，看了一眼手表，和俊宇打招呼道："俊宇，早上好呀！今天湘煜姐让我和你一起完成数据准备工作。""好呀，我这正准备开始呢。"俊宇笑着回道。

"但是我确实对业务不是很熟悉，想了一阵儿也没理出什么头绪来，这块还需要你们专业的数据分析师来做呀！"俊宇随即又说道。

家桐打开电脑，看着程总发来的管理费用数据向俊宇阐述道："俊宇你看，这是程总昨天发来的有关管理费用的序时账，里面包含了日期、会计期间、凭证字号、摘要、科目代码、科目名称、本币金额、借方金额等，在业务方面需要对管理费用发生的二级科目进行分析，也要按部门进行分析，具体的业务分析就是这样啦，你看看我们还需要其他数据吗？"

"嗯，我想想，这些字段都可以放进表里面，后面查看也比较方便。在业务方面要按部门进行辅助分析的话还需要用到部门码表，将数据关联到部门就可以了。家桐，你可太棒了，经过你的讲解，我这思路立马就清晰了。"俊宇回道。

"哈哈哈，这是因为你对具体的分析内容不熟悉而已，不然程总为什么让我俩合作完成管理费用数据分析机器人呢，以后我要多向你学习呢！”家桐笑道。

接下来，家桐便和俊宇一起在办公室准备接下来要进行分析的数据，阳光下，两人都洋溢着开心的笑容。

11.3.2 数据模型与数据表

1. 数据模型

管理费用分析数据模型如图 11-4 所示，共有序时账、部门两个实体。在序时账表中，凭证字号是主键；在部门表中，部门编码是主键。

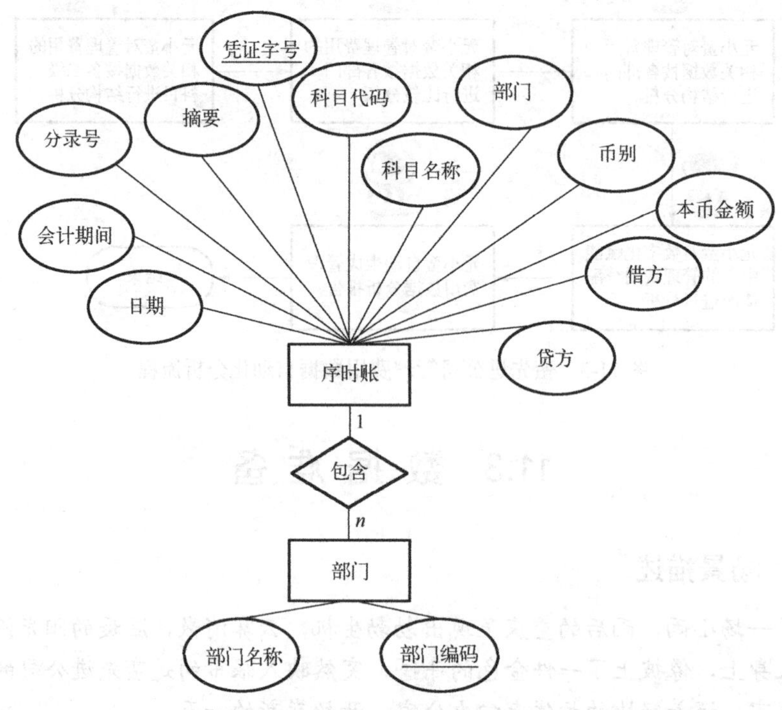

图 11-4 管理费用分析数据模型

2. 数据表

管理费用分析涉及序时账表和部门表。

序时账表结构如表 11-1 所示，其中凭证字号是主键。

表 11-1 序时账表

属性名称	数据类型	空否	说明	属性名称	数据类型	空否	说明
凭证字号	字符型	否	凭证的字号	分录号	字符型	是	分录号
会计期间	字符型	是	分录发生期间	摘要	字符型	是	分录事件摘要
日期	日期型	是	分录发生日期	科目代码	字符型	是	科目的代码
科目名称	字符型	是	科目的名称	本币金额	字符型	是	本币金额
部门	字符型	是	部门编码	借方	数值型	是	借方发生额
币别	字符型	是	币别种类	贷方	数值型	是	贷方发生额

管理费用分析部门表结构如表 11-2 所示，其中部门编码是主键。

表 11-2　部门表

属性名称	数据类型	空　否	说　明
部门编码	字符型	否	部门表的部门编码
部门名称	字符型	是	部门表的部门名称

11.4　管理费用数据采集与处理自动化

11.4.1　场景描述

重庆朝天门位于渝中区渝中半岛的嘉陵江与长江交汇处，城门原题有“古渝雄关”四个大字，它是重庆以前的 17 座古城门之一，三面环水，碧绿的嘉陵江水与褐黄色的长江水激流撞击，清浊分明，依稀之间能窥探出昔日水上门户的繁荣。

在远处蛮先进公司的财务分析办公室内，三个人还在电脑前工作着，为接下来要做的管理费用分析自动化进行数据准备。俊宇看了看手表，说道：“湘煜、家桐，不知不觉到吃饭时间了，我们先去吃饭吧。”湘煜回道：“我这里还差一点儿，你俩先去，帮我点上一份‘蛮好吃’牛肉饭吧，我马上就过来。”

于是俊宇和家桐两人一起向公司食堂走去，突然俊宇停下脚步，望向渝中半岛方向，问家桐：“家桐，朝天门是不是在那边呀，听闻朝天门码头可是‘黄金水道’的起点，朝天门广场也是重庆公路‘零公里’的标志，早就想去见识见识了。”家桐疑惑地问道：“俊宇，我记得你好像是江西宜春人吧？要不等这个分析结束我陪你去朝天门逛逛，领略一下重庆这水上门户的风光。”俊宇欣喜道：“那可太好了，正缺一个本地人带我游览一下呢！”

午饭过后，三个人小憩了一会儿便继续着手准备数据。不久，俊宇伸了伸懒腰说道：“太好了，数据准备工作完成，我们终于可以进行下一步了。”随即对家桐赞许道：“家桐，要不你来试试呢？”

家桐回道：“好嘞，那我就来试一试，正好检验一下之前实习的成果。”

家桐笑着就开始进行元小蛮机器人流程的具体开发了，进入管理费用分析自动化流程的数据采集与处理模块。家桐打开 UiBot Creator 软件，开始新建流程“管理费用分析机器人”，新建流程块“数据采集与处理”，再进入编辑流程块，拖入了一个打开 Excel 工作簿命令，打开已经准备好的管理费用序时账 Excel 文件，随后添加一个读取区域命令，读取管理费用序时账里面的全部数据，再继续构建数据表，对管理费用数据进行条件筛选，一系列操作如行云流水般迅速完成，单击运行，没一会儿筛选出来的数据就呈现在他们面前了。

俊宇看着家桐熟练地操作，夸了夸家桐：“小伙子，非常不错，学得挺快呀！”家桐笑着回道：“都是你和湘煜姐教导得好，我还得向你们学习呢，不过我们离成功又近了一步，哈哈哈！”

11.4.2　RPA 技术路线

管理费用数据采集与处理自动化通过数据采集与处理流程块进行操作，使用打开 Excel 工作簿、读取区域、构建数据表、数据筛选、关闭 Excel 工作簿读取所有管理费用数据。

管理费用数据采集与处理自动化开发的具体技术路线如表 11-3 所示。

表 11-3 管理费用数据采集与处理自动化开发技术路线

模　块	功能描述	使用的活动
数据采集与处理	在序时账表中筛选出所有管理费用数据	打开 Excel 工作簿
		读取区域
		构建数据表
		数据筛选
		关闭 Excel 工作簿

11.5 管理费用数据分析与展现自动化

➲ 11.5.1 场景描述

空气中传来阵阵咖啡的香气，此时的家桐正在茶水间里冲泡蛮好喝咖啡。片刻之后，家桐便端着两杯咖啡走了过来。

家桐说道："湘煜姐、俊宇，快品尝一下我冲泡的咖啡，看看合你们的口味吗？"俊宇浅酌一口，入口微酸，但又混着一股草本的清香，一丝淡淡的苦味细腻而绵长。"嗯，非常不错，家桐的手艺可是不错呢！"

"哈哈哈，解乏一下，听说咖啡与元小蛮更配哦，我们接下来就要进入最重要的管理费用分析与展现了，喝杯咖啡给我们动力！"家桐笑着回应道。

俊宇说道："对呀，下面是整个机器人的核心步骤了，但是在这之前我们需要完成管理费用分析 Excel 模板文件的制作，要确定一下每个分析要形成什么样的分析图表，这样机器人将数据计算出来并自动放入 Excel 文件中，就可以呈现数据的自动可视化了。这方面我不太懂，你们可是专业的，就靠你们啦！"

湘煜笑了笑，望着家桐："家桐，你来说说，按我们之前讨论的分析内容和思路。"

家桐笑着道："好嘞，这没问题，那我就谈谈我的看法。首先，在管理费用趋势分析中，我们需要计算出 2020 年和 2021 年每月的管理费用总额，这里为了呈现管理费用金额的变动情况，拟采用折线图进行展示，这样能够清晰且直观地看出管理费用的变化趋势。接下来在管理费用的同比环比分析中，我们需要计算出 2020 年与 2021 年两年的月环比变化以及月同比变化，这里拟采用柱形图和折线图相结合的形式，呈现出计算数据以及环比同比的变动情况。后面在管理费用按部门进行结构分析时，我们则需要计算出两年来各部门费用的总额及其占比情况，这里采用饼状图进行呈现，较为直观，能够清晰地看出各部门的占比情况。在管理费用按二级科目进行结构分析时，因为二级科目数量多样，饼状图容易杂乱不易看清，所以对其计算出占比情况并进行排名，通过排名，我们可以清晰地看出各二级科目的占比情况。湘煜姐，你觉得这样可行吗？"湘煜赞许地点点头后便和家桐敲定着分析的各个细节。

俊宇听后连连夸奖道："你们可真厉害，不愧是数据分析师呀，那我们的分析就按照刚刚讲的分为管理费用趋势分析、环比同比分析、科目结构分析、部门比较分析、部门结构分析、数字化赋能分析，我去软件里面搭建框架，你们就将这些图表模型放进管理费用分析模板文件里面吧，我们分工合作，效率加倍！"

11.5.2　数据分析模型

管理费用数据分析主要分为财务核算分析和业财融合分析，其中财务核算分析包括趋势分析、环比同比分析和科目结构分析，业财融合分析包括部门比较分析、部门结构分析和数字化赋能分析，管理费用数据分析模型如图 11-5 所示。

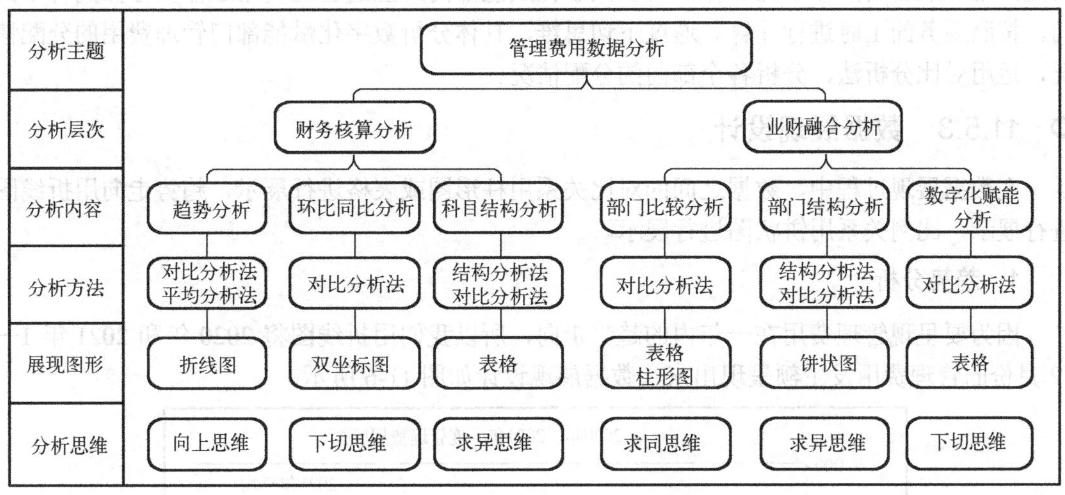

图 11-5　管理费用数据分析模型

财务核算分析能够直观地反映管理费用的发生情况，业财融合分析能够帮助管理层深入业务层面分析管理费用。

1．财务核算分析

（1）趋势分析

利用向上思维，从时间维度运用对比分析法将每年各月发生的管理费用统计出来进行整体趋势分析，同时运用平均分析法，利用平均指标对比管理费用在不同历史时期的变化。

（2）环比同比分析

利用下切思维，运用对比分析法分析各月管理费用在不同时间维度下的情况，以月为时间段进行同比和环比分析，分析管理费用增减变动趋势。

（3）科目结构分析

将每年的管理费用按二级科目进行分类汇总，运用结构分析法，分析各二级科目明细占管理费用总额的比例。采用求异思维，运用对比分析法，对不同二级科目的年管理费用进行比较并排名，明确哪部分明细科目对管理费用的影响比较大。

2．业财融合分析

（1）部门比较分析

利用求同思维对不同年份的管理费用按部门进行统计，从时间维度，运用对比分析法分析各月部门管理费用的差异。

（2）部门结构分析

将每年的管理费用按部门进行分类汇总，运用结构分析法，分析各部门管理费用占管理费用总额的比例，利用饼状图对数据分析结果进行展现。采用求异思维，运用对比分析法对不同部门的年管理费用进行比较并排名，明确哪些部门对管理费用的影响比较大。

（3）数字化赋能分析

通过蛮先进公司设定的业务逻辑，数字化赋能部门的工作是对各个部门进行服务，帮助其更好地开展公司的数字化工作，所以数字化赋能部门产生的管理费用还需要分摊到各个部门，按照服务的工时进行计算。通过下切思维，具体分析数字化赋能部门管理费用的分配情况，运用对比分析法，分析各个部门的分配情况。

➲ 11.5.3 数据展现设计

在数据展现过程中，数据之间的对比关系用柱形图或表格进行展示，趋势走向用折线图进行展示，比例关系用饼状图进行展示。

1. 趋势分析

因为要呈现管理费用在一年内的趋势走向，所以我们用折线图将 2020 年和 2021 年 1—12 月份的管理费用发生额呈现出来，数据展现设计如图 11-6 所示。

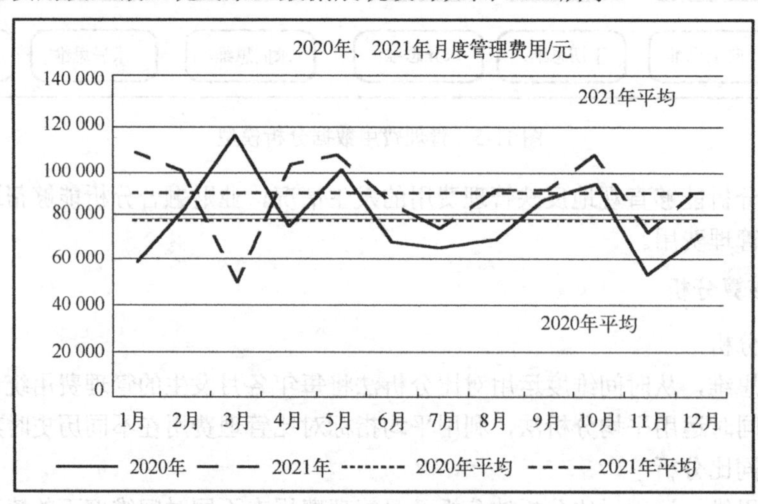

图 11-6 蛮先进公司管理费用趋势图

2. 环比同比分析

环比值与本期金额和上期金额息息相关，同时为反映各月环比变化趋势，我们用双坐标图形式，其中折线图呈现管理费用环比变化，柱形图展现各月本期金额和上期金额，数据展现设计如图 11-7 所示。

同比值与本期金额和上年同期金额息息相关，同时为反映各月同比变化趋势，我们用双坐标图形式，其中折线图呈现管理费用同比变化，柱形图展现各月本期金额和上年同期金额，数据展现设计如图 11-8 所示。

3. 科目结构分析

管理费用各二级科目构成比例关系且涉及数据较多，我们用表格将 2020 年的各二级科目比例呈现出来，并进行排名，数据展现设计如表 11-4 所示。

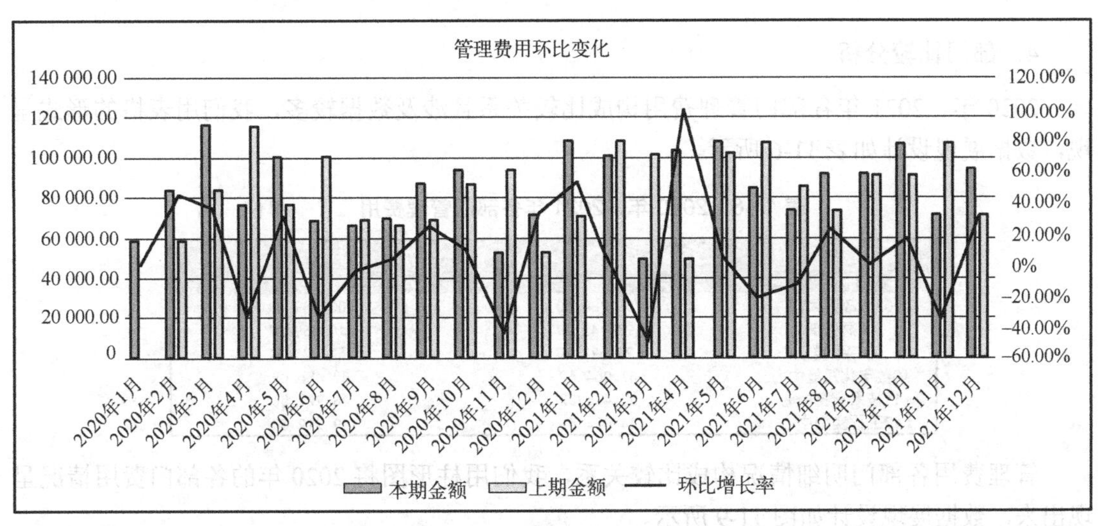

图 11-7　各月管理费用环比变化

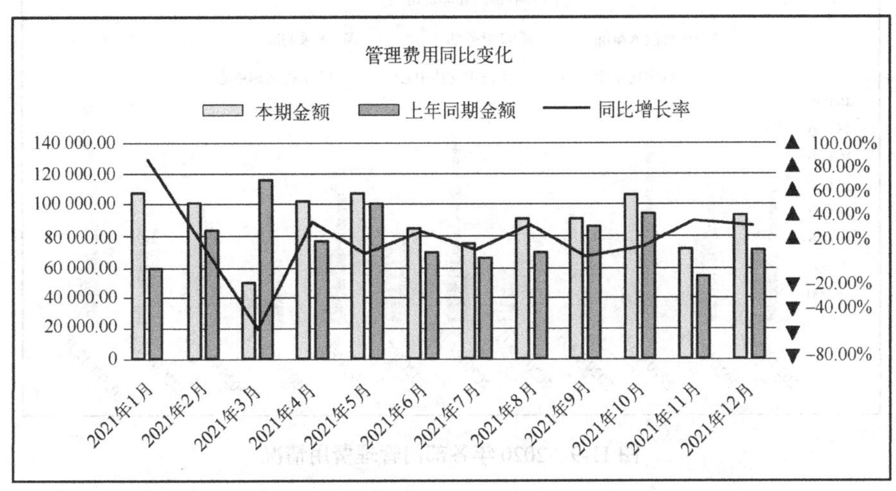

图 11-8　各月管理费用同比变化

管理费用各二级科目构成比例关系且涉及数据较多，我们用表格将 2021 年的各二级科目比例呈现出来，并进行排名，数据展现设计如表 11-5 所示。

表 11-4　2020 年二级科目管理费用结构

2020年科目管理费用结构			
科目	金额/元	占比	排名
业务招待费	283 071.00	29.80%	1
汽车费用	248 884.59	26.20%	2
差旅费	102 099.00	10.75%	3
办公费	93 369.02	9.83%	4
质量检验检测费	53 747.00	5.66%	5
邮电费	50 783.50	5.35%	6
修理费	29 510.00	3.11%	7
聘请中介机构费	21 200.00	2.23%	8
咨询费	20 000.00	2.11%	9
环保费用	18 656.80	1.96%	10
财产保险费	15 618.52	1.64%	11
广告费	11 700.00	1.23%	12
其他	1 360.00	0.14%	13
合计	949 999.43	100.00%	-

表 11-5　2021 年二级科目管理费用结构

2021年科目管理费用结构			
科目	金额/元	占比	排名
业务招待费	309 184.80	28.34%	1
汽车费用	299 309.81	27.43%	2
办公费	107 373.67	9.84%	3
差旅费	102 488.00	9.39%	4
质量检验检测费	76 937.00	7.05%	5
邮电费	62 912.35	5.77%	6
修理费	44 830.00	4.11%	7
聘请中介机构费	26 200.00	2.40%	8
咨询费	18 000.00	1.65%	9
广告费	16 700.00	1.53%	10
财产保险费	14 560.00	1.33%	11
环保费用	11 470.80	1.05%	12
其他	1 050.00	0.10%	13
合计	1 091 016.43	100.00%	-

4．部门比较分析

2020 年、2021 年各部门管理费用构成比较关系且涉及数据较多，我们用表格的形式呈现，数据展现设计如表 11-6 所示。

表 11-6　2020 年、2021 年各部门管理费用　　单位：元

2020、2021年各部门管理费用		
部门	2020年	2021年
01行政人事部	236 288.60	307 989.03
02财务部	193 943.59	210 759.82
08采购部	198 622.10	252 325.44
10数字化赋能中心	67 064.57	52 686.08
11技术支持中心	50 405.02	48 927.56
12工程实施中心	64 024.56	69 219.50

管理费用各部门明细情况构成比较关系，我们用柱形图将 2020 年的各部门费用情况呈现出来，数据展现设计如图 11-9 所示。

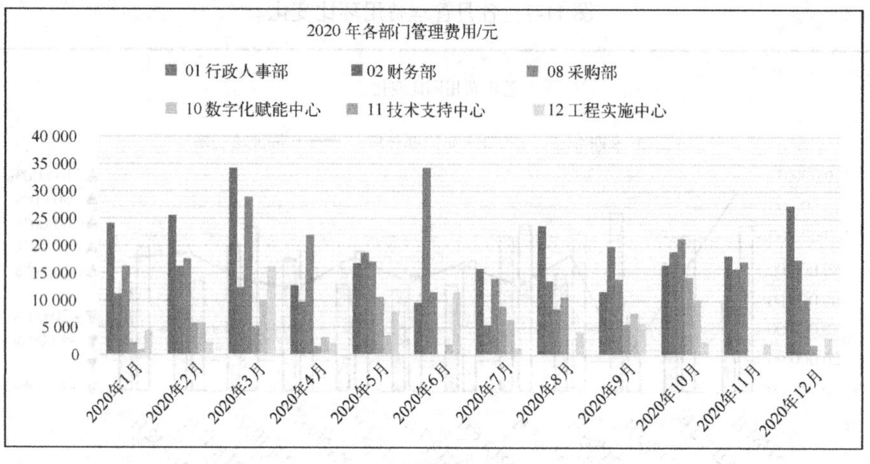

图 11-9　2020 年各部门管理费用情况

管理费用各部门明细情况构成比较关系，我们用柱形图将 2021 年的各部门费用情况呈现出来，数据展现设计如图 11-10 所示。

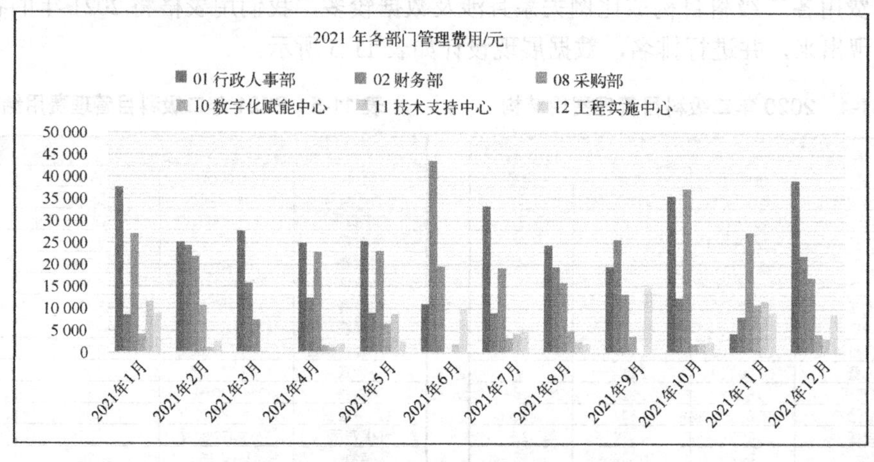

图 11-10　2021 年各部门管理费用情况

5. 部门结构分析

各部门管理费用构成比例关系，我们用饼状图将 2020 年的各部门比例呈现出来，数据展现设计如图 11-11 所示。

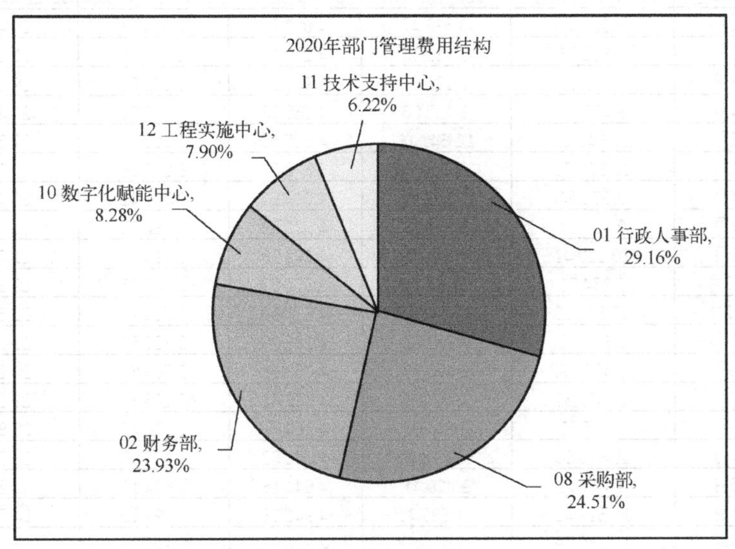

图 11-11　2020 年部门管理费用结构

各部门管理费用构成比例关系，我们用饼状图将 2021 年的各部门比例呈现出来，数据展现设计如图 11-12 所示。

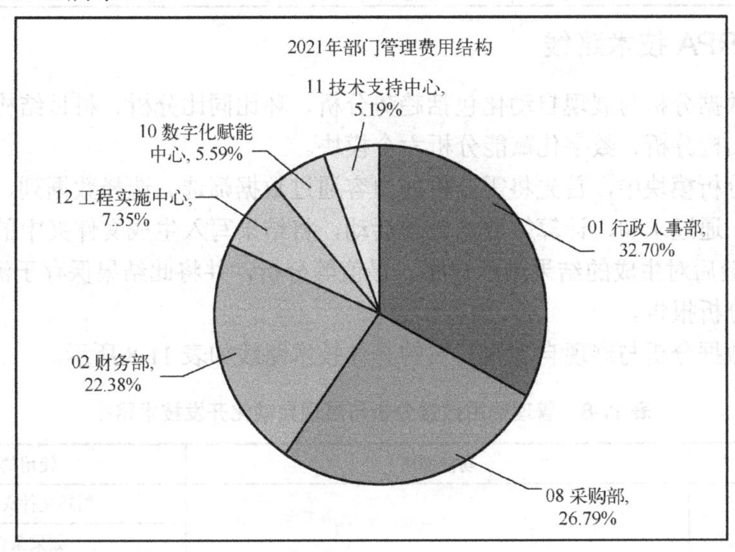

图 11-12　2021 年部门管理费用结构

6. 数字化赋能分析

数字化赋能管理费用分配情况构成比较关系且涉及数据较多，我们用表格将 2020 年、2021 年的数字化赋能分配情况呈现出来，数据展现设计如表 11-7 所示。

表 11-7 数字化赋能分配表

数字化赋能分配表					
部门 月份	01行政人事部/元	02财务部/元	08采购部/元	11技术支持中心/元	12工程实施中心/元
2020年1月	9 536.47	9 536.47	4 087.06	2 724.71	20 435.29
2020年2月	9 882.35	9 882.35	4 235.29	2 823.53	21 176.47
2020年3月	9 182.35	9 182.35	3 935.29	2 623.53	19 676.47
2020年4月	9 487.06	9 487.06	4 065.88	2 710.59	20 329.41
2020年5月	10 541.18	10 541.18	4 517.65	3 011.76	22 588.24
2020年6月	11 364.71	11 364.71	4 870.59	3 247.06	24 352.94
2020年7月	9 552.94	9 552.94	4 094.12	2 729.41	20 470.59
2020年8月	9 388.24	9 388.24	4 023.53	2 682.35	20 117.65
2020年9月	10 129.41	10 129.41	4 341.18	2 894.12	21 705.88
2020年10月	9 264.71	9 264.71	3 970.59	2 647.06	19 852.94
2020年11月	10 541.18	10 541.18	4 517.65	3 011.76	22 588.24
2020年12月	9 882.35	9 882.35	4 235.29	2 823.53	21 176.47
2021年1月	9 470.59	9 470.59	4 058.82	2 705.88	20 294.12
2021年2月	10 870.59	10 870.59	4 658.82	3 105.88	23 294.12
2021年3月	9 717.65	9 717.65	4 164.71	2 776.47	20 823.53
2021年4月	10 870.59	10 870.59	4 658.82	3 105.88	23 294.12
2021年5月	9 429.41	9 429.41	4 041.18	2 694.12	20 205.88
2021年6月	11 529.41	11 529.41	4 941.18	3 294.12	24 705.88
2021年7月	10 170.59	10 170.59	4 358.82	2 905.88	21 794.12
2021年8月	10 623.53	10 623.53	4 552.94	3 035.29	22 764.71
2021年9月	12 352.94	12 352.94	5 294.12	3 529.41	26 470.59
2021年10月	10 541.18	10 541.18	4 517.65	3 011.76	22 588.24
2021年11月	10 360.00	10 360.00	4 440.00	2 960.00	22 200.00
2021年12月	9 717.65	9 717.65	4 164.71	2 776.47	20 823.53

11.5.4 RPA 技术路线

管理费用数据分析与展现自动化包括趋势分析、环比同比分析、科目结构分析、部门比较分析、部门结构分析、数字化赋能分析六个模块。

在每一个分析模块中，首先将需分析的内容通过数据筛选、选择数据列、转换为数组等活动筛选出来，通过求和、计算等数据处理活动，将结果写入生成文件夹中的“管理费用分析.xlsm”中，最后对生成的结果进行排序、最值等分析，并将此结果保存于流程图变量中，便于后续生成分析报告。

管理费用数据分析与展现自动化开发的具体技术路线如表 11-8 所示。

表 11-8 管理费用数据分析与展现自动化开发技术路线

模　　块	功能描述	使用的活动
趋势分析	筛选出管理费用，并计算出管理费用在每年各月份的具体情况，观察其变动趋势	判断文件夹是否存在
		如果条件成立
		删除文件夹
		创建文件夹
		复制文件
		打开 Excel 工作簿
		激活工作表

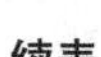

续表

模 块	功能描述	使用的活动
趋势分析	筛选出管理费用，并计算出管理费用在每年各月份的具体情况，观察其变动趋势	读取列
		从初始值开始按步长计数
		变量赋值
		转为整数数据
		数据筛选
		选择数据列
		转换为数组
		依次读取数组中每个元素
		转为小数数据
		如果条件成立
		写入列
		否则执行后续操作
		读取区域
		构建数据表
		数据表排序
		取四舍五入值
		转为文字数据
环比同比分析	以月为时间段对管理费用进行环比和同比分析	激活工作表
		读取列
		写入列
		截取数组
		依次读取数组中每个元素
		变量赋值
		在数组尾部添加元素
		如果条件成立
		否则执行后续操作
		转为小数数据
		读取区域
		构建数据表
		数据表排序
		取四舍五入值
		转为文字数据
科目结构分析	将管理费用二级明细科目与该年整体管理费用进行对比分析，分析其结构	激活工作表
		选择数据列
		转换为数组
		写入区域
		变量赋值
		从初始值开始按步长计数
		取四舍五入值
		转为文字数据

续表

模　块	功能描述	使用的活动
部门比较分析	分析各部门在不同年份、月份下的费用明细	激活工作表
		读取区域
		从初始值开始按步长计数
		变量赋值
		转为整数数据
		数据筛选
		选择数据列
		在数组尾部添加元素
		转换为数组
		依次读取数组中每个元素
		转为小数数据
		写入行
		构建数据表
		数据表排序
		取四舍五入值
		转为文字数据
部门结构分析	分析该年各部门管理费用与该年整体管理费用，列出部门费用的占比情况	激活工作表
		选择数据列
		转换为数组
		写入区域
		变量赋值
		从初始值开始按步长计数
		取四舍五入值
		转为文字数据
数字化赋能分析	分析数字化赋能部门管理费用分配情况	读取区域
		构建数据表
		数据表排序
		转换为数组
		变量赋值
		取四舍五入值
		转为文字数据

11.6　管理费用数据分析报告自动化

11.6.1　场景描述

又是崭新的一天，不知从哪里飘来了一朵云，在蛮先进公司大楼上空不断踱步，一会儿停住，一会儿飘动，片刻过后，云雾散去，阳光洒落，让人豁然开朗起来。家桐挎着包走在同样的上班路上，逆着光，抬起头来看着天空与远方，远处的场景陌生而漂亮，有种奇妙的感觉让家桐沉浸在美景之中。

突然传来一声“家桐，早上好呀，一起进去吧”，俊宇刚好走到蛮先进公司大楼门口叫住了家桐。家桐仿佛回过神来，想到今天和俊宇约好了一起完成管理费用分析自动化流程的最后一步——管理费用数据分析自动化报告，随即回复道：“好嘞，俊宇，一起走吧。”两人便向财务分析办公室走去。

刚到办公室，家桐就对俊宇说道：“俊宇，今天可又得辛苦你了，昨天元小蛮可是把我镇住了，没一会儿就将几个数据的分析和可视化图形呈现出来了，平时我自己做可得做几天呢，你看今天的分析报告——Word 文档也可以像昨天那样自动生成吗？”家桐期待地看着俊宇。

俊宇信心十足地回道：“这个当然没问题，不过你也得辛苦一下，需要设计出一个管理费用数据分析报告，将其形成 Word 分析模板，在模板中设定标识符，到时候机器人只需要将标识符替换为变量中的文本，就能根据数据自动生成报告了。至于分析可视化图形，我们昨天已经在 Excel 里面进行了录制宏，今天只需要调用执行宏命令，再利用粘贴就可以将其放入分析报告了，怎么样，是不是很便捷呢？”

家桐听完频频点头：“俊宇，这真的是打开了我的新世界呀，我这就去准备 Word 分析模板。”家桐心中快速搭建着分析模板需要的要素，标题、目录、摘要、正文分析内容及结论……不一会管理费用的分析模板就出炉了。

俊宇和家桐一边讨论着分析模板，一边着手开发，没过多久，管理费用分析机器人就呈现在两人的眼前，单击运行，电脑上不断切换着画面，最后管理费用数据分析报告映入眼帘。俊宇和家桐异口同声地喊道：“耶，我们成功了！”

喜悦瞬间袭上两人的心头，办公室里响起了欢快的笑声。

随着夜幕降临，蛮先进公司的吃货们流连于街头巷尾，在小巷子里追逐生活的烟火气，麻辣、香辣、酸辣或甜辣的种种美食，配上冰镇啤酒，是一整个生活的恣意与畅快。

11.6.2　数据分析报告设计

管理费用数据分析报告由标题、目录、摘要、正文构成，具体内容可扫描二维码查看。

管理费用数据分析报告模板

“费用管控下的管理费用分析——管理费用数据分析报告”是报告标题。此外，还在标题页个性化地显示了“财务数据分析师”和“报告日期”，其中“报告日期”通过自动化流程生成。

报告的目录显示了一级与二级标题及其页码，在摘要中高度概括了管理费用分析的分析背景和目的、分析内容、分析思路与方法以及结论与建议等，报告使用者通过报告可以直观地了解管理费用分析的基本概况。

正文包含“分析背景与目的”和“分析思路”，我国大部分企业对管理费用采取粗放的管理模式，对其的分析深度和精度不够，所以更需要发掘管理费用的价值所在，这样才能保证其对企业的管理和长远发展有积极影响。

分析内容中的蓝色“【】”内容由元小蛮自动生成，按照管理费用的趋势分析、环比同比分析、科目结构分析、部门比较分析、部门结构分析和数字化赋能分析这 6 个板块对管理费用进行了具体分析，分析内容中的相关信息通过自动化流程生成。

在“（一）趋势分析”中，元小蛮将把蛮先进公司 2020 年、2021 年的每月支出汇总，并展现出每年管理费用支出的平均数，这样可以直观地看出超过平均数的月份，使管理者对这些月份更加关注。

在“（二）环比同比分析”中，元小蛮呈现出 2020 年至 2021 年这两年期间各月管理费用的环比增长率和同比增长率，并找出同比环比增长率排名第一的月份，管理者可对这些月份的管理费用展开进一步调查。

在“（三）科目结构分析”中，我们将清晰地看见 2020 年、2021 年这两年管理费用中的业务招待费、差旅费、汽车费用等科目的总额、占比及排名。

在“（四）部门比较分析”中，元小蛮将自动生成 2020 年与 2021 年每个部门的管理费用支出，找出管理费用支出排名前三的部门，管理者可对这些部门的管理费用展开进一步调查。

在“（五）部门结构分析”中，我们将清晰地看见 2020 年、2021 年这两年管理费用中的各部门的占比情况，了解管理费用部门结构。

在“（六）数字化赋能分析”中，元小蛮将自动生成 2020 年至 2021 年这两年期间数字化赋能分配表，明确各月数字化赋能分配情况。

最后是“结论与建议”，蓝色“【】”的内容由元小蛮自动填入，对前面的分析内容进行了总结，可以帮助公司把握整体管理费用的情况并提醒公司注意哪些月份、各部门管理费用之间的差异，分析具体业务找出原因。

➲ 11.6.3 RPA 技术路线

管理费用数据分析报告自动化通过生成分析报告流程块进行操作，在生成分析报告流程块中使用打开文档、获取时间（日期）、获取年份、获取月份、获取第几天、转为文字数据、文字批量替换、查找文本后设置光标位置、移动光标位置、执行宏、粘贴等将分析文字和图片插入分析报告中。

管理费用数据分析报告自动化开发的具体技术路线如表 11-9 所示。

表 11-9 管理费用数据分析报告自动化开发技术路线

模 块	功能描述	使用的活动
生成分析报告	打开从本地获取的“管理费用数据分析报告.docx”文件，填列日期信息，执行宏将分析图表复制到文档中，并填写分析结果	打开文档
		获取时间（日期）
		获取年份
		获取月份
		获取第几天
		转为文字数据
		文字批量替换
		查找文本后设置光标位置

续表

模　　块	功能描述	使用的活动
生成分析报告	打开从本地获取的“管理费用数据分析报告.docx”文件，填列日期信息，执行宏将分析图表复制到文档中，并填写分析结果	移动光标位置
		执行宏
		延时
		粘贴

生成的管理费用数据分析报告包括封面、目录、摘要以及正文，正文具体包括分析背景与目的、分析思路、分析内容和结论与建议。报告能清晰地展现出管理费用的趋势分析、环比同比分析、科目结构分析、部门比较分析、部门结构分析、数字化赋能分析的结果，并向报告使用者提出建议。读者可以通过扫描二维码查看“管理费用数据分析报告”的具体内容。

管理费用数据分析报告

第 12 章　制造费用数据自动化分析

12.1　分 析 目 的

➲ 12.1.1　场景描述

年关将至，财务总监程平如往常一样端着“蛮好喝”咖啡走进蛮先进智能制造有限公司的办公室，他决定要好好安排年前的这几天时间，给公司做一个年终总结，为公司发放丰厚的年终奖做准备。程总拿起财务数据分析“元气满蛮”团队的初级数据分析师俊苏提交上来的一份公司简略的年度财务报表，上面清晰地列示了公司近两年的收入、成本和费用金额。

程总收到报表后，眉头紧蹙，打通了王俊苏的电话：“俊苏啊，我们公司的成本变动这么大呀，这样下去，咱们公司可就没多少利润空间了，你跟生产部的同事合作一下，分析分析我们公司的成本费用情况，尽快设计一个成本控制解决方案，这可是关系到年终奖的任务哟！”王俊苏接完程总的电话，叹了口气，决定带着实习生去找生产部熟悉车间业务的常吉问问，和她一起想想办法。

财务部最近新派了一个完成了其他财务数据分析项目的实习生家桐给王俊苏，王俊苏正纠结该分配什么工作给这位实习生，刚好有新的项目来了，家桐也可以跟着锻炼锻炼。

王俊苏默默地想着，走到了生产部，找到了常吉，“常吉，财务部的程总最近给我下达了一个如何控制成本的任务，我不知道从何下手，想来问问你们生产业务人员的想法。”

最近受疫情影响，公司产量不如往常了，各个车间的生产都有波动。蛮先进公司的生产部由三个车间组成，其中一车间负责产品整体加工，二车间负责产品的结构件生产，三车间负责产品的包装和外加工。三个车间的负责人最近也来找常吉旁敲侧击地问生产部年终奖，常吉想到年终奖，觉得今年的春节不好过。

常吉听王俊苏说明来意，立刻明白了，“程总刚刚给我打电话交代了。”说着常吉从手机里翻出一份公司近两年来的生产成本，“生产成本一般是由直接人工、直接材料和制造费用组成的。直接人工一般与车间工作人员的工资挂钩，直接材料也是采购部定好的价格，调整空间都不大，那就只能在制造费用上努力了。”王俊苏在她身后一项项地看着数据，点了点头。“最近生产部安排的生产也大不如前了，员工工作多以设备维修为主，顺便跑跑各地的优秀生产企业进行学习交流，这么说的话，制造费用确实存在很多不必要的支出。”常吉想了想，决定控制成本的第一步从制造费用开始，于是对王俊苏说道：“那么后面的数据分析可就要拜托你啦！我这里可以给你提供生产部的详细情况，但是数据分析这一部分我不是很懂，只能多麻烦你了！”

王俊苏听完说道：“没问题！后续有什么事我们再沟通！我准备先把初步的分析目的确定好，再进一步对数据进行分析。”

实习生家桐在一旁默默地听着她们的讨论，等离开了生产部办公室，他才凑到王俊苏旁边：“俊苏姐，制造费用占总成本比重不大，这样调整不是杯水车薪吗？”

王俊苏听完道：“对制造性企业而言，制造费用是成本核算的必要组成部分和重要环节，在整个成本核算工作中不可或缺。分析制造费用有利于实现费用全过程监管，也能拓展管理的深度。”

家桐若有所思地点了点头。

12.1.2　目的框架

蛮先进公司制造费用数据分析目的框架如图 12-1 所示。

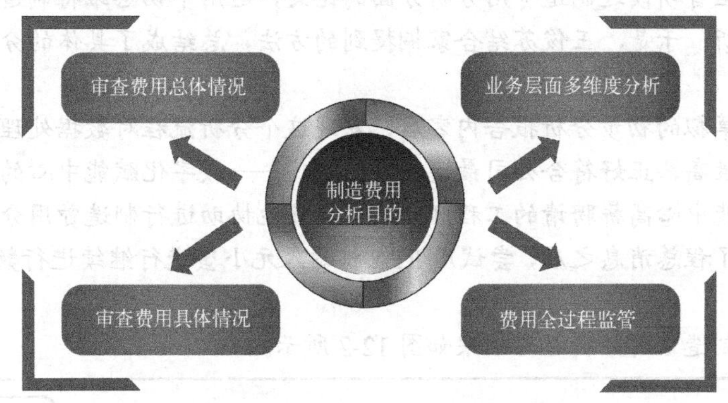

图 12-1　制造费用数据分析目的框架

12.2　分析内容和思路

12.2.1　场景描述

冬日的重庆嘉陵江畔沉浸在一片雾霭之中，北风送来一股江水的潮气，江北嘴的高楼隐藏在云雾深处，若隐若现，犹如海市蜃楼。

家桐早早地来到财务部办公室，没想到王俊苏已经在工位上构思分析内容了，“早啊！俊苏姐，今天需要我做点什么呢？”王俊苏转过身道：“我们决定从制造费用开始分析，你可以整合一下可以用在这个分析中的分析方法和分析思维。”“好的，俊苏姐！”

家桐查阅了数据分析方法与思维的各种资料，又想起了前几天去培训时老师讲过的内容，常见的分析思路有：对比分析法是将两个或两个以上的数据进行比较，分析数据的差异或变动；分组分析法是根据数据的性质和属性，以及分析的目的和需求，将研究总体按一定标准划分成若干组进行整理和归类，以揭示其内在的联系和规律性；结构分析法是指被分析总体内的各部分与总体之间进行对比的分析方法；交叉分析法又称立体分析法，是在纵向分析法和横向分析法的基础上，从交叉、立体的角度出发，进行数据分析。另外，因素分析法、分布分析法等都可以用在数据分析中。

家桐整合好资料，便交给了王俊苏。王俊苏看了看家桐发来的资料，“这个资料收集得比较全，但是没有将分析思路与主题结合起来。”家桐愁眉苦脸地说：“这些分析思路都差不多，不知道哪些可行性高一些。”

王俊苏听罢便对家桐讲解道："对比分析法可以用于对比两年的制造费用数据，结构分析法可以分析制造费用内的各二级科目与制造费用的比重，分组分析法可以将制造费用按一定标准划分成若干组进行整理和归类。"

家桐听完说道："这样听起来确实思路要清晰一些。"王俊苏微笑道："是呀！不仅如此，还可以将分析思维融入制造费用分析中，运用向上思维，将制造费用结合企业在经营上的整体情况和发展方向进行分析；运用发散思维，将制造费用分析作为劳务提供方选择的决策基础等。这样是不是就结合得更深入了？""是呀！我应该把方法应用到制造费用实际分析里。"

看着家桐抱着笔记本电脑若有所思地回了自己的工位，王俊苏又继续构思分析内容，她想起之前在学校里曾研读过制造费用分析方面的论文，运用下切思维将制造费用以四个动因分类进行下沉分析。于是，王俊苏结合家桐提到的方法，总结成了具体的分析板块，将它发给程总过目。

程总收到了草拟的初步分析报告内容后，发现这个分析流程对数据处理能力要求较高，工作量大且重复性高，正好符合公司最近新建的部门——数字化赋能中心的试点需要，于是联系了数字化赋能中心高薪聘请的工程师熊俊宇，让他协助进行制造费用分析。

熊俊宇收到了程总消息之后，尝试用 RPA 机器人元小蛮进行继续进行数据分析，并搭建起了一个框架。

蛮先进公司制造费用分析思路框架如图 12-2 所示。

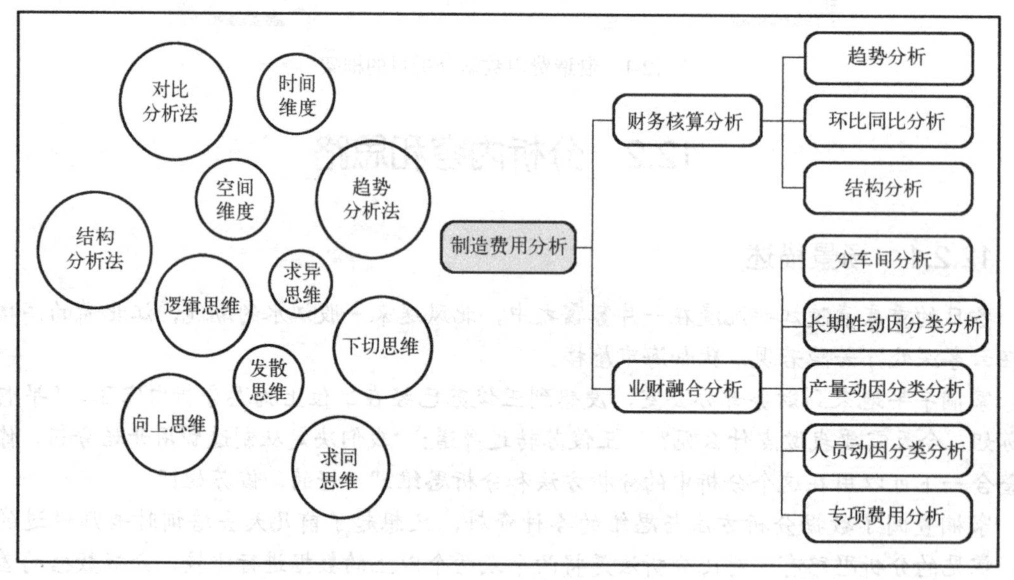

图 12-2 制造费用分析思路框架

12.2.2 自动化分析流程

蛮先进公司制造费用数据自动化分析流程如图 12-3 所示，首先由元小蛮打开序时账文件和配置表文件，对制造费用相关数据进行清洗和筛选，然后将清洗好的数据依次进行趋势分析、环比同比分析、结构分析、分车间分析，并将制造费用按各项动因进行分类分析：长期性动因分类分析、产量动因分类分析、人员动因分类分析和专项费用分析，最后元小蛮将分析结果进行汇总，自动生成制造费用分析报告。

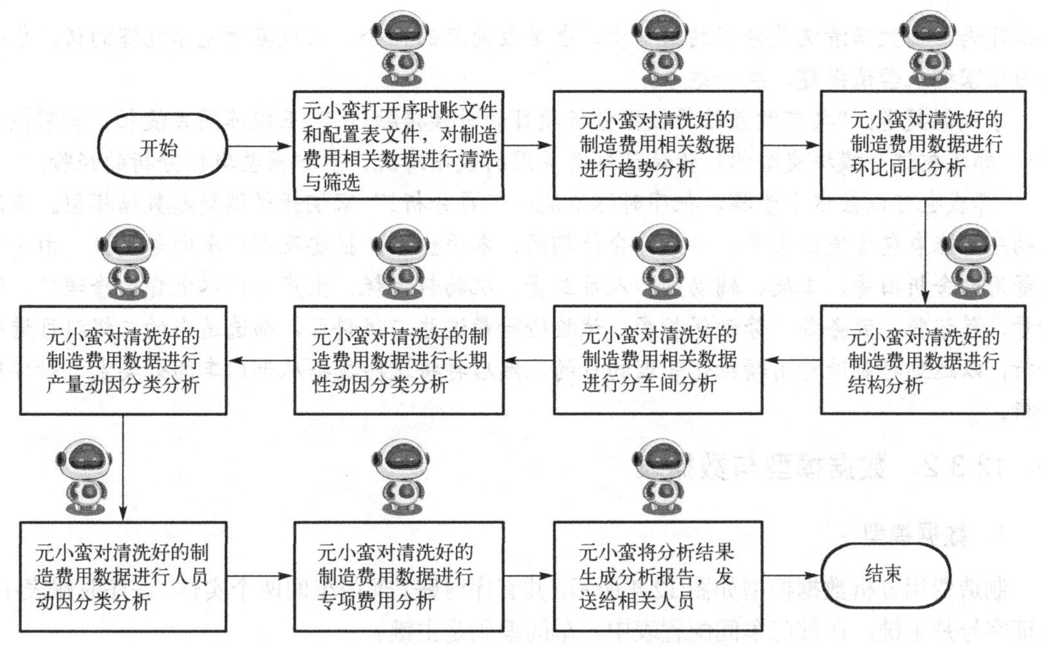

图 12-3　蛮先进公司制造费用数据自动化分析流程

12.3　数据准备

12.3.1　场景描述

傍晚，从北方飘来了一片乌云，因为是冬天，本就阴沉的天气更添了一丝雾霭。最后一缕光亮缓缓地沉到山后，蛮先进公司逐渐笼罩在寂静的黑暗之中，而财务部依旧灯火通明。

在财务部形成了初步的分析思路和分析内容之后，王俊苏调出了制造费用的序时账文件，面对里面杂乱无章、不同车间、不同摘要的数据，她感到十分头疼。王俊苏转过身，叫了一下“元气满蛮”团队的李宛霖：“你饿没？我们要不要一起点外卖呀？看来今天又要在公司加班了。”李宛霖停下手中的工作，点了点头，一起拿出了手机，点开了“蛮速度”外卖软件。看着列表里的重庆小面、辣子鸡、山城麻辣烫，王俊苏叹了口气：“好想去吃重庆火锅呀！年末了还要在公司加班！”

“是呀！我感觉我的分析都要到明年才能做完了。”

“我也是！我还没有构建起数据分析模型，具体实施应该会更复杂。”说罢，王俊苏叹了口气。两人叫上实习生家桐一起吃晚饭，三人不约而同地选择了麻辣烫，试图用它来麻痹向往火锅的心。

王俊苏支付完外卖，开始跟李宛霖交流数据模型的构建。李宛霖指着电脑上花了一下午时间做出来的模型图说：“我的数据模型就是这样，按序时账对数据进行日期、会计期间、凭证字号、本币金额、摘要以及部门名称的清洗调整，然后对序时账按分析目的进行分类分析。”

“感觉清洗后再分析数据是要简单一些！那家桐你之前做的项目有参与过数据清洗的模

型搭建吗？”数据清洗是分析的第一步，也是最简单的部分，王俊苏听完李宛霖的话，想让实习生家桐来尝试搭建，练一练手。

家桐微笑道：“之前做差旅费数据分析项目的时候接触过。”王俊苏闻言便拍了拍家桐的肩：“那我把这个模块交给你！你试试制造费用的数据清洗，多积累些数据分析的经验。”

“那我也可以按这个步骤，把序时账清洗一下再分析！”家桐开始调整起数据模型。清洗后的序时账表包含凭证字号、日期、会计期间、本币金额、摘要及部门车间等属性。由于制造费用包含折旧费、工废、辅助生产人员工资、机物料消耗、生产部门水电费、修理费、运输费、差旅费、劳务费、劳动保护费、试验检验费这些二级科目，筛选适当的二级科目进行分析，以达到对制造费用精细化管理的目的，然后再将这些数据从部门车间分类上进行详细分析。

12.3.2 数据模型与数据表

1. 数据模型

制造费用分析数据模型如图 12-4 所示，共有序时账、部门车间两个实体。在序时账表中，凭证字号是主键；在部门车间配置表中，车间编码是主键。

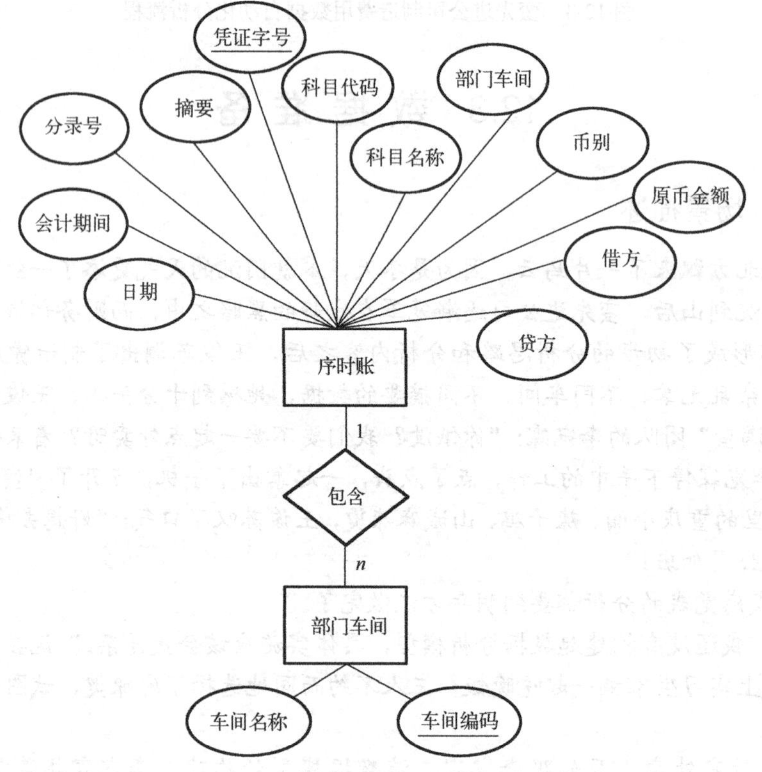

图 12-4 制造费用分析数据模型

2. 数据表

制造费用分析涉及序时账表和部门车间配置表。

制造费用序时账表如表 12-1 所示。

表 12-1　序时账表

属性名称	数据类型	空否	说　明	属性名称	数据类型	空否	说　明
凭证字号	字符型	否	凭证的字号	科目名称	字符型	是	科目的名称
会计期间	字符型	是	分录发生期间	部门车间	字符型	是	车间编码
日期	日期型	是	分录发生日期	币别	字符型	是	币别种类
分录号	字符型	是	分录号	本币金额	字符型	是	本币金额
摘要	字符型	是	分录事件摘要	借方	数值型	是	借方发生额
科目代码	字符型	是	科目的代码	贷方	数值型	是	贷方发生额

制造费用部门车间配置表如表 12-2 所示。

表 12-2　部门车间配置表

属性名称	数据类型	空　否	说　明
车间编码	字符型	否	配置表的车间编码
车间名称	字符型	是	配置表的车间名称

12.4　制造费用数据采集与处理自动化

12.4.1　场景描述

又是一个冬日的清晨，阳光透过云雾洒在江面上，江北嘴前嘉陵江与长江交汇处波光粼粼，王俊苏在茶水间泡咖啡，眺望着江景，深深地叹了口气。一旁的家桐凑过来："俊苏姐，怎么感觉你有点累了？""对，我周末去逛了山城步道，没想到那么长。"

山城步道算是重庆最长、坡度最高的历史古道了，起点在长江大桥桥头的中兴路。山城步道沿山而建，游客步行于此，颇能感受到山城的起起伏伏，这里遗留着老重庆的影子，具有历史时代感。

王俊苏喝完咖啡，准备找数字化赋能中心沟通一下数据模型，如何将这些分析用机器人的方式进行简化。数字化赋能中心的熊俊宇根据王俊苏的分析要求，尝试用 UiBot Creator 给元小蛮添加上数据采集与处理的功能，家桐在一旁协助构建。

家桐首先用元小蛮对制造费用序时账进行了数据采集，从序时账中提取出制造费用的部分，按后续对月度和车间的分析需要，对制造费用序时账进行了简单的处理。但是在会计期间提取上出现了一些问题，他靠在办公椅上，旁边的王俊苏发现家桐的低落，关切地问道："家桐，你开始做的数据采集与处理板块进度怎么样了？"

家桐正一筹莫展，看到王俊苏来问，叹了口气道："我正打算从序时账里面把会计期间的信息按时间顺序提取出来，但是具体实施不知道怎么做呢，在这里卡住了。"

王俊苏转头看了看家桐的电脑桌面，"提取字符串可以用数据表去重呀！"家桐想到自己刚刚尝试过的数据表去重命令，因为输出后的数组结构太复杂，所以说道："我之前尝试过了，可是最后会生成一个由数组构成的数组，而不是由字符串构成的数组，这样怎么办呢？"

王俊苏想了想便说道："那去问问熊俊宇呢？他可是蛮先进公司数字化赋能中心的专家

呢!”于是家桐给熊俊宇发了个消息，咨询提取字符串的相关问题，很快便收到了熊俊宇的回复：“可以尝试用‘依次读取数组中每个元素’这个命令来实现它，把数组内的值取出来，按循环在另一个新数组里面添加元素。”家桐按照熊俊宇的方法很快便成功了，“没想到用数据表去重的方法进行数据采集和处理这么方便!”家桐感叹道。

12.4.2 RPA 技术路线

制造费用数据采集与处理自动化主要用于对制造费用序时账的数据采集及数据处理部分。首先是利用打开 Excel 工作簿、读取区域等活动对制造费用序时账和车间配置表的数据进行读取，再通过数据筛选、数据表去重等活动对制造费用会计期间进行提取去重。具体技术路线如表 12-3 所示。

表 12-3 制造费用数据采集与处理自动化开发技术路线

<table>
<tr><th>模 块</th><th>功能描述</th><th>使用的活动</th></tr>
<tr><td rowspan="8">数据采集与处理</td><td rowspan="2">打开从本地获取的“制造费用序时账.xlsx”文件，读取制造费用序时账中的数据</td><td>打开 Excel 工作簿</td></tr>
<tr><td>读取区域</td></tr>
<tr><td rowspan="3">利用数据筛选和数据表去重，对会计期间进行排序和提取</td><td>数据筛选</td></tr>
<tr><td>数据表去重</td></tr>
<tr><td>数据表排序</td></tr>
<tr><td rowspan="3">打开从本地获取的“部门车间配置表.xlsx”文件，读取车间名数据</td><td>筛选数据</td></tr>
<tr><td>打开 Excel 工作簿</td></tr>
<tr><td>读取列</td></tr>
</table>

12.5 制造费用数据分析与展现自动化

12.5.1 场景描述

终于把数据采集做好了，接下来便开始对数据进行分析。此时已经快到午饭时间，王俊苏想到制造费用数据分析还需要跟生产部沟通一下才行，于是打算找常吉一起吃午饭，顺便一起讨论如何进行制造费用分析。

在蛮先进公司的食堂里，王俊苏津津有味地吃着小炒肉，常吉望着她说道：“制造费用分析我们可以按什么方式来做呀？我考虑用整体思维和局部思维进行分析，你觉得呢？”王俊苏抬头想了想：“我之前读论文时看到了部分关于成本动因的内容，或许我们可以加上动因分类来进行分析。”王俊苏又详细地给常吉讲解了关于成本动因的分类方法。

常吉微笑道：“听起来很不错！那你后面想好怎么做了吗？感觉工作量很大呀!”王俊苏将最后一块小炒肉夹进碗里，狡黠地笑道：“程总已经安排数字化赋能中心与我们合作分析了，那些大量的数据处理工作可以靠元小蛮完成，我们可以从那些重复、繁杂的工作中解脱出来!”常吉惊喜道：“那可太好了!”

吃完午饭，王俊苏带上实习生家桐来到数字化赋能中心办公室，找熊俊宇商讨具体的机器人开发流程，她将自己的想法告诉了熊俊宇，熊俊宇听完便说：“这听起来很适合搭建 RPA 机器人。我们可以利用元小蛮将清洗后的数据再按时间和车间进行分类汇总。”

“只有汇总数额可不能叫作数据分析，我们还得加上增长率等指标，才是对这些数据进行分析。只是不知道这些增长率的对比情况能不能用元小蛮进行分析。”家桐问道。

“对比分析在元小蛮中可以采用 IF 语句进行处理，这在机器人流程里也是很方便的。”熊俊宇补充道，“后续可以按四个动因对数据进行分类，并结合增长率，汇总计算后再进行分析。”

“那么劳务费用分析部分呢？我们想让最后的分析结果呈现出一个按数值前五名进行排序的效果，这又怎么使用命令呢？”家桐忙问道。

“排序可以使用数据表排序，然后将排序结果从数据表转为数组，就能将结果写入 Excel 中了！”熊俊宇想了想又说道，“可是具体的分析语句还是得人工和自动化相结合哦，现有的流程不足以支持深入分析。”家桐忙问道：“那哪些地方需要我们自己进行设计呢？”熊俊宇拿着王俊苏之前发来的分析目的：“比如说环比同比分析中，设置对比的差异预警的比例或环比增长率的预警比例等地方，都需要提前给元小蛮输入相应的数值，进行预警线构建。”

“原来是这样，那元小蛮用起来还是很方便的呀！我们只需要提供预警线数据，它就能直接对数据进行自动分析了，这可太节约我们的时间了！”

12.5.2 数据分析模型

制造费用数据分析主要运用趋势分析法、结构分析法、对比分析法等对制造费用数据进行分析，主要分为八个部分，包括三个财务核算分析：趋势分析、环比同比分析、结构分析，以及五个业财融合分析：分车间分析、长期性动因分类分析、产量动因分类分析、人员动因分类分析、专项费用分析。制造费用数据分析模型如图 12-5 所示。

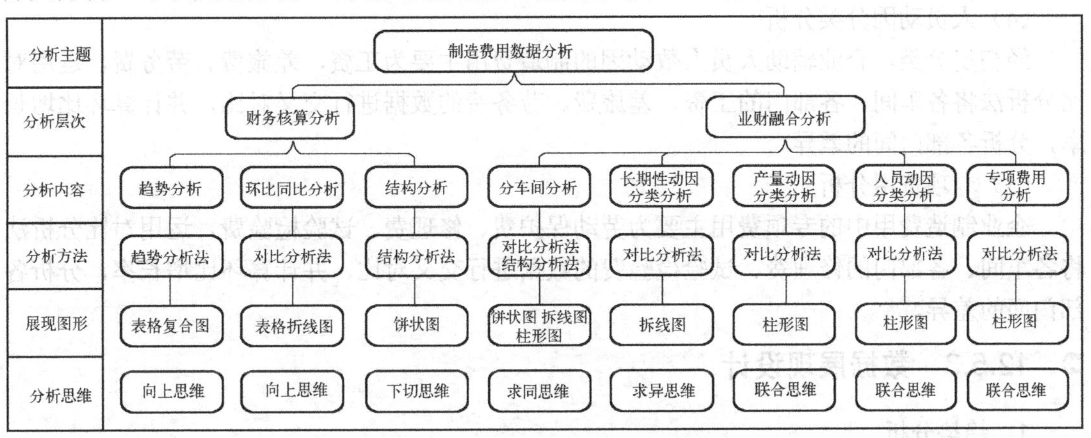

图 12-5 制造费用数据分析模型

在制造费用数据分析中，财务核算分析能够直观地反映制造费用的发生情况；业财融合分析能够帮助管理层监管制造费用，拓展管理深度。

1. 财务核算分析

（1）趋势分析

从时间维度，纵向对比企业两年的制造费用，分析其增减趋势，分别将企业 24 个月的制造费用占主营业务成本和主营业务收入的比例计算出来，采用趋势分析法对两年数据进行对比。

（2）环比同比分析

从时间维度，运用对比分析法纵向对比企业两年的制造费用，计算和分析制造费用的月度环比和年度同比情况，对比分析两年内的具体增减趋势和环比同比增长率。

（3）结构分析

用结构分析法将制造费用按二级科目进行统计核算，以进行相互对比，并与总体数据进行对比，分析各二级科目发生额的差异。

2．业财融合分析

（1）分车间分析

从部门维度，将制造费用按部门进行分类，运用对比分析法、结构分析法对各部门（一车间、二车间、三车间）相互对比，以及与总体数据进行对比，分析各车间之间的差异，为分车间的成本管理提供数据。

（2）长期性动因分类分析

企业以长期性成本为动因的制造费用主要为折旧费，运用对比分析法从车间维度，将各车间的折旧费数据进行横向对比，分析各车间之间的差异。

（3）产量动因分类分析

经初步分类，企业以产量为动因的制造费用主要为机物料消耗、水电费、运输费、工废，运用对比分析法将各车间、各部门的机物料消耗、水电费、运输费、工废的数据进行交叉对比，并计算环比增长率，分析各部门间的差异。

（4）人员动因分类分析

经初步分类，企业辅助人员人数动因的制造费用主要为工资、差旅费、劳务费，运用对比分析法将各车间、各部门的工资、差旅费、劳务费的数据进行交叉对比，并计算环比增长率，分析各部门间的差异。

（5）专项费用分析

企业制造费用中的专项费用主要为劳动保护费、修理费、试验检验费，运用对比分析法将各车间、各部门的修理费、试验检验费的数据进行交叉对比，并计算环比增长率，分析各部门间的差异。

➲ 12.5.3 数据展现设计

1．趋势分析

由于各月制造费用数据之间和制造费用占主营业务成本比重分别构成比较关系，所以我们采用柱形折线复合图将 2020 年和 2021 年 1—12 月份的制造费用发生额和制造费用占主营业务成本比重变化情况呈现出来，如图 12-6 所示，并在柱形图上方以表格形式显示相关数据，如表 12-4 所示。

2．环比同比分析

由于各月制造费用的环比增长率、同比增长率之间构成比较关系，所以我们采用折线图将 2020 年和 2021 年 1—12 月份的环比增长率、同比增长率变化情况呈现出来，如图 12-7 所示，并以表格形式显示了相关数据，如表 12-5 所示。

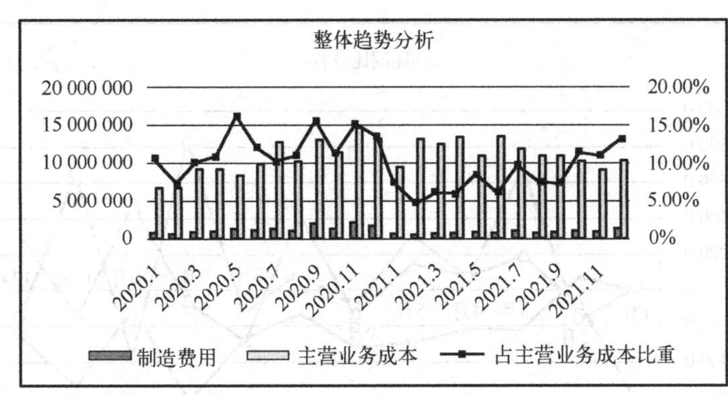

图 12-6　制造费用整体趋势分析

表 12-4　趋势分析表

趋势分析表			
月　　度	制造费用/元	主营业务成本/元	占主营业务成本比重
2020.1	682 312.50	6 678 734.96	10.22%
2020.2	568 490.09	7 508 043.18	7.57%
2020.3	949 303.88	9 519 332.99	9.97%
2020.4	1 019 562.06	9 406 566.39	10.84%
2020.5	1 332 762.71	8 330 206.24	16.00%
2020.6	1 201 811.71	9 970 127.97	12.05%
2020.7	1 320 037.93	12 857 428.40	10.27%
2020.8	1 142 366.17	10 508 486.35	10.87%
2020.9	2 085 642.98	13 330 646.69	15.65%
2020.10	1 312 175.89	11 630 960.01	11.28%
2020.11	2 169 321.05	14 431 265.72	15.03%
2020.12	1 797 070.45	13 544 550.88	13.27%
2021.1	672 663.84	9 366 476.55	7.18%
2021.2	612 658.23	13 291 385.33	4.61%
2021.3	737 796.67	12 570 177.91	5.87%
2021.4	801 563.46	13 563 413.56	5.91%
2021.5	931 092.82	10 993 268.73	8.47%
2021.6	811 871.09	13 746 024.97	5.91%
2021.7	1 154 682.84	11 856 943.26	9.74%
2021.8	838 574.27	11 183 574.89	7.50%
2021.9	792 918.93	11 134 136.75	7.12%
2021.10	1 185 449.05	10 365 198.86	11.44%
2021.11	1 007 112.09	9 152 216.70	11.00%
2021.12	1 331 667.51	10 356 314.53	12.86%
合计	26 458 908.22	265 295 481.82	10.46%

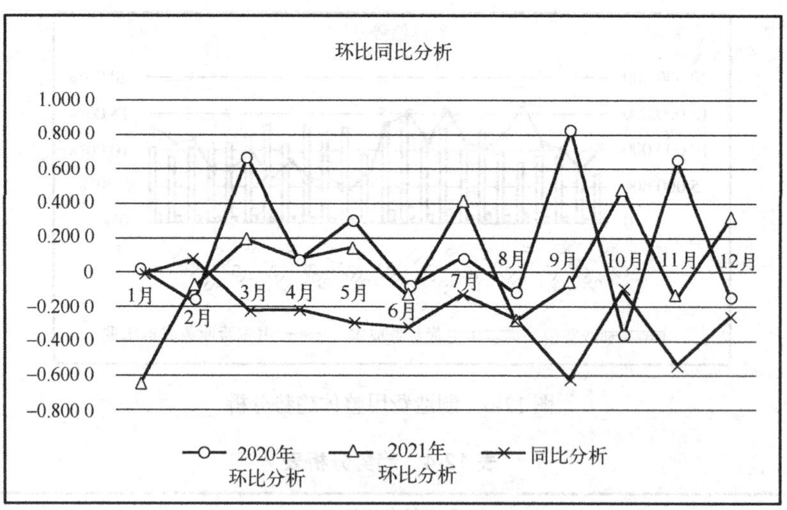

图 12-7 制造费用环比同比分析

表 12-5 制造费用环比同比分析表

环比同比分析表					
月份	**2020 年/元**	**2020 年环比分析**	**2021 年/元**	**2021 年环比分析**	**同比分析**
1 月	682 312.50	0.00%	672 663.84	−62.57%	−1.41%
2 月	568 490.09	−16.68%	612 658.23	−8.92%	7.77%
3 月	949 303.88	66.99%	737 796.67	20.43%	−22.28%
4 月	1 019 562.06	7.40%	801 563.46	8.64%	−21.38%
5 月	1 332 762.71	30.72%	931 092.82	16.16%	−30.14%
6 月	1 201 811.71	−9.83%	811 871.09	−12.80%	−32.45%
7 月	1 320 037.93	9.84%	1 154 682.84	42.22%	−12.53%
8 月	1 142 366.17	−13.46%	838 574.27	−27.38%	−26.59%
9 月	2 085 642.98	82.57%	792 918.93	−5.44%	−61.98%
10 月	1 312 175.89	−37.09%	1 185 449.05	49.50%	−9.66%
11 月	2 169 321.05	65.32%	1 007 112.09	−15.04%	−53.57%
12 月	1 797 070.45	−17.16%	1 331 667.51	32.23%	−25.90%
合计	15 580 857.42		10 878 050.80		−24.18%

3．结构分析

结构分析中的数据形成构成关系和比较关系，可以用饼状图呈现每项二级费用占整体制造费用的情况，如图 12-8、图 12-9 所示。

4．分车间分析

分车间分析归集三个车间的费用，按会计期间和年度进行统计，展示图为柱形图、折线图、饼状图，其中的数据形成构成关系和比较关系，柱形折线图用于展示制造费用 2020—2021 年在各车间分配情况和环比增长率的变化，如图 12-10 至图 12-12 所示；饼状图用于展示制造费用在两年间的总体占比情况，如图 12-13 所示。

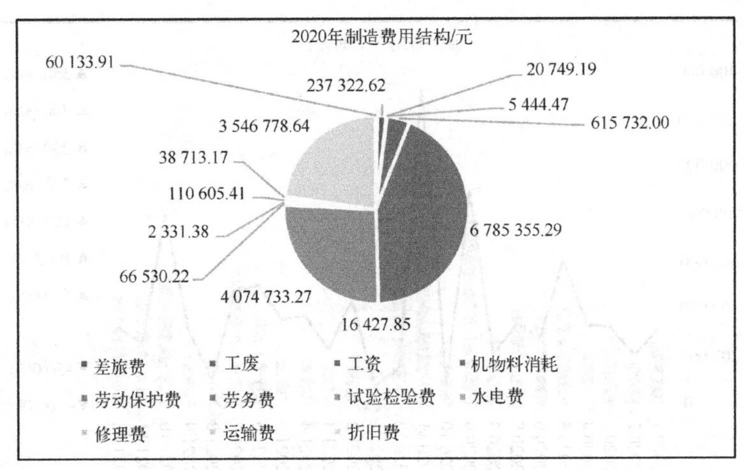

图 12-8　2020 年制造费用结构分析

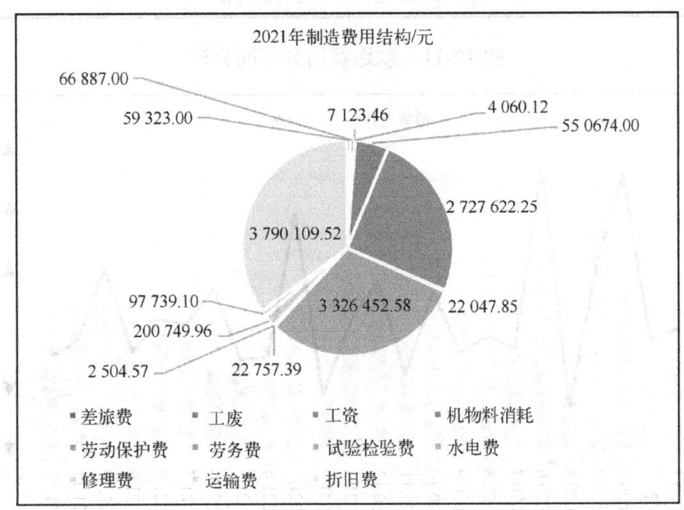

图 12-9　2021 年制造费用结构分析

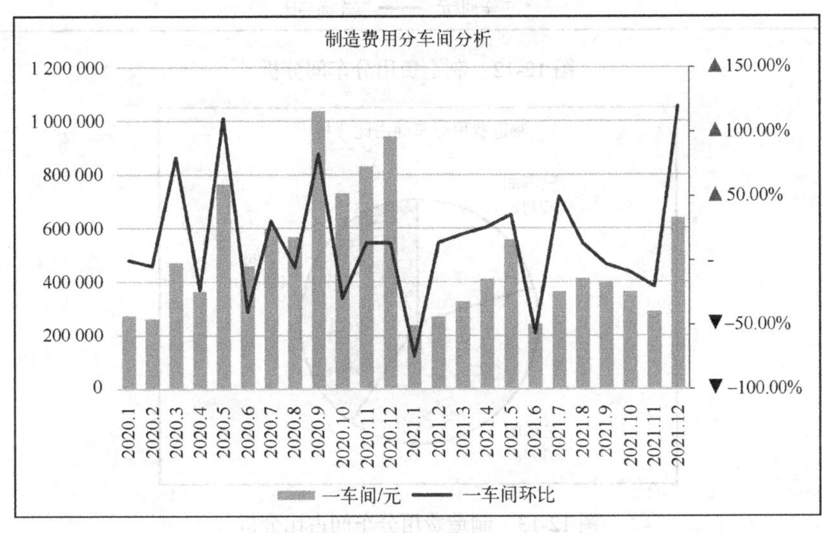

图 12-10　制造费用分车间分析

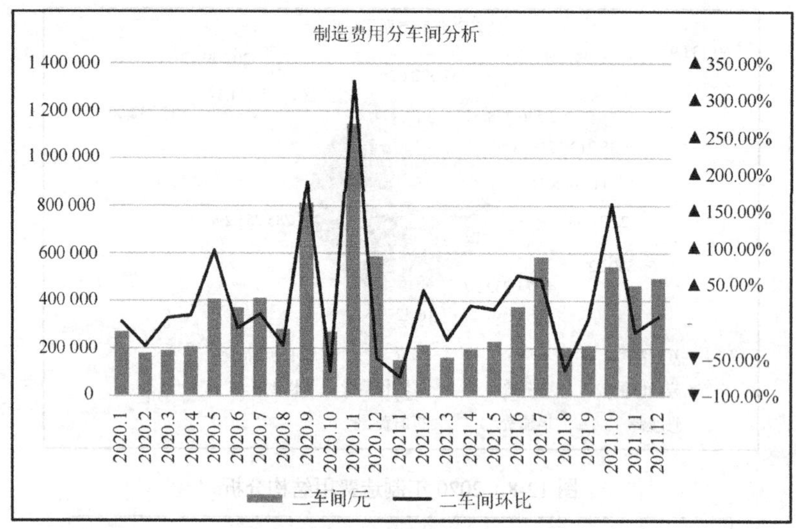

图 12-11　制造费用分车间分析

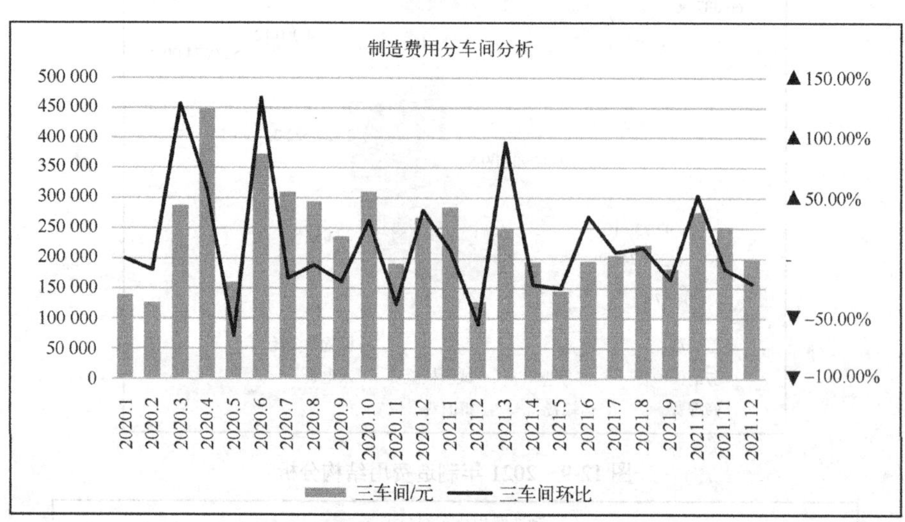

图 12-12　制造费用分车间分析

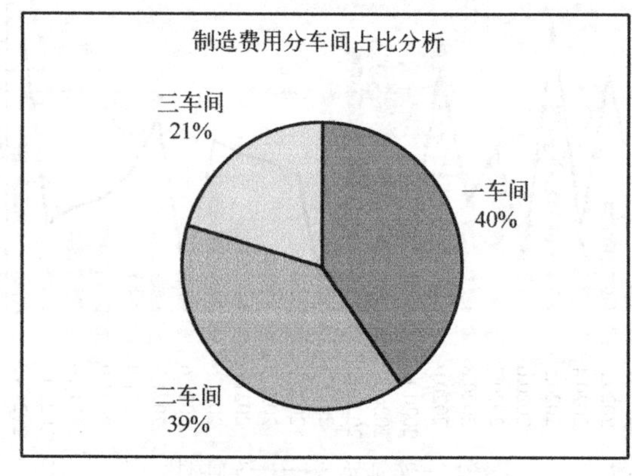

图 12-13　制造费用分车间占比分析

5. 长期性动因分类分析

长期性动因分类分析是对制造费用——折旧费按三个车间和会计期间归集，展示图为折线图，其中的数据形成构成关系和比较关系，用于展示折旧费 2020—2021 年在各车间分配情况和费用的变化，如图 12-14 所示。

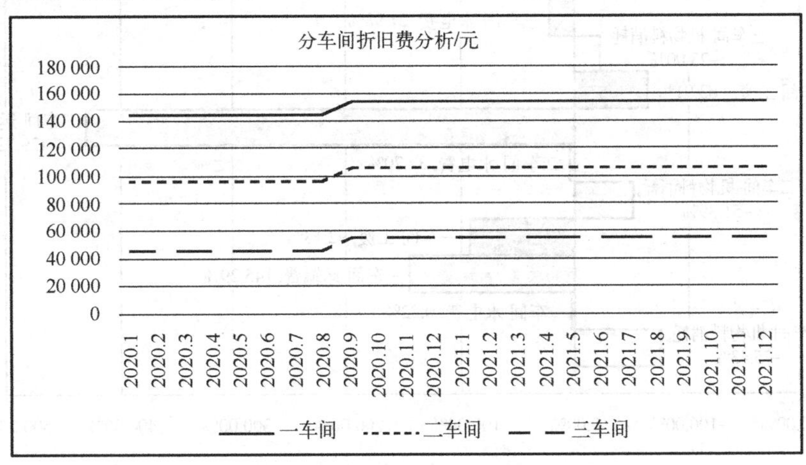

图 12-14 长期性动因分类分车间折旧费分析

6. 产量动因分类分析

产量动因分类分析是对机物料消耗、水电费、运输费、工废四个二级科目按三个车间和会计期间进行归集，并按年度计算环比增长率，数据之间构成比较关系，可以用到复合柱形图。两个柱形图分别用于展示产量动因分类的制造费用科目在 2020—2021 年的变化情况，如图 12-15 所示，以及各车间、各科目两年间的环比增长率变动情况，如图 12-16 所示。

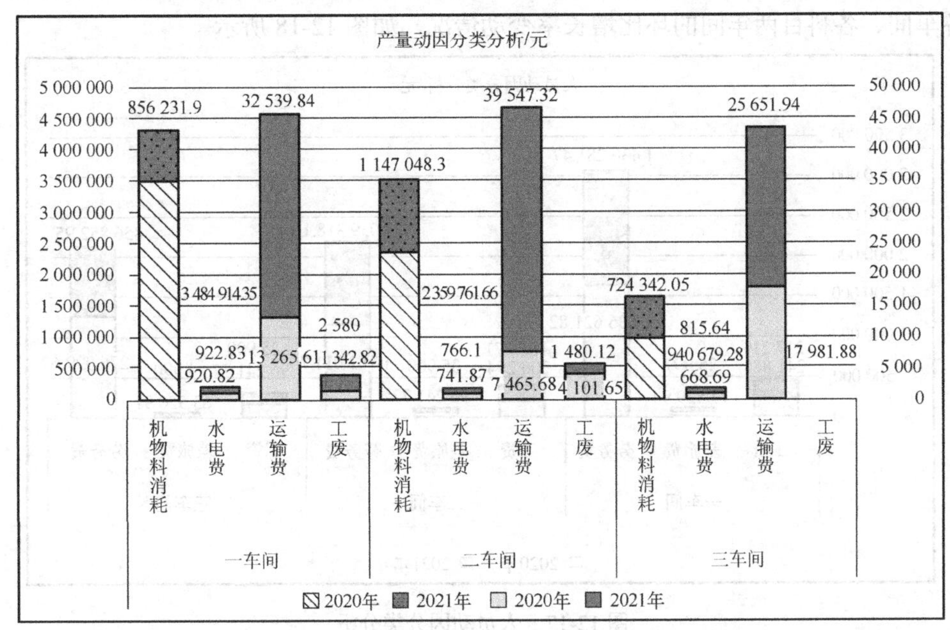

图 12-15 产量动因分类分析

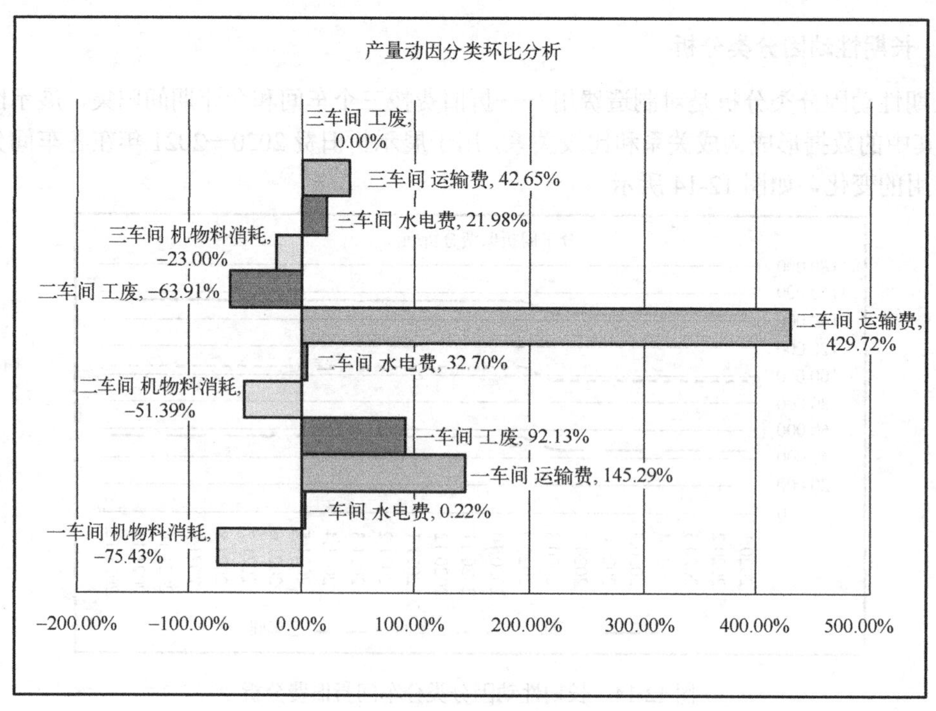

图 12-16　产量动因分类环比分析

7．人员动因分类分析

人员动因分类分析是对工资、差旅费、劳务费三个二级科目按三个车间和会计期间进行归集，并按年度计算环比增长率，数据之间构成比较关系，可以用柱形图呈现。两个柱形图分别用于展示人员动因分类的制造费用科目在2020—2021年的变化情况，如图 12-17 所示，以及各车间、各科目两年间的环比增长率变动情况，如图 12-18 所示。

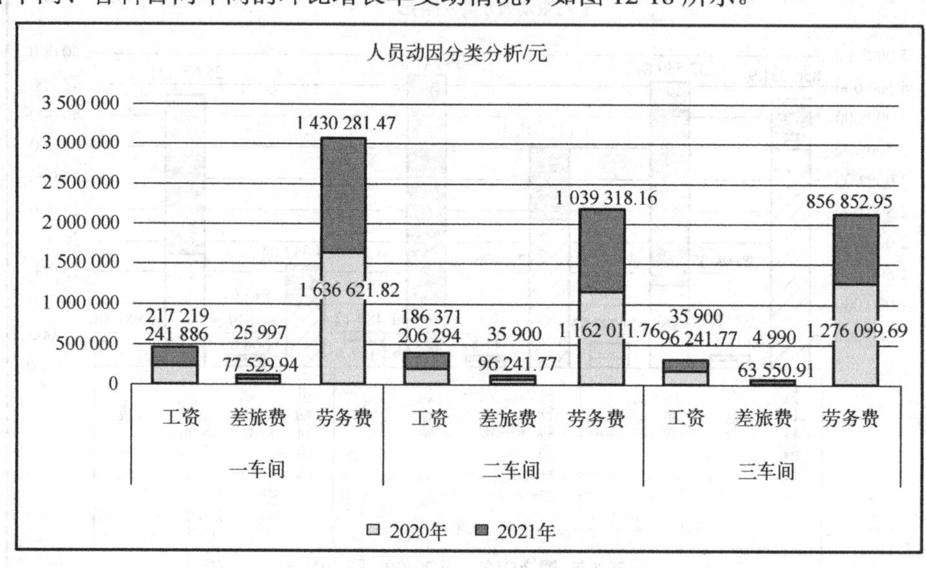

图 12-17　人员动因分类分析

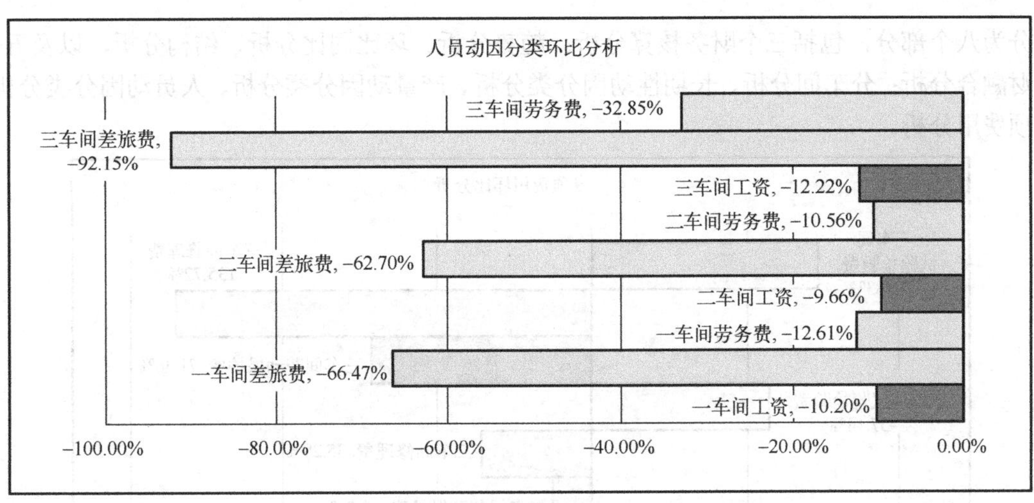

图 12-18　人员动因分类环比分析

8. 专项费用分析

专项费用分析是对劳动保护费、修理费和试验检验费三个二级科目按三个车间和会计期间进行归集，并按年度计算环比增长率，数据之间构成比较关系，可以用到柱形图。两个柱形图分别用于展示制造费用的专项费用在 2020—2021 年的变化情况，如图 12-19 所示，以及各车间、各科目两年间的环比增长率变动情况，如图 12-20 所示。

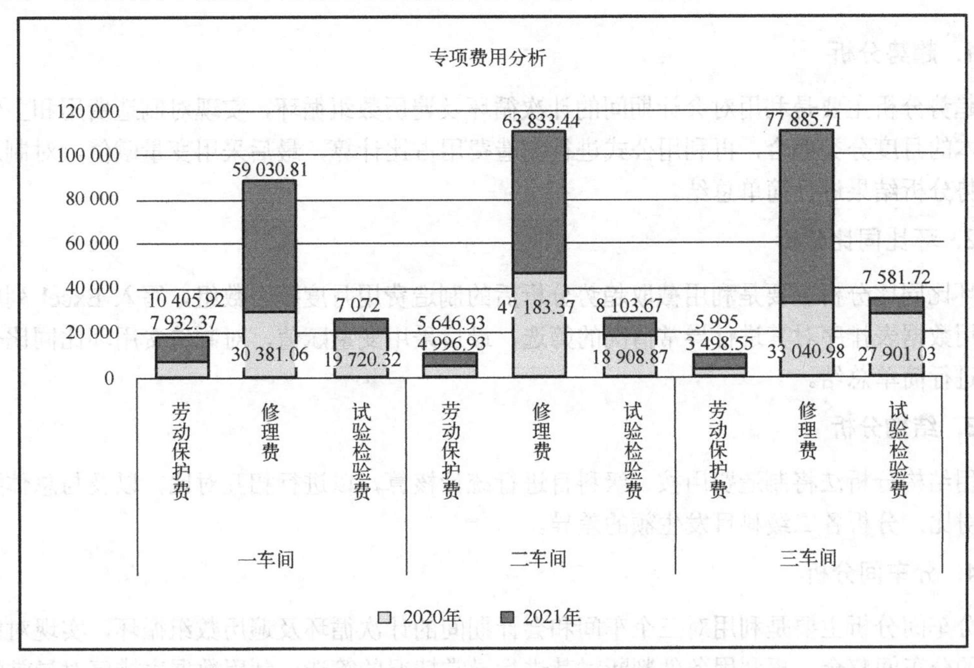

图 12-19　专项费用分析

12.5.4　RPA 技术路线

制造费用数据分析与展现自动化主要用于对制造费用序时账处理后的数据进行分析，主要分为八个部分，包括三个财务核算分析：趋势分析、环比同比分析、结构分析，以及五个业财融合分析：分车间分析、长期性动因分类分析、产量动因分类分析、人员动因分类分析、专项费用分析。

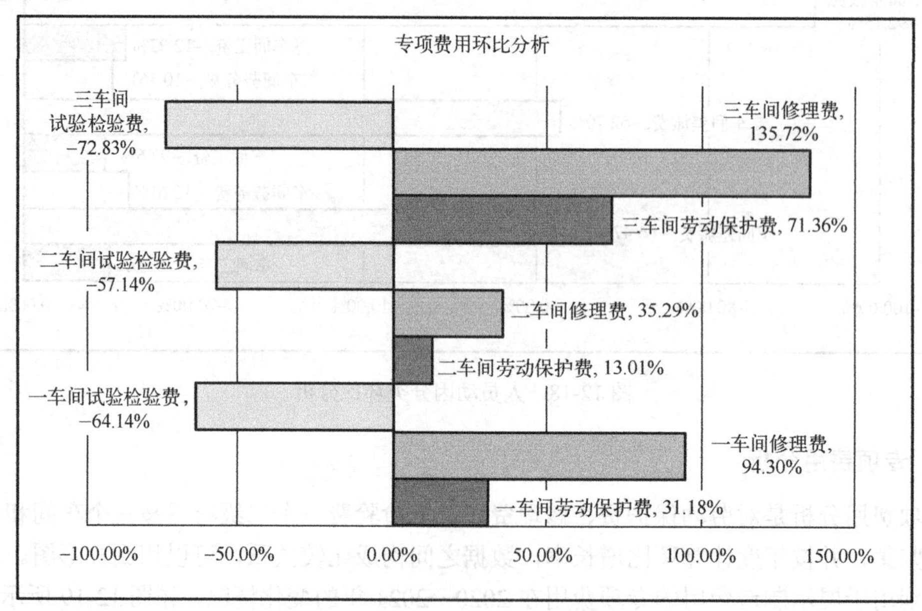

图 12-20　专项费用环比分析

1．趋势分析

趋势分析主要是利用对会计期间的计次循环及遍历数组循环，实现对制造费用和主营业务成本的月度分类整合，再利用公式进行制造费用占比计算，最后采用变量赋值，对制造费用趋势分析结果进行简单总结。

2．环比同比分析

环比同比分析主要是利用截取趋势分析后的制造费用月度整合数组，写入 Excel 列中，再利用数据表排序对其进行异常情况的筛选，最后采用变量赋值，对制造费用环比同比分析结果进行简单总结。

3．结构分析

用结构分析法将制造费用按二级科目进行统计核算，以进行相互对比，以及与总体数据进行对比，分析各二级科目发生额的差异。

4．分车间分析

分车间分析主要是利用对三个车间和会计期间的计次循环及遍历数组循环，实现对制造费用的分车间整合，再利用条件判断对其进行异常情况的筛选，利用数据表排序对异常情况进行最值选择，最后再采用变量赋值，对制造费用分车间分析结果进行简单总结。

5．长期性动因分类分析

长期性动因分类分析是利用对三个车间和会计期间的计次循环及遍历数组循环，实现对

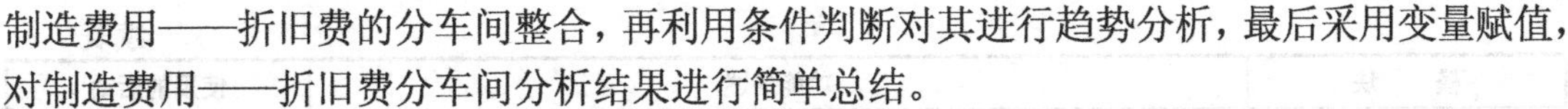

制造费用——折旧费的分车间整合，再利用条件判断对其进行趋势分析，最后采用变量赋值，对制造费用——折旧费分车间分析结果进行简单总结。

6．产量动因分类分析

产量动因分类分析是利用对三个车间和会计期间的计次循环及遍历数组循环，实现对制造费用中机物料消耗、水电费、运输费、工废四个二级科目的分车间整合，再利用条件判断对其进行趋势分析，最后采用变量赋值，对制造费用产量动因分类分车间分析结果进行简单总结。

7．人员动因分类分析

人员动因分类分析是利用对三个车间和会计期间的计次循环及遍历数组循环，实现对制造费用中工资、劳务费、差旅费三个二级科目的分车间整合，再利用条件判断对其进行趋势分析，最后采用变量赋值，对制造费用人员动因分类分车间分析结果进行简单总结。

8．专项费用分析

专项费用分析部分是利用对三个车间和会计期间的计次循环及遍历数组循环，实现对制造费用中劳动保护费、修理费、试验检验费三个二级科目的分车间整合，再利用条件判断对其进行趋势分析，最后采用变量赋值，对制造费用专项费用分车间分析结果进行简单总结。

制造费用数据分析与展现自动化开发的具体技术路线如表 12-6 所示。

表 12-6 制造费用数据分析与展现自动化开发技术路线

模 块	功能描述	使用的活动
趋势分析	以计次循环及遍历数组循环，实现对制造费用的月度分类整合	计次循环
	对其进行占比分析，利用 Excel 自动化写入行	写入行
环比同比分析	以计次循环及遍历数组循环，实现对制造费用的月度整合	计次循环
		遍历循环
	对其进行环比同比分析，利用数据表排序对异常增长进行最值选择	数据表排序
结构分析	以计次循环及遍历数组循环，实现对制造费用的二级科目整合	计次循环
		遍历循环
	对二级科目进行占比分析，利用数据表排序对异常情况占比最大的二级科目进行选择	数据表排序
分车间分析	以计次循环及遍历数组循环，实现对制造费用的分车间整合	计次循环
		遍历循环
	对其进行异常情况的筛选，利用数据表排序对异常情况进行最值选择	数据表排序
长期性动因分类分析	以计次循环及遍历数组循环，实现对制造费用——折旧费的分车间整合	计次循环
		遍历循环
	通过条件判断对其趋势进行分析	如果条件成立
	对制造费用长期性动因分类分车间分析结果进行简单总结	变量赋值
产量动因分类分析	以计次循环及遍历数组循环，实现对制造费用产量动因分类的分车间整合	计次循环
		遍历循环
	通过条件判断对其趋势进行分析	如果条件成立
	对制造费用产量动因分类分车间分析结果进行简单总结	变量赋值

续表

模　块	功能描述	使用的活动
人员动因分类分析	以计次循环及遍历数组循环，实现对制造费用人员动因分类的分车间整合	计次循环
		遍历循环
	通过条件判断对其趋势进行分析	如果条件成立
	对制造费用人员动因分类分车间分析结果进行简单总结	变量赋值
专项费用分析	以计次循环及遍历数组循环，实现对制造费用专项费用的分车间整合	计次循环
		遍历循环
	通过条件判断对其趋势进行分析	如果条件成立
	对制造费用专项费用分析结果进行简单总结	变量赋值

12.6　制造费用数据分析报告自动化

12.6.1　场景描述

马上快结束制造费用数据分析了，实习生家桐今天的任务就是将报告生成好并发送给王俊苏。家桐哼着歌，愉快地走到办公室打卡，开始着手进行制造费用分析报告的生成，但是在发送报告时又出现了一些问题，他心里默默念着“坚持就是胜利!”，转头看到刚刚打完上班卡的王俊苏走进办公室，“早啊，俊苏姐!”

王俊苏走进工位，“早啊！制造费用的分析到哪一步了呀!”“快生成报告了，但是我在文字批量替换上面有点问题。”王俊苏凑过来看了看，“什么问题呀？”“我们这个分析机器人涉及的文字批量替换命令太多了，一步一步输入可太费时间了。”家桐打开 UiBot Creator 对王俊苏说道。王俊苏滑动了几下鼠标，低头沉思道：“我看这些替换变量的变量名都取得很有规律，说不定我们能用几个循环命令减少我们的工作量。”

“那具体怎么加进去呢？待输入的变量又都是数组。”家桐挠了挠头，十分为难。“变量是数组也没关系呀，用从初始值到步长计数命令来循环，能够从数组里面索引字符串，再将它在 Word 里面批量替换。你试试看！”王俊苏指出来所需的变量，又详细地指导家桐这些命令的摆放顺序。

不知不觉中，家桐研究这个版块已经快一天了，他直起身揉了揉眼睛，太阳已从云层溜出来，逃到了远处的山顶下。

家桐终于运行了文字批量替换的命令，随着“运行成功”的窗口弹出的一瞬间，他兴奋地跳起来，心里为这个马上接近尾声的分析项目而欢呼不已，可看到分析任务的最后一栏写着“使用执行宏命令将分析图表插入 Word 中”时，家桐内心的喜悦被骤然出现的棘手命令冲淡，他抱着电脑去找分析师王俊苏。

王俊苏听完家桐的倾诉，说道：“这个报告生成时涉及的 Excel 启用宏的命令是有一些复杂，你要先选中 Excel 里面需要放入报告的图表，用宏录制后，再到 UiBot Creator 里面执行宏。”

“这么复杂呀!”家桐听完感叹道。

“是呀！这个执行宏命令利用延时命令间隔各个命令，不然容易出现文档正在使用的报错，就是因为时间太紧，UiBot 来不及加载出来!”王俊苏又再次补充道。“我看执行宏也有很多重复项的命令，只是执行主体不一样，那有没有什么简单的办法将这一系列的执行宏缩减呢？还是用循环来执行呢？”家桐询问道，试图精简重复性命令。“你可以试一试。”王俊苏听完家桐的想法，朝他投去鼓励的眼神。

家桐自己添加了一个分析图名称的数组，使用“依次读取数组中每个元素”命令从数组中读出各个图的名称，再利用查找光标位置和执行宏将图表从 Excel 分析表中粘贴到 Word 分析报告里面。此时太阳已经下山了，冬日的阳光一消失，为享受夕阳余晖而打开的窗户便立马刮来了一股持续不断的强风。

家桐还在专注地修改着机器人。当最后一个命令添加进去，所有的流程块一齐运行，UiBot 打开一个接一个的文件时，家桐觉得自己仿佛是元小蛮化身，在“元宇宙”中看着制造费用的各项支出化为闪动的像素颗粒，逐渐汇成一道数据流，在元小蛮脑中不停传输，最后一份清晰的分析报告呈现出来。家桐望着它，仿佛双手能触摸到报告封面纸质的颗粒感。随着 UiBot 传来一声运行结束的提醒声，家桐被拉回现实，“太好了！终于发送成功了！”

➲ 12.6.2 数据分析报告设计

制造费用数据分析报告由标题、目录、摘要、正文构成，具体内容可扫描二维码查看。

制造费用数据分析报告模版

“制造费用精细化管理——制造费用数据分析报告”是我们的报告标题。此外，还在标题页个性化地显示了“财务数据分析师”和“报告日期”，其中“报告日期”通过自动化流程自动生成。

报告的目录显示了一级与二级标题及其页码，摘要简单说明了制造费用精细化管理的重要性，并对后续的分析报告做了一个简单的引入。

正文包含了“分析背景与目的”和“分析思路”。“分析背景与目的”简单介绍了制造费用精细化管理对企业的优势，拓宽费用管理的深度等。“分析思路”简单介绍了八个分析模块所结合的分析思维和方法，简述了数据展现的主要目的。

分析内容中的蓝色“【】”内容由元小蛮自动生成，按照趋势分析、环比同比分析、结构分析、分车间分析、长期性动因分类分析、产量动因分类分析、人员动因分类分析和专项费用分析这八个板块对制造费用进行了具体分析。

在“（一）趋势分析”中，元小蛮通过汇总制造费用在 2020 年和 2021 年的月度数据来对比其变动情况，以及通过计算制造费用占主营业务成本的比重，与同行业常规占比进行对比，提示异常情况的月份。

在“（二）环比同比分析”中，元小蛮通过计算制造费用的月度环比和年度同比情况，对比分析两年内的具体增减趋势和环比同比率，来体现其变动情况。

在“（三）结构分析”中，通过结构分析法将制造费用按二级科目进行统计核算，以进行相互对比，以及与总体数据进行对比，分析各二级科目发生额的差异。

在“（四）分车间分析”中，元小蛮将自动通过计算各车间发生额及环比增长率来分析其在 2020 年和 2021 年的变动情况。

在“（五）长期性动因分类分析”中，通过长期性动因对制造费用划分后进行分析，元小蛮将自动计算各车间的固定制造费用发生额以及环比增长率来分析其在 2020 年和 2021 年的变动情况，定位到费用变动较大的车间，并通过对比增长率，提示制造费用异常情况的月份和车间。

在“（六）产量动因分类分析”中，主要是通过制造费用按产量动因划分与产品生产产量直接相关的各种费用，其成本动因主要是产量，如机物料消耗、运输费用、水电费、工废等，元小蛮将自动定位到费用变动较大的车间，并通过对比增长率，提示制造费用异常情况的月份和车间。

在“（七）人员动因分类分析”中，将制造费用按人员动因划分为车间非直接生产人员相关的各项费用，元小蛮将自动计算各车间的固定制造费用发生额以及环比增长率来分析其在 2020 年和 2021 年的变动情况，定位到费用变动较大的车间，并通过对比增长率，提示制造费用异常情况的月份和车间。

在“（八）专项费用分析”中，将制造费用按专项费用划分，即与人员、产量关联度不高，但和当年生产安排相关的各项费用。本次分析也以劳动保护费、修理费、试验检验费为主，元小蛮将自动计算各车间的固定制造费用发生额以及环比增长率来分析其在 2020 年和 2021 年的变动情况，定位到费用变动较大的车间，并通过对比增长率，提示制造费用异常情况的月份和车间。

最后是结论与建议，蓝色“【】”内容由元小蛮自动填入，简单汇总了各项分析得出的分析结论，并对此提出精细化管理的建议。

12.6.3 RPA 技术路线

制造费用数据分析报告自动化主要用于对制造费用序时账的数据分析后的部分进行报告填入，主要利用 Word 文字批量替换，将模板中的分析部分查找替换，最后将 Word 转换为 PDF。制造费用数据分析报告自动化开发的具体技术路线如表 12-7 所示。

表 12-7 制造费用数据分析报告自动化开发技术路线

模　块	功能描述	使用的活动
生成分析报告	打开本地文件中的“分析报告模板”文件，将分析结果进行文字替换	打开文档
		文字批量替换
	执行宏，将分析图表插入到文档中	查找文本后设置光标位置
		移动光标位置
		执行宏
	将 Word 转换为 PDF，便于生成文档进行发送	文档另存为

生成的制造费用数据分析报告包括封面、目录、摘要和正文，正文具体包括分析背景与目的、分析思路、分析内容和结论与建议。报告能清晰地展现出制造费用数据的趋势分析、环比同比分析、结构分析、分车间分析、长期性动因分类分析、产量动因分类分析、人员动因分类分析、专项费用分析的结果，并向报告使用者提出建议。读者可以通过扫描二维码查看“制造费用数据分析报告”的具体内容。

制造费用数据分析报告

第 13 章 成本数据自动化分析

13.1 分析目的

13.1.1 场景描述

黄桷坪涂鸦艺术街位于重庆市九龙坡区东南端，东临长江，南靠九龙镇九龙村，西接杨家坪，北连谢家湾，因该地有很多古老的重庆市市树——黄桷树而得名。黄桷坪涂鸦艺术街全长 1.25 千米，总面积约 5 万平方米，涂鸦的建筑物总共有 37 栋，是当今中国乃至世界最大的涂鸦艺术作品群。这些涂鸦作品是由 800 余名工人、学生和艺术家参与制作的，花费各色涂料 125 000 千克，前后经过 150 天精心制作而成。各式各样的艺术作品浩浩荡荡地布满了整条街道，其中也不乏各种随心发挥的涂鸦，可以说，黄桷坪涂鸦艺术街充满了自由的气息。

财务数据分析实习生子轩的思绪自看到黄桷坪涂鸦墙开始就越走越远了，如若不是公交车突然拐弯，他可能还深陷其中，没想到在上班的路上也能由景触发自己对重庆这座城市文化的热爱。黄桷坪涂鸦艺术街和交通茶馆是他每天上班的必经之路，也是他休闲之余最喜欢去的两个地方，因为他深深地爱着那里的涂鸦艺术和茶文化。419 路公交车终于到达了黄花园大桥北——重庆银行公交站，还沉浸在茶文化里的子轩使劲摇了摇脑袋，走下公交，前往江北嘴 CBD。

8:25，子轩抵达蛮先进公司大厦，眼看又要迟到了，于是他加快步伐冲进电梯，按了 42 层，在最后半分钟内终于坐到了自己的工位上。正当子轩还在大口喘气之时，一个果断的声音响彻整个财务部办公室："来，财务部人员马上到'蛮炫酷'办公室开会！"随着声音一落，大家就知道一定是程总来了。子轩在心里泛着嘀咕：果然，这一周一次的例会是少不了咯！很快，大家已经准备好笔和笔记本来到了"蛮炫酷"办公室，会议正式开始。"首先第一个事情，咱们公司从今年上半年年报来看，主营业务成本陡增，有些许不正常，所以由咱们'与蛮同行'团队的初级财务数据分析师邓佳红带领同队财务数据分析实习生子轩对近两年主营业务成本进行一次深入分析，子轩经过好几周的训练，现在应该说能够独当一面了，那本次分析任务就主要交给你来完成，这周内形成报告，其他人员配合一下，在数据上给予支持。咱们得找出原因，给公司提供降低成本的方案及建议……"程总的声音响彻整个办公室。

会议结束后，子轩再次向程总确认主营业务成本的具体分析内容和方向，程总再次强调和补充道："一定要结合业务进行分析，要做到业财融合。除了分析每个月主营业务成本的变动趋势，还要具体分析每个产品、项目、客户的主营业务成本发生额及构成，这样才能判断是哪个环节、什么因素影响了成本……"子轩听完程总的话瞬间有种恍然大悟的感觉，若有所思地点点头。此时他的脑子里汇聚了太多关于主营业务成本分析的思路，他急忙把分析思路和目的框架记在“蛮好用”电脑上，想着回头好跟佳红师姐确认一下。

一晃儿就到了下午四点，这时，初级财务数据分析师邓佳红端着点心和红茶来到子轩身边，说道：“吃点下午茶休息一下吧，我可看你一直在那里埋头苦干，怎么样？进展如何？”

“谢谢佳红师姐！我正说要去找你呢，你快看看我拟的分析目的和框架，给点意见。”子轩一只手指着电脑屏幕一只手端着茶水说道。

邓佳红：“好嘞，那我看看啊！”

子轩：“哇，师姐，这茶真好喝，点心也好吃，我今天真是有口福呀！佳红师姐，你去过交通茶馆吗？我周末就经常去那喝茶，一待就是一个下午。”

“当然去过呀，重庆这么出名的‘网红茶馆’，我哪能没去过呢，电影《疯狂的石头》和真人秀《极限挑战》都是在那儿拍的，很多人都知道。”邓佳红回复道。

“是的是的，我家就在那附近，我经常去黄桷坪涂鸦街逛逛，累了之后就去茶馆坐着，我们周末一起去玩吧！”子轩眼巴巴地望着邓佳红。

邓佳红：“可以呀，不过眼前最重要的是把你的分析搞定，周末咱们才有心思玩耍呀。刚刚看了你的分析框架和目的，还不错，继续往这个方向深入分析就行哦。”

子轩：“好嘞，师姐！”子轩重新进入工作状态。为了周末能好好出去玩，工作时间的他也是全身心投入，铆足了劲。

13.1.2 目的框架

蛮先进公司的主营业务成本分析目的框架如图 13-1 所示。

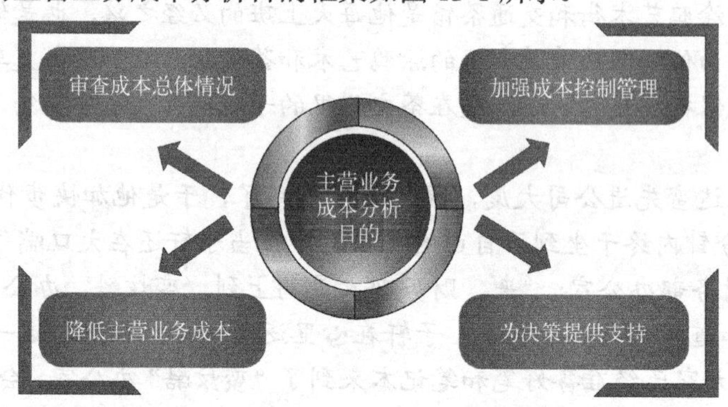

图 13-1 主营业务成本分析目的框架

13.2 分析内容和思路

13.2.1 场景描述

“一鼓作气，再而衰，三而竭。”子轩心想：既然自己已经鼓足了勇气，那就抓紧时间，一口气把分析做完，不然按照自己的拖延症，分析完又是猴年马月了，到时候又得挨程总一顿骂，索性现在就开始战斗吧！

子轩打开电脑，在等待电脑开机的时间，他又把刚刚程总讲的话在脑海中回忆了一遍，包括主营业务成本分析的目的、方向和大致的内容。子轩昨天已经明确了分析目的，即找出成本波动原因，给公司提供降低成本的方案及建议。他心里也暗自拟好了一个大致的框架，现在就是去填充具体的分析内容，正思考着的子轩看见端着咖啡迎面走来的初级财务数据分析师邓佳红，面带微笑地做了个“say hello”的手势。

“子轩呀，你这是在微笑还是苦笑哟！成本分析思路理清楚了吗？你目前基本是可以自己独自上手分析了，所以这次我会放手让你去做，不熟练没关系，一回生二回熟嘛，有什么问题咱俩再一起讨论哈！”邓佳红关切地说道。

“佳红师姐，你就别打趣我了，昨天跟程总交谈之后，虽然对主营业务成本分析有了一个大致的框架，明确了目的，但现在真要进一步细想分析内容的时候还是大脑一片空白啊！”子轩像抓住了救命稻草一般，一股劲地向外输出自己的“苦恼”。

邓佳红径直走到子轩旁边的椅子上坐下，用手轻轻拍打着子轩的肩膀，耐心地说道：“别急，急是急不来的，得一步步来，我看你电脑上已经把分析目的和大致框架列好了，现在是在整理具体分析内容对吧？程总具体有什么要求吗？”

子轩：“程总说不仅要有财务核算分析，还要有业财融合分析，要深入业务分析才有意义。我非常认可程总的话，但真正上手的时候又发现并没有想象的那么简单。”

邓佳红：“那是自然的，万事开头难，不过财务核算分析也是有技巧可循的，咱们多分析几次以后就熟练了。例如在整个主营业务成本分析中，我们分析时一定要运用发散思维，不能仅仅只对一个纯数字或数据进行分析，而是要根据已有的数据信息，运用知识，通过推测、想象，沿着不同的方向去思考，将数据信息进行二次重组，从多方面对财务数据进行分析，这就是所谓的更广、更深层次的分析。那具体而言，进行财务核算分析，我们可以首先通过同比和环比将主营业务成本数据在不同的时间维度下进行对比分析，寻找差异原因；其次，可以对变动成本做一个趋势分析，判断成本的走向并对差异巨大的月份进行深入剖析。当然，我们刚刚说到的趋势分析是站在宏观层面上去看待问题和分析原因以及对未来做预测的，因此，我们称之为向上思维，那如果深入到业务中去，就像程总说的那样，结合产品、项目去分析就是下切思维，接下来你来说说业财融合具体该如何分析呢？”邓佳红喝了一大口手中的咖啡。

子轩就知道邓佳红在传授方法的同时会不时抛出问题，因此，刚刚聚精会神地听着，也早已做好准备，迅速地回答道：“哦！我明白了，业财融合结合下切思维，我们可以分析每个产品和项目成本的具体构成来判断影响成本变动最重要的因素。另外，可以统计客户的成本投入并利用逻辑思维分析客户对咱们公司的重要性程度。”

“非常棒啊！你看是不是已经越来越熟练啦，还会举一反三了，不错！那接下来考考你，咱们刚刚说到的分析都是运用了哪些分析方法呢？”邓佳红笑眯眯地看着子轩，不紧不慢地说道。

“这个我当然知道了，方法是一切分析的起点嘛！财务核算分析用了对比分析法及趋势分析法，业财融合分析用了结构分析法、平均分析法和比较分析法，我说得对吧？”邓佳红看得出来子轩已逐渐进入佳境。

“完全正确！”邓佳红竖起大拇指，“看得出来你已经迫不及待地想要开始分析了，赶快完善框架吧，现在底层逻辑搭建好了，后面的分析就会轻松很多。”

“好嘞！”子轩随即给了邓佳红一个大大的拥抱，于是坐下来迅速敲打着键盘……

蛮先进公司主营业务成本分析思路框架如图 13-2 所示。

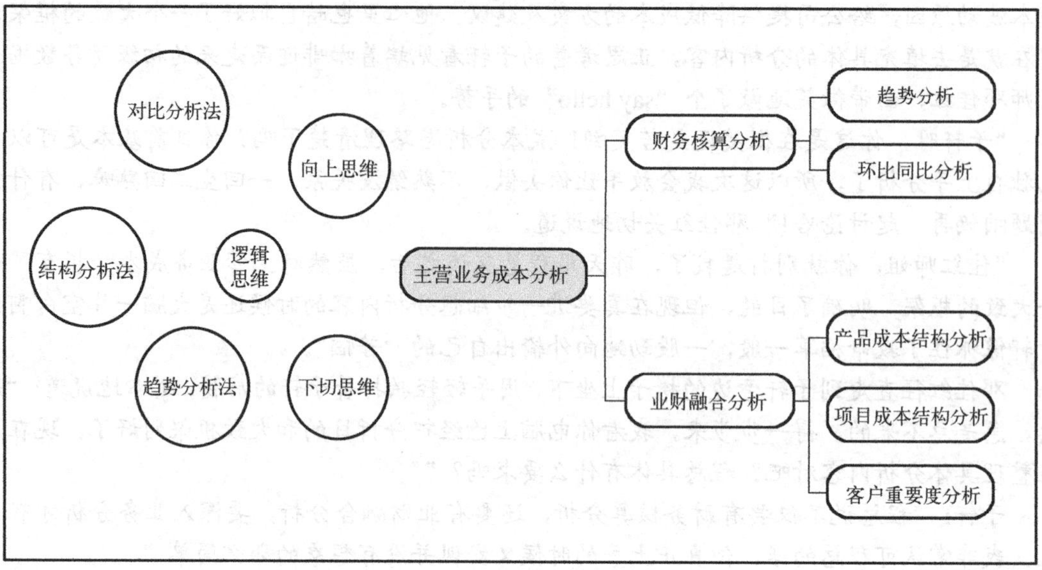

对比分析法
向上思维
结构分析法
逻辑思维
趋势分析法
下切思维
主营业务成本分析
财务核算分析
趋势分析
环比同比分析
业财融合分析
产品成本结构分析
项目成本结构分析
客户重要度分析

图 13-2　主营业务成本分析思路框架

第二天一早，子轩刚走进公司，一张巨大的蓝色海报映入眼帘，它贴在数字化赋能中心门口。海报上面非常瞩目地画着一个蓝黑色的机器人，旁边写着它的名字——元小蛮。原来是“元小蛮”机器人的新海报出炉了，大家都围在一起观赏讨论呢。

“听说最近‘元宇宙’很火耶，其底层技术包含区块链、物联网、网络及运算技术、人工智能、交互技术、电子游戏，这必然是未来互联网产业升级的大方向。”

“是呀，一想到人们可以在虚拟时空中完成自己想做的事就觉得好酷啊！虽然这离我们还比较遥远，但梦想还是要有的，这是人类未来发展的趋势。”

“对啊，就像咱们的‘元小蛮’机器人一样，在若干年以前，谁能想到机器还能帮助我们工作呀，这不，现在就已经实现了！”

……

各种各样的交谈声响彻在数字化赋能中心，蛮先进公司的员工们尽情地讨论着。

“嘿！子轩，你最近那个主营业务成本分析是不是正好要用分析机器人呀？”数字化赋能中心的工程师陈凤看到子轩蹦蹦跳跳地走过来，用手指着“元小蛮”的宣传海报说道：“今天‘元小蛮’升级了，你先用着，有不会的可以随时问我！”

“好嘞！那就先谢谢小陈前辈了。”子轩应道。子轩走到自己工位上开始规划主营业务成本分析的自动化分析总流程图了。

➲ 13.2.2　自动化分析流程

主营业务成本数据自动化分析流程如图 13-3 所示。首先由机器人元小蛮打开序时账文件和订单表文件，对主营业务成本相关数据进行清洗和筛选，然后依次对清洗好的主营业务成本相关数据进行趋势分析、环比同比分析、产品成本结构分析、项目成本结构分析、客户重要度分析，最后机器人元小蛮将分析结果进行汇总，自动生成主营业务成本分析报告。

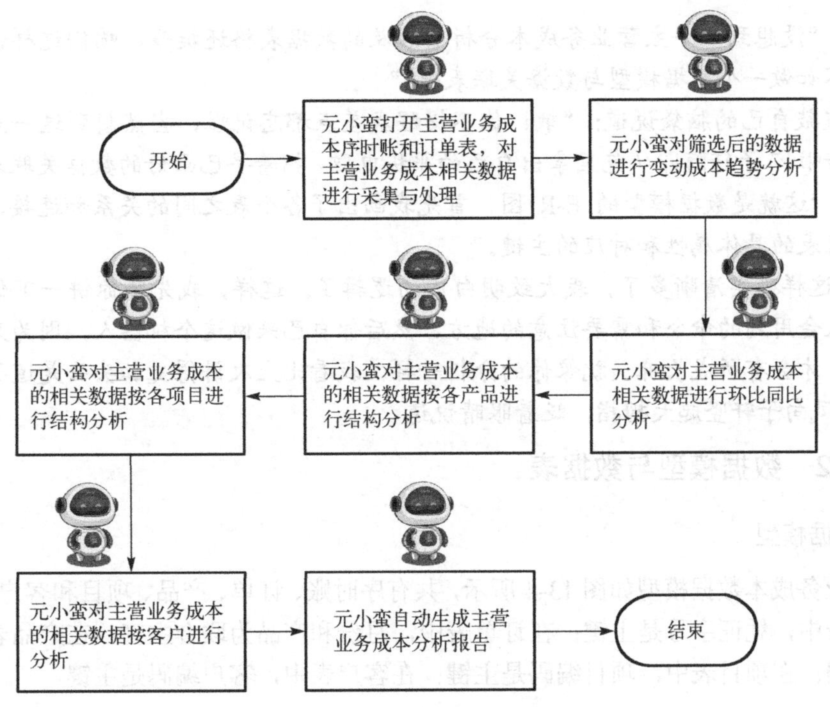

图 13-3　蛮先进公司主营业务成本数据自动化分析流程

13.3 数据准备

13.3.1 场景描述

万事开头难，一切事情，只要前期准备工作做好，后期的工作便会如鱼得水，这句话放在财务数据分析当中，是再恰当不过了。要进行数据分析，有了数据才能分析，前些天，子轩已经把主营业务成本分析的目的、思路及内容框架搭建好了，可谓是万事俱备只欠东风，现在只要把数据准备好，就可以真正进入分析阶段了。

这些天，经常看到财务数据分析实习生子轩和数字化赋能中心的 RPA 高级工程师陈凤走在一起，因为子轩的机器人操作还不是特别熟练，而前期的数据清洗也会用到机器人，因此还需要陈凤在一旁指导，这不，两人今天也是早早地来到公司开始讨论工作。

“你再把你的数据模型及数据表之间的关联详细和我讲讲。”陈凤说道。

子轩娓娓道来：“主营业务成本分析的底层数据是主营业务成本序时账，序时账包含 2020 年和 2021 年两年的主营业务成本结转业务，每笔业务都有对应的日期、会计期间、凭证字号、分录号、摘要、科目代码、科目名称、部门、客户、币别、本币金额、借方和贷方。在数据清洗过程中，可以借助以上属性对主营业务成本的经济业务进行筛选。此外，还可以借助订单表进行分析，订单表是根据涵盖公司各种具体信息的信息表编制而成的，其中属性包括月份、产品、项目、客户编码及成本的结构数据等，我将它主要用于后续的业财融合分析。例如，如果我想分析各个产品的成本及它的构成，就可以在订单表中根据属性进行数据筛选。”

陈凤：“没想到一个主营业务成本分析所涉及的数据表格还挺多，咱们这样说可能还不够清晰，不如做一个数据模型与数据关联表吧。”

子轩敲敲自己的脑袋说道：“哦！你不提醒我差点都忘记啦，当然想到这一点了，所以提前就做好啦！”子轩随即从包里拿出自己的平板电脑，指着早已画好的数据关联表继续向陈凤解释道：“这就是数据模型的 E-R 图，首先我画出了各个表之间的关系和连接，然后我列出了每一张表的具体属性和对应的主键。”

“嗯！这样确实清晰多了，我大致明白你的逻辑了。这样，我先跟你讲一下你这个数据准备机器人会用到的命令和需要注意的地方，然后你自己来做这个机器人，因为只有你不断独自练习，才会有所成长嘛，就像你的分析一样，我看比上次讲得更加头头是道了，我看好你哦！”陈凤向子轩竖起大拇指，眨着眼睛说道。

13.3.2 数据模型与数据表

1. 数据模型

主营业务成本数据模型如图 13-4 所示，共有序时账、订单、产品、项目和客户五个实体。在序时账表中，凭证字号是主键；在订单表中，月份和产品为联合主键；在产品表中，产品编码是主键；在项目表中，项目编码是主键；在客户表中，客户编码是主键。

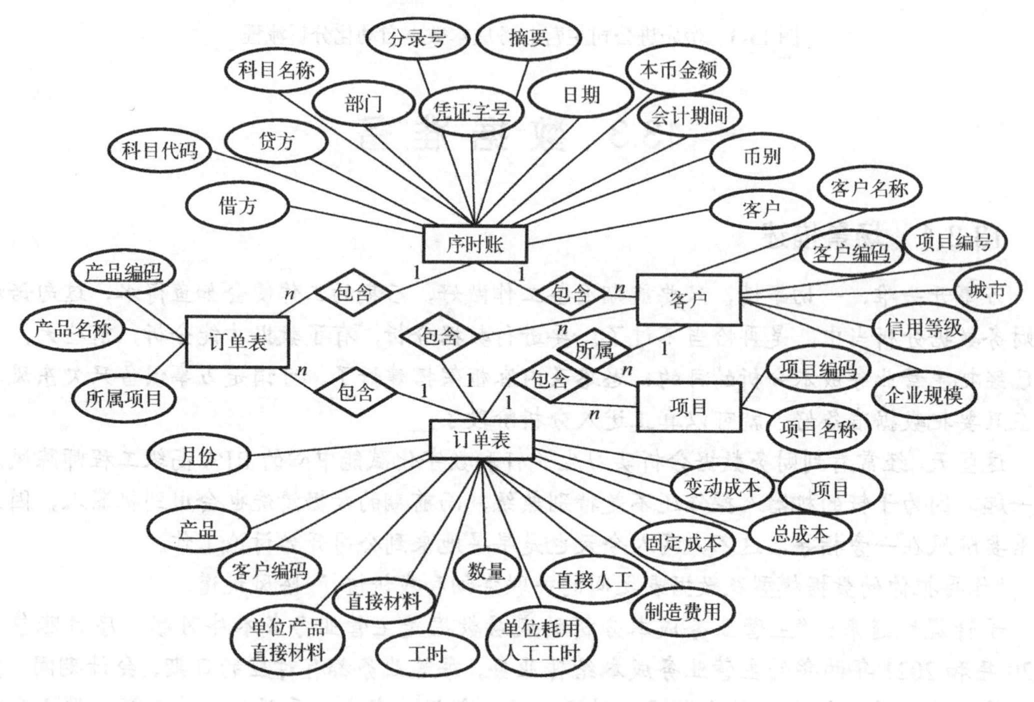

图 13-4 主营业务成本分析数据模型

2. 数据表

主营业务成本分析涉及序时账表、订单表、产品表、项目表和客户表。

主营业务成本分析序时账表如表 13-1 所示。

表 13-1　序时账表

属性名称	数据类型	空　否	说　明
凭证字号	字符型	否	凭证字号
会计期间	字符型	是	分录发生会计期间
日期	日期型	是	分录发生日期
分录号	字符型	是	分录号
摘要	字符型	是	分录事件摘要
科目代码	字符型	是	科目的代码
科目名称	字符型	是	科目的名称
部门	字符型	是	部门编码
客户	字符型	是	客户编码
币别	字符型	是	币别种类
本币金额	字符型	是	本币金额
借方	数值型	是	借方发生额
贷方	数值型	是	贷方发生额

主营业务成本分析订单表结构如表 13-2 所示，其中月份和产品组成联合主键。

表 13-2　订单表

属性名称	数据类型	空否	说明
月份	日期型	否	业务发生月份
产品	字符型	否	产品名称
客户编码	字符型	是	客户编码
数量	数值型	是	产品数量
单位产品直接材料	数值型	是	单位产品直接材料
直接材料	数值型	是	某月某产品直接材料总额
单位耗用人工工时	字符型	是	单位产品耗用人工工时
工时	数值型	是	某月某产品所需工时
直接人工	数值型	是	某月某产品直接人工总额
制造费用	数值型	是	某月某产品制造费用总额
固定成本	数值型	是	某月某产品固定成本
变动成本	数值型	是	某月某产品变动成本
总成本	数值型	是	某月某产品总成本
项目	字符型	是	产品所属项目编码

主营业务成本分析产品表如表 13-3 所示，其中产品编码是主键。

表 13-3　产品表

属性名称	数据类型	空　否	说　明
产品编码	字符型	否	产品表的产品编码
产品名称	字符型	是	产品表的产品名称
所属项目	字符型	是	产品所属的项目

主营业务成本分析项目表如表 13-4 所示，其中项目编码是主键。

表 13-4 项目表

属性名称	数据类型	空 否	说 明
项目编码	字符型	否	项目表的项目编码
项目名称	字符型	是	项目表的项目名称

主营业务成本分析客户表如表 13-5 所示，其中客户编码是主键。

表 13-5 客户表

属性名称	数据类型	空 否	说 明
客户编码	字符型	否	客户表的客户编码
客户名称	字符型	是	客户表的客户名称
项目编号	字符型	是	客户表的项目编号
企业规模	字符型	是	客户表的企业规模
城市	字符型	是	客户表的城市
信用等级	字符型	是	客户表的信用等级

13.4 成本数据采集与处理自动化

13.4.1 场景描述

清晨的第一缕阳光透过落地窗照进了子轩的房间，他随即坐起来，不紧不慢地伸了个懒腰，心想：终于睡了个久违的懒觉，前几天为了主营业务成本分析的一系列准备工作，都没睡好觉就去公司了，从今天开始就进入新的阶段了——做机器人，虽然可能会在这个过程中遇到一些困难，但是没关系，“勇敢满蛮，不怕苦难!”。子轩随即从床上爬了起来。

来到公司楼下，子轩和往常一样，在无人咖啡机点了一杯“蛮好喝”咖啡，随即乘电梯到了 42 层的蛮先进公司。来到工位上的子轩打开“蛮好用”电脑，准备先把 UiBot 软件做个升级，就可以正式开始做“主营业务成本分析机器人”了。

软件升级好之后，子轩就立马打开 UiBot 开始操作了，首先他建立了一个文档，命名为“主营业务成本分析机器人”，然后建立七个流程块，分别命名为“数据采集与处理”、“环比同比分析”、“趋势分析”“产品成本结构分析”、“项目成本结构分析”、“客户重要度分析”和“生成报告”，现在要做的自然就是第一个流程块——数据采集与处理。

子轩一边思考一边写着程序，由于前期基础已经打好，现在逻辑非常清晰：首先财务核算分析的底层数据是 2020 年和 2021 年主营业务成本序时账，由于账上发生和结转的经济业务金额是一样的，为了避免分析金额重复，先要对序时账进行一个筛选。其次，业财融合分析部分需要用到公司的订单表，订单表中包含月份、产品、项目、客户编码、直接材料、直接人工、制造费用等信息，因此，需要对订单表进行读取和筛选。所以，数据采集与处理的程序涉及的命令有打开文件、读取区域、数据筛选和构建数据表等。

30 分钟过去了，子轩已经把第一个数据采集与处理机器人程序写好了，他满怀期待地单击了“运行”按钮，虽然已经做过好几次机器人了，但是每次完成之后，还是会有成就感，还是会期待运行的结果。“噔噔！”听到运行报错了，子轩的脸一下子搭了下来，立即看了看显示的错误原因——“名字 objExcelWorkBook2 没有找到，已自动定义为变量”“名字 Objdatatable 出现了重复”。

“哦，哎！”子轩拍打了一下自己的脑袋嘀咕道：“又犯了低级错误，陈凤前辈都已经强调过好多次了变量要按顺序写，避免遗漏，流程图的变量和当前流程块的变量不能重复，每次都是这么粗心。”

子轩三下五除二修改了程序，开始了第二次运行，不出所料，第二次运行成功了，子轩在心里喊了个“yes！”令他感到开心的是自己编写机器人越来越熟练了，虽然数据采集与处理的流程相对来说比较简单，但也算是开了个好头，这使她对后面的机器人编写更加充满了信心。

➲ 13.4.2　RPA 技术路线

数据采集与处理的流程主要包括获取文件、读取数据、数据筛选、添加变量四个内容。首先，获取到分析所需要的文件，然后读取文件里面的数据，最后需要进行筛选的数据通过设置相应的属性进行筛选。在此过程中，涉及的变量需要添加在流程图或当前流程块的变量中。具体的功能描述和使用的活动如表 13-6 所示。

表 13-6　主营业务成本数据采集与处理自动化开发技术路线

模　块	功能描述	使用的活动
获取文件	打开从本地获取的成本序时账文件、订单表文件和生成报告 Excel 表，读取序时账和订单表中的数据	打开 Excel 工作簿
读取数据	读取序时账和订单表中的数据	读取区域
		构建数据表
数据筛选	对序时账表进行筛选	条件筛选
		构建数据表
添加变量	将新加入的变量添加进流程图或当前流程块	添加流程图变量
		添加当前流程块变量

13.5　成本数据分析与展现自动化

➲ 13.5.1　场景描述

“我们都需要爱，大家把手都牵起来，Together for a shared future，一起来一起向未来……”北京 2022 年冬奥会推广歌曲从子轩的耳机里传了出来，此刻的他正刷着抖音，挤着轻轨前往蛮先进公司上班。子轩像是被洗脑了一般，脑子里一直循环着《一起向未来》这首歌曲，心想着：自己什么时候也能去滑雪，参与到冰雪运动中就好了。可看到轻轨下一站的目的地不禁叹了一口气，转念一想：主营业务成本分析还没有搞定，哪里有时间出去玩呀，当财务分析师真是不容易。“唉！”子轩发出第二声叹气，走出了轻轨站。

从今天开始，子轩的主营业务成本分析就进入了最具挑战的阶段，那就是对主营业务成本分析的五个分析模块依次编写机器人程序，因此，他也提前约好了数字化赋能中心的工程师陈凤来跟他一起讨论并给他一些指点。于是，在“蛮炫酷”办公室时不时能听到两人激烈的讨论声。

陈凤：“哈哈，机器人流程做起来确实不难，其实真正难的地方是在设置流程前的框架搭建，思维一定要清晰。例如，现在开发前我们需要先整理一下每个分析板块需要计算出哪些数据，怎么分析的以及最后用什么图表来展现分析的结果。”

“是哦！”子轩用手抚摸着下巴若有所思地说道，“第一个趋势分析要用到的数据自然是 2020 年和 2021 年两年中每个月的变动成本数据。为了更加方便地分析，首先我们可以把这些数据放在表格中呈现出来，然后通过折线图来反映这两年每个月变动成本的变动趋势，这样就可以非常清晰、直观地看出哪些月份的数据存在异常，同时还可以看出 2020 年和 2021 年变动成本变动趋势的对比结果。”

“嗯！我觉得你这个思路非常好！”陈凤一边说着一边敲打着键盘，将刚刚子轩所说的思路整理在 Excel 表格中，“那你这个环比同比分析应该会用到这两年每个月的主营业务成本总额数据，金额确定之后将同一年不同月份间的数据进行环比分析、不同年份同个月份间的数据进行同比分析。为了更加清晰、明了地看出对比结果，就用表格来呈现具体金额、用折线图来展示趋势，这样也能够一眼看出存在异常的月份。你看我说得对吗？”

子轩：“跟我想的完全一样啊，看来咱俩的配合是越来越有默契了啊！”说罢，两人对视一笑，击了个掌。

“关于业财融合分析方面，产品结构分析和项目结构分析类似，主要用到的数据就是以每个产品或项目为单位分别对两年的主营业务成本进行汇总后的数据，通过结构分析法分析每个产品或项目的成本构成因素及其所占的比例。为了清晰地看出占比情况，项目成本结构分析可以通过条形图展现，因为产品种类较多，所以产品成本结构分析用表格的方式来呈现。”子轩紧接着说道。

“按照这个思路，那最后一个客户重要度分析所用到的数据就是 2020 年和 2021 年对每个客户所投入的成本数据。由于客户较多，因此分析也以表格的方式来呈现，将成本数据自动填入表格内之后，通过比率分析法判断出成本投入排名前三的客户有哪些。”陈凤说道。

子轩看着分析得头头是道的陈凤，不禁鼓起掌来：“可以啊，凤姐，没想到你还有数据分析的天赋咧！你看咱俩多多交流合作，还可以互相学习，给自己多加一个技能呢。”

陈凤哈哈大笑道：“是啊，现在你就可以开始写每个分析的程序了，我看你也慢慢熟练了，我先回工位了。一定要记得，遇到问题先思考，再问我哟！”

“OK，没问题，谢谢凤姐！”子轩回答到。

➲ 13.5.2 数据分析模型

主营业务成本数据分析模型如图 13-5 所示。

我们把主营业务成本数据分析分成了两种类别，在财务核算分析方面，包括趋势分析、环比同比分析；在业财融合分析方面，包括产品成本结构分析、项目成本结构分析和客户重要度分析。

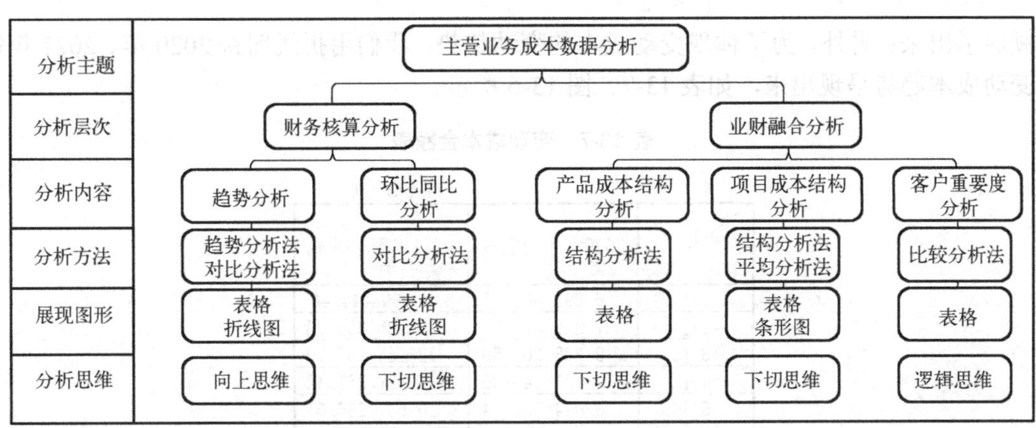

图 13-5　主营业务成本数据分析模型

1. 财务核算分析

（1）趋势分析

趋势分析主要从时间维度，运用向上思维分析各月主营业务成本中变动成本的发生变动情况，预测变动成本趋势及走向，而各月变动成本数据之间构成比较关系。因此，可以采用对比分析法和趋势分析法进行分析。

（2）环比同比分析

环比同比分析主要从时间维度，运用下切思维分析主营业务成本的月度环比和年度同比情况，各月主营业务成本数据之间构成比较关系。因此，可以采用对比分析法进行分析。

2. 业财融合分析

（1）产品成本结构分析

产品成本结构分析主要利用下切思维和结构分析法，对每个产品主营业务成本构成情况进行分析。通过分析，判断各个产品中直接材料、直接人工和制造费用的占比情况，以及单个产品成本占总主营业务成本前三的产品。

（2）项目成本结构分析

项目成本结构分析主要从项目的角度，运用下切思维分析各项目主营业务成本的构成情况，从而判断影响项目成本的主要因素是什么。因此，可以采用结构分析法和平均分析法计算出项目直接材料平均占比、直接人工平均占比以及制造费用平均占比，并进行分析。

（3）客户重要度分析

客户重要度分析主要利用逻辑思维，通过分析公司对各个客户投入成本的占比来判断客户对公司的重要程度。因此，可以采用比较分析法，分析每个客户投入的成本金额。

13.5.3　数据展现设计

在数据展现过程中，数据间的对比关系可以用柱形图或表格进行展示，趋势走向可以用折线图进行展示。

1. 趋势分析

由于各月变动成本数据之间构成比较关系，因此我们采用表格的形式将各月变动成本金额展示出来；另外，为了体现变动成本的变动趋势，我们用折线图将 2020 年、2021 年每月变动成本趋势呈现出来，如表 13-7、图 13-6 所示。

表 13-7　变动成本金额表

单位：元

年份 月份	2020年变动成本	2021年变动成本
1月	6 393 308.85	9 060 444.40
2月	7 222 617.07	12 985 353.16
3月	9 233 906.89	12 264 145.79
4月	9 121 140.30	13 257 381.42
5月	8 044 780.14	10 687 236.61
6月	9 684 701.88	13 485 892.43
7月	12 717 833.48	11 550 911.14
8月	10 223 060.24	10 877 542.74
9月	13 024 614.53	10 828 104.60
10月	11 324 927.91	10 059 166.75
11月	14 125 233.60	8 846 184.60
12月	13 238 518.81	10 050 282.44

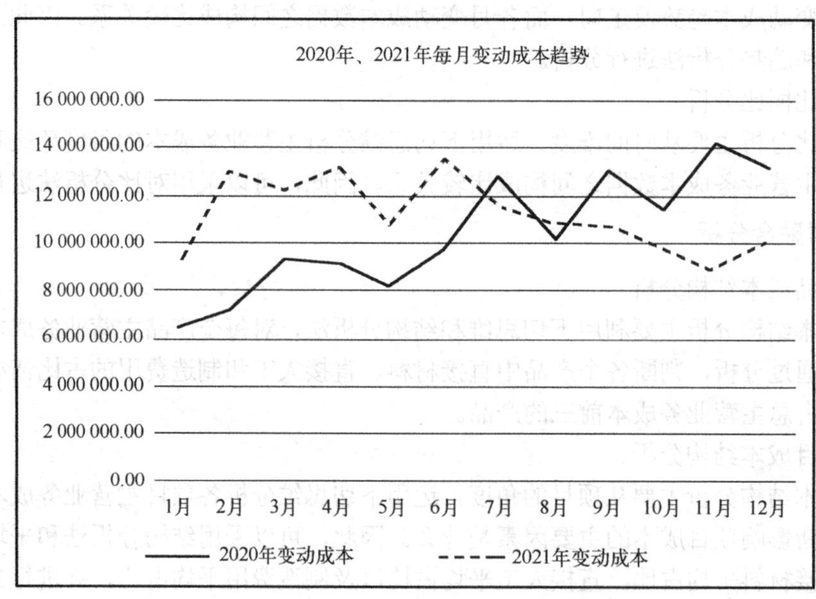

图 13-6　2022 年、2021 年每月变动成本趋势

2．环比同比分析

由于各月的成本同比环比增长率数据之间构成比较关系，因此我们用表格的形式将各月份同比、环比的增长率展示出来；另外，为了体现环比同比增长率的趋势，我们用折线图将 2020 年、2021 年主营业务成本环比增长趋势以及 2021 年同比增长趋势呈现出来，如图 13-7、图 13-8、表 13-8、表 13-9 所示。

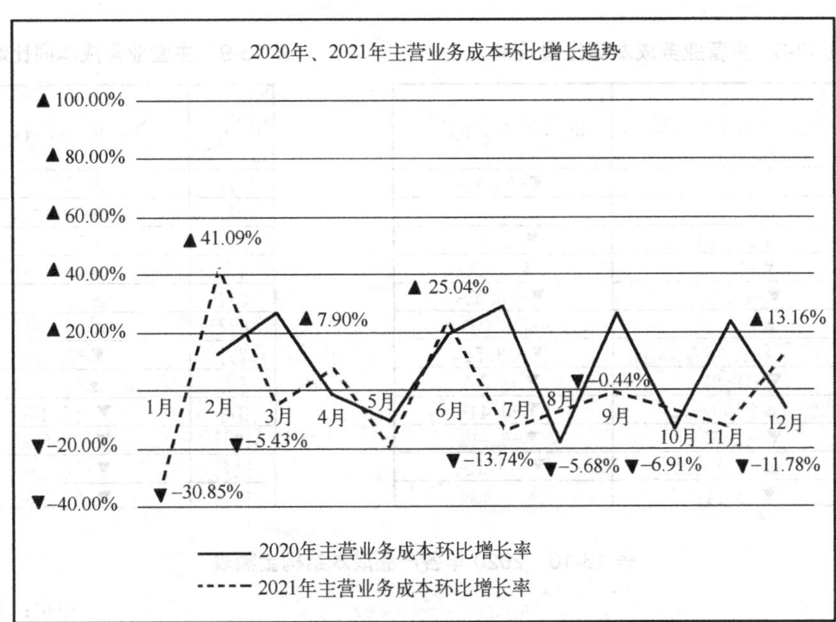

图 13-7　2020、2021 年主营业务成本环比增长趋势

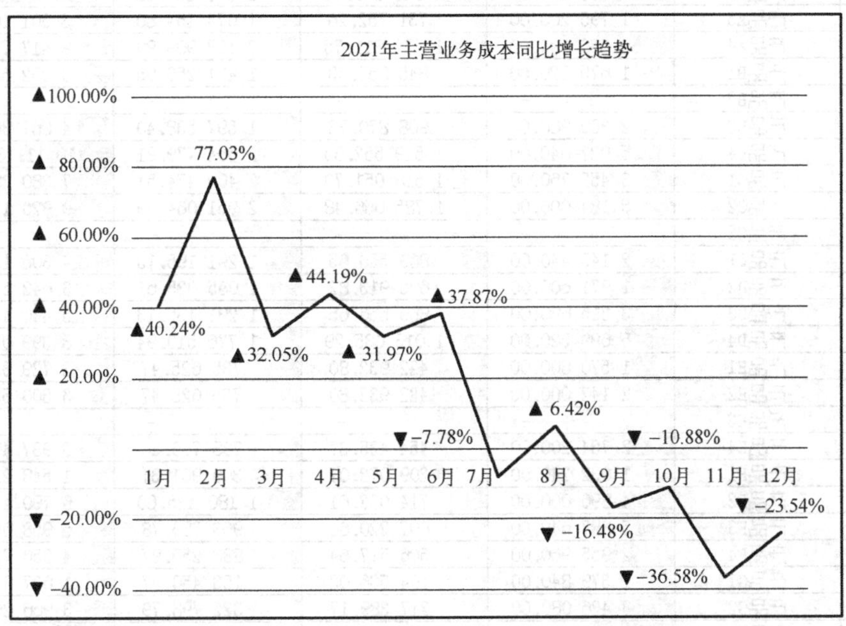

图 13-8　2021 年主营业务成本同比增长趋势

3．产品成本结构分析

由于每个产品成本之间构成比较关系，且其直接材料、直接人工、制造费用的占比也构成比较关系，因此我们用表格的形式将 2020 年、2021 年各产品主营业务成本构成金额呈现出来，如表 13-10、表 13-11 所示。

表 13-8 主营业务成本环比增长率

年/月	2020年环比增长率	2021年环比增长率
1月		▼-30.85%
2月	▲12.42%	▲41.90%
3月	▲26.79%	▼-5.43%
4月	▼-1.18%	▲7.90%
5月	▼-11.44%	▼-18.95%
6月	▲19.69%	▲25.04%
7月	▲28.96%	▼-13.74%
8月	▼-18.27%	▼-5.68%
9月	▲26.86%	▼-0.44%
10月	▼-12.75%	▼-6.91%
11月	▲24.08%	▼-11.70%
12月	▼-6.14%	▲13.16%

表 13-9 主营业务成本同比增长率

年/月	2021年同比增长率
1月	▲40.24%
2月	▲77.03%
3月	▲32.05%
4月	▲44.19%
5月	▲31.97%
6月	▲37.87%
7月	▼-7.78%
8月	▲6.42%
9月	▼-16.48%
10月	▼-10.88%
11月	▼-36.58%
12月	▼-23.54%

表 13-10 2020 年各产品成本结构金额表

单位：元

产品编码	产品名称	直接材料	直接人工	制造费用	成本合计
001	产品A1	1 795 200.00	986 843.25	1 716 459.44	4 498 502.70
002	产品A2	7 005 600.00	2 125 272.37	3 373 264.28	12 504 136.66
003	产品A3	1 795 200.00	731 752.26	1 074 154.60	3 601 106.87
004	产品A4	4 536 000.00	1 772 811.75	3 108 909.90	9 417 721.66
005	产品B1	1 675 520.00	845 865.63	1 471 250.95	3 992 636.59
006	产品B2	–	–	–	–
007	产品B3	2 360 960.00	908 870.73	1 597 538.40	4 867 369.13
008	产品B4	5 927 040.00	1 519 552.93	2 664 779.91	10 111 372.84
009	产品C1	3 452 760.00	1 518 051.70	2 409 474.51	7 380 286.19
010	产品C2	5 184 000.00	1 785 056.48	2 951 064.09	9 920 120.55
011	产品C3	–	–	–	–
012	产品D1	2 145 440.00	869 556.65	1 291 195.13	4 306 191.78
013	产品D2	1 971 600.00	605 913.82	1 065 025.61	3 642 539.41
014	产品D3	3 315 680.00	869 556.65	1 291 195.13	5 476 431.78
015	产品D4	5 609 520.00	1 013 035.29	1 776 519.94	8 399 075.24
016	产品E1	1 570 800.00	422 932.80	735 625.47	2 729 358.28
017	产品E2	2 142 000.00	422 932.80	735 625.47	3 300 558.28
018	产品E3	–	–	–	–
019	产品E4	2 734 200.00	454 435.37	798 769.20	3 987 404.58
020	产品F1	1 032 240.00	209 072.07	306 901.31	1 548 213.40
021	产品F2	4 896 000.00	714 022.61	1 180 425.60	6 790 448.21
022	产品F3	5 387 640.00	607 220.66	963 789.78	6 958 650.48
023	产品F4	2 955 960.00	506 517.64	888 259.97	4 350 737.60
024	产品G1	1 379 840.00	104 536.03	153 450.67	1 637 826.70
025	产品G2	3 426 080.00	217 389.17	322 798.79	3 966 267.94
026	产品G3	3 528 000.00	357 011.32	590 212.82	4 475 224.11

4．项目成本结构分析

由于各项目直接材料、直接人工、制造费用的占比构成比较关系，因此我们用表格的形式将 2020 年、2021 年各项目主营业务成本构成金额呈现出来；另外，为了体现直接材料、直接人工以及制造费用在各项目间的占比情况，我们用条形图将其占比呈现出来，如表 13-12、表 13-13、图 13-9、图 13-10 所示。

表 13-11 2021 年各产品成本结构金额表 单位：元

产品编码	产品名称	直接材料	直接人工	制造费用	成本合计
001	产品A1	1 425 600.00	832 430.73	701 917.83	2 959 948.55
002	产品A2	5 392 800.00	1 523 126.05	1 641 308.87	8 557 234.91
003	产品A3	1 142 400.00	346 229.28	535 948.73	2 024 578.01
004	产品A4	9 900 000.00	3 769 348.37	3 518 516.73	17 187 865.06
005	产品B1	1 330 560.00	713 512.06	601 643.86	2 645 715.90
006	产品B2	672 000.00	222 156.89	355 443.60	1 249 600.49
007	产品B3	1 370 880.00	489 698.67	411 362.70	2 271 941.37
008	产品B4	12 936 000.00	3 230 870.00	3 015 871.46	19 182 741.48
009	产品C1	2 657 880.00	1 087 947.17	1 172 363.49	4 918 190.65
010	产品C2	7 568 640.00	2 454 163.83	2 148 817.21	12 171 621.02
011	产品C3	820 800.00	185 130.75	296 202.99	1 302 133.74
012	产品D1	1 259 280.00	472 154.52	381 407.86	2 112 842.39
013	产品D2	1 144 800.00	326 465.79	274 241.80	1 745 507.59
014	产品D3	1 946 160.00	472 154.52	381 407.86	2 799 722.39
015	产品D4	12 243 000.00	2 153 913.34	2 010 581.01	16 407 494.30
016	产品E1	1 247 400.00	356 756.03	300 821.92	1 904 977.96
017	产品E2	1 701 000.00	356 756.03	300 821.92	2 358 577.96
018	产品E3	714 000.00	111 078.45	177 721.80	1 002 800.25
019	产品E4	1 587 600.00	244 849.34	205 681.36	2 038 130.70
020	产品F1	656 880.00	98 922.65	153 128.21	908 930.85
021	产品F2	7 148 160.00	981 665.56	859 526.89	8 989 352.42
022	产品F3	4 147 320.00	435 178.87	468 945.40	5 051 444.25
023	产品F4	6 451 500.00	1 076 956.68	1 005 290.52	8 533 747.16
024	产品G1	878 080.00	49 461.32	76 564.11	1 004 105.43
025	产品G2	2 010 960.00	118 038.61	95 351.97	2 224 350.59
026	产品G3	5 150 880.00	490 832.75	429 763.43	6 071 476.21

表 13-12 2020 年各项目成本结构金额表 单位：元

项目编码	项目名称	直接材料	占比	直接人工	占比	制造费用	占比	成本合计
01	酒店智能客控系统项目	7 183 520.00	49.47%	2 678 574.48	18.45%	4 658 961.33	32.08%	14 521 055.85
02	车载智能系统项目	15 846 000.00	59.03%	4 250 544.73	15.83%	6 746 528.57	25.13%	26 843 073.33
03	智能监控机器人项目	7 066 760.00	56.55%	1 969 219.92	15.76%	3 461 333.21	27.70%	12 497 313.12
04	低碳智能装备项目	0.00		0.00		0.00		0.00
05	智能安保系统项目	4 207 280.00	61.99%	1 045 360.36	15.40%	1 534 506.58	22.61%	6 787 146.97
06	智能家庭服务项目	8 887 200.00	64.64%	1 956 502.47	14.23%	2 905 189.05	21.13%	13 748 891.50
07	智能装配机器人项目	19 028 520.00	58.95%	4 811 917.61	14.91%	8 438 469.72	26.14%	32 278 907.34
08	智能中控机器人项目	13 608 000.00	64.23%	2 856 090.41	13.48%	4 721 702.51	22.29%	21 185 792.87

表 13-13 2021 年各项目成本结构金额表 单位：元

项目编码	项目名称	直接材料	占比	直接人工	占比	制造费用	占比	成本合计
01	酒店智能客控系统项目	5 704 560.00	57.80%	2 259 454.85	22.89%	1 905 205.53	19.30%	9 869 220.37
02	车载智能系统项目	12 198 000.00	65.84%	3 046 252.09	16.44%	3 282 617.76	17.72%	18 526 869.81
03	智能监控机器人项目	4 103 280.00	67.76%	1 061 013.80	17.52%	891 285.86	14.72%	6 055 579.66
04	低碳智能装备项目	2 206 800.00	62.08%	518 366.09	14.58%	829 368.39	23.33%	3 554 534.48
05	智能安保系统项目	2 677 360.00	67.99%	494 613.25	12.56%	765 641.05	19.44%	3 937 614.29
06	智能家庭服务项目	5 216 400.00	73.09%	1 062 347.65	14.89%	858 167.69	12.02%	7 136 915.37
07	智能装配机器人项目	41 530 500.00	67.74%	10 231 088.39	16.69%	9 550 259.72	15.58%	61 311 848.00
08	智能中控机器人项目	19 867 680.00	72.96%	3 926 662.14	14.42%	3 438 107.53	12.63%	27 232 449.65

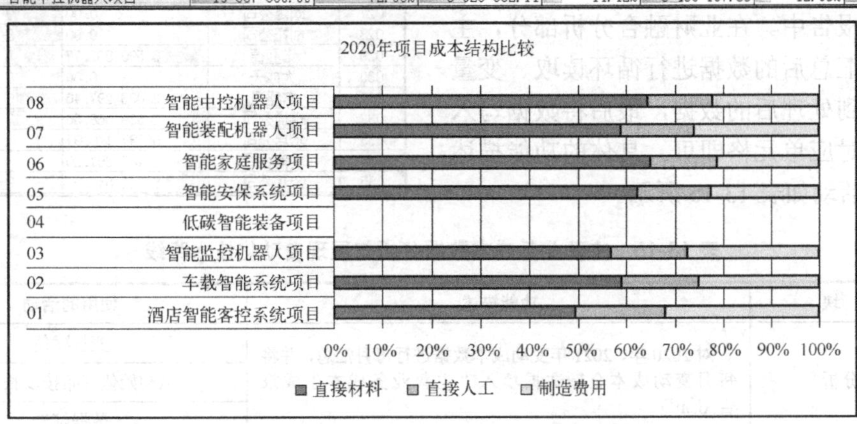

图 13-9 2020 年项目成本结构比较

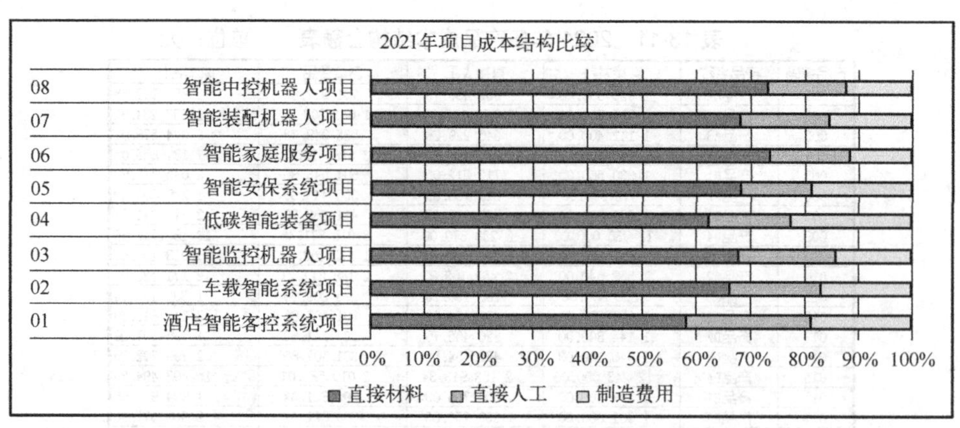

图 13-10 2021 年项目成本结构比较

5. 客户重要度分析

由于 2020 年、2021 年对各个客户的成本投入金额构成比较关系，因此我们用表格的形式将 2020 年、2021 年各客户主营业务成本投入的金额呈现出来，通过数据条可以看出各客户成本投入的占比情况，如表 13-14 所示。

表 13-14 客户主营业务成本金额表

单位：元

客户编码	客户名称	2020年主营业务成本	2021年主营业务成本
001	明力电器	5 699 573.77	0.00
002	重余股份	6 791 418.21	0.00
003	云科股份公司	6 099 445.80	0.00
004	珠峰国际酒店	7 738 442.54	0.00
005	明成公司	6 168 931.77	0.00
006	海诚毅电器	5 705 894.91	0.00
007	霁都大酒店	11 334 045.66	3 819 365.32
008	司奇博公司	8 601 188.62	0.00
009	驰名公司	9 897 634.06	0.00
010	海科天机公司	4 074 203.36	5 153 245.18
011	三生大酒店	6 316 824.96	0.00
012	米为公司	0.00	5 378 881.82
013	永达力电器	4 078 438.22	0.00
014	蛮赚钱银行	0.00	6 055 579.66
015	蛮好吃公司	0.00	6 248 544.34
016	科维诺南亚酒店	0.00	7 959 987.02
017	亚特斯蓝帝酒店	6 782 613.31	1 909 233.35
018	蛮有趣家居公司	0.00	3 554 534.48
019	兴亦原料公司	0.00	10 407 639.24
020	佳力天启原料公司	0.00	4 319 579.62
021	灵佰原料公司	6 232 544.37	0.00
022	志柏公司	1 014 234.31	1 758 033.55
023	铮臻公司	0.00	3 937 614.29
024	东方华峰	2 686 970.19	2 333 006.24
025	科信尔公司	0.00	5 910 916.00
026	鸿瀚公司	0.00	8 744 099.22
027	颂泽公司	0.00	9 970 110.56
028	创拓公司	0.00	8 034 146.18
029	诺亚德	6 590 832.77	5 784 552.57
030	大成天	0.00	6 297 173.27
031	东盛泓	2 003 297.46	6 831 401.24
032	瑞通公司	2 529 668.56	13 389 977.22
033	尔启公司	6 787 146.97	0.00
034	友信公司	2 487 287.20	0.00
035	帝润公司	8 241 543.96	9 827 411.26

➲ 13.5.4 RPA 技术路线

主营业务成本的分析流程包括趋势分析、环比同比分析、产品成本结构分析、项目成本结构分析、客户重要度分析五个内容。

在财务核算分析部分，先通过从初始值开始按步长计数、变量赋值、数据筛选等活动对需要分析的数据进行筛选和汇总，然后通过变量赋值、转化为数组、依次读取数组中每个元素、写入单元格等活动将分析后的数据填入报告中。在业财融合分析部分，主要通过将汇总后的数据进行循环读取、变量赋值等得到处理后的数据，最后将数据写入分析报告对应单元格即可。具体的功能描述和使用的活动如表 13-15 所示。

表 13-15 主营业务成本数据分析与展现自动化技术路线

模 块	功能描述	使用的活动
趋势分析	对 2020 年、2021 年变动成本数据进行每月汇总，并将每月变动成本金额数据填入“主营业务成本生成报告.xlsm”	变量赋值
		从初始值开始按步长计数
		数据筛选

续表

模　块	功能描述	使用的活动
趋势分析	对 2020 年、2021 年变动成本数据进行每月汇总，并将每月变动成本金额数据填入“主营业务成本生成报告.xlsm”	转化为数组
		依次读取数组中每个元素
		转为小数数据
		写入单元格
	对汇总的每月变动成本金额进行排序，并分别筛选出 2020 年与 2021 年变动成本排名前三的月份及金额	读取区域
		构建数据表
		转换列类型
		数据表排序
		转化为数组
		变量赋值
环比同比分析	对 2020 年、2021 年主营业务成本数据进行每月汇总，同时进行环比、同比的计算，并将主营业务成本环比与同比数据填入“主营业务成本生成报告.xlsm”	从初始值开始按步长计数
		变量赋值
		数据筛选
		选择数据列
		转换为数组
		依次读取数组中每个元素
		转为小数数据
		在数组尾部添加元素
		如果条件成立
		否则执行后续操作
		合并数组
		截取数组
		写入列
	对已计算出的环比、同比值进行排序，分别筛选出 2020 年与 2021 年主营业务成本环比值排名前三的月份和环比值、2021 年正负同比月份以及同比排名前三的月份与同比值	复制数据
		获取数组最大下标
		从初始值开始按步长计数
		如果条件成立
		变量赋值
		依次读取数组中每个元素
		取四舍五入值
		转为文字数据
		在数组尾部添加元素
		将数组合并为字符串
产品成本结构分析	对 2020 年、2021 年产品成本中直接材料、直接人工、制造费用和成本合计金额进行筛选和汇总，并将汇总后的金额填入“主营业务成本生成报告.xlsm”	变量赋值
		从初始值开始按步长计数
		数据筛选
		转化为数组
		依次读取数组中每个元素
		转为小数数据
		写入单元格

续表

模　　块	功能描述	使用的活动
产品成本结构分析	对每个产品的成本合计进行排序，分别筛选出 2020 年和 2021 年成本占比排名前三的产品及其占比、计算 2020 年和 2021 年直接材料占比最大的产品的占比值	在数组尾部添加元素
		变量赋值
		从初始值开始按步长计数
		构建数据表
		增加列
		转换列类型
		数据表排序
		转为文字数据
		转化为数组
		获取左侧字符串
		数据筛选
		依次读取数组中每个元素
		转为小数数据
		写入单元格
项目成本结构分析	对 2020 年、2021 年项目成本中直接材料、直接人工、制造费用及其占比以及成本合计金额进行筛选和汇总，并将汇总后的金额填入“主营业务成本生成报告.xlsm”	变量赋值
		从初始值开始按步长计数
		数据筛选
		转化为数组
		依次读取数组中每个元素
		转为小数数据
		写入单元格
	对已归集的项目直接材料占比、直接人工占比、制造费用占比进行平均，分别计算出 2020 年和 2021 年项目直接材料、直接人工和制造费用的平均占比值	变量赋值
		在数组尾部添加元素
		取四舍五入值
		转为文字数据
		从初始值开始按步长计数
		写入单元格
		数据筛选
		转化为数组
		依次读取数组中每个元素
		转为小数数据
客户重要度分析	对 2020 年、2021 年投入到每个客户的主营业务成本金额进行筛选和汇总，并将汇总后的金额填入“主营业务成本生成报告.xlsm”	变量赋值
		从初始值开始按步长计数
		数据筛选
		转化为数组
		依次读取数组中每个元素
		转为小数数据
		写入单元格

续表

模　块	功能描述	使用的活动
客户重要度分析	对汇总的客户主营业务成本投入金额进行排序，并分别筛选出2020年与2021年主营业务成本投入排名前三的客户及金额	读取区域
		构建数据表
		转为文字数据
		数据表排序
		转化为数组
		变量赋值

13.6　成本数据分析报告自动化

13.6.1　场景描述

人们都说重庆的夏天热得毫不留情，可子轩觉得重庆的冬天虽然没有雪，但也冰冷刺骨，只见他裹着厚厚的大衣，行走在去往蛮先进公司的必经之路上。今天已经是周四了，距离成本分析报告提交还有不到两天的时间，可子轩心里清楚，他一定能完成任务，自从有了元小蛮之后，他的工作变得有效率多了，财务部再也没有像以往那样，加班加到很晚。

按时来到公司，找到熟悉的搭档陈凤，子轩开始了主营业务成本分析的最后一关——成本数据分析报告自动化报告流程。前些天他已经把所有的分析都落实在 Excel 报告中了，今天的目标是要形成一个完整的 Word 成本分析报告。当然，经过昨天和陈凤的商量，子轩已经提前把 Word 分析模板准备好了。

"hello，你来啦，那咱们就迅速开始吧！"陈凤永远都是那么充满活力，"昨天经过数据分析之后，得出了什么结论呀？"

"我就知道领导们最看重的就是分析结论及建议了，所以已经提前写在 Word 分析报告中。"子轩打开睡眠模式中的电脑，指着分析报告中的数据向陈凤解释道，"不管是通过趋势分析还是同比环比分析，都能够看出在疫情严重的月份成本骤降，此时公司的项目规模和客户数量也是急剧下降的；相反疫情得到缓解的月份，成本又迅速上升，公司项目规模也变大了，因此判断 2020 年和 2021 年主营业务成本的变动主要是由于疫情的客观因素所引起的。"

"哦，对，疫情的严重程度会直接影响公司的客户数量及项目规模，项目规模变小直接导致产品需求减少，因此成本降低也就能够说得通了。"陈凤补充道。

子轩："是的，另外根据产品成本结构分析和项目成本结构分析可以得出影响产品成本最重要的因素是产品的直接成本即原材料成本，因此我提供的建议也主要是针对直接材料的。"

"详细说来听听。"陈凤饶有兴趣地说道。

子轩："首先，针对疫情这种客观因素，公司可以根据疫情发生规律，合理规划产品生产数量。其次，要加强流程管理与规范，形成完整的收发存流程，加强规范供应链管理，着重降低可控成本。例如，制定材料耗用成本标准，从源头上降低成本等。"

“分析得很不错啊，果然程总没有看错你！”陈凤向子轩竖起一个大拇指，“那接下来就是通过自动化流程生成 Word 报告了对吧，这个也非常简单，首先我们只需要提前在 Excel 中进行录制宏，然后在 UiBot 上执行宏，通过‘查找文本后设置光标位置’‘执行宏’‘粘贴’‘文字批量替换’等活动就可以自动生成 Word 分析报告了。”

“呼——主营业务成本分析自动化流程终于要大功告成了。”子轩长出了一口气，随后像一只泄了气的皮球瘫坐在椅子上，心里却想着：涂鸦街、交通茶馆、金佛山、仙女山，我来了！

➲ 13.6.2 数据分析报告设计

主营业务成本数据分析报告模板

主营业务成本数据分析报告由标题、目录、摘要、正文构成，具体内容可扫描二维码查看。

“疫情背景下的企业预算管理——主营业务成本数据分析报告”是我们的报告标题。此外，还在标题页个性化地显示了“财务数据分析师”和“报告日期”，其中“报告日期”通过自动化流程生成。

报告的目录显示了一级与二级标题及其页码，摘要高度概括了主营业务成本数据分析的分析背景、分析目的、分析内容、分析思路与方法以及结论与建议。

正文包含了“分析背景与目的”和“分析思路”，指出主营业务成本数据分析的目的在于分析 2020 年与 2021 年两年主营业务成本的总体情况，帮助企业优化主营业务成本管理模式，降低企业成本。“分析思路”详细介绍了通过向上、下切、逻辑等思维，利用对比分析法、结构分析法等方法，从产品、项目、客户等不同维度对两年的主营业务成本进行分析。

分析内容中蓝色“【】”内容由元小蛮自动生成，按照主营业务成本的趋势分析、环比同比分析、产品成本结构分析、项目成本结构分析、客户重要度分析这五个板块对主营业务成本进行了具体分析。

在“（一）趋势分析”中，元小蛮将把蛮先进公司 2020 年、2021 年的每月成本支出汇总，形成趋势线来分析其走向，并展现出每年主营业务成本排名前三的月份，使管理者对这些月份更加关注。

在“（二）环比同比分析”中，元小蛮也找出同比环比增长率排名前三的月份，管理者可对这些月份的主营业务成本展开进一步调查。

在“（三）产品成本结构分析”中，我们将清晰地看见 2020 年、2021 年这两年每种产品成本的构成要素及其所占的比例，包括直接材料、直接人工和制造费用，以此来判断影响主营业务成本变动的最重要的因素。

在“（四）项目成本结构分析”中，元小蛮将自动归集 2020 年与 2021 年 8 个项目的主营业务成本，以项目为单位对产品进行分组，并呈现出每个项目成本中直接材料、直接人工和制造费用所占的比例。

在“（五）客户重要度分析”中，元小蛮将自动归集 2020 年与 2021 年 35 个不同规模的客户的主营业务成本投入，并展现出每年主营业务成本投入排名前三的客户，使管理者对这些重要客户更加关注。

最后是结论与建议，蓝色“【】”的内容由元小蛮自动填入，它对前面的分析内容进行了总结，提醒公司应注意哪些时间段、哪些客户、哪些产品项目的主营业务成本，并且向管理层提出一些优化主营业务成本管理的建议。

➲ 13.6.3　RPA 技术路线

主营业务成本数据分析报告的自动化流程主要分为两部分：一部分是将 Excel 报告中的图表复制并粘贴到报告的指定位置，另一部分为将相关的文本和数据填写到分析报告中。主营业务成本数据分析自动化报告技术路线如表 13-16 所示。

表 13-16　主营业务成本数据分析报告自动化技术路线

模　　块	功能描述	使用的活动
数据分析报告自动化	打开从本地获取的“主营业务成本分析报告.docx”文件，在“主营业务成本分析报告.xlsm”文件中录制宏，将图表复制到“主营业务成本分析报告.docx”	打开文档
		执行宏
		查找文本后设置光标位置
		粘贴
		延时
	将前面流程块的分析结果填写到“主营业务成本分析报告.docx”中	文字批量替换
		关闭 Excel 工作簿
		关闭文档

生成的主营业务成本数据分析报告包括封面、目录、摘要以及正文，正文具体包括分析背景与目的、分析思路、分析内容和结论与建议。报告能清晰地展现出主营业务成本数据的趋势分析、环比同比分析、产品成本结构分析、项目成本结构分析、客户重要度分析的结果，并向报告使用者提出建议。读者可以通过扫描二维码查看“主营业务成本数据分析报告”的具体内容。

主营业务成本数据分析报告

第 14 章　收入与应收账款数据自动化分析

14.1　分 析 目 的

14.1.1　场景描述

重庆，这座绮丽的山城，凭借其独特的地理特征、错综复杂的道路情况，诞生了许多与这座城市一样魔幻的交通方式：穿江而过的长江索道；迷宫一般的立交桥；还有穿楼而过，仿佛置身未来的李子坝轻轨站。轻轨从一幢 19 层建筑物的中间呼啸而过，沿着轨道再奔向远方，穿梭在绿水青山之中，这样神奇的景致每天都会在重庆李子坝轻轨站上演。

轻轨站的下方是一个依楼傍水的观景台，沿着观景台的楼梯还可以直接延伸到下方的嘉陵江滨江路。在这里，人们不仅可以换一个角度看李子坝穿楼轻轨，还能够远眺滚滚而去的嘉陵江。观景台对面还有一面名为“岩之魂”的浮雕墙，它充分利用原有的凹凸起伏、错落不一的地形特征，别出心裁又富有艺术气息。每天都有熙熙攘攘的游人前往观景平台游玩拍照，不亦乐乎。

李子坝轻轨站每天经过多少趟车，就有多少片刻被趋之若鹜的旅游者定格。到重庆旅行，如果不曾在李子坝的观景平台上仰望列车奔驰，这一趟旅程便留下了难以弥补的缺憾。但对于土生土长的居民来说，李子坝轻轨站本身，只是一个朴实又与生活息息相关的交通工具，记载着来来往往的岁月。就像 RPA 技术，乍一听充满了新奇的色彩，但却已经融入各种操作环境，成为真正易用的强大工具。

朱思懿就是从小在这条路上来往的重庆人中的一个。今天，她又如往常一般乘着轻轨到蛮先进公司上班，刚进办公室，就看见实习生子轩蹦蹦跳跳地向她走过来。

“思懿姐！”子轩兴奋地叫道，“快来快来！我问你，你是不是每天上班都会经过那个网红穿楼轻轨啊？我才看了电影《火锅英雄》，看到那个穿楼轻轨也太炫酷了！我还从来没去过。”

朱思懿笑道：“对啊，其实坐在里面，穿不穿楼也没什么感觉，如果你想去看，周末我带你去，那边修好了观景平台，还挺有意思的。”

“好啊好啊，那就说定了！”子轩笑嘻嘻地说。

这时，财务总监程平突然走进了办公室，嘻嘻哈哈的朱思懿和子轩二人突然尬在原地。程总面无表情地看了他们一眼道：“子轩，我看你最近 RPA 财务数据分析自动化学得很有收获嘛，我给你布置个任务。你做一份这两年的应收账款和收入的分析报告给我，就用 RPA 机器人来实现，记住，一定要注意业财融合。”

子轩的脸一下子垮了下去，程总接着说：“朱思懿，这次就由你来协助他，子轩，你有不懂的就找朱思懿问，一定要保质保量地完成。”

说完，程总便离开了办公室，徒留朱思懿和子轩二人在风中凌乱。

程总一走，子轩便苦着一张脸问道："上个星期应收账款分析不是做完了吗？"

一直在一旁悄声看戏的刘泓插话道："之前他让我们对这两年的序时账进行分析，我想这次他也是这个意思吧。"

朱思懿恍然大悟："我们财务部每年都是对报表的应收账款做分析，只能看到总体的账龄和余额，应收账款具体的发生情况都没体现出来。对序时账分析确实可以精确到业务，做到业财融合。"

子轩还是十分疑惑："序时账怎么精确到业务呀？"

朱思懿解释道："比如说，一方面我们可以按月份评估公司这两年的销售经营情况；另一方面我们可以从项目、客户、部门各个维度对收入和应收账款进行分析，便于加强应收账款的处理，说不定还可以拿我们分析的结果作为参考进行销售部的绩效评定呢！"

"啊？听起来就好复杂。"子轩更委屈了，"我只是个小小的实习生，还没在咱们团队转正呢，不至于干这么得罪人的事情吧。"

"哈哈哈，你可是皇家理工大学的高材生，这个任务肯定可以搞定的。"朱思懿笑着安慰他，"没关系我来帮你，我们早点搞完一起去李子坝看穿楼轻轨呀。"

子轩点点头，握紧拳头说："好！"

14.1.2　目的框架

蛮先进公司的收入与应收账款分析目的框架如图 14-1 所示。

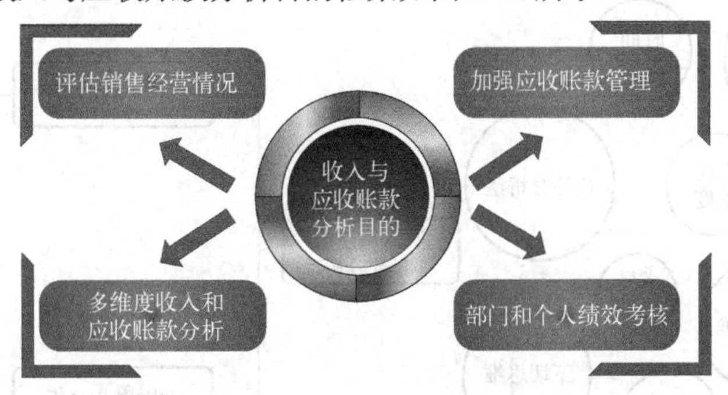

图 14-1　收入与应收账款分析目的框架

14.2　分析内容和思路

14.2.1　场景描述

说干就干，朱思懿和子轩挽起袖子就投入了收入与应收账款序时账的分析之中。

可一开始子轩就对着序时账犯了愁："应收账款不就是分析账龄、余额嘛，程总强调一定要做到业财融合，可是怎么才能业财融合呢？"

"咱们公司最重要的业务就是销售嘛。销售自然涉及客户、公司的项目，还有销售部的业务人员啦，我们只要利用辅助核算把收入和应收账款与不同的维度联系起来，就能够针对业务进行分析了。"朱思懿答道。

“我明白了，首先我们要列出分析的各个主题和具体的分析思路。”子轩一点就通，打开一个文档，边说边记，“我们可以采用发散思维，从项目、客户、部门等多个维度对收入和应收账款进行分析。”子轩捏住下巴思索着。

“别忘了还有时间维度的变化趋势。”朱思懿补充道，“先运用向上思维和下切思维，我们把每个月的收入和应收账款的金额统计出来，然后再根据这个进行每个月的环比同比分析，这样就能看出收入的变化趋势，公司的业绩怎么样了。”

子轩举一反三道：“从项目入手可以进行两种分析，一种项目内的，看这个项目涉及的哪个客户占比比较大；另一种是可以把项目和项目进行对比，分析哪个项目创收更高。”

朱思懿点点头：“至于客户重要度分析，其实主要就是分析不同客户带来的主营业务收入，还有应收账款发生和回收的情况，尤其要注意运用指标分析法，把状况不太好的客户筛选出来。”

“对了，还有部门！”子轩捶拳道，“你说咱们还得看看销售部的同事谁的业绩最好。唉，我们也不好评价这个呀，思懿姐，我们分析点什么指标比较好？”

“这就要用到求同思维和收敛思维了，收入这边就看实际收到的金额有多少，再算算应收账款回收的比例，综合进行绩效考察，具体的绩效评价还得结合实际情况分析。”朱思懿答道。

子轩点点头：“我明白了。”

不一会儿，朱思懿和子轩就整理出了收入与应收账款的分析思路。

蛮先进公司收入与应收账款分析思路框架如图 14-2 所示。

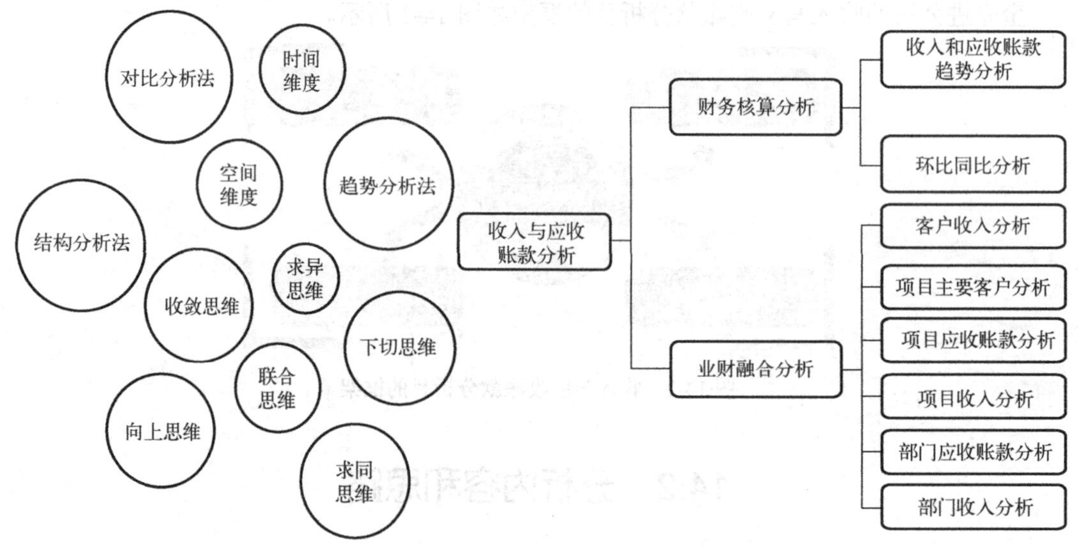

图 14-2　收入与应收账款分析思路框架

14.2.2　自动化分析流程

蛮先进公司的收入与应收账款数据自动化分析流程如图 14-3 所示。首先由机器人元小蛮打开序时账文件和信息编码表文件，对收入与应收账款相关数据进行采集与处理；然后依次对筛选好的收入与应收账款相关数据进行趋势分析、环比同比分析、客户收入分析、项目主要客户分析、项目收入分析、部门应收账款分析、项目应收账款分析、部门收入分析；最后机器人元小蛮将分析结果进行汇总，自动生成分析报告。

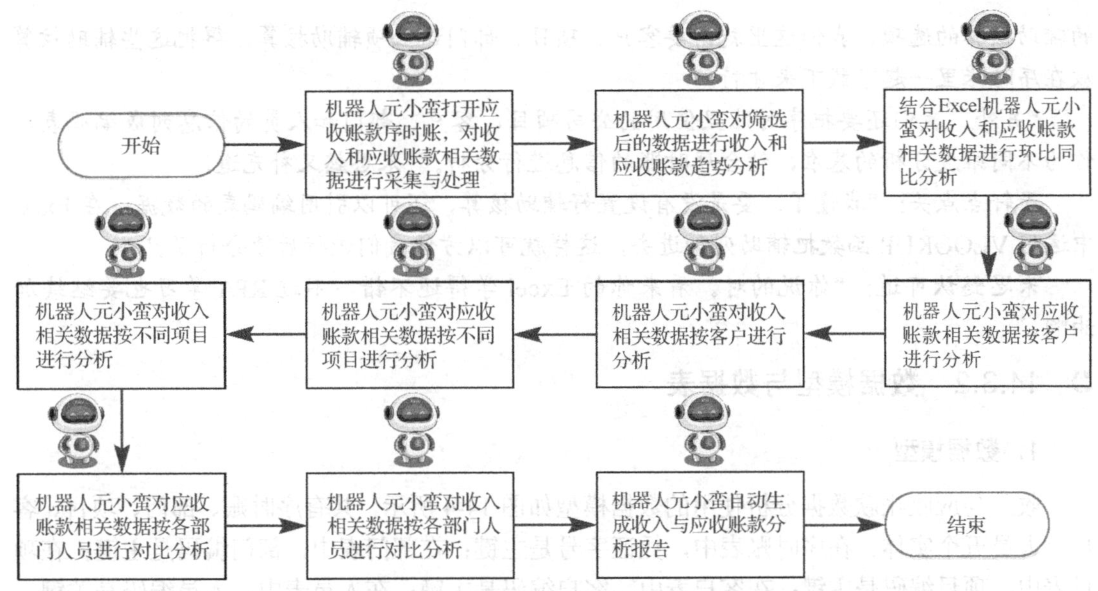

图 14-3　蛮先进公司收入与应收账款数据自动化分析流程

14.3 数据准备

14.3.1 场景描述

子轩的手指飞速地在键盘上敲击着，很快便整理好了收入与应收账款自动化分析流程的框架。她得意地说道："思懿姐，你看我这样设计分析流程怎么样？我感觉整理之后整个思路都清晰了，简直像立体展现在我面前一样，我就是元小蛮，元小蛮就是我！"

朱思懿笑着说："你有没有看过元宇宙的报道，说不定元小蛮就是你的第二人生哦！我来帮你看看，你去休息休息吧。"

子轩点点头，伸伸懒腰站起身来，去茶水间接了一壶热水。

朱思懿代替他坐到电脑前，仔细检查他的流程，认可地点点头。

"嘿嘿嘿，热水来咯。"恰逢这时，子轩端着一壶热水从门外走进来，"思懿姐，快喝热水呀，这大冬天的喝一壶热水是一件多美的事啊。"说罢，他先自己倒了一杯，捧着杯子一脸享受地喝了下去，"啧啧，不咸不淡，这白开水怎么没味儿啊？"

"哈哈哈。"朱思懿把他薅过来，"别皮了，快来继续下一步吧。"

子轩调皮地一笑，坐到电脑前开始进行分析的第一步：取得分析数据。

子轩从财务系统中下载了 2020 年和 2021 年一整年的序时账数据。这时窗外下起了小雨，看着成千上万条数据，子轩不由得产生了一丝焦虑。

子轩叫住正在倒水喝的思懿："思懿姐，你赶紧帮我看看，这个数据下载的行不行，我怎么总觉得差点东西呢？"

朱思懿放下杯子，认真地翻了翻数据表格，摇摇头说："不行啊，你这个数据没有辅助核算，那怎么针对不同的维度进行分析呢。你要记得在下载数据的时候，要提前勾选好需要的辅助核算的选项，我们这里就需要客户、项目、部门这三项辅助核算，得把这些辅助核算放在序时账里一起下载下来才行。”

“另外，我们还要把序时账里使用的公司项目、客户、部门和人员的信息列成编码表，作为不同维度分析的基准，结合序时账的信息进行分析。”朱思懿又补充道。

子轩点点头：“我懂了。要是没有设置好辅助核算，还可以引用编码表的数据，在 Excel 中运用 VLOOKUP 函数把辅助列加进去，这样就可以方便我们进行后续分析了。”

朱思懿认可道：“你说的对。看来你的 Excel 学得还不错，不过 RPA 学习也要继续加油啊。”

14.3.2 数据模型与数据表

1. 数据模型

收入与应收账款数据分析使用的数据模型如图 14-4 所示，共有序时账、部门、项目、客户、人员五个实体。在序时账表中，凭证字号是主键；在部门表中，部门编码是主键；在项目表中，项目编码是主键；在客户表中，客户编码是主键；在人员表中，人员编码是关键。

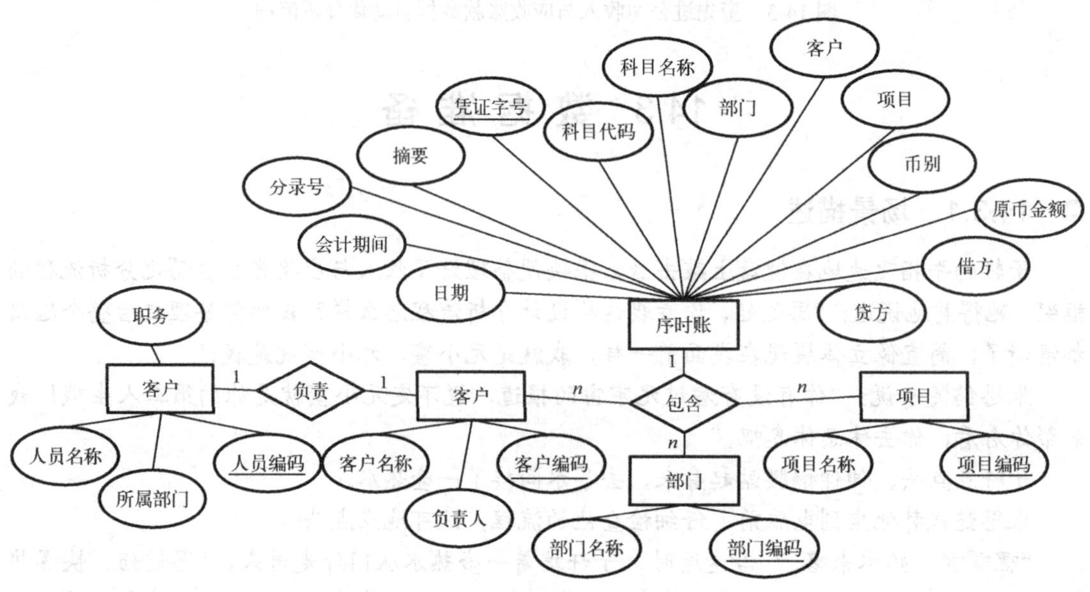

图 14-4 收入与应收账款数据分析模型

2. 数据表

进行收入和应收账款分析时涉及序时账表、部门表、客户表、项目表和人员表。

收入和应收账款分析序时账表如表 14-1 所示，其中凭证字号是主键。

表 14-1 序时账表

属性名称	数据类型	空 否	说 明
凭证字号	字符型	否	凭证字号
会计期间	字符型	是	分录发生会计期间

续表

属性名称	数据类型	空　否	说　明
日期	日期型	是	分录发生日期
分录号	字符型	是	分录号
摘要	字符型	是	分录事件摘要
科目代码	字符型	是	科目的代码
科目名称	字符型	是	科目的名称
部门	字符型	是	部门编码
项目	字符型	是	项目编码
客户	字符型	是	客户编码
币别	字符型	是	币别种类
本币金额	字符型	是	本币金额
借方	数值型	是	借方发生额
贷方	数值型	是	贷方发生额

收入与应收账款分析部门表结构如表 14-2 所示。

表 14-2　部门表

属性名称	数据类型	空　否	说　明
部门编码	字符型	否	部门表的编码
部门名称	字符型	是	部门表的名称

收入与应收账款分析客户表结构如表 14-3 所示。

表 14-3　客户表

属性名称	数据类型	空　否	说　明
客户编码	字符型	否	客户表的编码
客户名称	字符型	是	客户表的名称
负责人编码	字符型	是	负责人的人员编码

收入与应收账款分析项目表结构如表 14-4 所示。

表 14-4　项目表

属性名称	数据类型	空　否	说　明
项目编码	字符型	否	项目表的编码
项目名称	字符型	是	项目表的名称

收入与应收账款分析人员表结构如表 14-5 所示。

表 14-5　人员表

属性名称	数据类型	空　否	说　明
人员编码	字符型	否	为数字形式的字符串
人员名称	字符型	是	企业员工姓名
所属部门	字符型	否	为数字形式的字符串
职位	字符型	是	担任的公司职位

14.4 收入与应收账款数据采集与处理自动化

14.4.1 场景描述

吃过午饭，天气微微放晴，窗外的洋槐树叶子上蒙着一层微微的暖光。

刘泓抱着一摞报表从旁边经过，看到朱思懿和子轩叽叽喳喳地凑在一起，问道："你俩干嘛呢？"

"哈哈哈，子轩在按程总的要求做机器人呢。我觉得他已经学得很不错了，机器人也做得有模有样，不愧是我们 RPA'与蛮同行'团队带出来的小蛮人。"朱思懿高兴地说。

"哎，思懿姐，"子轩拍拍她，"我已经打开序时账工作簿，读取数据生成一个数据表了。不过数据表里有几万条数据，我先选出了收入和应收账款的数据。我用到了数据表的筛选功能，要么可以从科目代码来选，要么可以对科目一列的内容进行筛选，我选择了对科目一列的内容进行筛选，选出包含主营业务收入和应收账款字符的部分，这样就从几万条数据里筛出了收入和应收账款的数据。"

子轩顿了顿，继续道："但接下来我就有点不清楚该怎么做了。"

朱思懿了然地点点头："选出来是不够的，我们需要把它按照应收账款进出账和收入分开，分别设置成数据表。要分析应收账款的进出账，可以选择分录号进行筛选，分录号是'1'的就是应收账款发生，分录号是'2'的就是应收账款回收，收入只需要直接筛选科目，这样就能把几万条数据的总数据表分成要用的主营业务收入、应收账款发生和应收账款收款三个数据表了。"

"哦哦。"子轩立即按朱思懿的讲解操作起来，"还有什么别的注意事项吗？"

朱思懿补充道："除此之外，我们还要看看这些数据有没有需要清洗的部分。咱们公司的明细账都是审核好的，不会出现金额数值为 0 的情况，如果有，还得在数据表里把零和空值删去。但是那些因为冲回产生的负值倒不用担心，因为我们需要采用求和的操作，保留负值才能得到完整的数据。"

子轩点点头："我明白了。"

14.4.2 RPA 技术路线

收入与应收账款数据采集与处理自动化主要包括一个流程块：数据采集与清洗。

首先利用打开 Excel 工作簿、读取区域、构建数据表等活动对序时账表与编码表的数据进行采集，再利用数据表筛选进行数据清洗，构建所需的应收账款发生、应收账款收款和主营业务收入的汇总数据表。

收入与应收账款数据采集与处理自动化的具体技术路线如表 14-5 所示。

表 14-5 收入与应收账款数据采集与处理自动化技术路线

模 块	功能描述	使用的活动
数据采集与清洗	打开从本地获取的序时账文件与编码表文件，读取序时账与编码表中的数据	复制文件
		打开 Excel 工作簿

续表

模　　块	功能描述	使用的活动
数据采集与清洗	打开从本地获取的序时账文件与编码表文件，读取序时账与编码表中的数据	读取区域
		构建数据表
	对读取的数据表进行筛选	数据表筛选

14.5　收入与应收账款数据分析与展现自动化

14.5.1　场景描述

子轩的操作显然已经十分娴熟，不一会儿便完成了数据采集与处理自动化机器人的制作。子轩笑嘻嘻地对朱思懿说："思懿姐，我听说李子坝的梁山鸡十分美味，下次你带我去李子坝看穿楼轻轨的时候也顺便带我尝尝呗。"

朱思懿失笑："就想着吃！RPA 自动化机器人才开了个头，完不成程总的任务你吃什么都不香。"

子轩双手合十做祈求状："哎呀，那等我们这个机器人做完再去嘛。"

"好吧好吧。"朱思懿无奈，"其实我本来就是这么打算的，你去那边玩当然由我来招待了，好了子轩，快接着做吧。"

子轩开心地坐下，开始了收入与应收账款分析自动化的重头戏——数据分析与展现自动化。

"思懿姐，这么多的分析我要怎么用元小蛮做呀，不会都要用元小蛮进行计算吧。"子轩问道。

朱思懿答道："我们不需要完全依靠元小蛮来进行数据分析呀，你的 Excel 不是学得挺好的嘛，你只要用元小蛮实现一些简单的计算，把数据结果汇总到 Excel 里，再用 Excel 的公式计算等功能生成分析结果和分析图表就可以。"

子轩点点头，打开一个 Excel 工作簿："那我得先做好一个数据分析的 Excel 模板，把要填入的图表框架和展示的图表设置好。"

朱思懿道："我们可以从财务核算和业财融合两个方面进行分析。财务核算分析在我们收入和应收账款分析里面主要体现的就是趋势分析和环比同比分析，既可以看整体的变化趋势，也可以对每个月变动的程度进行详细分析。"

"我知道，这就是向上思维和下切思维！"子轩飞快地在文档中记录着。

朱思懿提示道："业财融合分析主要就结合客户、项目和部门进行分析。子轩，你说说看。"

"用同样的办法计算出每个客户的收入和应收账款情况，计算出客户的应收账款占比，将收入、应收账款和应收账款占比放在同一个组合图中，就可以清晰地看出哪个客户收入最高，哪个客户应收账款占比最高。再通过 Excel 计算出应收账款余额，就可以看出每个客户还没偿清的应收账款，至于那些数量较大的就可以在结论中体现出来。"子轩道。

朱思懿补充道："然后对不同的项目进行分析，一方面，通过排序和去重可以将每个项目中收入最高的客户单独列出来进行展示和对比，生成一个统计表格；另一方面，也可以计算各个项目的收入和应收账款总额与均值，生成对比的柱形图，我们就可以看出哪个项目最赚钱了。"

“最后，我们可以运用求同思维和收敛思维进行部门绩效分析。我们可以把部门精确到每个人，计算出每个销售部门的每个业务员的应收账款回收比例和实收收入金额，就可以看出哪个部门收款质量最高，哪个部门实收金额最高。”子轩道。

14.5.2 数据分析模型

收入与应收账款数据分析包括趋势分析、环比同比分析、客户收入分析、项目主要客户分析、项目应收账款分析、项目收入分析、部门应收账款分析、部门收入分析，采用了向上思维、下切思维、求异思维、求同思维、收敛思维、联合思维，运用了趋势分析法、对比分析法、结构分析法、指标分析法，其数据分析模型如图 14-9 所示。

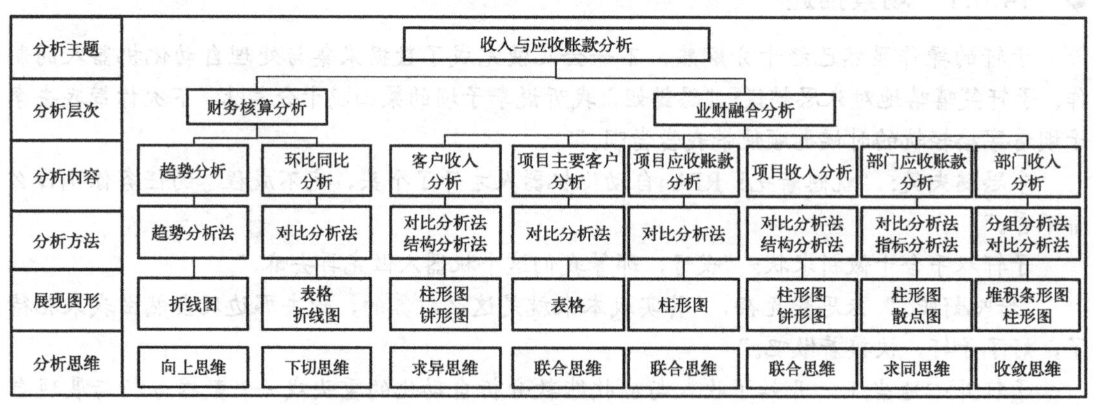

图 14-9 收入与应收账款数据分析模型

在收入与应收账款数据分析中，我们分成了财务核算分析和业财融合分析两种类别。财务核算分析主要是对收入和应收账款进行趋势分析和环比同比分析，通过各月销售金额的变化趋势和环比同比数据，反映两年内各月公司销售经营的状况；业财融合分析主要是以各项业务为锚点，分别结合收入与应收账款和客户、项目、部门进行分析，评估不同的客户、项目的收入状况和部门人员销售业绩等信息。

1. 财务核算分析

（1）趋势分析。从时间维度分析各月收入与应收账款的变动情况，运用向上思维，采用趋势分析法进行分析，从长远的眼光分析收入与应收账款的变动趋势。

（2）环比同比分析。从时间的维度分析各月收入与应收账款的同比和环比情况，运用下切思维，将趋势变动拆分到各月的环比同比变动，采用对比分析法进行分析。

2. 业财融合分析

（1）客户收入分析。客户收入分析包括客户收入与应收账款对比分析和客户收入占比分析，运用求异思维，采用对比分析法和指标分析法，分别从客户之间对比和客户收入总额占比的角度对客户收入情况进行分析。

（2）项目主要客户分析。运用联合思维，采用对比分析法，从收入和应收账款出发分析各个项目最主要的客户。

（3）项目应收账款分析。运用联合思维，采用对比分析法，对各个项目的应收账款及其均值的情况进行分析，从而对各项目经营状况进行分析。

（4）项目收入分析。运用联合思维，采用对比分析法和结构分析法，分析项目的收入与其均值的情况，以及各项目收入占比情况，从而对项目经营状况进行分析。

（5）部门应收账款分析。运用求同思维，采用对比分析法和指标分析法，分别考察各部门业务员对应的应收账款的发生与回收情况，并计算其应收账款回收比例。

（6）部门收入分析。运用收敛思维，采用对比分析法和分组分析法，分别考察各部门业务员对应的销售收入的各种数据，整合得出绩效评价的分析。

➲ 14.5.3　数据展现设计

新建一个 Excel 工作簿，命名为应收账款分析。以下步骤均在此工作簿中进行。

1．趋势分析

首先需要在 Excel 里面设置收入与应收账款金额统计表。在 Excel 中新建一个工作表，命名为“应收账款统计”，在其中设置好填列使用的表格，具体表格格式如表 14-9 所示。

表 14-9　收入与应收账款金额统计表　　单位：元

年份 月份	2020 年	2021 年
1 月	3 181 754.15	2 821 531.55
2 月	3 561 751.48	3 357 080.06
3 月	2 735 596.48	8 220 970.72
4 月	2 117 913.96	3 179 852.6

各月收入与应收账款存在趋势变动的关系，我们采用折线图进行数据展示，具体图形如图 14-10 所示。

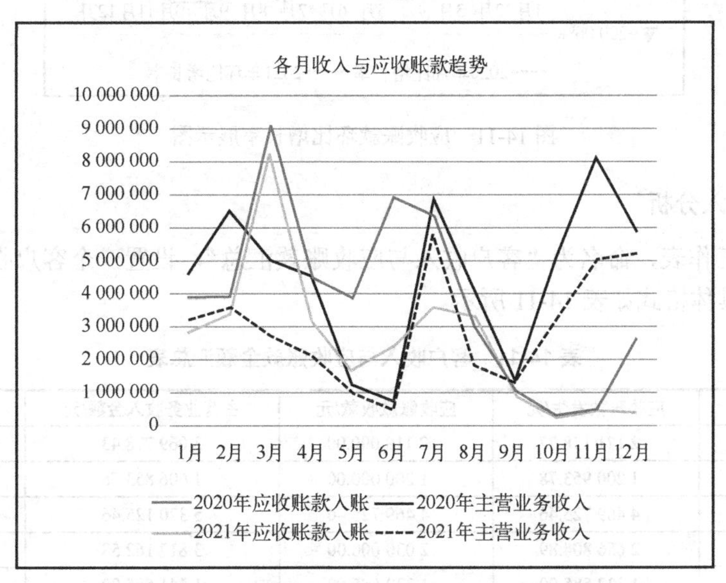

图 14-10　各月收入与应收账款趋势分析展示图

2．环比同比分析

各月的同环比增长率存在变动对比关系，同时，同环比增长率的正负性也是环比同比分析结果的重要展示要素，因此我们采用折线图与表格结合的方式进行数据展示，具体如表 14-10、图 14-11 所示。

表 14-10　应收账款环比增长率

月份＼年份	2020 年环比	2021 年环比
1 月		▼−45.52%
2 月	▲11.94%	▲18.98%
3 月	▼−23.20%	▲144.88%
4 月	▼−22.58%	▼−61.32%
5 月	▼−53.47%	▼−49.23%
6 月	▼−51.76%	▲49.79%

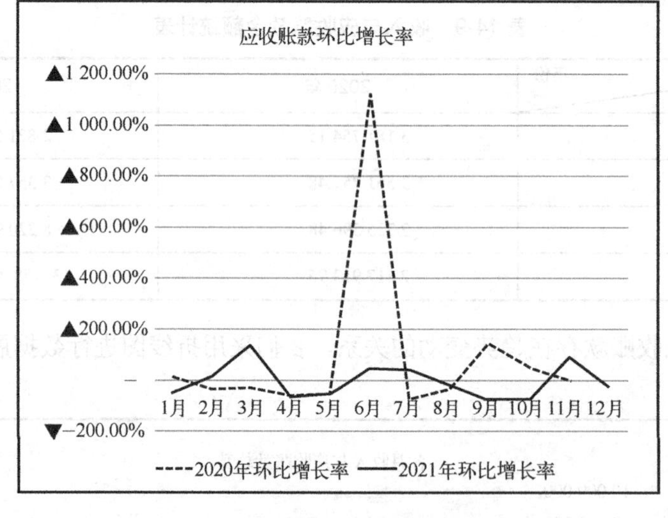

图 14-11　应收账款环比增长率展示图

3．客户收入分析

新建一个工作表，命名为“客户收入与应收账款汇总”，设置一个客户收入与应收账款金额汇总表，具体格式如表 14-11 所示。

表 14-11　客户收入与应收账款金额汇总表

客户名称	应收账款发生/元	应收账款收款/元	主营业务收入金额/元	应收账款占比
035 帝润公司	2 171 158.77	2 119 000.00	3 069 778.43	70.73%
034 友信公司	1 200 953.78	1 200 000.00	1 606 853.78	74.74%
033 尔启公司	4 469 725.46	4 469 725.46	5 370 125.46	83.23%
032 瑞通公司	2 656 804.89	2 030 000.00	3 817 162.58	69.60%
031 东盛泓	1 332 585.00	1 332 585.00	1 441 585.00	92.44%
030 大成天	938 799.12	938 799.12	1 355 649.12	69.25%

客户收入与应收账款发生的金额存在对比关系，因此采用柱形图进行结果展示；应收账款占收入比例同样存在对比关系，此外，还需体现此比例与既定指标比例的关系，因此采用散点图与指标线结合的方式进行结果展示，具体图形如图 14-12 所示。

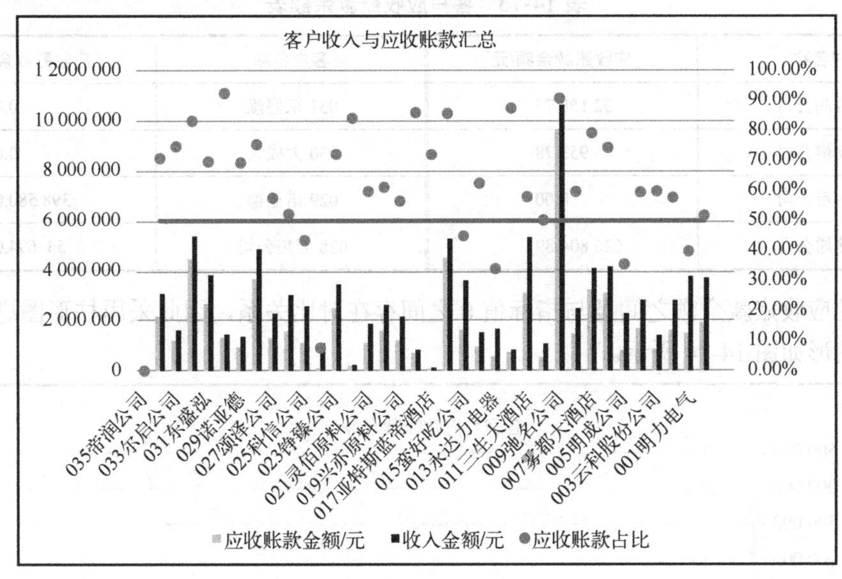

图 14-12　客户收入分析展示图

新建一个工作表，命名为“客户收入占比”，设置客户收入占比分析表，具体格式如表 14-12 所示。

表 14-12　客户收入占比分析表

客户名称	客户收入/元	收入占比	客户名称	客户收入/元	收入占比
010 海科天机公司	10 616 082.74	10.71%	017 亚特斯蓝帝酒店	5 258 199.67	5.30%
033 尔启公司	5 370 125.46	5.42%	029 诺亚德	4 851 958.76	4.89%
012 米为公司	5 336 022.8	5.38%	007 雾都大酒店	4 157 123.68	4.19%

客户收入与总收入之间存在构成关系，因此使用饼状图对客户收入占比进行结果展示。具体图形如图 14-13 所示。

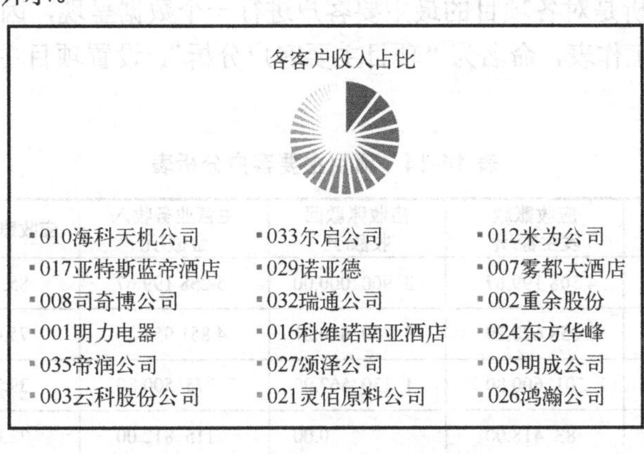

图 14-13　客户收入占比展示图

新建一个工作表，命名为“客户应收账款余额”，设置客户应收账款余额表，具体表格如表 14-13 所示。

表 14-13　客户应收账款余额表

客户名称	应收账款余额/元	客户名称	应收账款余额/元
035 帝润公司	52 158.77	031 东盛泓	0.00
034 友信公司	953.78	030 大成天	0.00
033 尔启公司	0.00	029 诺亚德	398 580.08
032 瑞通公司	626 804.89	028 创拓公司	54 694.00

客户的应收账款余额之间及与指标值 0 之间存在对比关系，因此采用柱形图进行结果展示，具体图形如图 14-14 所示。

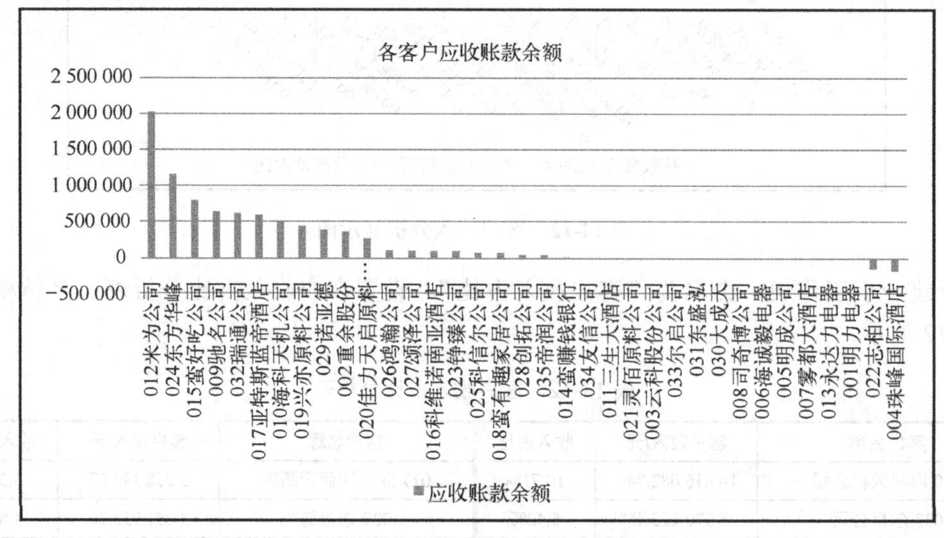

图 14-14　各客户应收账款余额展示图

4. 项目主要客户分析

项目主要客户分析是对各项目的最主要客户进行一个数据呈现，因此直接使用表格进行数据展示。新建一个工作表，命名为“项目主要客户分析”，设置项目主要客户分析表，具体格式如表 14-14 所示。

表 14-14　项目主要客户分析表

项目	客户名称	应收账款发生额/元	应收账款回收额/元	主营业务收入金额/元	应收账款占比	应收账款余额/元
01	017 亚特斯蓝帝酒店	4 508 199.67	3 900 000.00	5 258 199.67	85.74%	608 199.67
02	029 诺亚德	3 658 620.29	3 260 040.21	4 851 958.76	75.41%	398 580.08
03	002 重余股份	1 501 600.80	1 130 567.00	3 775 500.80	39.77%	371 033.80
04	018 蛮有趣家居公司	83 418.00	0.00	115 812.00	72.03%	83 418.00

5．项目应收账款分析

新建一个工作表，命名为“项目应收账款分析”，设置项目应收账款分析表，具体格式如表 14-15 所示。

表 14-15　项目应收账款分析表

项目	总额/元	均值/元
01	6 971 327.67	2 323 775.89
02	9 138 114.20	1 523 019.03
03	287 1720.8	9 572 40.267
04	83 418.00	83 418.00

不同项目的应收账款和均值存在对比关系，因此采用柱形图进行结果展示，具体图形如图 14-15 所示。

6．项目收入分析

类似项目应收账款分析表，设置项目收入分析表，如表 14-16 所示。

表 14-16　项目收入分析表

项目	总额/元	均值/元
01	10 276 531.47	3 425 510.49
02	14 805 748.66	2 467 624.78
03	7 705 668.80	2 568 556.27
04	115 812.00	115 812.00

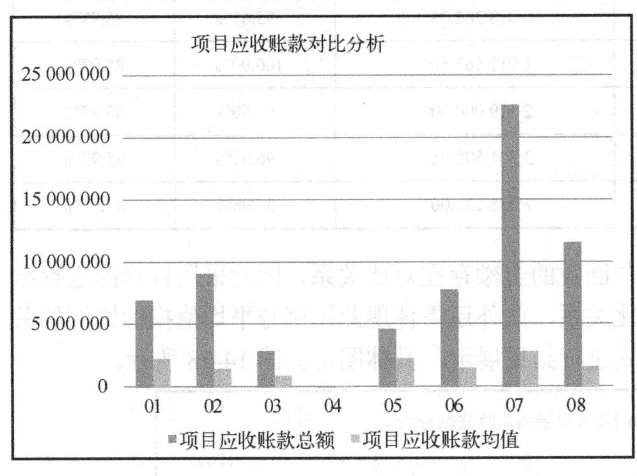

图 14-15　项目应收账款对比分析展示图

不同项目的收入和均值存在对比关系，因此采用柱形图进行结果展示，具体图形如图 14-16 所示。各项目收入和总收入之间存在构成关系，因此采用饼状图进行结果展示，具体图形如图 14-17 所示。

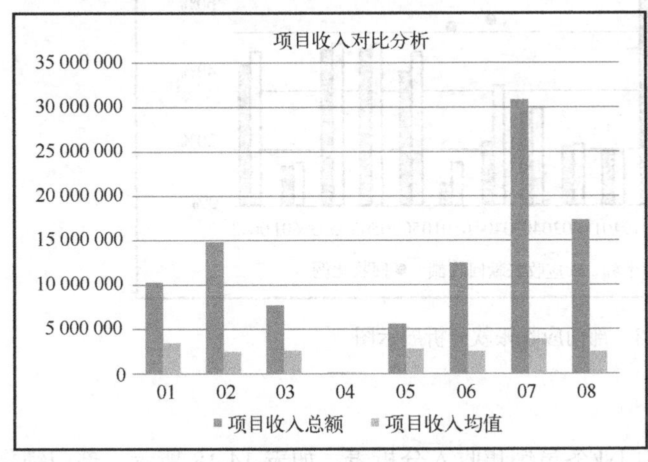

图 14-16　项目收入对比分析展示图

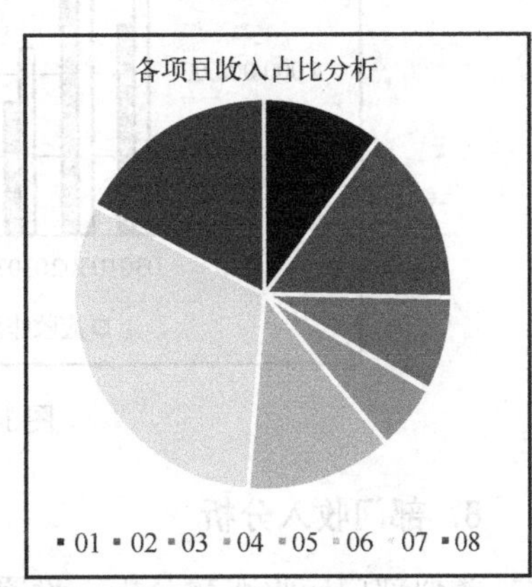

图 14-17　各项目收入占比分析展示图

7．部门应收账款分析

新建一个工作表，命名为“部门应收账款分析”，设置部门应收账款分析表，具体格式如表 14-17 所示。

表 14-17　部门应收账款分析表

部门	业务员	应收账款发生额/元	应收账款回收额/元	回收比例	比例均值
3	301	6 907 588.18	5 188 969.73	75.12%	85.97%
3	302	12 448 578.16	11 933 556.00	95.86%	85.97%
3	303	4 612 201.10	3 339 617.54	72.41%	85.97%
3	304	10 471 556.41	10 018 282.33	95.67%	85.97%
4	401	1 917 563.34	1 917 563.60	100.00%	85.97%
4	402	2 171 158.77	2 119 000.00	97.60%	85.97%
4	403	3 406 598.93	3 301 500.08	96.91%	85.97%
4	404	4 204 454.79	2 315 132.00	55.06%	85.97%

各部门业务员的销售应收账款发生与回收的金额存在对比关系，因此采用柱形图进行结果展示；应收账款回收比例同样存在对比关系，此外还需体现此比例与平均值指标比例的关系，因此采用散点图与指标线结合的方式进行结果展示，具体图形如图 14-18 所示。

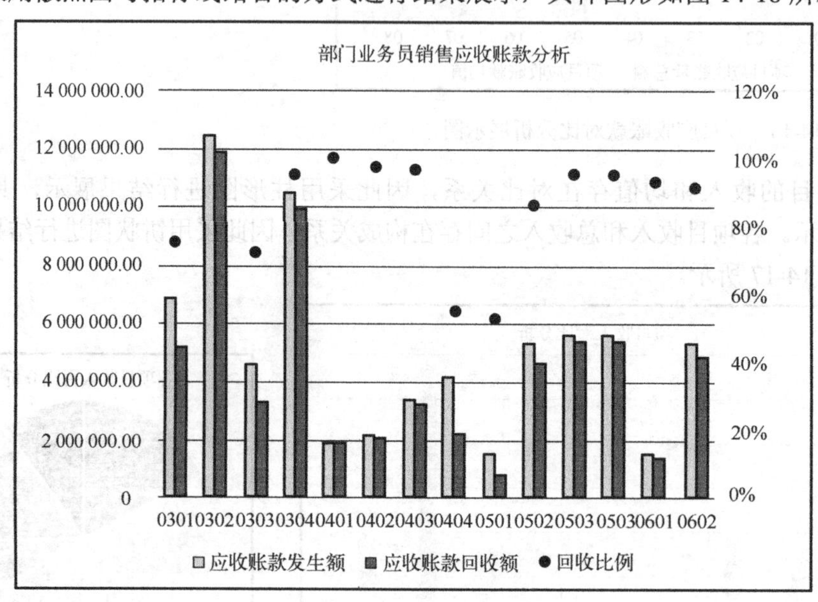

图 14-18　部门应收账款分析展示图

8．部门收入分析

类似部门应收账款分析，设置部门业务员销售收入分析表，如表 14-18 所示，部门销售收入分析表如表 14-19 所示。

表 14-18　部门业务员销售收入分析表　　单位：元

部门	负责人	应收账款余额	主营业务收入金额	实收金额
3	301	1 718 618.45	5 188 969.73	3 470 351.28
3	302	515 022.16	11 933 556.00	11 418 533.84
3	303	1 272 583.56	3 339 617.54	2 067 033.98
3	304	453274.08	10018282.33	9565008.25
4	401	(0.26)	1917563.60	1917563.86
4	402	52158.77	2119000.00	2066841.23
4	403	105098.85	3301500.08	3196401.23
4	404	1889322.79	2315132.00	425809.21

表 14-19　部门销售收入分析表　　单位：元

部门	收入总额	收入均值	实收总额	实收均值
03	48 641 747	12 160 436.79	44 682 248.91	11 170 562.230
04	20 128 922	5 032 230.57	18 082 342.13	4 520 585.533
05	27 626 381	6 906 595.163	25 605 270.61	6 401 317.653
06	10 276 531	5 138 265.735	9 728 254.80	4 864 127.400

部门业务员销售收入存在对比关系，各部门业务员的销售收入额、应收账款余额和实收金额存在构成关系，因此设置堆积条形图作为展示图，部门业务员销售收入分析展示图如图 14-19 所示。部门销售收入之间存在对比关系，采用柱形图进行展示，部门销售收入分析展示图如图 14-20 所示。

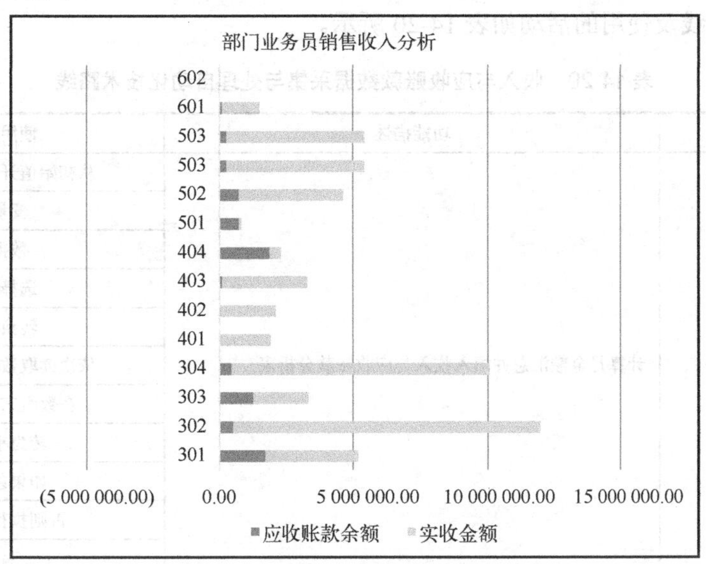

图 14-19　部门业务员销售收入分析展示图

收入与应收账款数据展现设计完毕。

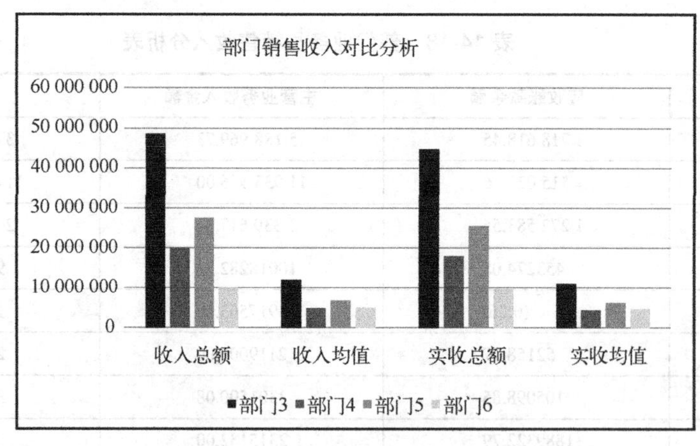

图 14-20 部门销售收入分析展示图

14.5.4 RPA 技术路线

收入与应收账款数据采集与处理自动化开发主要包括收入与应收账款趋势分析、环比同比分析、客户应收账款分析、项目主要客户分析、项目应收账款分析、项目收入分析、部门应收账款分析以及部门收入分析八个模块。

在每一个分析流程块中，首先要做的是利用从初始值开始按步长计数、变量赋值、数据表以及数组相关活动筛选出子分析需要的收入与应收账款数据，并利用遍历数组、变量赋值等功能对这些数据进行汇总、加减、占比计算等数据处理活动，再通过 Excel 预制件将结果填入"应收账款分析.xlsm"文件中。接着，利用从转换列类型、数据表排序等相关活动对生成的结果进行排序、最值等分析，并通过变量赋值将分析结果保存于流程图变量中，便于后续生成分析报告。

具体分析路线及使用的活动如表 14-20 所示。

表 14-20 收入与应收账款数据采集与处理自动化技术路线

模　块	功能描述	使用的活动
趋势分析	计算月金额汇总并填入收入与应收账款分析表	从初始值开始按步长计数
		变量赋值
		数据筛选
		选择数据列
		转换为数组
		依次读取数组中每个元素
		在数组末尾添加元素
		转为小数数据
		如果条件成立
		否则执行后续操作
		写入列
	读取、排序并生成分析结果替换变量	读取区域
		构建数据表
		转换列类型

续表

模　　块	功能描述	使用的活动
趋势分析	读取、排序并生成分析结果替换变量	数据表排序
		转换为数组
		变量赋值
		转为文字数据
环比同比分析	读取、排序并生成分析结果替换变量	读取区域
		构建数据表
		转换列类型
		数据表排序
		转换为数组
		变量赋值
客户收入分析	计算并填写各客户金额总额、客户应收账款余额	选择数据列
		转换为数组
		写入列
		获取行数
		变量赋值
		从初始值开始按步长计数
		转为文字数据
		数据筛选
		转换为数组
		依次读取数组中每个元素
		转为小数数据
		在数组末尾添加元素
		读取区域
		构建数据表
		合并数据表
	读取、排序并生成分析结果替换变量	读取区域
		构建数据表
		转换列类型
		数据表排序
		转换为数组
		变量赋值
		数据筛选
		转为文字数据
项目主要客户分析	按项目汇总每个客户的收入和应收账款情况，选取项目中主营业务收入最高的客户，将其信息填入收入与应收账款分析表格	合并数据表
		变量赋值
		从初始值开始按步长计数
		数据筛选
		数据表排序
		数据表去重

续表

模　块	功能描述	使用的活动
项目主要客户分析	按项目汇总每个客户的收入和应收账款情况，选取项目中主营业务收入最高的客户，将其信息填入收入与应收账款分析表格	选择数据列
		转换为数组
		写入区域
		获取数组最大下标
		在数组末尾添加元素
	读取并生成分析结果替换变量	读取区域
		变量赋值
项目应收账款分析	计算每个项目的应收账款发生总额和均值，并填入收入与应收账款分析表格中	变量赋值
		从初始值开始按步长计数
		数据筛选
		选择数据列
		转换为数组
		依次读取数组中每个元素
		转为小数数据
		在数组末尾添加元素
		写入列
	读取、排序并生成分析结果替换变量	读取区域
		构建数据表
		合并数据表
		转换列类型
		数据表排序
		转换为数组
		变量赋值
		转为文字数据
项目收入分析	计算每个项目的收入发生总额和均值，并填入收入与应收账款分析表格中	变量赋值
		从初始值开始按步长计数
		数据筛选
		选择数据列
		转换为数组
		依次读取数组中每个元素
		转为小数数据
		在数组末尾添加元素
		写入列
	读取、排序并生成分析结果替换变量	读取区域
		构建数据表
		合并数据表
		转换列类型
		数据表排序
		转换为数组

续表

模 块	功能描述	使用的活动
项目收入分析	读取、排序并生成分析结果替换变量	变量赋值
		转为文字数据
部门应收账款分析	计算各部门不同人员负责业务的应收账款发生和收款情况，并填入收入与应收账款分析表格中	变量赋值
		从初始值开始按步长计数
		数据筛选
		选择数据列
		转换为数组
		获取数组最大下标
		转为文字数据
		依次读取数组中每个元素
		在数组末尾添加元素
		转为小数数据
		写入单元格
	读取、排序并生成分析结果替换变量	读取区域
		构建数据表
		合并数据表
		数据表排序
		转换为数组
		变量赋值
部门收入分析	计算各部门不同人员负责业务的收入发生和应收账款余额情况，并填入收入与应收账款分析表格中	变量赋值
		从初始值开始按步长计数
		数据筛选
		选择数据列
		转换为数组
		获取数组最大下标
		转为文字数据
		依次读取数组中每个元素
		在数组末尾添加元素
		转为小数数据
		写入单元格
	读取、排序并生成分析结果替换变量	读取区域
		构建数据表
		合并数据表
		转换列类型
		数据表排序
		转换为数组
		变量赋值
		转为文字数据

14.6 收入与应收账款数据分析报告自动化

➲ 14.6.1 场景描述

在和思懿的讨论互助下，经过三天的鏖战，子轩终于完成了收入与应收账款分析与展现自动化。子轩高兴得恨不得跳起来，很兴奋地说道：“我终于要做完了！”

思懿笑笑：“你可别高兴得太早，还有个关键任务——收入与应收账款分析报告还没做呢。”

“哎呀，思懿姐，你别打击我嘛。”子轩撇撇嘴，“放松下还不行嘛。”

思懿无奈地摇摇头：“如果不进行最后这一步，把你的分析结果做成分析报告呈现出来，前面花了再多的功夫，你的工作也始终是个半成品。行百里者半九十，你可不要松懈啊！”

“好吧，我知道了。”子轩垂头坐回了座位上。

子轩开始了收入与应收账款数据分析报告自动化的工作：“思懿姐，我是不是也该像之前那样先制作一个分析报告模板呀？”

思懿点点头：“你说得对，我们先设计一个收入与应收账款数据分析报告的 Word 模板，在模板中输入特定的标识符，你再用元小蛮将标识符替换为相应的变量，就能自动生成报告了。”

“那标识符要怎样的呢？”子轩问道。

思懿回答：“我们可以用一个特殊的符号来对所有需要替换的标识符进行标记，这样就不会误把文字部分替换掉了。为了方便查看和识别，你可以把标识符设置成其他颜色。”

子轩立刻操作起来，很快便完成了分析报告模板的制作，然后子轩又开始进行机器人的制作。

子轩说：“原来只要用批量替换文字功能，就能把我想要的变量填入到模板里面。不过，我要怎么把展示的图表放进模板里去呢？”

思懿回答：“Excel 里面不是有一个录制宏的功能嘛，你把每个图表的单击复制这个步骤录制成 Excel 宏，在机器人里面启用宏，然后在模板文档的对应位置进行粘贴，就可以把图表复制到分析报告里了。”

子轩点点头：“原来如此，那么我在模板中除了要把需要的图表标题设置好，还需要给他们留好空格和转行符，方便我找到位置复制粘贴进去。”

思懿认可道：“没错哦，子轩你真是越来越熟练了。”

下班之前，子轩终于完成了收入和应收账款分析自动化机器人的制作，只见他单击运行，一组组数据被填入分析表格中，生成清晰明了的图表，随后，Word 文档中蓝色的标识符便被快速地转换为一行行数据，图表也粘贴到了文档中，很快，一份完整的分析报告便完成了。

“思懿姐！我成功了！”这下子轩终于能真正放松下来了，他拉着思懿的手用力摇了摇，让她快看看自己的成果。

思懿也跟着开心道：“恭喜恭喜！完成这个任务，咱们就可以去李子坝看轻轨穿楼、吃梁山鸡了！这周末就去，我请客！”

“好耶！”

14.6.2　数据分析报告设计

收入与应收账款数据分析报告模板

收入与应收账款数据分析报告由标题、目录、摘要、正文构成，具体内容可扫描二维码查看。

“销售经营状况与收款管理——收入与应收账款数据分析报告”是我们的报告标题。此外，还在标题页个性化地显示了“财务数据分析师”和“报告日期”，其中“报告日期”通过自动化流程生成。

报告的目录显示了一级与二级标题及其页码，摘要高度概括了收入和应收账款的分析背景、分析目的、分析范围、分析思路与方法以及结论与建议。

正文包含了“分析背景与目的”和“分析思路”，整体阐述了收入与应收账款分析的背景、目的与具体的分析思路。分析内容中蓝色“【】”内容由元小蛮自动生成，按照趋势分析、环比同比分析、客户收入分析、项目主要客户分析、项目应收账款分析、项目收入分析、部门应收账款分析以及部门收入分析八个板块对收入和应收账款进行了具体分析。

在“（一）趋势分析”中，元小蛮将把蛮先进公司 2020 年、2021 年的每月应收账款和收入汇总，并展现出每年应收账款和收入排名前三的月份，由此可以看出收入和应收账款发生的具体情况，评价两年来的经营销售水平。

在“（二）环比同比分析”中，元小蛮也找出同比环比增长率排名前三的月份，报告使用者可以更直观地看出收入和应收账款的变化趋势。

在“（三）客户收入分析”中，可以看到累计收入和应收账款排名前三的客户，帮助我们识别重要的客户；同时，可以看出应收账款占比最高和最低的客户，了解客户的支付偏好；此外，这部分还展示了应收账款余额未清零的客户数量和应收账款余额排名前三的客户，便于管理者更好地关注未回收的应收账款。

在“（四）项目主要客户分析”中，展示了每个项目收入最高的客户及其收入和应收账款余额，便于进行重要交易的应收账款管理。

在“（五）项目应收账款分析”中，可以看出应收账款总额最高和均值最高的项目，便于对不同项目的应收账款情况进行评价。

在“（六）项目收入分析”中，可以看出收入总额最高和均值最高的项目，便于对不同项目的经营销售情况进行评价。

在“（七）部门应收账款分析”中，可以看到应收账款回收比例最高和最低的业务员，便于从应收账款角度对业务员绩效进行评价。

在“（八）部门收入分析”中，可以看出收入总额最高和实收金额最高的业务员，便于从收入角度对业务员进行评价。

“结论与建议”部分对前面分析的关键内容进行了总结，并且向管理层提出一些对于收入和应收账款管理的建议。

14.6.3　RPA 技术路线

收入与应收账款数据分析报告自动化开发主要包括“生成分析报告”这一流程。

具体分析路线及使用的活动如表 14-56 所示。

表 14-56　收入与应收账款数据分析报告自动化开发路线

模　块	功能描述	使用的活动
生成分析报告	自动获取填写日期时间，使用宏粘贴分析结果图表，将标识符替换为对应的变量	复制文件
		打开文档
		获取时间
		获取年限
		转为文字数据
		文字批量替换
		获取月份
		获取第几天
		执行宏
		查找文本后设置光标位置
		移动光标位置
		粘贴

生成的收入与应收账款数据分析报告包括封面、目录、摘要以及正文，正文具体包括分析背景与目的、分析思路、分析内容和结论与建议。报告能清晰地展现出收入和应收账款数据的趋势分析、环比同比分析、客户收入分析、项目主要客户分析、项目应收账款分析、项目收入分析、部门应收账款分析、部门收入分析的结果，并向报告使用者提出建议。读者可以通过扫描二维码查看“收入与应收账款数据分析报告”的具体内容。

收入与应收账款数据分析报告

第 15 章　财务报表数据自动化分析

15.1　分析目的

15.1.1　场景描述

隆冬的凌晨，太阳还未现身，整个重庆城有一种说不清的肃杀之气。夜里刚下过雨，昏黄的灯光照在南滨路湿漉漉的地面上，街道两边的枯枝狰狞地想要刺破苍穹，偶尔有黄色计程车飞驰而过，溅起地上残留的雨水。不远处，嘉陵江浑浊的江水在黑暗中缓缓流动，有几艘渔船仍亮着灯，灯上有一圈圈水雾形成的光晕，从远处看去，仿佛是被洒在宇宙中的玻璃珠，孑然而醒目。

然而在这冬日大道上还有一个醒目的存在，我们把目光聚焦在一个快速移动的蓝色小点上。继续把镜头拉近，原来是蛮先进公司财务部的财务数据分析实习生家桐，他穿着蓝色卫衣正在南滨路上晨跑。这是家桐每天雷打不动的日程，即便是寒冬腊月，他也要坚持锻炼身体。大道的尽头就是蛮先进公司了，今天家桐是第一个到达公司的。

实习生家桐已经进入公司很长一段时间了，跟着“元气满蛮”团队完成了好几个财务数据分析项目。他工作勤奋，虚心向前辈学习请教，对人也很友好。每天都早早地到办公室做清洁，为绿植浇水。今天家桐刚给桌上的绿萝浇完水，就看见前辈中级财务数据分析师湘煜也走了进来。

“早啊，家桐！又是刚锻炼完来公司吗？年轻人就是不一样呀！”湘煜赞许地说道。

“是呀，湘煜姐，我喜欢跑步，跑步的时候逻辑清晰，很适合想今天的分析工作怎么展开呢！”家桐回答道。

财务部的员工陆陆续续来齐了，相互问好打着招呼，准备开始一天的工作。

同时，被业界称为“野蛮人”的财务总监程平开着“蛮拉风”跑车在南滨路上风驰电掣般疾驶，不一会儿就已经站在了蛮先进公司的门口。

素日儒雅温和的程总今天略显仓促，他快步走进财务部办公室，理了理领带，高声说道：“有一个紧急的任务通知大家，根据董事会最新会议精神，由于公司正在筹备战略转型，要对公司进行全方位评估。首先要做的就是对去年的财务报表进行分析，三天之内必须拿出分析报告。”

程总清了清嗓子，环顾四周，看着刚跑完步面红耳赤的家桐，神色稍微缓和了一点，说道：“家桐，我看你最近进步很大，现在分析能力应该大大提升了，财务报表分析的工作主要由你来完成，当然，不懂的问题可以向‘元气满蛮’团队和数字化赋能中心的前辈们请教。这次的工作成果就用来考察你是否能够正式加入蛮先进公司！”

家桐突然紧张起来，脸变得通红，回答道：“好的，程总，我一定好好干！还请您详细指示财务报表数据分析的具体目的。"

"目的很明确，"程总坚定地说道，"资产负债表、利润表和现金流量表分别反映了企业的财务状况、经营成果和现金流量，你们就基于这三张表，分析我们公司的偿债能力、营运能力、盈利能力和发展能力。对了，一定要根据制造行业的特征来选择分析指标。具体怎么操作需要你好好思考了。"

"好的程总，保证按时完成任务。"家桐回答道。

程总满意地离开财务办公室。

家桐心想，湘煜姐之前教过我，具体分析前一定要想清楚分析目的再动手，所以我刚才鼓足勇气向程总问了这个问题。那么按程总的意思，这次财务报表分析目的，就是评价蛮先进公司的偿债能力、营运能力、盈利能力和发展能力了。

15.1.2 目的框架

蛮先进公司财务报表分析的目的框架如图 15-1 所示。

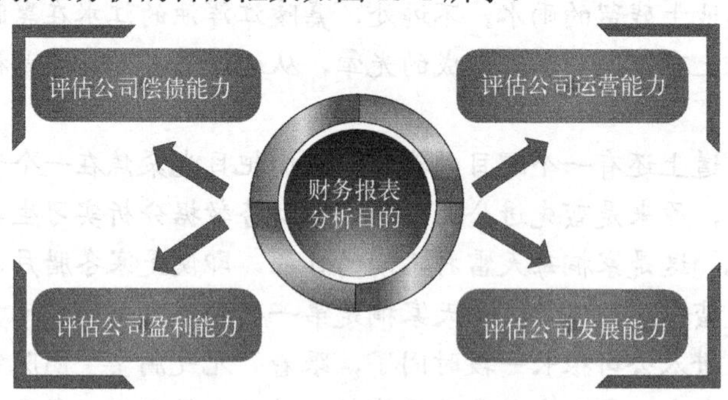

图 15-1 财务报表分析的目的框架

15.2 分析内容和思路

15.2.1 场景描述

刚回到财务分析办公室，家桐便耷拉着脸，无精打采地坐在工位上，桌面的绿萝也垂下了它的绿叶，仿佛在无声地安慰着家桐。旁边的湘煜看到家桐情绪很低落，连忙走过去安慰他："家桐，发生了什么事情呀，脸色怎么煞白，需要我帮忙吗？"

"湘煜姐，程总今天上午给我安排了一个任务：分析财务报表数据。一想到财务报表，我的脑子里面就是各种财务指标，流动比率、速动比率、资产报酬率……绕来绕去地在我的脑子里面打圈，我都不知道要怎么开始分析了。更重要的是，程总说这次分析任务用来考察是否正式留用我，我一紧张更不知道从何下手了。"家桐垂头丧气地回道。

湘煜连忙说道："你跟着团队已经完成好几个项目了，应该具备了一定财务数据分析方法和思维，形成利用逻辑思考的习惯。在财务数据分析中，运用逻辑思维能力非常重要，这可以厘清各项数据之间的关系，就比如你要做的财务报表数据分析，你刚刚想到了流动比率与速动比率，这时你可以利用向上思维来理解，那就是偿债能力，从偿债能力方面来分析财务报表。"

家桐点点头，恍然大悟地说道："那是不是我也可以用到求同思维，从偿债能力、营运能力、盈利能力、发展能力以及杜邦分析这几个更高层次去分析财务报表呢？"

湘煜听完欣慰地笑了："对，挺会活学活用嘛，其实这些方法和思维都是帮助我们梳理思路的，学会应用往往会达到事半功倍的效果。你刚刚提到的杜邦分析法，通过因素分析法和下切思维，我们就可以想到去分析净资产收益率、总资产净利率和权益乘数等财务指标，这样一来，是不是思路就清晰了许多呢!"

家桐回道："这还真是，这一会儿感觉我的头也不疼了，整个脑子也清晰了许多，谢谢你！湘煜姐，你可帮了我大忙了，下班请你吃重庆特色江湖菜呀！"湘煜笑道："哈哈哈！那我就等着啦，趁着现在思路清晰，你快拟出一个分析框架吧，这样也不至于待会忘记。"

"好，马上拟!"家桐笑了笑，立马投入工作状态，片刻过后，家桐就将整个分析框架整理出来，上面还有具体运用到的分析方法和思维。就在这时，数字化赋能中心的陈凤来到办公室，叫住家桐："家桐，程总说给了你一项重要任务，特意安排我来帮助你，关于元小蛮的问题都可以请教本工程师哈。"

家桐惊喜地说道："太好了，陈凤姐，虽然我对元小蛮已经了解了很多，但还可能有很多问题向你请教。就从我现在做的这个财务报表数据分析开始吧，需要收集的数据太多了，还得对各个指标进行计算分析，我可头疼死了，对了，这是我刚刚拟定的数据分析框架图，你先看看。"

陈凤回道："不错呀家桐，你给我讲解一下具体的分析业务流程吧。"

家桐道："没问题，包在我身上!"随后家桐便耐心地告诉陈凤财务报表数据分析的具体流程，陈凤和家桐不一会儿就整理出了财务报表数据分析自动化流程图。

蛮先进公司财务报表分析框架如图 15-2 所示。

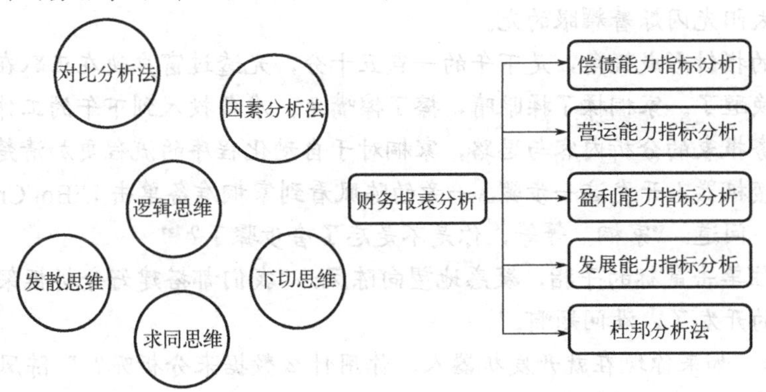

图 15-2　财务报表分析框架

15.2.2　自动化分析流程

蛮先进公司财务报表数据自动化分析流程如图 15-3 所示。首先元小蛮对资产负债表、利润表、现金流量表进行采集与处理，然后依次对公司偿债能力、营运能力、盈利能力、发展能力、杜邦分析法指标进行计算，最后元小蛮将分析结果进行汇总，自动生成财务报表数据分析报告。

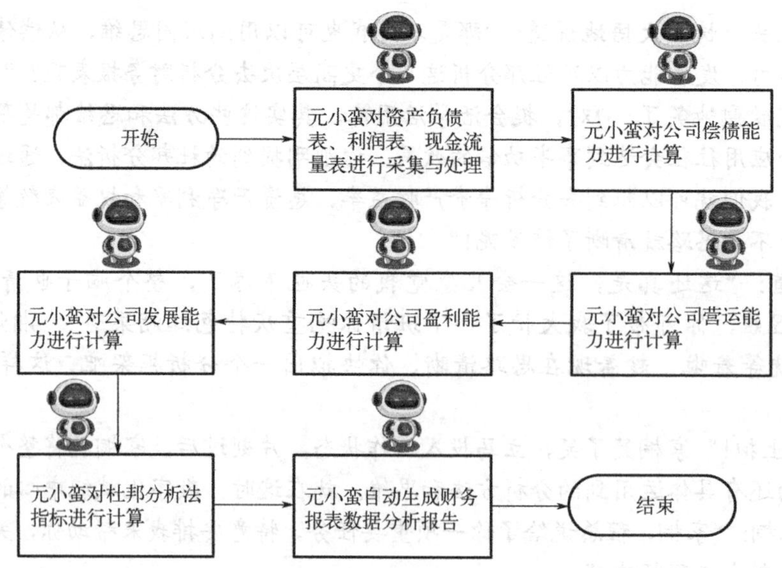

图 15-3　蛮先进公司财务报表数据自动化分析流程

15.3　数据准备

15.3.1　场景描述

冬日午后，太阳透过云的缝隙洒下一束束金光，洒向神州大地。阴冷潮湿的空气也因有了光的存在而逐渐变得柔软，湿润的地面有了太阳的烘烤变得斑驳，江面伴着风的拂动泛起涟漪，反射的太阳光闪烁着耀眼的光。

墙上挂钟的指针形成锐角，是下午的一点五十分，光透过窗户映在正趴在桌上小憩的家桐脸上，将他唤醒了。家桐揉了揉眼睛，擦了擦嘴角，准备投入到下午的工作中。

明确了财务报表的分析内容与思路，家桐对于自动化程序的流程更加清楚，迫不及待地想要开始元小蛮机器人开发这一步骤。一旁的陈凤看到家桐准备单击 UiBot Creator 软件后忍不住制止了他，问道："家桐，等等，你是不是忘了啥步骤了？"

家桐停顿住单击鼠标的手指，疑惑地望向陈凤："我们都搭建好分析框架了，下面该正式进入元小蛮的开发了，没问题啊。"

"你再想想，如果你现在就开发机器人，你用什么数据来分析呢？"陈凤一步步引导着家桐，想让他自己发现问题所在。

家桐恍然大悟："哦哦哦，我知道了，我们的财务报表数据还没有准备好。唉，我这脑子，我果然太年轻了呀，还好陈凤姐提醒了我。"

陈凤微笑着说："没关系的，毕竟你的财务数据分析经验还不够。在开发之前一定要清楚地知道我们所要分析的数据是否准备好了。你看我们下载的报表格式混乱，就这样交给元小蛮处理，肯定数据会错的。所以首先我们要调整好三个报表的数据格式形成 Excel 文件，这也是我们所要处理的原始数据文件。"

"啊对对对，不仅如此，我们还要对机器人输出的文件表格进行规范。由于我们对报表的指标分析需要和同行业的财务指标进行对比，所以同行业的财务指标我们得提前准备好。”家桐喝了口水说。

陈凤会心一笑：“这下还算开窍了，快去准备数据吧。”

15.3.2 数据表

财务报表数据分析涉及资产负债表、利润表和现金流量表。

资产负债表结构如表 15-1 所示，其中科目是主键。

表 15-1 资产负债表

属性名称	数据类型	空 否	说 明
科目	字符型	否	资产负债表科目
2021 年年初余额	数值型	是	资产负债表年初余额
2021 年年末余额	数值型	是	资产负债表年末余额

利润表结构如表 15-2 所示，其中科目是主键。

表 15-2 利润表

属性名称	数据类型	空 否	说 明
科目	字符型	否	利润表科目
2021 年年初余额	数值型	是	利润表年初余额
2021 年年末余额	数值型	是	利润表年末余额

现金流量表结构如表 15-3 所示，其中科目是主键。

表 15-3 现金流量表

属性名称	数据类型	空 否	说 明
科目	字符型	否	现金流量表科目
2021 年年初余额	数值型	是	现金流量表年初余额
2021 年年末余额	数值型	是	现金流量表年末余额

15.4 财务报表数据采集与处理自动化

15.4.1 场景描述

转眼已是第二天的清晨，家桐的身影依旧出现在了南滨路上，耳旁时不时会传来啾啾虫鸣，习习凉风穿过耳边，家桐享受着这清新宁静的感觉。肆意自由的时光总是短暂的，前面就是蛮先进公司的大楼，家桐开始调整步伐，漫步走向公司。

刚到公司楼下，就碰到了昨天约好一起开发元小蛮机器人的 RPA 高级工程师陈凤，家桐挥了挥手：“陈凤姐，早上好呀，今天天气真不错。”陈凤立马回道：“早上好家桐，看来今天又是一个不错的晴天！”两人一起走向公司的食堂，拿了一份早餐后便前往办公室，陈凤一边走一边还不忘回头和家桐说：“今天开始就要正式地开发财务报表分析机器人了，首先是数据采集与处理的自动化，家桐，对于这点你有什么想法吗？”

家桐思索着回答道：“昨天我们已经将财务报表数据整理出来了，我想今天我们是不是需要拟出每个财务指标计算所需要的值，再进行展开计算分析呀。”

陈凤笑着回道：“非也非也，你这思维跳跃有点快呀，这是后面具体分析的步骤了，我们的第一步只需将所有数据从 Excel 文件中采集出来即可，这样才有利于我们后面更加便捷地进行分析。”

“我们昨天已经将资产负债表、利润表、现金流量表的原始数据整理出来，今天只需要利用 UiBot Creator 软件中的读取区域命令将各自的内容读取出来，输出到变量中，后面的模块就可以直接调用变量中的值了，这样是不是很方便呢？”陈凤继续补充道。

家桐缓缓点点头：“确实是这样，我光顾着以后了，没有注意到眼前呢。”

陈凤回道：“那这样家桐，你来试一试，你之前不是说想学一学嘛，期待你的表现哟！”

“好，那我就试一试。”家桐兴奋地说道。于是在工程师陈凤的帮助下，家桐开始了 RPA 技术的学习，不一会儿，数据采集与处理模块就已经完成了，家桐心满意足地看着刚刚完成的程序，内心升起一股自豪之情。

➲ 15.4.2 RPA 技术路线

财务报表数据采集与处理自动化通过数据采集与处理流程块进行操作，在数据采集与处理流程块中使用打开 Excel 工作簿、读取区域、关闭 Excel 工作簿读取财务报表数据。

财务报表数据采集与处理自动化开发的具体技术路线如表 15-4 所示。

表 15-4 财务报表数据采集与处理自动化开发技术路线

模　块	功能描述	使用的活动
数据采集与处理	筛选出所有财务报表数据	打开 Excel 工作簿
		读取区域
		关闭 Excel 工作簿

15.5 财务报表数据分析与展现自动化

➲ 15.5.1 场景描述

冬日的太阳永远是最治愈的，似温柔的手抚摸着每个人的脸庞，又似娇艳的花散发着甜美的香气。正在午休的家桐被一股咖啡香气唤醒了，他伸了伸胳膊，想着下午的工作如何开展。所有需要分析的数据已经采集并且清洗完成，接下来就是整个机器人开发的重头戏——对数据进行具体分析，必须打起十二分精神，他起身也去茶水间冲了一杯咖啡，然后回到座位上，开始下午的工作。

杯子里的咖啡快见底了，可家桐的工作却迟迟还没开始。湘煜见家桐又陷入了沉思，碰了碰家桐手臂说：“家桐，想什么呢这么入迷，上班摸鱼可太明显了啊。”

家桐："唉，湘煜姐，你说我们通过机器人把计算好的数据放入 Excel 表格中，那也只有生硬的数据，我又忘记怎么通过机器人做成那种可视化的图形了，提示一下我吧！"

湘煜："你想想，有没有一种可能是你把数据放入 Excel 表格中后，图形就自然出现了？"

家桐毫不犹豫地回答道："啊，我想起来了，先提前设置图形模板，当数据放入表格的时候，图形也就出现啦！谢谢湘煜姐！"

湘煜："好了好了，知道方法就开始行动吧。"

家桐嬉皮笑脸地说道："湘煜姐，你再帮我看看我选择的图形合适吗？"

湘煜喝了一口"蛮好喝"咖啡，对家桐说："请开始你的表演。"

"我是这样想的，对偿债能力指标分析、营运能力指标分析、盈利能力指标分析和发展能力指标分析，计算好每个板块对应的财务指标，然后每组指标分析用一张柱形图，用不同的颜色显示本公司与同行业平均值数据，这样就可以较为直观地比较它们的具体数据。"家桐说道。

湘煜："我认为没什么问题。你这分析得头头是道，完全交给你去做我也放心啦。"

家桐："哦，你，等等，还有一个杜邦分析法，从财务角度评价企业绩效。这部分我准备直接用杜邦分析图，这种将总体目标逐一细分的思维导图，能够快速、清晰地确定目标和方法。"

"我就说嘛，进了我们公司的财务数据分析实习生都有一颗聪明的小脑袋。这部分的分析思路你很清楚，也知道用什么图形来展示，那我们开始吧！"湘煜竖起大拇指对家桐赞叹道。

15.5.2 数据分析模型

财务报表数据分析模型是围绕偿债能力指标分析、营运能力指标分析、盈利能力指标分析、发展能力指标分析和杜邦分析五个分析主题展开的，如图 15-7 所示。

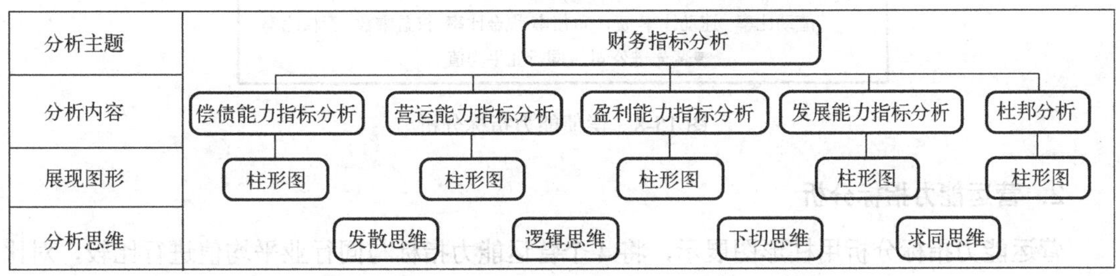

图 15-7 财务报表数据分析模型

（1）偿债能力指标分析

偿债能力是指企业用其资产偿还长期债务与短期债务的能力。偿债能力分析对维持企业的日常运转、促进企业健康发展有不可替代的作用。可选取典型的偿债能力指标，如流动比率、速动比率、资产负债率、现金比率等进行分析。

（2）营运能力指标分析

营运能力指企业的经营运行能力，即企业运用各项资产赚取利润的能力。可选取存货周转率、流动资产周转率、固定资产周转率和总资产周转率这四个指标进行营运能力分析。

（3）盈利能力指标分析

盈利能力是指企业获取利润的能力，也称为企业的资金或资本增值能力，通常表现为一定时期内企业收益数额的多少及其水平的高低。可选取资产报酬率、总资产净利润率、净资产收益率、销售费用率和成本费用利润率这几个典型指标进行盈利能力分析。

(4) 发展能力指标分析

发展能力是指企业扩大规模、壮大实力的潜在能力，又称成长能力。可选取资本积累率、总资产增长率、净利润增长率和营业收入增长率四个典型指标进行发展能力分析。

(5) 杜邦分析

杜邦分析法是用来评价公司盈利能力和股东权益回报水平，从财务角度评价企业绩效的一种经典方法。它将企业净资产收益率逐级分解为多项财务比率乘积，具有很鲜明的层次结构，有助于深入分析和比较企业经营业绩。

15.5.3 数据展现设计

在分析过程中，对财务报表的五个分析主题进行可视化分析，以柱形图和杜邦分析图进行展示，结果如图 15-8 至图 15-12 所示。

1. 偿债能力指标分析

偿债能力指标分析用柱形图展示，将 6 个偿债能力指标与同行业平均值进行比较，对比结果如图 15-8 所示。

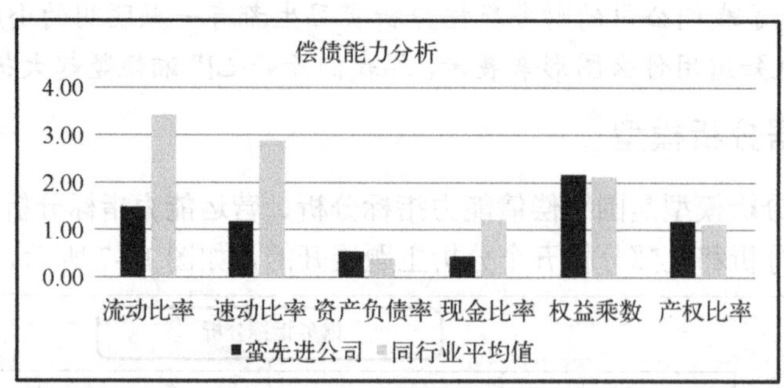

图 15-8 偿债能力指标分析

2. 营运能力指标分析

营运能力指标分析用柱形图展示，将 4 个营运能力指标与同行业平均值进行比较，对比结果如图 15-9 所示。

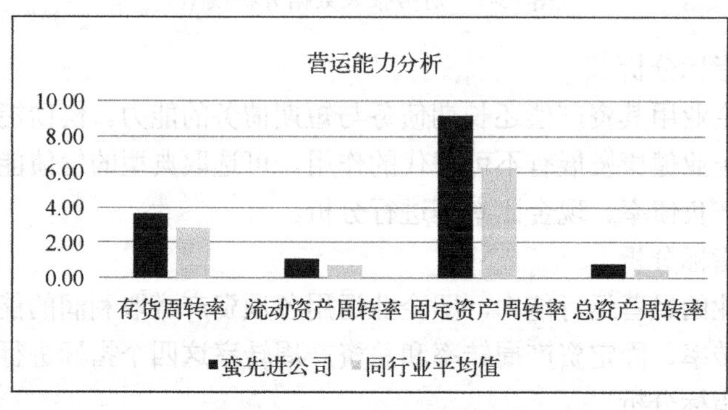

图 15-9 营运能力指标分析

3．盈利能力指标分析

盈利能力指标分析用柱形图展示，将 5 个盈利能力指标与同行业平均值进行比较，对比结果如图 15-10 所示。

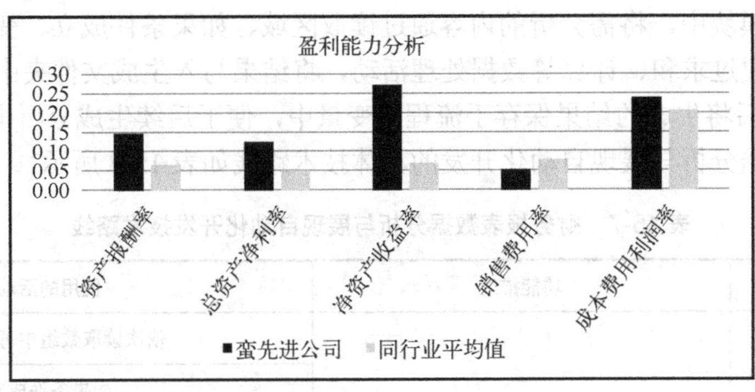

图 15-10　盈利能力指标分析

4．发展能力指标分析

发展能力指标分析用柱形图展示，将 4 个发展能力指标与同行业平均值进行比较，对比结果如图 15-11 所示。

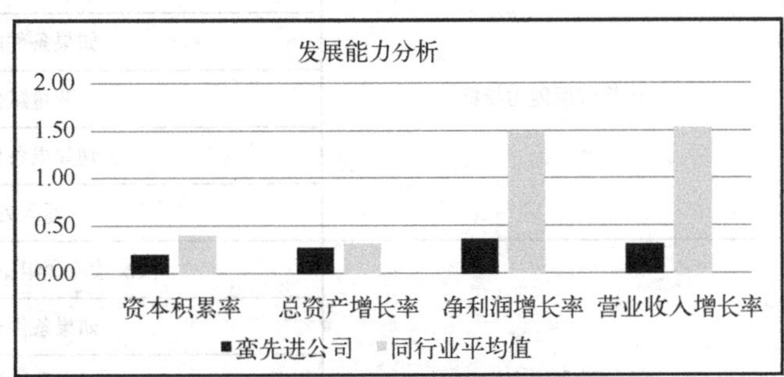

图 15-11　发展能力指标分析

5．杜邦分析

杜邦分析用杜邦分析图展示，如图 15-12 所示。

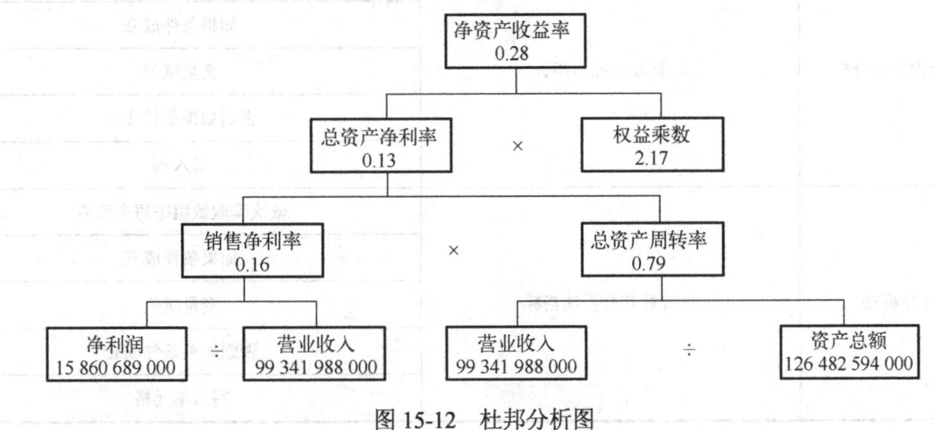

图 15-12　杜邦分析图

➲ 15.5.4 RPA 技术路线

财务报表数据分析与展现自动化包括偿债能力指标分析、营运能力指标分析、盈利能力指标分析、发展能力指标分析、杜邦分析法等五个模块。

在每个分析模块中，将需分析的内容通过读取区域、如果条件成立、变量赋值等活动将其筛选出来，再通过求和、计算等数据处理活动，将结果写入生成文件夹中的“财务报表分析.xlsm”中，最后将生成的结果保存于流程图变量中，便于后续生成分析报告时使用。

财务报表数据分析与展现自动化开发的具体技术路线如表 15-7 所示。

表 15-7 财务报表数据分析与展现自动化开发技术路线

模　　块	功能描述	使用的活动
偿债能力指标分析	计算偿债能力指标	依次读取数组中每个元素
		如果条件成立
		变量赋值
		否则如果条件成立
		写入列
营运能力指标分析	计算营运能力指标	依次读取数组中每个元素
		如果条件成立
		变量赋值
		否则如果条件成立
		写入列
盈利能力指标分析	计算盈利能力指标	依次读取数组中每个元素
		如果条件成立
		变量赋值
		否则如果条件成立
		写入列
发展能力指标分析	计算发展能力指标	依次读取数组中每个元素
		如果条件成立
		变量赋值
		否则如果条件成立
		写入列
杜邦分析法	计算杜邦分析法指标	依次读取数组中每个元素
		如果条件成立
		变量赋值
		否则如果条件成立
		写入单元格

15.6　财务报表数据分析报告自动化

➲ 15.6.1　场景描述

这天早上，家桐和陈凤都很早就来到蛮先进公司，昨天，他们完成了财务报表数据分析的数据分析与展现自动化，他们商量好今天一大早就到公司，完成最后也是尤为关键的一步——财务报表数据分析报告自动化。

“家桐早啊，这么早就来了，看来你很守信用嘛！”陈凤笑着对家桐说道，“今天我们继续昨天的开发，让我考考你，接下来我们要做什么呢？”

“陈凤姐早！”家桐笑眯眯地说，“今天的工作内容当然是对数据分析最重要的一步啦，数据分析报告的生成！”

“没错，”陈凤肯定地点点头，“与数据分析自动化一样，我们要先制作财务报表数据分析报告 Word 模板，在里面事先设置好标识符，然后再利用元小蛮把图表、文字录入进文档。”

家桐激动地说道：“我知道我知道！这时候我们用的是‘执行宏’功能，我们要先在 Excel 文件中录制一个动作为复制图表的宏，再利用元小蛮的‘执行宏’活动和 Word 自动化相关活动，就能把图表原封不动地复制进去了。”

陈凤看着家桐似乎已经掌握了重要的开发步骤，很是欣慰：“真不错，家桐，看来前几个项目没白跟。我再考考你，那些分析结果又应该如何放进文档呢?”

家桐喝了杯“蛮好喝”咖啡，慢慢地讲道：“我们先用条件判断对之前已经生成出来的公司指标与同行业平均值进行对比，然后利用元小蛮的‘文字批量替换’活动将文本替换进 Word 里。”

“孺子可教也！”陈凤高兴地拍了下手，“这次你一定会成功转正的，我们现在就开始吧！”

家桐对元小蛮一顿操作，偶尔会问陈凤问题，但问问题的次数明显变少了。终于把最后的生成报告自动化完成了。在这个过程中，其实有很多重复的操作步骤，非常考验人的耐力，但家桐还是心平气和地编写完成了。

“哇，终于完成啦！”家桐眉飞色舞地看着陈凤。

“快单击运行试试！”陈凤也按捺不住，激动地催促着家桐运行“元小蛮”。

只见“元小蛮”帅气地在电脑屏幕上“唰唰唰”地运行着，肉眼根本看不过来，不出一会儿就运行完成了。

家桐马上打开生成的“财务报表数据分析报告.docx”文件，说道：“看呀，陈凤姐，真地生成了我们需要的分析。在偿债能力分析中，‘元小蛮’将我们公司的流动比率、速动比率、资产负债率、现金比率、权益乘数和产权比率这几个指标与同行业平均值进行比较，还给出了可靠的建议。营运能力分析、盈利能力分析、发展能力分析、杜邦分析皆是如此！”

陈凤也非常开心：“你看这方便吧！为你省了多少时间，以后你就不用这么早来办公室啦！快去把分析报告交给程总吧！”

家桐抱着元小蛮，小心翼翼地敲着程总办公室的门。

“请进。”办公室里传出程总的声音。

"程总好，我来向您汇报财务报表数据分析。"家桐迫不及待地向程总展示"元小蛮"。

程总看着运行的"元小蛮"，脸上露出喜色，看了看生成报告也非常满意："不错，家桐！你的进步确实很大，从下个月开始，你将正式成为蛮先进公司的正式员工，欢迎你！"

家桐听了觉得自己在做梦，向程总连连道谢之后准备离开。一走出办公室就看见"元气满蛮"团队的天雨、湘煜、宛霖、俊苏，还有数字化赋能中心的俊宇和陈凤都在门口。原来他们已经远远地听到家桐能够正式入职的消息，前来恭喜家桐。

家桐既开心又感动，眼含热泪地向众人说道："谢谢各位哥哥姐姐这几个月以来的帮助！能够正式加入你们的团队我真是太开心了。"抹了一把眼泪继续说道，"今晚我们去吃重庆特色江湖菜，我请客！"

15.6.2 数据分析报告设计

财务报表数据分析报告由标题、目录、摘要、正文构成，具体内容可扫描二维码查看。

财务报表数据分析报告模板

"同行业平均值对比分析——财务报表数据分析报告"是报告标题。此外，还在标题页个性化地显示了"财务数据分析师"和"报告日期"，其中"报告日期"通过自动化流程生成。

报告的目录显示了一级与二级标题及其页码，摘要高度概括了财务报表分析的分析背景和目的、分析内容、分析思路与方法以及结论与建议等，报告使用者通过报告可以直观地了解财务报表分析的基本概况。

正文包含"分析背景与目的"和"分析思路"。财务报表是财务报告的重要组成部分，我们选择偿债能力、营运能力、盈利能力、发展能力和杜邦分析指标进行计算，对公司的财务报表进行分析。

分析内容中蓝色"【】"内容由元小蛮自动生成，按照偿债能力分析、营运能力分析、盈利能力分析、发展能力分析和杜邦分析这五个板块对财务报表进行了具体分析，分析内容中的相关信息通过自动化流程生成。

在"（一）偿债能力分析"中，选择流动比率、速动比率、资产负债率、现金比率、权益乘数和产权比率指标，并将其与同行业平均值进行比较。

在"（二）营运能力分析"中，选择存货周转率、流动资产周转率、固定资产周转率和总资产周转率指标，并将其与同行业平均值进行比较。

在"（三）盈利能力分析"中，选择资产报酬率、总资产净利润率、净资产收益率、销售费用率和成本费用利润率指标，并将其与同行业平均值进行比较。

在"（四）发展能力分析"中，选择资本积累率、总资产增长率、净利润增长率、营业收入增长率指标，并将其与同行业平均值进行比较。

在"（五）杜邦分析"中，以净资产收益率为核心，通过各项财务指标之间的内在联系，系统、综合地分析企业的盈利水平。

最后是"结论与建议"，蓝色"【】"的内容由元小蛮自动填入，对前面的分析内容进行了总结，提出有关财务报表数据分析的总体建议。

➲ 15.6.3　RPA 技术路线

数据分析报告自动化通过生成分析报告流程块来实现，生成分析报告流程块开发主要通过执行宏、查找文本后设置光标位置、移动光标位置、粘贴等活动将“生成报告.xlsm”的 Excel 文件里的图表复制到“财务报表数据分析报告.docx”文件中去，再通过“如果条件成立”“文字批量替换”将前面流程块生成的分析结果填入“财务报表数据分析报告.docx”中，最后关闭所有 Excel 文件和 Word 文件。

财务报表数据分析报告自动化开发的具体技术路线如表 15-23 所示。

表 15-23　财务报表数据分析报告自动化开发技术路线

模　　块	功能描述	使用的活动
生成分析报告	打开从本地获取的“财务报表数据分析报告.docx”文件，在“生成报告.xlsm”文件中录制宏，将图表复制到“财务报表数据分析报告.docx”	打开文档
		执行宏
生成分析报告	打开从本地获取的“财务报表数据分析报告.docx”文件，在“生成报告.xlsm”文件中录制宏，将图表复制到“财务报表数据分析报告.docx”	查找文本后设置光标位置
		粘贴
		延时
	对前面流程块的分析结果进行判断，并填入“财务报表数据分析报告.docx”中	如果条件成立
		文字批量替换
		关闭 Excel 工作簿
		关闭文档

生成的财务报表数据分析报告包括封面、目录、摘要以及正文，正文具体包括分析背景与目的、分析思路、分析内容和结论与建议。报告能清晰地展现出对蚕先进公司的偿债能力、营运能力、盈利能力析、发展能力进行分析的结果，同时对公司进行了杜邦分析，并向报告使用者提出建议。读者可以通过扫描二维码查看“财务报表数据分析报告”的具体内容。

财务报表数据分析报告